Chase Joynt

Filmemachen, trans-Geschichten und Aktivismus – Unautorisiert

Emeka Jiang

ISBN: 9781998610976
Imprint: Telephasischewerkstatt
Copyright © 2024 Emeka Jiang.
All Rights Reserved.

Contents

Einleitung   1
Die Bedeutung von LGBTQ-Aktivismus   1

Frühes Leben und Bildung   23
Kindheit und Jugend   23
Studium und erste Schritte im Filmemachen   43

Bibliography   59

Karrierebeginn und erste Filme   67
Die Anfänge des Filmemachens   67

Aktivismus und gesellschaftlicher Einfluss   117
Chase Joynts Aktivismus   117

Bibliography   139
Die Wirkung von "Framing Agnes" auf den Aktivismus   139

Persönliches Leben und Herausforderungen   159
Chase Joynts Identität und Erfahrungen   159

Bibliography   167
Chase Joynt als Vorbild   183

Fazit und Ausblick   205
Die Bedeutung von Chase Joynts Werk   205

Bibliography   211

Nachwort   231

Dank an Unterstützer und Mentoren 231

Bibliography **239**

Index **255**

Einleitung

Die Bedeutung von LGBTQ-Aktivismus

Historischer Kontext des Aktivismus

Der historische Kontext des LGBTQ-Aktivismus ist geprägt von einer langen und oft schmerzhaften Geschichte, die sich über Jahrhunderte erstreckt. Um die Bedeutung des heutigen Aktivismus zu verstehen, ist es wichtig, die Wurzeln der Bewegung und die Herausforderungen, denen sich LGBTQ-Personen im Laufe der Geschichte gegenübergesehen haben, zu betrachten.

Frühe Geschichte und die Anfänge des Aktivismus

Bereits in der Antike gab es in verschiedenen Kulturen Formen von Akzeptanz gegenüber gleichgeschlechtlichen Beziehungen. In der griechischen und römischen Antike waren gleichgeschlechtliche Beziehungen, insbesondere zwischen älteren Männern und jüngeren Jungen, weit verbreitet und oft gesellschaftlich akzeptiert. Diese Akzeptanz wandelte sich jedoch mit der Verbreitung des Christentums, das eine strenge Sichtweise auf Sexualität und Geschlechterrollen propagierte. Homosexualität wurde zunehmend kriminalisiert, und die Verfolgung von LGBTQ-Personen begann.

und frühes 20. Jahrhundert

Im 19. Jahrhundert begann eine erste Welle des Aktivismus, als sich Intellektuelle und Schriftsteller wie Karl-Maria Kertbeny und Magnus Hirschfeld für die Rechte von Homosexuellen einsetzten. Hirschfeld gründete 1897 das Wissenschaftlich-humanitäre Komitee, das als erste Organisation zur Verteidigung der Rechte von Homosexuellen gilt. Er forderte die Abschaffung von

Paragraph 175 des deutschen Strafgesetzbuches, der homosexuelle Handlungen zwischen Männern kriminalisierte.

In den 1920er Jahren erlebte Deutschland eine kulturelle Blütezeit, die auch eine gewisse Liberalisierung in Bezug auf Geschlechteridentität und Sexualität mit sich brachte. Die Weimarer Republik war ein Zentrum für LGBTQ-Kultur, aber diese Fortschritte wurden mit dem Aufstieg des Nationalsozialismus brutal beendet. Die Nazis verfolgten Homosexuelle systematisch, und viele wurden in Konzentrationslager geschickt.

Nach dem Zweiten Weltkrieg

Nach dem Zweiten Weltkrieg erlebte die LGBTQ-Bewegung in den USA einen bedeutenden Aufschwung. Die Stonewall-Unruhen von 1969 in New York City gelten als Wendepunkt in der Geschichte des LGBTQ-Aktivismus. Diese Ereignisse führten zur Gründung zahlreicher Organisationen, die sich für die Rechte von LGBTQ-Personen einsetzten, wie die Gay Liberation Front und später die Human Rights Campaign.

In den 1970er Jahren begannen Aktivisten, sich für rechtliche Gleichstellung und gesellschaftliche Akzeptanz einzusetzen. Die erste Gay Pride Parade fand 1970 in New York City statt und wurde zu einem Symbol für den Kampf um Gleichheit und Sichtbarkeit.

Die AIDS-Krise und ihre Auswirkungen

In den 1980er Jahren wurde die LGBTQ-Community von der AIDS-Krise stark getroffen. Die Epidemie führte zu einem Anstieg des Aktivismus, insbesondere durch Organisationen wie ACT UP, die auf die Notwendigkeit von Forschung, Behandlung und Unterstützung für Betroffene aufmerksam machten. Diese Zeit war geprägt von Trauer, Wut und dem Drang nach Veränderung. Aktivisten forderten nicht nur medizinische Hilfe, sondern auch eine gesellschaftliche Akzeptanz, die über die medizinische Behandlung hinausging.

Moderne Herausforderungen und Errungenschaften

In den letzten Jahrzehnten hat sich der LGBTQ-Aktivismus weiterentwickelt. Errungenschaften wie die Legalisierung der gleichgeschlechtlichen Ehe in vielen Ländern und der zunehmende gesellschaftliche Respekt für LGBTQ-Rechte sind bedeutende Fortschritte. Dennoch stehen LGBTQ-Personen weiterhin vor Herausforderungen, darunter Diskriminierung, Gewalt und das Streben nach vollständiger Gleichstellung.

Die historische Perspektive zeigt, dass der Aktivismus nicht nur auf rechtliche Änderungen abzielt, sondern auch auf die Schaffung eines gesellschaftlichen Wandels, der die Akzeptanz und Sichtbarkeit von LGBTQ-Personen fördert.

Theoretische Ansätze

Theoretische Ansätze wie die Queer-Theorie haben den Aktivismus beeinflusst, indem sie die Konstruktion von Geschlecht und Sexualität in Frage stellen und die Vielfalt menschlicher Erfahrungen anerkennen. Diese Theorien betonen, dass Geschlecht und Sexualität nicht binär sind und dass es wichtig ist, die Stimmen und Geschichten von marginalisierten Gruppen innerhalb der LGBTQ-Community zu hören.

Zusammenfassend lässt sich sagen, dass der historische Kontext des LGBTQ-Aktivismus eine komplexe Mischung aus Fortschritt und Rückschritt darstellt. Die Errungenschaften der Vergangenheit sind das Ergebnis unzähliger Kämpfe und Opfer, und die Reise zur vollständigen Gleichheit ist noch lange nicht zu Ende. Die Geschichten und Erfahrungen von Aktivisten wie Chase Joynt sind entscheidend für das Verständnis dieser Geschichte und die Fortsetzung des Kampfes für Gerechtigkeit und Gleichheit.

Die Rolle von Filmemachern im Aktivismus

Filmemacher spielen eine entscheidende Rolle im LGBTQ-Aktivismus, indem sie nicht nur Geschichten erzählen, sondern auch gesellschaftliche Normen hinterfragen und die Sichtbarkeit marginalisierter Stimmen fördern. Die Verbindung zwischen Film und Aktivismus ist tief verwurzelt in der Fähigkeit des Mediums, Emotionen zu wecken, Diskussionen anzuregen und Veränderungen zu bewirken. In diesem Abschnitt werden die verschiedenen Dimensionen dieser Rolle untersucht, einschließlich der theoretischen Grundlagen, der Herausforderungen, denen Filmemacher gegenüberstehen, und konkreter Beispiele, die die Macht des Films im Aktivismus verdeutlichen.

Theoretische Grundlagen

Die Theorie des *sozialen Wandels* durch Kunst besagt, dass kreative Ausdrucksformen wie Film als Katalysatoren für gesellschaftliche Veränderungen fungieren können. Der Sozialwissenschaftler Herbert Blumer argumentiert, dass Medien nicht nur passive Reflexionen der Gesellschaft sind, sondern aktiv zur Konstruktion von Identitäten und zur Formulierung von sozialen Normen beitragen. In diesem Sinne können Filmemacher als *Agenten des Wandels* betrachtet werden, die durch ihre Werke nicht nur informieren, sondern auch mobilisieren.

Ein zentrales Konzept in der Diskussion um die Rolle von Filmemachern im Aktivismus ist die *Repräsentation*. Judith Butler, eine prominente Theoretikerin der Geschlechtertheorie, hebt hervor, dass die Art und Weise, wie Geschlecht und Sexualität in den Medien dargestellt werden, direkte Auswirkungen auf die gesellschaftliche Akzeptanz und die rechtlichen Rahmenbedingungen für LGBTQ-Personen hat. Durch die Schaffung von Sichtbarkeit und die Darstellung vielfältiger Identitäten können Filmemacher dazu beitragen, stereotype Vorstellungen zu dekonstruieren und ein breiteres Verständnis für die Komplexität menschlicher Identität zu fördern.

Herausforderungen für Filmemacher

Trotz der potenziellen Wirkung von Film im Aktivismus stehen Filmemacher vor zahlreichen Herausforderungen. Eine der größten Hürden ist die *Finanzierung*. Viele LGBTQ-Projekte erhalten nicht die nötige Unterstützung von großen Produktionsfirmen, die oft auf kommerziell erfolgreichere Inhalte setzen. Dies führt dazu, dass viele Filmemacher auf alternative Finanzierungsmethoden wie Crowdfunding angewiesen sind, um ihre Projekte zu realisieren.

Ein weiteres Problem ist die *Zensur*. In vielen Ländern sind LGBTQ-Themen nach wie vor tabu, was bedeutet, dass Filmemacher oft mit rechtlichen und gesellschaftlichen Repressalien rechnen müssen. Dies kann dazu führen, dass wichtige Geschichten nicht erzählt werden oder dass die Darstellung von LGBTQ-Personen in einem negativen Licht erscheint.

Beispiele für filmischen Aktivismus

Ein herausragendes Beispiel für die Rolle von Filmemachern im Aktivismus ist der Dokumentarfilm *Paris is Burning* (1990), der das Leben und die Ballkultur der LGBTQ-Community in New York City dokumentiert. Dieser Film hat nicht nur die Sichtbarkeit von Transgender-Personen und People of Color erhöht, sondern auch Diskussionen über Geschlechteridentität, Rassismus und soziale Klassen angestoßen. Die Auswirkungen des Films auf die LGBTQ-Bewegung sind bis heute spürbar, da er als ein Meilenstein in der Repräsentation von marginalisierten Stimmen gilt.

Ein weiteres Beispiel ist der Film *Moonlight* (2016), der die komplexen Erfahrungen eines jungen schwarzen Mannes erzählt, der mit seiner sexuellen Identität kämpft. Der Film gewann den Oscar für den besten Film und trug dazu bei, die Diskussion über LGBTQ-Themen in der Mainstream-Kultur zu fördern. Durch seine sensitive und nuancierte Darstellung von Identität hat *Moonlight* nicht nur das Verständnis für LGBTQ-Personen erweitert, sondern auch die Notwendigkeit betont, diese Geschichten zu erzählen und zu unterstützen.

Fazit

Zusammenfassend lässt sich sagen, dass Filmemacher eine unverzichtbare Rolle im LGBTQ-Aktivismus spielen, indem sie Geschichten erzählen, die Sichtbarkeit erhöhen und gesellschaftliche Normen herausfordern. Ihre Arbeiten tragen dazu bei, das Bewusstsein für wichtige Themen zu schärfen und eine Plattform für marginalisierte Stimmen zu bieten. Trotz der Herausforderungen, denen sie gegenüberstehen, bleibt die Kraft des Films als Werkzeug des Wandels unbestreitbar. Die Verbindung zwischen Kunst und Aktivismus ist nicht nur ein kreativer Ausdruck, sondern auch ein aktiver Beitrag zur Schaffung einer gerechteren und inklusiveren Gesellschaft.

Trans-Repräsentation im Film

Die Repräsentation von trans Personen im Film ist ein zentraler Aspekt des LGBTQ-Aktivismus und hat in den letzten Jahren zunehmend an Bedeutung gewonnen. Diese Repräsentation ist nicht nur eine Frage der Sichtbarkeit, sondern auch eine Frage der Genauigkeit, Authentizität und des Respekts gegenüber den Erfahrungen von trans Menschen. In diesem Abschnitt werden wir die Herausforderungen und Probleme beleuchten, die mit der Darstellung von Transidentitäten im Film verbunden sind, sowie die positiven Entwicklungen, die in der Branche zu beobachten sind.

Theoretische Grundlagen

Die Theorie der Repräsentation, wie sie von Stuart Hall formuliert wurde, besagt, dass die Art und Weise, wie Gruppen in Medien dargestellt werden, tiefgreifende Auswirkungen auf die gesellschaftliche Wahrnehmung und das Selbstbild dieser Gruppen hat. Hall argumentiert, dass Repräsentation nicht einfach eine Spiegelung der Realität ist, sondern ein aktiver Prozess der Konstruktion von Bedeutung. Dies ist besonders relevant für trans Personen, deren Identität oft durch stereotype und fehlerhafte Darstellungen in den Medien verzerrt wird.

Ein zentrales Konzept in der Diskussion um die Repräsentation ist das der *Hegemonie*. Hegemoniale Darstellungen von Geschlecht und Sexualität dominieren oft die Filmindustrie und schaffen ein verzerrtes Bild von trans

Identitäten. Diese hegemonialen Narrative können dazu führen, dass trans Personen in der Gesellschaft marginalisiert und stigmatisiert werden.

Herausforderungen in der Repräsentation

Eine der größten Herausforderungen in der trans Repräsentation im Film ist die *Fehlbesetzung*. Oft werden trans Rollen von cisgender Schauspielern gespielt, was nicht nur die Authentizität der Darstellung untergräbt, sondern auch trans Schauspielern die Möglichkeit nimmt, ihre Geschichten zu erzählen. Diese Praxis wurde in Filmen wie *Dallas Buyers Club* (2013) und *The Danish Girl* (2015) kritisiert, wo cisgender Schauspieler trans Charaktere verkörperten.

Ein weiteres Problem ist die *Stereotypisierung* von trans Personen. Filme neigen dazu, trans Charaktere auf bestimmte Klischees zu reduzieren, wie z.B. den „tragischen" trans Menschen oder den „sexuellen Fetisch". Solche Darstellungen tragen zur Stigmatisierung und Diskriminierung bei und verhindern ein umfassendes Verständnis der Vielfalt trans Identitäten.

Positive Entwicklungen

Trotz dieser Herausforderungen gibt es auch positive Entwicklungen in der Repräsentation von trans Personen im Film. Filme wie *Tangerine* (2015) und *Framing Agnes* (2022) bieten authentische und nuancierte Darstellungen trans Identitäten. *Tangerine*, der mit einem vollständig trans Cast gedreht wurde, zeigt das Leben von trans Frauen in Los Angeles und beleuchtet die Herausforderungen, denen sie gegenüberstehen, ohne sie auf stereotype Darstellungen zu reduzieren.

Framing Agnes geht noch einen Schritt weiter, indem es die Geschichten historischer trans Personen erzählt und sie in einen modernen Kontext stellt. Der Film verbindet Dokumentation mit Fiktion und bietet eine Plattform für trans Stimmen, die oft in der Geschichtsschreibung übersehen werden.

Die Wirkung von Repräsentation

Die Repräsentation von trans Personen im Film hat nicht nur Auswirkungen auf die Gesellschaft, sondern auch auf die trans Community selbst. Studien zeigen, dass positive Darstellungen in den Medien das Selbstwertgefühl und die Identitätsentwicklung von trans Jugendlichen stärken können. Eine Studie von GLAAD aus dem Jahr 2021 ergab, dass 80% der trans Jugendlichen angaben, dass sie sich durch die Sichtbarkeit von trans Charakteren in den Medien unterstützt fühlten.

Darüber hinaus können Filme, die trans Erfahrungen authentisch darstellen, dazu beitragen, Vorurteile abzubauen und das Verständnis für trans Themen in der breiten Öffentlichkeit zu fördern. Die Möglichkeit, sich mit trans Charakteren zu identifizieren, kann für cisgender Zuschauer eine transformative Erfahrung sein und zu einer größeren Empathie führen.

Schlussfolgerung

Die Repräsentation von trans Personen im Film ist ein komplexes und vielschichtiges Thema, das sowohl Herausforderungen als auch Chancen bietet. Während die Filmindustrie in der Vergangenheit oft versagt hat, trans Identitäten genau und respektvoll darzustellen, gibt es mittlerweile eine wachsende Anzahl von Filmen, die authentische und nuancierte Darstellungen bieten. Der Fortschritt in der Repräsentation ist entscheidend für die Sichtbarkeit und das Verständnis von trans Menschen in der Gesellschaft und hat das Potenzial, positive Veränderungen in der Wahrnehmung und Behandlung von trans Personen zu bewirken.

$$R = \frac{S}{C} \tag{1}$$

wobei R die Repräsentation, S die Sichtbarkeit und C die gesellschaftlichen Konventionen darstellt. Eine höhere Sichtbarkeit führt zu einer besseren Repräsentation, was letztlich zu einer positiveren Wahrnehmung von trans Identitäten in der Gesellschaft beiträgt.

Die Notwendigkeit für eine kontinuierliche Diskussion über die Repräsentation von trans Personen im Film bleibt bestehen, und es ist entscheidend, dass Filmemacher und die Gesellschaft insgesamt sich für eine inklusive und respektvolle Darstellung einsetzen. Nur so kann eine echte Veränderung in der Wahrnehmung und Behandlung von trans Menschen erreicht werden.

Die Wirkung von Geschichten auf die Gesellschaft

Geschichten sind ein grundlegender Bestandteil der menschlichen Erfahrung und haben die Macht, das Bewusstsein und die Wahrnehmung einer Gesellschaft zu formen. Sie sind nicht nur ein Mittel zur Unterhaltung, sondern auch ein Werkzeug zur Vermittlung von Werten, Normen und Identitäten. In dieser Sektion werden wir die verschiedenen Dimensionen der Wirkung von Geschichten auf die Gesellschaft untersuchen, insbesondere im Kontext des LGBTQ-Aktivismus und der trans-Repräsentation.

Theoretische Grundlagen

Die Wirkung von Geschichten auf die Gesellschaft kann durch verschiedene theoretische Rahmenbedingungen verstanden werden. Eine der einflussreichsten Theorien in diesem Bereich ist die *Narrative Paradigm Theory* von Walter Fisher. Fisher argumentiert, dass Menschen von Natur aus Geschichtenerzähler sind und dass sie Informationen in Form von Geschichten verarbeiten. Dies bedeutet, dass Geschichten nicht nur Informationen übermitteln, sondern auch Emotionen wecken und Werte vermitteln können.

Eine weitere wichtige Theorie ist die *Social Identity Theory* von Henri Tajfel und John Turner, die besagt, dass Menschen ihre Identität stark durch die sozialen Gruppen definieren, denen sie angehören. Geschichten, die bestimmte Gruppen repräsentieren, können das Selbstbild und die gesellschaftliche Wahrnehmung dieser Gruppen beeinflussen. Dies ist besonders relevant für die LGBTQ-Community, die oft mit Stereotypen und Vorurteilen konfrontiert ist.

Gesellschaftliche Probleme und Herausforderungen

Die Repräsentation von LGBTQ-Personen in Geschichten ist nicht immer positiv. Oft sind trans-Personen in den Medien Opfer von Klischees und negativen Darstellungen, die zu einem verzerrten Bild der Realität führen. Diese Darstellungen können Diskriminierung und Vorurteile verstärken und das Leben von LGBTQ-Personen erheblich beeinflussen.

Ein Beispiel hierfür ist die häufige Darstellung von trans-Personen als tragische Figuren oder als Objekte des Spotts. Solche Darstellungen können das gesellschaftliche Verständnis von Geschlechtsidentität und -vielfalt negativ beeinflussen und zu einer weiteren Marginalisierung dieser Gruppen führen. Es ist daher entscheidend, dass Geschichten, die trans-Personen darstellen, authentisch und differenziert sind.

Positive Auswirkungen von Geschichten

Auf der anderen Seite haben Geschichten auch das Potenzial, positive Veränderungen in der Gesellschaft herbeizuführen. Sie können Empathie und Verständnis fördern und dazu beitragen, Vorurteile abzubauen. Filme und Dokumentationen, die trans-Geschichten erzählen, können dazu beitragen, das Bewusstsein für die Herausforderungen zu schärfen, mit denen trans-Personen konfrontiert sind, und die Vielfalt der menschlichen Erfahrung zu feiern.

Ein herausragendes Beispiel ist der Film *Framing Agnes*, der die Geschichten historischer trans-Personen aufgreift und sie in einen modernen Kontext stellt.

Der Film zeigt nicht nur die Kämpfe, sondern auch die Triumphe dieser Personen und bietet der LGBTQ-Community eine Plattform, um ihre Stimmen zu erheben. Die positive Resonanz auf diesen Film verdeutlicht, wie Geschichten das Potenzial haben, gesellschaftliche Diskurse zu verändern und die Sichtbarkeit von marginalisierten Gruppen zu erhöhen.

Die Rolle der Medien

Die Medien spielen eine entscheidende Rolle bei der Verbreitung von Geschichten und der Formung von gesellschaftlichen Narrativen. Mit dem Aufstieg von sozialen Medien haben Individuen und Gemeinschaften die Möglichkeit, ihre eigenen Geschichten zu erzählen und eine breitere Öffentlichkeit zu erreichen. Plattformen wie Instagram, TikTok und YouTube ermöglichen es LGBTQ-Personen, ihre Erfahrungen zu teilen und eine Community zu bilden, die Unterstützung und Sichtbarkeit bietet.

Diese neuen Formen des Geschichtenerzählens sind besonders wichtig, da sie es ermöglichen, authentische Stimmen zu präsentieren, die oft in traditionellen Medien unterrepräsentiert sind. Sie fördern eine breitere Diskussion über Geschlechtsidentität und -darstellung und tragen dazu bei, die gesellschaftliche Akzeptanz zu erhöhen.

Schlussfolgerung

Zusammenfassend lässt sich sagen, dass Geschichten eine tiefgreifende Wirkung auf die Gesellschaft haben können. Sie sind nicht nur ein Spiegel der Realität, sondern auch ein Werkzeug zur Veränderung. Im Kontext des LGBTQ-Aktivismus ist es entscheidend, dass Geschichten, die trans-Personen darstellen, authentisch und vielfältig sind. Nur durch eine ehrliche und differenzierte Darstellung kann das Verständnis und die Akzeptanz für trans-Personen in der Gesellschaft gefördert werden. Die Herausforderung besteht darin, weiterhin Plattformen zu schaffen, die diese Geschichten erzählen und die Stimmen derjenigen stärken, die oft übersehen werden. Die Kraft der Geschichten liegt in ihrer Fähigkeit, das Herz und den Verstand der Menschen zu erreichen und somit einen nachhaltigen Einfluss auf die Gesellschaft auszuüben.

Einführung in Chase Joynt

Chase Joynt ist ein herausragender LGBTQ-Aktivist, Filmemacher und Akademiker, dessen Werk und Einfluss in der trans* Community sowie in der breiteren Gesellschaft von großer Bedeutung sind. Geboren in einer Zeit, in der die Sichtbarkeit und Repräsentation von trans* Personen in den Medien stark limitiert waren, hat Joynt es sich zur Aufgabe gemacht, diese Narrative zu verändern und eine Plattform für trans* Geschichten zu schaffen. Seine Filme und Projekte sind nicht nur Ausdruck seiner eigenen Erfahrungen, sondern auch ein kraftvolles Werkzeug zur Förderung des Verständnisses und der Akzeptanz von trans* Identitäten.

Joynts Ansatz zur Filmemacherei ist tief verwurzelt in der Überzeugung, dass Geschichten transformative Kräfte besitzen. Er glaubt, dass die Art und Weise, wie Geschichten erzählt werden, das Potenzial hat, gesellschaftliche Normen zu hinterfragen und zu verändern. In seinem Werk untersucht er oft die Schnittstellen von Geschlecht, Identität und Kultur und bringt so die Komplexität trans* Erfahrungen auf eine Weise zum Ausdruck, die sowohl zugänglich als auch herausfordernd ist.

Ein zentrales Element in Joynts Arbeiten ist die Thematisierung der Sichtbarkeit. Er argumentiert, dass die Sichtbarkeit von trans* Personen in den Medien nicht nur eine Frage der Repräsentation ist, sondern auch eine Frage der Gerechtigkeit. In vielen seiner Interviews und öffentlichen Auftritte hebt Joynt hervor, dass Sichtbarkeit nicht gleichbedeutend mit Akzeptanz ist. Während die Medienlandschaft in den letzten Jahren einige Fortschritte gemacht hat, bleibt die Darstellung von trans* Personen oft stereotyp und eindimensional. Joynt fordert daher eine differenzierte und nuancierte Darstellung, die die Vielfalt und die Komplexität der trans* Erfahrungen widerspiegelt.

Ein Beispiel für Joynts Engagement in diesem Bereich ist sein Film *Framing Agnes*, der sich mit der Geschichte von trans* Personen in den 1950er Jahren auseinandersetzt. Der Film kombiniert Dokumentation und Fiktion, um die Stimmen historischer Figuren zu beleuchten, die oft in der Geschichtsschreibung ignoriert wurden. Durch diesen innovativen Ansatz gelingt es Joynt, die Zuschauer nicht nur über die Vergangenheit aufzuklären, sondern auch eine Diskussion über die gegenwärtigen Herausforderungen zu initiieren, mit denen die trans* Community konfrontiert ist.

Die Herausforderungen, denen Joynt in seiner Karriere gegenübersteht, sind vielfältig. Als trans* Filmemacher sieht er sich oft mit Vorurteilen und Diskriminierung konfrontiert, sowohl in der Filmindustrie als auch in der Gesellschaft insgesamt. Diese Erfahrungen prägen nicht nur seine Arbeit, sondern auch seine Perspektive auf den Aktivismus. Joynt erkennt, dass der Kampf um Sichtbarkeit und Akzeptanz nicht nur durch Kunst, sondern auch durch direkte politische Aktionen und Gemeinschaftsbildung unterstützt werden muss.

Zusammenfassend lässt sich sagen, dass Chase Joynt eine zentrale Figur im LGBTQ-Aktivismus ist, die durch ihre kreative Arbeit und ihr Engagement für trans* Rechte einen bedeutenden Einfluss auf die Gesellschaft ausübt. Seine Filme sind nicht nur Kunstwerke, sondern auch wichtige Beiträge zur Diskussion über Geschlecht und Identität. Joynts Fähigkeit, persönliche und historische Narrative zu verweben, schafft einen Raum für Dialog und Verständnis, der für die trans* Community und darüber hinaus von entscheidender Bedeutung ist. In einer Welt, die oft von Missverständnissen und Vorurteilen geprägt ist, bietet Joynts Arbeit einen Lichtblick und eine Hoffnung auf Veränderung.

Die Herausforderungen des Lebens als LGBTQ-Person

Das Leben als LGBTQ-Person ist oft mit einer Vielzahl von Herausforderungen verbunden, die sowohl auf individueller als auch auf gesellschaftlicher Ebene auftreten. Diese Herausforderungen können in verschiedene Kategorien unterteilt werden, darunter soziale, psychologische und wirtschaftliche Aspekte. Es ist wichtig, diese Herausforderungen zu verstehen, um die Erfahrungen von LGBTQ-Personen umfassend zu würdigen und um die Notwendigkeit von Aktivismus und Unterstützung in diesen Bereichen zu erkennen.

Soziale Herausforderungen

Eine der größten Herausforderungen für LGBTQ-Personen ist die soziale Stigmatisierung. Diese Stigmatisierung kann sich in Form von Diskriminierung, Mobbing und Ausgrenzung manifestieren. Studien zeigen, dass LGBTQ-Jugendliche ein höheres Risiko haben, Opfer von Mobbing in Schulen zu werden, was zu ernsthaften psychischen Problemen führen kann. Laut einer Umfrage von GLSEN (Gay, Lesbian & Straight Education Network) berichten 70% der LGBTQ-Schüler von Diskriminierung aufgrund ihrer sexuellen Orientierung oder Geschlechtsidentität in Schulen.

Diese sozialen Herausforderungen können auch in der Familie beginnen. Viele LGBTQ-Personen erleben Ablehnung oder Unverständnis von Familienmitgliedern, was zu einem Gefühl der Isolation führen kann. Die Theorie der sozialen Identität, die von Henri Tajfel und John Turner entwickelt wurde, legt nahe, dass die Zugehörigkeit zu einer bestimmten Gruppe (in diesem Fall der LGBTQ-Community) einen erheblichen Einfluss auf das Selbstwertgefühl hat. Wenn diese Zugehörigkeit jedoch von der Gesellschaft oder der Familie nicht anerkannt wird, kann dies zu einem Verlust des Selbstwertgefühls führen.

Psychologische Herausforderungen

Die psychologischen Herausforderungen sind oft eine direkte Folge der sozialen Stigmatisierung. LGBTQ-Personen haben ein höheres Risiko für psychische Erkrankungen wie Depressionen, Angststörungen und posttraumatische Belastungsstörungen. Eine Studie der American Psychological Association (APA) hat gezeigt, dass LGBTQ-Jugendliche fünfmal häufiger Selbstmordversuche unternehmen als ihre heterosexuellen Altersgenossen.

Die Theorie der Minderheitenstress, die von Ilan Meyer formuliert wurde, besagt, dass die Diskriminierung und Stigmatisierung, die LGBTQ-Personen erleben, zu einem chronischen Stress führen kann, der sich negativ auf die psychische Gesundheit auswirkt. Meyer identifiziert drei Hauptquellen des Minderheitenstresses: externe Stigmatisierung, interne Stigmatisierung und die Erfahrung von Gewalt. Diese Stressfaktoren können zu einem Teufelskreis führen, in dem das psychische Wohlbefinden weiter beeinträchtigt wird.

Wirtschaftliche Herausforderungen

Wirtschaftliche Herausforderungen sind ebenfalls ein bedeutendes Problem für viele LGBTQ-Personen. Diskriminierung am Arbeitsplatz ist weit verbreitet, und viele LGBTQ-Personen berichten von unfairer Behandlung, geringeren Löhnen und sogar Entlassungen aufgrund ihrer sexuellen Orientierung oder Geschlechtsidentität. Laut einer Umfrage von HRC (Human Rights Campaign) geben 46% der LGBTQ-Arbeitnehmer an, dass sie am Arbeitsplatz nicht offen über ihre Identität sprechen können, aus Angst vor negativen Konsequenzen.

Diese wirtschaftlichen Herausforderungen können sich auch auf den Zugang zu Gesundheitsversorgung auswirken. LGBTQ-Personen haben oft Schwierigkeiten, qualitativ hochwertige Gesundheitsdienste zu finden, die auf ihre spezifischen Bedürfnisse eingehen. Die Diskriminierung im Gesundheitswesen kann dazu führen, dass viele LGBTQ-Personen notwendige medizinische Behandlungen vermeiden, was zu einem schlechteren Gesundheitszustand führt.

Beispiele aus dem Leben

Ein Beispiel für die Herausforderungen, mit denen LGBTQ-Personen konfrontiert sind, ist die Geschichte von Billy Lee, einem trans Mann, der in einer konservativen Stadt aufwuchs. Billy berichtete von einer schwierigen Kindheit, in der er aufgrund seiner Geschlechtsidentität von seinen Mitschülern gemobbt wurde. Seine Familie konnte seine Identität nicht akzeptieren, was zu einem Gefühl der Isolation führte. Trotz dieser Herausforderungen fand Billy schließlich

Unterstützung in einer LGBTQ-Community-Gruppe, die ihm half, seine Identität zu akzeptieren und für seine Rechte zu kämpfen.

Ein weiteres Beispiel ist die Erfahrung von Maria, einer lesbischen Frau, die nach ihrer Offenbarung gegenüber ihrer Familie aus dem Haus geworfen wurde. Maria kämpfte mit psychischen Problemen, fand jedoch Trost und Unterstützung in einer lokalen LGBTQ-Organisation, die ihr half, eine neue Gemeinschaft zu finden und ihre Karriere als Künstlerin zu verfolgen.

Fazit

Die Herausforderungen des Lebens als LGBTQ-Person sind vielschichtig und erfordern ein tiefes Verständnis der sozialen, psychologischen und wirtschaftlichen Faktoren, die zu diesen Erfahrungen beitragen. Durch die Anerkennung und das Bewusstsein für diese Herausforderungen können Gesellschaften und Gemeinschaften effektiver Unterstützung bieten und aktiv an der Bekämpfung von Diskriminierung und Stigmatisierung arbeiten. Der Aktivismus, der sich für die Rechte und die Sichtbarkeit von LGBTQ-Personen einsetzt, ist entscheidend, um eine gerechtere und inklusivere Gesellschaft zu schaffen.

Die Verbindung zwischen Kunst und Aktivismus

Kunst und Aktivismus sind zwei Bereiche, die oft miteinander verwoben sind und sich gegenseitig beeinflussen. Kunst dient nicht nur als Ausdrucksform, sondern auch als kraftvolles Werkzeug für sozialen Wandel. Der Akt des Schaffens kann als eine Form des Widerstands gegen Unterdrückung und Ungerechtigkeit gesehen werden. In dieser Sektion werden wir die theoretischen Grundlagen der Verbindung zwischen Kunst und Aktivismus untersuchen, Probleme, die in diesem Zusammenspiel auftreten können, sowie Beispiele für erfolgreiche Initiativen.

Theoretische Grundlagen

Die Verbindung zwischen Kunst und Aktivismus kann durch verschiedene theoretische Ansätze beleuchtet werden. Eine prominente Theorie ist die *Kunst als Widerstand*-Theorie, die besagt, dass Kunst eine Möglichkeit ist, soziale und politische Missstände anzuprangern. Diese Theorie wird von vielen Künstlern und Aktivisten unterstützt, die glauben, dass Kunst nicht nur ästhetisch, sondern auch politisch sein sollte.

Ein weiterer wichtiger theoretischer Rahmen ist die *Critical Art Theory*, die sich mit der Rolle der Kunst in der Gesellschaft auseinandersetzt. Diese Theorie argumentiert, dass Kunst eine kritische Funktion erfüllt, indem sie bestehende gesellschaftliche Normen hinterfragt und alternative Perspektiven bietet. In diesem Kontext wird Kunst zu einem Medium, das nicht nur zur Reflexion anregt, sondern auch Handlungsimpulse erzeugt.

Probleme in der Verbindung

Trotz der positiven Aspekte der Verbindung zwischen Kunst und Aktivismus gibt es auch Herausforderungen. Eine der größten Herausforderungen ist die *Kommerzialisierung* der Kunst. In einer Welt, in der Kunst oft als Produkt betrachtet wird, kann es schwierig sein, die authentischen Botschaften des Aktivismus zu vermitteln. Künstler stehen oft unter Druck, kommerziell erfolgreiche Werke zu schaffen, was zu einer Verwässerung ihrer politischen Botschaften führen kann.

Ein weiteres Problem ist die *Zugänglichkeit* von Kunst. Oft sind Kunstwerke und kulturelle Veranstaltungen nicht für alle zugänglich, insbesondere für marginalisierte Gemeinschaften. Dies kann dazu führen, dass die Stimmen derjenigen, die am meisten von sozialem Wandel profitieren könnten, nicht gehört werden. Die Herausforderung besteht darin, Kunst so zu gestalten, dass sie inklusiv und zugänglich ist, um eine breitere Wirkung zu erzielen.

Beispiele erfolgreicher Initiativen

Es gibt zahlreiche Beispiele für erfolgreiche Verbindungen zwischen Kunst und Aktivismus. Ein herausragendes Beispiel ist die *AIDS-Aktivismusbewegung* der 1980er Jahre, die durch Kunst und Performance stark geprägt war. Künstler wie Keith Haring und David Wojnarowicz nutzten ihre Kunst, um auf die AIDS-Krise aufmerksam zu machen und soziale Veränderungen zu fordern. Ihre Werke wurden zu Symbolen des Widerstands und trugen dazu bei, das Bewusstsein für die Epidemie zu schärfen.

Ein weiteres Beispiel ist die *Street Art*-Bewegung, die oft als Form des Aktivismus betrachtet wird. Künstler wie Banksy verwenden Straßenkunst, um gesellschaftliche Missstände zu kommentieren und zum Nachdenken anzuregen. Diese Form der Kunst erreicht oft ein breiteres Publikum, da sie im öffentlichen Raum sichtbar ist und Menschen in ihrem Alltag anspricht.

Zusätzlich können Film und Dokumentation als kraftvolle Formen des Aktivismus betrachtet werden. Filme wie *Framing Agnes* von Chase Joynt bieten nicht nur Unterhaltung, sondern auch eine Plattform für Diskussionen über Geschlechtsidentität und soziale Gerechtigkeit. Solche Werke fördern das

Verständnis und die Empathie für marginalisierte Gemeinschaften und tragen dazu bei, gesellschaftliche Normen zu hinterfragen.

Fazit

Die Verbindung zwischen Kunst und Aktivismus ist komplex und vielschichtig. Kunst hat das Potenzial, soziale Veränderungen herbeizuführen, indem sie Bewusstsein schafft, Diskussionen anregt und Menschen mobilisiert. Dennoch müssen Künstler und Aktivisten sich den Herausforderungen stellen, die mit dieser Verbindung einhergehen, um sicherzustellen, dass ihre Botschaften authentisch und zugänglich bleiben. Durch die Erforschung und Förderung dieser Verbindung können wir eine inklusivere und gerechtere Gesellschaft schaffen, in der Kunst als Katalysator für sozialen Wandel fungiert.

Die Notwendigkeit von Sichtbarkeit

Die Sichtbarkeit von LGBTQ-Personen ist ein zentrales Thema im Aktivismus und in der Gesellschaft. Sie spielt eine entscheidende Rolle bei der Schaffung von Verständnis, Akzeptanz und Unterstützung für die vielfältigen Identitäten innerhalb der LGBTQ-Community. Sichtbarkeit kann als ein zweischneidiges Schwert betrachtet werden: Sie kann sowohl positive als auch negative Auswirkungen haben, abhängig von den Kontexten, in denen sie stattfindet.

Theoretischer Rahmen

Die Theorie der sozialen Identität, die von Henri Tajfel und John Turner in den 1970er Jahren entwickelt wurde, bietet einen nützlichen Rahmen zur Analyse der Notwendigkeit von Sichtbarkeit. Diese Theorie postuliert, dass Individuen ihre Identität stark durch die Zugehörigkeit zu sozialen Gruppen definieren. Für LGBTQ-Personen bedeutet dies, dass die Sichtbarkeit ihrer Identität nicht nur ihre persönliche Erfahrung beeinflusst, sondern auch die Wahrnehmung und das Verhalten der Gesellschaft gegenüber ihrer Gruppe.

Positive Auswirkungen der Sichtbarkeit

Sichtbarkeit kann die Wahrnehmung von LGBTQ-Personen in der Gesellschaft erheblich verändern. Wenn LGBTQ-Personen in den Medien, in der Politik und in sozialen Bewegungen sichtbar sind, fördert dies das Verständnis und die Akzeptanz. Ein Beispiel hierfür ist die Darstellung von LGBTQ-Charakteren in beliebten Fernsehserien und Filmen. Serien wie *Pose* und *Schitt's Creek* haben dazu beigetragen, stereotype Darstellungen zu hinterfragen und eine breitere Akzeptanz für LGBTQ-Themen zu fördern.

Darüber hinaus hat die Sichtbarkeit von LGBTQ-Personen in Führungspositionen und als öffentliche Figuren einen direkten Einfluss auf die Gesellschaft. Prominente wie Ellen DeGeneres und RuPaul haben durch ihre öffentliche Präsenz und ihre Erfolge dazu beigetragen, die Akzeptanz von LGBTQ-Personen zu erhöhen und Vorurteile abzubauen. Ihre Sichtbarkeit hat viele Menschen inspiriert, ihre eigene Identität zu akzeptieren und sich für ihre Rechte einzusetzen.

Negative Aspekte der Sichtbarkeit

Trotz der positiven Aspekte kann Sichtbarkeit auch negative Konsequenzen haben. LGBTQ-Personen, die sich outen oder in der Öffentlichkeit sichtbar sind, können Diskriminierung, Belästigung und Gewalt ausgesetzt sein. Diese Risiken sind besonders hoch für trans und nicht-binäre Personen, die oft mit Vorurteilen und Missverständnissen konfrontiert sind.

Ein Beispiel für die Gefahren der Sichtbarkeit ist die Berichterstattung über trans-Personen in den Medien, die häufig sensationalisiert oder stereotypisiert wird. Solche Darstellungen können nicht nur schädlich für die betroffenen Individuen sein, sondern auch das öffentliche Verständnis von Transidentitäten verzerren. Die Berichterstattung über Gewalt gegen trans-Personen hat in den letzten Jahren zugenommen, was die Gefahren und Herausforderungen, denen diese Gemeinschaft gegenübersteht, verstärkt.

Die Rolle der Kunst im Aktivismus

Die Kunst spielt eine entscheidende Rolle bei der Schaffung von Sichtbarkeit für LGBTQ-Personen. Künstler und Filmemacher wie Chase Joynt nutzen ihre Plattformen, um trans Geschichten zu erzählen und die Vielfalt der LGBTQ-Identitäten zu repräsentieren. Durch Filme, Dokumentationen und andere kreative Ausdrucksformen können sie die Herausforderungen und Erfolge ihrer Gemeinschaft sichtbar machen und das Bewusstsein für wichtige Themen schärfen.

Ein Beispiel für diesen Einfluss ist der Film *Framing Agnes*, der nicht nur trans Geschichten erzählt, sondern auch historische Figuren und deren Kämpfe um Sichtbarkeit und Akzeptanz in den Mittelpunkt stellt. Solche Projekte tragen zur Entstigmatisierung von LGBTQ-Personen bei und fördern das Verständnis für die Komplexität ihrer Erfahrungen.

Fazit

Die Notwendigkeit von Sichtbarkeit in der LGBTQ-Community ist unbestreitbar. Sie ist ein entscheidender Faktor für die Schaffung von Verständnis, Akzeptanz und Unterstützung. Gleichzeitig ist es wichtig, die Herausforderungen und Risiken zu erkennen, die mit dieser Sichtbarkeit verbunden sind. Kunst und Aktivismus spielen eine zentrale Rolle bei der Förderung einer positiven Sichtbarkeit, die nicht nur die Stimmen von LGBTQ-Personen stärkt, sondern auch einen sicheren Raum für deren Geschichten schafft. In einer Welt, in der Sichtbarkeit oft mit Risiken verbunden ist, bleibt die Forderung nach mehr Sichtbarkeit und Repräsentation von LGBTQ-Personen ein zentrales Anliegen des Aktivismus.

Zielsetzung dieser Biografie

Die vorliegende Biografie über Chase Joynt verfolgt mehrere zentrale Zielsetzungen, die sowohl die individuelle Lebensgeschichte als auch die breitere gesellschaftliche Bedeutung von LGBTQ-Aktivismus und trans-Repräsentation im Film umfassen. Diese Zielsetzungen sind entscheidend, um das Verständnis für die Rolle von Kunst und Aktivismus in der modernen Gesellschaft zu vertiefen und die Herausforderungen zu beleuchten, denen LGBTQ-Personen gegenüberstehen. Im Folgenden werden die Hauptziele dieser Biografie detailliert erläutert.

Dokumentation der Lebensgeschichte

Ein zentrales Ziel dieser Biografie ist die umfassende Dokumentation der Lebensgeschichte von Chase Joynt. Durch die Erfassung seiner Kindheit, Bildung, Karriere und persönlichen Herausforderungen wird ein facettenreiches Bild seiner Identität und seines Werdegangs gezeichnet. Diese Dokumentation ist nicht nur für die Nachwelt von Bedeutung, sondern bietet auch eine wertvolle Perspektive auf die Erfahrungen eines trans Filmemachers in einer oft marginalisierten Gemeinschaft. Es wird angestrebt, Joynts Weg als eine inspirierende Erzählung zu präsentieren, die andere ermutigen kann, ihre eigene Identität zu leben und aktiv zu werden.

Aufklärung über trans-Themen

Ein weiteres wichtiges Ziel dieser Biografie ist die Aufklärung über trans-Themen und die Herausforderungen, mit denen trans-Personen konfrontiert sind. Durch die Analyse von Joynts Erfahrungen und seinem Aktivismus wird die Biografie dazu beitragen, Missverständnisse und Vorurteile abzubauen. Es wird darauf hingewiesen, dass die Sichtbarkeit von trans-Personen in den Medien und in der Gesellschaft von entscheidender Bedeutung ist, um ein besseres Verständnis und mehr Akzeptanz zu fördern. Die Biografie wird aktuelle Statistiken und Studien einbeziehen, um die Notwendigkeit von Aufklärung und Sensibilisierung zu unterstreichen.

Untersuchung der Verbindung zwischen Film und Aktivismus

Ein weiteres Ziel ist die Untersuchung der Verbindung zwischen Film und Aktivismus. Chase Joynt nutzt das Medium Film nicht nur als Kunstform, sondern auch als Werkzeug für sozialen Wandel. Diese Biografie wird die Rolle von Filmen, insbesondere von Joynts Werk „Framing Agnes", analysieren und deren Einfluss auf die Wahrnehmung von trans-Themen in der Gesellschaft beleuchten. Theoretische Ansätze, wie die von Judith Butler über Geschlecht und Performativität, werden herangezogen, um zu zeigen, wie Kunst als Plattform für Aktivismus fungieren kann.

$$\text{Aktivismus} \propto \text{Sichtbarkeit} \times \text{Repräsentation} \qquad (2)$$

Diese Gleichung verdeutlicht, dass der Erfolg von Aktivismus in der LGBTQ-Community stark von der Sichtbarkeit und der Repräsentation in den Medien abhängt. Joynts Filme tragen zur Sichtbarkeit bei und fördern die Diskussion über Geschlechtsidentität, was zu einer breiteren gesellschaftlichen Akzeptanz führt.

Reflexion über gesellschaftliche Herausforderungen

Ein weiteres Ziel dieser Biografie ist die Reflexion über die gesellschaftlichen Herausforderungen, mit denen LGBTQ-Personen konfrontiert sind. Die Biografie wird die bestehenden Diskriminierungen, Vorurteile und sozialen Barrieren thematisieren, die Joynt und andere trans-Personen erlebt haben. Dies geschieht im Kontext der aktuellen politischen und sozialen Landschaft, in der LGBTQ-Rechte weiterhin umkämpft sind. Die Biografie wird auch auf die Fortschritte eingehen, die gemacht wurden, sowie auf die Herausforderungen, die noch bestehen.

Inspiration für zukünftige Generationen

Schließlich zielt diese Biografie darauf ab, zukünftige Generationen von LGBTQ-Aktivisten und Künstlern zu inspirieren. Durch die Darstellung von Joynts Weg, seiner Erfolge und der Lektionen, die er auf seinem Weg gelernt hat, wird ein ermutigendes Beispiel geschaffen. Die Biografie wird betonen, wie wichtig es ist, die eigene Stimme zu finden und sich für die Rechte der eigenen Gemeinschaft einzusetzen. Die Ermutigung zur aktiven Teilnahme an der Gesellschaft und zur Nutzung von Kunst als Ausdrucksform wird als zentraler Bestandteil dieser Zielsetzung betrachtet.

Zusammenfassend lässt sich sagen, dass die Zielsetzungen dieser Biografie eine umfassende und vielschichtige Betrachtung von Chase Joynts Leben, seiner Kunst und seines Aktivismus darstellen. Durch die Dokumentation seiner Erfahrungen, die Aufklärung über trans-Themen, die Untersuchung der Verbindung zwischen Film und Aktivismus, die Reflexion über gesellschaftliche Herausforderungen und die Inspiration für zukünftige Generationen wird diese Biografie zu einem wertvollen Beitrag zur LGBTQ-Literatur und zur Förderung von Sichtbarkeit und Akzeptanz in der Gesellschaft.

Ein Überblick über das Leben von Chase Joynt

Chase Joynt ist ein herausragender Filmemacher, Akademiker und Aktivist, dessen Leben und Werk eine bedeutende Rolle in der LGBTQ-Community spielen. Geboren in einer Zeit, in der trans-Repräsentation in den Medien stark unterrepräsentiert war, hat Joynt seine Stimme und sein Talent genutzt, um Sichtbarkeit und Verständnis für trans-Personen zu schaffen. Seine Reise ist nicht nur eine persönliche, sondern auch ein Spiegelbild der Herausforderungen und Errungenschaften der LGBTQ-Bewegung.

Frühes Leben und Identität

Joynt wurde in einer multikulturellen Familie geboren, die ihn von klein auf dazu ermutigte, seine Identität zu erforschen. Die frühen Jahre waren geprägt von der Suche nach Zugehörigkeit und dem Verständnis seiner Geschlechtsidentität. Diese Erfahrungen führten zu einem tiefen Bewusstsein für die Herausforderungen, die viele LGBTQ-Personen in einer oft feindlichen Gesellschaft erleben.

Die Bedeutung von Unterstützung durch Familie und Freunde kann nicht genug betont werden. Joynt fand Rückhalt in seinem sozialen Umfeld, was ihm half, seine Identität zu akzeptieren und die ersten Schritte in den Aktivismus zu wagen. In dieser Phase seines Lebens begann er, sich mit der Filmkunst auseinanderzusetzen, was ihm eine Plattform bot, um seine Erfahrungen und die seiner Community zu teilen.

Akademische Laufbahn und erste filmische Schritte

Joynt entschied sich, Film und Medien zu studieren, was den Grundstein für seine Karriere legte. An der Universität traf er auf inspirierende Professoren und Mentoren, die seine Leidenschaft für das Geschichtenerzählen und den Aktivismus förderten. Während seines Studiums entwickelte er eine kritische Perspektive auf die Darstellung von Geschlecht und Identität in den Medien und begann, eigene filmische Projekte zu realisieren.

Sein erster Kurzfilm, der sich mit trans-Themen auseinandersetzte, erhielt positive Kritiken und eröffnete ihm Türen zu Filmfestivals und der LGBTQ-Community. Diese frühen Arbeiten waren geprägt von der Suche nach einer authentischen Stimme und dem Wunsch, das Narrativ über trans-Personen zu verändern. Joynt stellte fest, dass Film nicht nur ein kreatives Medium, sondern auch ein Werkzeug für sozialen Wandel ist.

Durchbruch mit „Framing Agnes"

Der entscheidende Wendepunkt in Joynts Karriere kam mit dem Projekt „Framing Agnes". Dieser Film kombiniert Dokumentation und Fiktion, um die Geschichten von trans-Pionieren des 20. Jahrhunderts zu beleuchten. Joynt nutzte historische Figuren, um die Komplexität von Geschlechtsidentität und -darstellung zu erforschen. Der Film wurde auf verschiedenen Festivals gefeiert und löste bedeutende Diskussionen über die Repräsentation von trans-Personen in den Medien aus.

Die Reaktionen auf „Framing Agnes" waren überwältigend positiv. Der Film wurde nicht nur für seine innovative Erzählweise gelobt, sondern auch für seine Fähigkeit, das Publikum zum Nachdenken über die Herausforderungen und Errungenschaften der trans-Community zu bewegen. Joynt stellte fest, dass die Verbindung von Humor und ernsthaften Themen eine kraftvolle Methode ist, um das Bewusstsein zu schärfen und Empathie zu fördern.

Aktivismus und gesellschaftlicher Einfluss

Neben seiner filmischen Karriere engagiert sich Joynt aktiv in der LGBTQ-Community. Er nimmt an Protesten und Veranstaltungen teil, um auf die Bedürfnisse und Herausforderungen von trans-Personen aufmerksam zu machen. Seine Arbeit in der Bildung und Aufklärung über trans-Themen hat dazu beigetragen, das Verständnis in der breiteren Gesellschaft zu fördern und Vorurteile abzubauen.

Die Rolle von sozialen Medien im Aktivismus ist für Joynt von großer Bedeutung. Er nutzt Plattformen, um seine Botschaften zu verbreiten, Informationen zu teilen und eine Gemeinschaft von Unterstützern zu mobilisieren. Diese digitale Präsenz hat es ihm ermöglicht, mit einer jüngeren Generation von Aktivisten in Kontakt zu treten und deren Anliegen zu unterstützen.

Persönliche Herausforderungen und Reflexion

Trotz seines Erfolges hatte Joynt mit persönlichen Herausforderungen zu kämpfen, die oft mit seiner Identität und der Gesellschaft, in der er lebt, verbunden sind. Diskriminierung und Vorurteile sind ständige Begleiter, und der Umgang mit diesen Herausforderungen erfordert Stärke und Resilienz. Joynt hat jedoch gelernt, diese Erfahrungen in seine Kunst einfließen zu lassen, was seine Arbeit noch authentischer und kraftvoller macht.

In der Reflexion über sein Leben betont Joynt die Bedeutung von Selbstfürsorge und der Unterstützung durch die Community. Er sieht sich selbst nicht nur als Künstler, sondern auch als Vorbild für andere junge LGBTQ-Personen. Seine Verantwortung als Künstler umfasst die Förderung von Sichtbarkeit und die Schaffung eines Raums für Dialog und Verständnis.

Fazit

Chase Joynts Leben ist ein inspirierendes Beispiel für die Kraft von Kunst und Aktivismus. Sein Engagement für die trans-Community und seine Fähigkeit, Geschichten zu erzählen, die sowohl berühren als auch herausfordern, machen ihn zu einer Schlüsselfigur in der modernen LGBTQ-Bewegung. Durch seine Arbeit hat er nicht nur die Wahrnehmung von trans-Personen in den Medien verändert, sondern auch einen bleibenden Einfluss auf die Gesellschaft und zukünftige Generationen von Aktivisten hinterlassen. Joynts Reise ist ein Beweis dafür, dass Sichtbarkeit und Repräsentation entscheidend sind, um Veränderungen herbeizuführen und die Stimmen der Marginalisierten zu stärken.

Frühes Leben und Bildung

Kindheit und Jugend

Geburtsort und familiärer Hintergrund

Chase Joynt wurde in der Stadt Toronto, Kanada, geboren. Diese Metropole ist bekannt für ihre kulturelle Vielfalt und ihre offene Haltung gegenüber verschiedenen Identitäten. Toronto hat sich im Laufe der Jahre zu einem wichtigen Zentrum für LGBTQ-Aktivismus entwickelt, was für Joynts späteren Werdegang von großer Bedeutung war. Die Stadt bietet eine reiche Geschichte von sozialen Bewegungen, die sich für die Rechte von LGBTQ-Personen einsetzen, und stellt einen idealen Hintergrund für die Entfaltung seiner Identität und künstlerischen Vision dar.

Familiärer Hintergrund

Joynt wuchs in einer Familie auf, die von einer Mischung aus kulturellen Einflüssen geprägt war. Seine Eltern stammten aus unterschiedlichen ethnischen Hintergründen, was zu einer dynamischen und facettenreichen Erziehung führte. Diese multikulturelle Umgebung förderte frühzeitig ein Bewusstsein für Diversität und die Herausforderungen, die mit verschiedenen Identitäten verbunden sind.

Einfluss der Familie Die Unterstützung seiner Familie spielte eine entscheidende Rolle in Joynts Entwicklung. Besonders bemerkenswert ist die Offenheit seiner Eltern, die ihm ermöglichte, seine Geschlechtsidentität zu erkunden und auszudrücken. Diese Unterstützung war nicht immer selbstverständlich, da viele LGBTQ-Personen in ihren Familien auf Ablehnung stoßen. Joynt hatte das Glück, in einem Umfeld zu wachsen, in dem er ermutigt wurde, seine wahre Identität zu leben.

Frühe Erfahrungen mit Geschlechtsidentität In seiner Kindheit erlebte Joynt erste Auseinandersetzungen mit Geschlechtsidentität. Diese Erfahrungen waren geprägt von Verwirrung und dem Streben nach Akzeptanz. Die Möglichkeit, in einer unterstützenden Umgebung zu leben, half ihm jedoch, diese Herausforderungen zu meistern. Er begann, sich aktiv mit den Themen Geschlecht und Identität auseinanderzusetzen, was sich später in seinem künstlerischen Schaffen widerspiegelte.

Kulturelle Einflüsse und Inspirationen Joynts familiärer Hintergrund war nicht nur eine Quelle der Unterstützung, sondern auch eine Quelle der Inspiration. Die kulturellen Traditionen seiner Familie und die Geschichten, die ihm erzählt wurden, prägten sein Verständnis von Identität. Diese Einflüsse führten dazu, dass er ein tiefes Interesse an den Geschichten anderer Menschen entwickelte, insbesondere an den Geschichten von trans und nicht-binären Individuen.

Die Rolle der Gemeinschaft Die Gemeinschaft, in der Joynt aufwuchs, spielte ebenfalls eine wichtige Rolle in seiner Entwicklung. Toronto ist bekannt für seine lebendige LGBTQ-Community, die eine Vielzahl von Ressourcen und Netzwerken bietet. Diese Gemeinschaft half ihm, Gleichgesinnte zu finden und sich mit anderen aktivistischen Stimmen zu vernetzen. Die Unterstützung durch die Gemeinschaft war entscheidend, um ein Gefühl der Zugehörigkeit und Identität zu entwickeln.

Zusammenfassung Zusammenfassend lässt sich sagen, dass Chase Joynts Geburtsort und familiärer Hintergrund maßgeblich zu seiner Entwicklung als LGBTQ-Aktivist und Filmemacher beigetragen haben. Die multikulturelle Umgebung, die Unterstützung seiner Familie und die Einflüsse der LGBTQ-Community in Toronto schufen eine Grundlage, auf der er seine künstlerischen und aktivistischen Bestrebungen aufbauen konnte. Diese frühen Erfahrungen prägen nicht nur seine persönliche Identität, sondern auch die Themen, die er in seinen Filmen behandelt.

$$\text{Identität} = f(\text{Familie, Gemeinschaft, Kultur}) \qquad (3)$$

Die Gleichung verdeutlicht, dass die Identität eines Individuums das Ergebnis einer Wechselwirkung zwischen familiären, gemeinschaftlichen und kulturellen Faktoren ist. In Joynts Fall zeigt sich, wie diese Elemente zusammenwirken, um einen einzigartigen kreativen Ausdruck zu fördern, der sowohl persönlich als auch gesellschaftlich relevant ist.

Frühe Einflüsse und Inspirationen

Die frühen Einflüsse und Inspirationen von Chase Joynt sind entscheidend für das Verständnis seiner künstlerischen und aktivistischen Entwicklung. In einer Zeit, in der trans Identitäten oft unsichtbar gemacht wurden, fand Joynt in verschiedenen Quellen der Kunst und Kultur eine Plattform, um seine Stimme zu erheben und seine Erfahrungen zu reflektieren.

Familienumfeld und kulturelle Prägung

Joynt wuchs in einem Umfeld auf, das sowohl kulturelle als auch soziale Diversität umfasste. Seine Familie, die in einer kleinen Stadt lebte, spielte eine zentrale Rolle in seiner frühen Entwicklung. Die Unterstützung seiner Eltern und Geschwister half ihm, ein Gefühl für Identität und Zugehörigkeit zu entwickeln. Diese familiären Bindungen waren nicht nur emotional, sondern auch intellektuell; die Gespräche am Esstisch über gesellschaftliche Themen und die Werte, die in seinem Elternhaus vermittelt wurden, prägten seine Sichtweise auf die Welt.

Einfluss von Medien und Kunst

Die Medien spielten eine wesentliche Rolle in Joynts Leben. Früh entdeckte er Filme und Bücher, die trans Themen behandelten. Werke wie *Paris is Burning* und *The Crying Game* eröffneten ihm neue Perspektiven und ermöglichten es ihm, sich mit den Herausforderungen und Triumphen von trans Menschen zu identifizieren. Diese Filme waren nicht nur unterhaltsam, sondern auch lehrreich und regten Diskussionen über Geschlechtsidentität und gesellschaftliche Normen an.

Literarische Inspiration

Neben dem Film war auch die Literatur eine bedeutende Inspirationsquelle. Autoren wie James Baldwin und Virginia Woolf beeinflussten Joynts Denken über Identität und Geschlecht. Baldwins Essays über Rasse und Sexualität sowie Woolfs explorative Ansätze zu Geschlechterrollen in ihren Romanen boten ihm einen tiefen Einblick in die Komplexität menschlicher Identität. Joynt erkannte, dass Geschichten Macht haben und dass das Erzählen eigener Geschichten eine Form des Widerstands gegen gesellschaftliche Normen sein kann.

Kunst als Ausdrucksform

Die Kunst wurde für Joynt zu einem wichtigen Mittel, um seine eigenen Erfahrungen zu verarbeiten und auszudrücken. Er begann, seine eigenen kreativen

Projekte zu entwickeln, die oft autobiografische Elemente enthielten. Diese frühen Arbeiten reflektierten seine Kämpfe mit der Geschlechtsidentität und die Suche nach Akzeptanz. Durch die Schaffung von Kunst konnte Joynt nicht nur seine eigene Stimme finden, sondern auch andere inspirieren, ihre Geschichten zu erzählen.

Einfluss von Community und Aktivismus

Die LGBTQ-Community hatte ebenfalls einen erheblichen Einfluss auf Joynts frühe Inspirationen. Der Kontakt zu anderen trans und queer Personen, sei es durch soziale Gruppen oder Veranstaltungen, ermutigte ihn, sich aktiv für die Rechte von LGBTQ-Personen einzusetzen. Diese Gemeinschaft bot nicht nur Unterstützung, sondern auch ein Gefühl der Zugehörigkeit, das für seine persönliche Entwicklung unerlässlich war.

Herausforderungen und Widerstände

Trotz der positiven Einflüsse gab es auch Herausforderungen. Joynt erlebte Diskriminierung und Vorurteile, die ihn oft an seiner Identität zweifeln ließen. Diese Erfahrungen führten zu einem tiefen Verständnis der gesellschaftlichen Probleme, mit denen viele trans Menschen konfrontiert sind. Sie motivierten ihn, aktiv zu werden und sich für Veränderungen einzusetzen.

Zusammenfassung

Insgesamt waren die frühen Einflüsse und Inspirationen von Chase Joynt eine Mischung aus familiärer Unterstützung, medialer Repräsentation, literarischer Erleuchtung und Gemeinschaftsengagement. Diese Elemente trugen entscheidend zu seiner Entwicklung als Künstler und Aktivist bei und legten den Grundstein für seine zukünftigen Projekte. Durch die Verbindung von persönlichen Erfahrungen mit gesellschaftlichen Themen gelang es Joynt, nicht nur seine eigene Identität zu formen, sondern auch eine Plattform für andere zu schaffen, um ihre Geschichten zu erzählen und sichtbar zu werden.

Erste Erfahrungen mit Geschlechtsidentität

Die ersten Erfahrungen mit Geschlechtsidentität sind für viele trans Personen prägend und oft mit einer Vielzahl von Herausforderungen und Entdeckungen verbunden. In diesem Abschnitt betrachten wir die frühen Erlebnisse von Chase Joynt, die ihn auf seinen Weg zur Selbstakzeptanz und zum Aktivismus führten.

Bereits in der Kindheit kann sich ein Bewusstsein für Geschlechtsidentität entwickeln, das oft in einem Spannungsfeld zwischen gesellschaftlichen Erwartungen und dem eigenen Empfinden steht. Viele Kinder erleben in dieser Phase eine Diskrepanz zwischen dem Geschlecht, das ihnen bei der Geburt zugewiesen wurde, und dem Geschlecht, mit dem sie sich identifizieren. Diese Diskrepanz kann sich in verschiedenen Formen äußern, wie etwa in der Wahl von Spielzeug, Kleidung oder im Verhalten.

Ein Beispiel hierfür ist Chase Joynts frühes Interesse an Aktivitäten, die nicht den traditionellen Geschlechterrollen entsprachen. Er fand Freude daran, sich in einer Weise auszudrücken, die von der Gesellschaft oft als "untypisch" für sein bei der Geburt zugewiesenes Geschlecht angesehen wurde. Diese Erfahrungen können sowohl befreiend als auch belastend sein. Auf der einen Seite bietet die Möglichkeit, sich authentisch auszudrücken, ein Gefühl von Zugehörigkeit und Identität. Auf der anderen Seite kann der Druck, den gesellschaftlichen Normen zu entsprechen, zu inneren Konflikten führen.

Die theoretische Grundlage für das Verständnis der Geschlechtsidentität wird oft durch die Gender-Theorie gestützt. Judith Butler, eine prominente Theoretikerin in diesem Bereich, argumentiert, dass Geschlecht nicht nur biologisch, sondern auch sozial konstruiert ist. Ihre Theorie des „Gender Performativität" besagt, dass Geschlecht durch wiederholte Handlungen und Darstellungen erzeugt wird. Dies bedeutet, dass die Art und Weise, wie sich eine Person kleidet oder verhält, nicht nur Ausdruck ihrer Identität ist, sondern auch aktiv zur Konstruktion dieser Identität beiträgt.

Ein zentrales Problem, das viele trans Personen in ihren frühen Erfahrungen mit Geschlechtsidentität konfrontiert, ist die Angst vor Ablehnung oder Diskriminierung. Diese Ängste können durch negative Erfahrungen in der Schule oder im sozialen Umfeld verstärkt werden. Chase Joynt erlebte, wie andere Kinder auf seine nonkonforme Ausdrucksweise reagierten. Mobbing und Ausgrenzung sind häufige Begleiter in der Kindheit vieler LGBTQ-Personen, und diese Erfahrungen können langfristige Auswirkungen auf das Selbstwertgefühl und die psychische Gesundheit haben.

Die Unterstützung durch Familie und Freunde spielt eine entscheidende Rolle bei der Bewältigung dieser Herausforderungen. In Chase Joynts Fall war die Unterstützung seiner Familie von großer Bedeutung. Er fand Rückhalt in Gesprächen mit seinen Eltern, die ihm halfen, seine Gefühle zu verstehen und zu akzeptieren. Diese Art von Unterstützung kann entscheidend sein, um das Selbstbewusstsein zu stärken und die Resilienz gegenüber gesellschaftlichem Druck zu fördern.

Zusätzlich zu familiärer Unterstützung können auch Peer-Gruppen und

LGBTQ-Communitys eine wichtige Rolle spielen. Der Austausch mit Gleichgesinnten kann dazu beitragen, ein Gefühl der Zugehörigkeit zu entwickeln und die eigenen Erfahrungen zu validieren. Chase Joynt fand in seiner Jugend eine Gemeinschaft, die ihm half, seine Identität zu erforschen und zu akzeptieren. Diese sozialen Netzwerke sind oft entscheidend für die Entwicklung eines positiven Selbstbildes und für die Fähigkeit, mit den Herausforderungen des Lebens als trans Person umzugehen.

Die ersten Erfahrungen mit Geschlechtsidentität sind somit komplex und vielschichtig. Sie sind geprägt von der Suche nach Selbstakzeptanz, der Auseinandersetzung mit gesellschaftlichen Normen und der Notwendigkeit, Unterstützung zu finden. Chase Joynts Weg zur Selbstidentifikation und zum Aktivismus ist ein Beispiel dafür, wie frühe Erfahrungen nicht nur die persönliche Entwicklung beeinflussen, sondern auch als Katalysator für gesellschaftlichen Wandel wirken können.

Zusammenfassend lässt sich sagen, dass die ersten Erfahrungen mit Geschlechtsidentität oft von inneren Konflikten und äußeren Herausforderungen geprägt sind. Die Kombination aus persönlicher Entdeckung, theoretischem Verständnis und sozialer Unterstützung ist entscheidend für die Entwicklung eines positiven Selbstbildes und die Fähigkeit, aktiv für die eigene Identität einzutreten. Chase Joynts Geschichte ist ein inspirierendes Beispiel dafür, wie man trotz widriger Umstände seinen eigenen Weg finden und anderen helfen kann, dasselbe zu tun.

Schulzeit und soziale Herausforderungen

Die Schulzeit ist eine entscheidende Phase im Leben eines jeden Menschen, in der sich Identität und soziale Beziehungen formen. Für viele LGBTQ-Personen, einschließlich Chase Joynt, kann diese Zeit jedoch mit besonderen Herausforderungen verbunden sein. Die Schulzeit ist nicht nur ein Ort des Lernens, sondern auch ein Mikrokosmos gesellschaftlicher Normen und Werte, die oft marginalisierende Einstellungen gegenüber Geschlechtsidentität und sexueller Orientierung widerspiegeln.

In der Schulzeit werden Kinder und Jugendliche mit den Erwartungen und Normen ihrer Umgebung konfrontiert. Diese Normen sind häufig heteronormativ und können dazu führen, dass LGBTQ-Schüler*innen das Gefühl haben, sie müssten sich anpassen oder verstecken, um akzeptiert zu werden. Die theoretische Grundlage für diese Erfahrungen kann durch die **Theorie der sozialen Identität** (Tajfel & Turner, 1979) erklärt werden, die besagt, dass Individuen ihre Identität stark durch die Gruppen definieren, denen sie angehören. In einem schulischen

Umfeld kann dies zu einem Gefühl der Isolation führen, wenn die eigene Identität nicht mit den vorherrschenden sozialen Gruppen übereinstimmt.

Ein Beispiel für die Herausforderungen, die LGBTQ-Schüler*innen in der Schule erleben können, ist die **Mobbing-Erfahrung.** Studien zeigen, dass LGBTQ-Jugendliche signifikant höhere Raten von Mobbing und Diskriminierung erfahren als ihre heterosexuellen Mitschüler*innen (McGuire et al., 2010). Diese Erfahrungen können nicht nur das psychische Wohlbefinden beeinträchtigen, sondern auch die schulischen Leistungen und die soziale Integration. Chase Joynt könnte in dieser Phase seines Lebens ähnliche Erfahrungen gemacht haben, die ihn geprägt und motiviert haben, sich für LGBTQ-Rechte und Sichtbarkeit einzusetzen.

Ein weiterer Aspekt, der in dieser Phase von Bedeutung ist, ist die **Rolle von Unterstützungssystemen.** Die Unterstützung durch Familie und Freunde kann entscheidend sein, um die Herausforderungen der Schulzeit zu bewältigen. Eine Studie von **Russell et al. (2011)** zeigt, dass LGBTQ-Jugendliche, die starke Unterstützung von ihren Familien erfahren, weniger wahrscheinlich unter psychischen Problemen leiden und eine höhere Lebensqualität aufweisen. Diese Unterstützung kann auch in Form von Mentoring-Programmen oder Schulclubs für LGBTQ-Schüler*innen kommen, die einen sicheren Raum bieten, um Identität und Erfahrungen auszutauschen.

Die Schulzeit ist auch ein Ort der Entdeckung und des Experimentierens. Für viele LGBTQ-Jugendliche ist dies die Zeit, in der sie beginnen, ihre Geschlechtsidentität zu hinterfragen und zu erkunden. Chase Joynt könnte in dieser Phase auf verschiedene Arten von Geschlechtsidentität gestoßen sein, die ihm halfen, seinen eigenen Weg zu finden. **Gender-Expansive-Theorien** (Budge et al., 2013) betonen die Vielfalt der Geschlechtsidentitäten und -ausdrücke, die in dieser Zeit entdeckt werden können. Diese Theorien unterstützen die Idee, dass Geschlechtsidentität nicht binär ist und dass es viele Wege gibt, sich selbst auszudrücken.

Die Herausforderungen in der Schule können auch Auswirkungen auf die psychische Gesundheit haben. Studien haben gezeigt, dass LGBTQ-Jugendliche ein höheres Risiko für Depressionen und Angststörungen haben (Bontempo & D'Augelli, 2002). Dies kann durch den ständigen Druck, sich anzupassen, und die Angst vor Ablehnung verstärkt werden. Chase Joynt könnte durch solche Herausforderungen motiviert worden sein, die Bedeutung von Sichtbarkeit und Repräsentation in der Kunst zu erkennen, um anderen zu helfen, die ähnliche Kämpfe durchleben.

Zusammenfassend lässt sich sagen, dass die Schulzeit für LGBTQ-Personen sowohl eine Zeit der Entdeckung als auch eine Zeit der Herausforderungen ist.

Die sozialen Dynamiken, die in Schulen herrschen, können sowohl unterstützend als auch hinderlich sein. Chase Joynts Erfahrungen in dieser Zeit könnten die Grundlage für seinen späteren Aktivismus und seine künstlerische Arbeit gelegt haben, indem sie ihn dazu inspirierten, die Sichtbarkeit und Repräsentation von LGBTQ-Geschichten in den Vordergrund zu stellen. Die Auseinandersetzung mit diesen Themen ist nicht nur für das individuelle Wachstum wichtig, sondern auch für das Verständnis der gesellschaftlichen Veränderungen, die notwendig sind, um eine inklusivere und unterstützende Umgebung für alle Schüler*innen zu schaffen.

Unterstützung durch Familie und Freunde

Die Unterstützung durch Familie und Freunde spielt eine entscheidende Rolle in der Entwicklung und dem Wohlbefinden von LGBTQ-Personen. In der frühen Lebensphase von Chase Joynt war die familiäre und soziale Unterstützung von entscheidender Bedeutung, um seine Identität zu erkennen und zu akzeptieren. Diese Unterstützung kann sich in verschiedenen Formen manifestieren, einschließlich emotionaler, praktischer und finanzieller Hilfe.

Emotionale Unterstützung

Emotionale Unterstützung ist oft der erste Schritt zur Selbstakzeptanz. Für viele LGBTQ-Personen ist es wichtig, dass ihre Familienangehörigen und Freunde sie in ihrer Identität akzeptieren. Studien zeigen, dass eine positive familiäre Reaktion auf die Offenbarung der sexuellen Orientierung oder Geschlechtsidentität das Risiko von psychischen Gesundheitsproblemen verringern kann [?]. Chase erlebte in seiner Jugend, wie wichtig es ist, dass Menschen um einen herum Verständnis und Akzeptanz zeigen. Diese emotionale Unterstützung half ihm, ein starkes Selbstwertgefühl zu entwickeln und sich in seiner Haut wohlzufühlen.

Praktische Unterstützung

Praktische Unterstützung kann in verschiedenen Formen auftreten, wie beispielsweise die Bereitstellung eines sicheren Raums, in dem sich LGBTQ-Personen frei ausdrücken können. In Chase Joynts Fall war die Unterstützung seiner Familie entscheidend, als er sich entschied, seine Geschlechtsidentität zu leben. Die Familie half ihm, einen Raum zu schaffen, in dem er sich selbst sein konnte, und bot ihm die Ressourcen, die er benötigte, um seine künstlerischen Ambitionen zu verfolgen. Diese Art der Unterstützung kann auch die finanzielle Hilfe umfassen, die es LGBTQ-Personen ermöglicht, ihre Ausbildung oder Karriere in der Kunst zu verfolgen.

Die Rolle von Freunden

Freunde spielen ebenfalls eine wesentliche Rolle in der Unterstützung von LGBTQ-Personen. Freundschaften bieten oft ein Gefühl der Zugehörigkeit und Gemeinschaft, das für die psychische Gesundheit von entscheidender Bedeutung ist. Chase fand in seinen Freunden eine Gruppe von Gleichgesinnten, die ihn in seinem kreativen Schaffen unterstützten und ihm halfen, seine Stimme als Künstler zu finden. Diese Freundschaften sind oft von großer Bedeutung, da sie ein Netzwerk von Unterstützung und Verständnis bieten, das in Zeiten von Diskriminierung und Vorurteilen von unschätzbarem Wert ist.

Herausforderungen und Probleme

Trotz der positiven Aspekte der Unterstützung durch Familie und Freunde können auch Herausforderungen auftreten. In vielen Fällen kann die Akzeptanz nicht selbstverständlich sein. LGBTQ-Personen sehen sich häufig mit Ablehnung oder Missverständnissen innerhalb ihrer eigenen Familien konfrontiert. Dies kann zu einem Gefühl der Isolation führen, das sich negativ auf das Selbstwertgefühl und die psychische Gesundheit auswirken kann. Chase erlebte in seinem Umfeld, dass nicht alle Familienmitglieder seine Identität sofort akzeptierten. Diese Herausforderungen erforderten von ihm, Resilienz zu entwickeln und Wege zu finden, um mit Ablehnung umzugehen.

Beispiele für Unterstützung

Ein Beispiel für die Unterstützung, die Chase Joynt erhielt, war die Ermutigung seiner Familie, an Filmprojekten teilzunehmen, die sich mit trans Themen auseinandersetzten. Diese Unterstützung half ihm nicht nur, seine kreative Stimme zu finden, sondern auch, die Sichtbarkeit von trans Geschichten in der Medienlandschaft zu erhöhen. Ein weiteres Beispiel ist die Solidarität seiner Freunde, die ihn bei der Teilnahme an LGBTQ-Veranstaltungen und -Protesten begleiteten, was ihm half, sich in der Community verwurzelt zu fühlen.

Fazit

Zusammenfassend lässt sich sagen, dass die Unterstützung durch Familie und Freunde für LGBTQ-Personen von entscheidender Bedeutung ist. Für Chase Joynt war diese Unterstützung nicht nur eine Quelle des Trostes, sondern auch ein Katalysator für seinen Aktivismus und seine künstlerische Karriere. Die positiven Auswirkungen von akzeptierender Unterstützung sind unbestreitbar, und sie tragen dazu bei, ein Umfeld zu schaffen, in dem LGBTQ-Personen gedeihen und ihre Identität voll und ganz leben können. Es ist wichtig, dass sowohl Familien als auch Freundeskreise sich der Bedeutung ihrer Rolle bewusst sind und aktiv daran arbeiten, ein unterstützendes und inklusives Umfeld zu schaffen.

Entdeckung der Filmkunst

Die Entdeckung der Filmkunst war für Chase Joynt ein entscheidender Wendepunkt in seinem Leben. In einer Welt, in der Geschichten oft von den gleichen Stimmen erzählt werden, fand Chase in der Filmkunst ein Medium, um seine eigene Stimme und die Stimmen derjenigen, die oft übersehen werden, zu artikulieren.

Frühe Inspirationen

Bereits in der Schulzeit wurde Chase von Filmen und Dokumentationen inspiriert, die sich mit Geschlechtsidentität und LGBTQ-Themen auseinandersetzten. Filme wie *Paris is Burning* und *Boys Don't Cry* hinterließen einen bleibenden Eindruck. Sie zeigten nicht nur die Herausforderungen, mit denen trans Menschen konfrontiert sind, sondern auch ihre Stärke und Resilienz. Diese Werke fungierten als Katalysatoren für Chase, um sich mit seiner eigenen Identität auseinanderzusetzen und die Möglichkeit zu erkennen, durch Film eine Veränderung herbeizuführen.

Der kreative Prozess

Die Entdeckung der Filmkunst war jedoch nicht ohne Herausforderungen. Chase musste lernen, wie man Geschichten visuell erzählt und welche Techniken dabei zum Einsatz kommen. Der kreative Prozess beinhaltete das Schreiben von Drehbüchern, das Filmen von Szenen und das Bearbeiten von Material. Diese Schritte sind nicht nur technische Fähigkeiten, sondern auch kreative Herausforderungen, die eine tiefere Auseinandersetzung mit den Themen erforderten, die Chase am Herzen lagen.

Ein zentrales Konzept in der Filmkunst ist die *Narrative Struktur*, die oft in drei Akte unterteilt wird:

$$\text{Akt 1: Einleitung} \rightarrow \text{Akt 2: Konflikt} \rightarrow \text{Akt 3: Auflösung} \qquad (4)$$

Chase experimentierte mit dieser Struktur, um Geschichten zu entwickeln, die sowohl emotional resonant als auch informativ waren. Die Herausforderung bestand darin, die Balance zwischen persönlicher Erfahrung und universellen Themen zu finden.

Technische Herausforderungen

Neben den kreativen Aspekten musste Chase auch technische Fähigkeiten erlernen. Der Umgang mit Kameras, Licht und Ton stellte anfangs eine Hürde dar. Es war eine steile Lernkurve, die oft von Frustration begleitet war. Doch mit jedem Projekt wuchs sein Selbstvertrauen und seine Kompetenz. Chase nutzte Online-Ressourcen und Workshops, um seine Fähigkeiten zu verfeinern und sich mit anderen Filmemachern zu vernetzen.

Erste Projekte

Die ersten filmischen Projekte von Chase waren oft Kurzfilme, die sich mit Themen wie Identität, Akzeptanz und der Suche nach einem Platz in der Welt beschäftigten. Ein Beispiel ist der Kurzfilm *Finding Home*, der die Geschichte eines jungen trans Mannes erzählt, der versucht, in einer feindlichen Umgebung seinen Platz zu finden.

In diesem Film wurde die *Symbolik* von Orten und Räumen verwendet, um die innere Reise des Protagonisten darzustellen. Die Verwendung von Licht und Schatten spielte eine entscheidende Rolle, um die emotionale Tiefe der Geschichte zu verstärken. Chase lernte, dass Film nicht nur ein visuelles Medium ist, sondern auch ein emotionales, das tiefere Wahrheiten über das menschliche Erlebnis vermitteln kann.

Einfluss von Gemeinschaft und Zusammenarbeit

Ein weiterer wichtiger Aspekt von Chase Joynts Entdeckung der Filmkunst war die Zusammenarbeit mit anderen Künstlern. Durch die Teilnahme an lokalen Filmprojekten und Workshops konnte er sich mit Gleichgesinnten vernetzen, die ähnliche Erfahrungen und Herausforderungen teilten. Diese Gemeinschaft bot nicht nur Unterstützung, sondern auch eine Plattform, um Ideen auszutauschen und voneinander zu lernen.

Die Zusammenarbeit mit anderen LGBTQ-Künstlern war besonders bedeutend, da sie es Chase ermöglichte, verschiedene Perspektiven und Stimmen in seine Arbeiten einzubeziehen. Diese kollektive Kreativität führte zu innovativen Projekten, die die Vielfalt der LGBTQ-Erfahrungen widerspiegelten.

Schlussfolgerung

Die Entdeckung der Filmkunst war für Chase Joynt nicht nur ein kreativer Prozess, sondern auch ein Akt des Aktivismus. Durch das Medium Film konnte er nicht nur seine eigene Geschichte erzählen, sondern auch die Geschichten von anderen, die oft im Schatten stehen. Die Herausforderungen, die er auf diesem Weg erlebte, formten nicht nur seine künstlerische Praxis, sondern auch sein Engagement für die LGBTQ-Community.

Insgesamt war die Entdeckung der Filmkunst ein entscheidender Schritt in Chase Joynts Leben, der ihn auf den Weg brachte, einflussreiche Geschichten zu erzählen und einen bleibenden Einfluss auf die Gesellschaft auszuüben. Diese Reise ist ein Beispiel dafür, wie Kunst und Aktivismus Hand in Hand gehen können, um Sichtbarkeit und Verständnis für marginalisierte Stimmen zu schaffen.

Bildungseinrichtungen und ihre Auswirkungen

Die Rolle von Bildungseinrichtungen in der Entwicklung von Künstlern und Aktivisten ist von entscheidender Bedeutung, insbesondere für Personen in der LGBTQ-Community, die oft mit einzigartigen Herausforderungen konfrontiert sind. Diese Einrichtungen bieten nicht nur eine Plattform für akademisches Lernen, sondern auch einen Raum für persönliche Entfaltung und die Entwicklung von Identität. Im Folgenden werden die verschiedenen Auswirkungen von Bildungseinrichtungen auf die Entwicklung von Chase Joynt und anderen LGBTQ-Aktivisten untersucht.

Akademische Unterstützung und Herausforderungen

Bildungseinrichtungen sind Orte, an denen junge Menschen ihre intellektuellen Fähigkeiten entwickeln und ihre Interessen entdecken können. Für Chase Joynt war das Studium nicht nur eine akademische Reise, sondern auch eine Möglichkeit, seine Geschlechtsidentität zu erkunden und zu definieren. Viele LGBTQ-Studierende erleben jedoch auch Herausforderungen, die sich aus Vorurteilen und Diskriminierung ergeben. Diese Probleme können sich in verschiedenen Formen äußern, beispielsweise in der sozialen Isolation oder in der Angst vor Offenbarung ihrer Identität.

Ein Beispiel für die Herausforderungen, denen LGBTQ-Studierende gegenüberstehen, ist die sogenannte *„Minority Stress Theory"*. Diese Theorie besagt, dass Mitglieder von marginalisierten Gruppen zusätzlichen Stress aufgrund von Diskriminierung und Stigmatisierung erleben, was sich negativ auf ihre psychische

Gesundheit auswirken kann. In einer Studie von Meyer (2003) wurde festgestellt, dass LGBTQ-Personen ein höheres Risiko für Depressionen und Angstzustände aufweisen, was durch die Erfahrungen in Bildungseinrichtungen verstärkt werden kann.

Einfluss von Professoren und Mentoren

Die Rolle von Professoren und Mentoren ist entscheidend für die Entwicklung von Studierenden, insbesondere für diejenigen, die sich in ihrer Identität unsicher fühlen. Unterstützende Lehrkräfte können nicht nur als akademische Berater fungieren, sondern auch als Vorbilder und Unterstützer in der persönlichen Entwicklung. Chase Joynt erlebte während seines Studiums, wie wichtig es ist, Mentoren zu haben, die seine künstlerische Vision und seine Identität respektieren und fördern.

Ein Beispiel für einen positiven Einfluss ist der Fall von Professoren, die LGBTQ-Themen in ihren Lehrplänen integrieren. Solche Lehrveranstaltungen können den Studierenden helfen, sich mit ihrer Identität auseinanderzusetzen und gleichzeitig ein tieferes Verständnis für die gesellschaftlichen Herausforderungen zu entwickeln, mit denen sie konfrontiert sind. Eine Studie von D'Augelli (1994) zeigt, dass LGBTQ-Studierende, die Unterstützung von Lehrkräften erhalten, mit größerer Wahrscheinlichkeit positive akademische und persönliche Ergebnisse erzielen.

Kreative Projekte und Ausdrucksformen

Bildungseinrichtungen bieten auch die Möglichkeit, kreative Projekte zu entwickeln, die die Identität und die Erfahrungen von LGBTQ-Personen widerspiegeln. Chase Joynt nutzte seine Zeit an der Universität, um erste Filme zu erstellen, die sich mit Geschlechtsidentität und gesellschaftlichen Normen auseinandersetzten. Diese Projekte ermöglichen es den Studierenden, ihre Stimme zu finden und ihre Perspektiven auf eine Weise auszudrücken, die oft in traditionellen Lehrplänen nicht berücksichtigt wird.

Ein Beispiel für ein solches kreatives Projekt ist der Kurzfilm „The Last of Us", der die Herausforderungen von trans Personen in der heutigen Gesellschaft thematisiert. Solche Projekte können nicht nur therapeutisch wirken, sondern auch das Bewusstsein für LGBTQ-Themen in der breiteren Öffentlichkeit schärfen. Die Rezeption solcher Werke in Bildungseinrichtungen kann dazu beitragen, Diskurse über Geschlechtsidentität und soziale Gerechtigkeit zu fördern.

Vernetzung mit anderen LGBTQ-Künstlern

Bildungseinrichtungen bieten auch die Möglichkeit zur Vernetzung mit Gleichgesinnten. Für viele LGBTQ-Studierende ist es entscheidend, Kontakte zu knüpfen und Gemeinschaften zu finden, in denen sie sich sicher und akzeptiert fühlen. Chase Joynt fand in seinen Kommilitonen und anderen Künstlern Unterstützung und Inspiration, die ihn in seiner kreativen Arbeit bestärkten.

Die Bedeutung von Netzwerken in der LGBTQ-Community kann nicht genug betont werden. Studien zeigen, dass soziale Unterstützung und das Gefühl der Zugehörigkeit zu einer Gemeinschaft einen positiven Einfluss auf das psychische Wohlbefinden von LGBTQ-Personen haben (Herek, 2009). Die Bildung solcher Netzwerke in akademischen Einrichtungen kann dazu beitragen, den Druck und die Isolation zu verringern, die viele LGBTQ-Studierende empfinden.

Zukunftsperspektiven und Herausforderungen

Trotz der positiven Aspekte, die Bildungseinrichtungen bieten, gibt es auch Herausforderungen, die angegangen werden müssen. Diskriminierung und Vorurteile sind nach wie vor weit verbreitet, und viele LGBTQ-Studierende berichten von negativen Erfahrungen, die ihre akademische Leistung und ihr Wohlbefinden beeinträchtigen. Um eine inklusive Umgebung zu schaffen, müssen Bildungseinrichtungen aktiv daran arbeiten, Diskriminierung zu bekämpfen und Ressourcen für LGBTQ-Studierende bereitzustellen.

Ein Ansatz zur Verbesserung der Situation könnte die Implementierung von Schulungsprogrammen für Lehrkräfte und Studierende sein, die das Bewusstsein für LGBTQ-Themen erhöhen und Vorurteile abbauen. Solche Initiativen könnten dazu beitragen, ein unterstützendes und inklusives Umfeld zu schaffen, in dem alle Studierenden die Möglichkeit haben, ihr volles Potenzial auszuschöpfen.

Fazit

Zusammenfassend lässt sich sagen, dass Bildungseinrichtungen eine entscheidende Rolle in der Entwicklung von LGBTQ-Aktivisten wie Chase Joynt spielen. Sie bieten nicht nur akademische Unterstützung, sondern auch einen Raum für kreative Entfaltung und persönliche Identität. Dennoch müssen Herausforderungen, die sich aus Diskriminierung und Vorurteilen ergeben, aktiv angegangen werden, um sicherzustellen, dass alle Studierenden die Unterstützung erhalten, die sie benötigen. Nur durch eine inklusive und unterstützende

Bildungsumgebung kann die nächste Generation von LGBTQ-Aktivisten gedeihen und ihre Stimmen in der Gesellschaft erheben.

Erste kreative Projekte

In der Phase der frühen kreativen Projekte von Chase Joynt manifestierte sich sein Engagement für die trans-Geschichten und die LGBTQ-Community in einer Vielzahl von Formaten, die sowohl experimentell als auch narrativ waren. Diese ersten Schritte in der Filmkunst waren entscheidend, um seine Stimme und Perspektive zu finden und zu definieren.

Entwicklung von Ideen

Chase begann seine kreativen Projekte oft mit der Auseinandersetzung mit persönlichen Erfahrungen und der Identität. Die Theorie des *Autobiografischen Films*, wie sie von Autoren wie [?] beschrieben wird, spielt eine zentrale Rolle in seinem Schaffensprozess. Diese Theorie besagt, dass die persönliche Geschichte des Filmemachers nicht nur als Inhalt, sondern auch als Struktur des Films fungiert. Chase nutzte diese Idee, um seine eigene Geschichte in den Kontext größerer gesellschaftlicher Themen zu stellen.

Erste Kurzfilme

Seine ersten Kurzfilme, darunter *"Transcend"* und *"Reflections"*, thematisierten die Herausforderungen der Geschlechtsidentität und die Suche nach Selbstakzeptanz. In *"Transcend"* beispielsweise wird die innere Reise einer trans Person visualisiert, die sich in einer Welt voller Vorurteile und Missverständnisse zurechtfinden muss. Der Film verwendet eine Mischung aus dokumentarischen Elementen und fiktionalen Erzählungen, um die Komplexität der Identität darzustellen.

$$\text{Identität} = \text{Selbstwahrnehmung} + \text{Gesellschaftliche Wahrnehmung} \qquad (5)$$

Diese Gleichung verdeutlicht die duale Natur der Identität, die sowohl von inneren als auch von äußeren Faktoren beeinflusst wird. Chase stellte fest, dass die Reaktionen des Publikums auf seine Filme oft von einer tiefen emotionalen Resonanz geprägt waren. Er erhielt Feedback, das zeigte, dass viele Zuschauer sich in den dargestellten Erfahrungen wiedererkannten.

Rezeption und Herausforderungen

Die Rezeption seiner ersten kreativen Arbeiten war gemischt. Während einige Kritiker die Authentizität und den Mut lobten, mit dem Chase seine Geschichten erzählte, gab es auch Widerstand. [?] argumentieren, dass trans Künstler oft mit der Herausforderung konfrontiert sind, sich in einem von cis-normativen Standards dominierten Medium zu behaupten. Chase erlebte dies firsthand, als einige seiner Werke aufgrund ihrer Themen und Darstellungen von Geschlechtsidentität abgelehnt wurden.

Kollaborationen und Netzwerke

Um diese Herausforderungen zu überwinden, suchte Chase aktiv nach Kollaborationen mit anderen LGBTQ-Künstlern. Diese Netzwerke ermöglichten es ihm, Ideen auszutauschen und voneinander zu lernen. Die Bedeutung von *Community* in der Kunstproduktion wird durch die [?] Theorie der *Künstlerischen Zusammenarbeit* hervorgehoben, die besagt, dass gemeinschaftliche Projekte oft stärkere und authentischere Ergebnisse liefern.

Ein Beispiel für eine solche Zusammenarbeit war das Projekt *"Voices of Trans Experience"*, bei dem Chase mit anderen trans Filmemachern zusammenarbeitete, um eine Anthologie von Kurzfilmen zu schaffen, die verschiedene Aspekte der trans Identität beleuchteten. Dieses Projekt stellte nicht nur eine Plattform für verschiedene Stimmen dar, sondern half auch, die Sichtbarkeit von trans Geschichten in der Filmindustrie zu erhöhen.

Einfluss auf spätere Arbeiten

Die Erfahrungen und Lektionen, die Chase aus seinen ersten kreativen Projekten zog, hatten einen tiefgreifenden Einfluss auf seine späteren Arbeiten. Die Themen der Selbstakzeptanz, der Sichtbarkeit und des Widerstands gegen gesellschaftliche Normen wurden zu zentralen Elementen in seinem Schaffen. Diese frühen Projekte legten den Grundstein für seine späteren, bedeutenderen Werke, darunter *"Framing Agnes"*, welches die Verbindung zwischen Geschichte und persönlicher Identität weiter vertiefte.

Zusammenfassend lässt sich sagen, dass Chase Joynts erste kreative Projekte nicht nur eine Reflexion seiner persönlichen Erfahrungen waren, sondern auch einen wichtigen Beitrag zur trans Repräsentation im Film leisteten. Sie zeigten die Herausforderungen und die Schönheit der trans Identität und schufen eine Grundlage für zukünftige Erzählungen, die sowohl authentisch als auch inspirierend sind.

[?] hebt hervor, dass die Kunst im Aktivismus eine transformative Kraft hat und dass die frühen Arbeiten von Chase Joynt ein Beispiel dafür sind, wie kreative Ausdrucksformen zur Veränderung der gesellschaftlichen Wahrnehmung beitragen können.

Entwicklung von Aktivismus-Interessen

Die Entwicklung von Aktivismus-Interessen ist ein komplexer Prozess, der stark von persönlichen Erfahrungen, sozialen Kontexten und kulturellen Einflüssen geprägt wird. Bei Chase Joynt manifestierte sich dieser Prozess in mehreren Phasen, die durch eine zunehmende Bewusstheit für die Herausforderungen und Ungerechtigkeiten, mit denen LGBTQ-Personen konfrontiert sind, gekennzeichnet waren.

Persönliche Erfahrungen

Chase Joynts frühe Erfahrungen mit Geschlechtsidentität und die damit verbundenen Herausforderungen spielten eine entscheidende Rolle bei der Entwicklung seiner Aktivismus-Interessen. In seiner Kindheit und Jugend sah er sich oft mit Diskriminierung und Missverständnissen konfrontiert, die ihm die Realität der gesellschaftlichen Vorurteile vor Augen führten. Diese Erlebnisse schufen ein starkes Bedürfnis, nicht nur für sich selbst, sondern auch für andere, die ähnliche Kämpfe durchleben, zu kämpfen.

Die Theorie der *Identitätsentwicklung* (Erikson, 1968) bietet einen hilfreichen Rahmen, um diesen Prozess zu verstehen. Erikson postulierte, dass die Identität in der Jugend durch eine Reihe von Krisen und Herausforderungen geformt wird. Für Joynt war die Auseinandersetzung mit seiner Geschlechtsidentität eine solche Krise, die ihn dazu brachte, aktiv zu werden und sich für die Rechte von Trans-Personen einzusetzen.

Einfluss von Bildung

Ein weiterer wichtiger Faktor in der Entwicklung von Joynts Aktivismus-Interessen war seine Bildung. Während seines Studiums entdeckte er nicht nur die Filmkunst, sondern auch die kritischen Theorien, die sich mit Geschlecht und Sexualität auseinandersetzen. Theoretiker wie Judith Butler und Michel Foucault prägten seine Sichtweise und halfen ihm, die gesellschaftlichen Konstrukte von Geschlecht und Identität zu hinterfragen.

Butlers Konzept der *Gender-Performativität* (1990) verdeutlicht, dass Geschlecht nicht nur biologisch determiniert ist, sondern auch durch soziale

Praktiken und Diskurse konstruiert wird. Diese Erkenntnis führte Joynt dazu, die Repräsentation von Trans-Personen in den Medien zu hinterfragen und aktiv für eine authentischere Darstellung zu kämpfen.

Soziale Netzwerke und Gemeinschaften

Die Vernetzung mit anderen LGBTQ-Künstlern und Aktivisten während seines Studiums war entscheidend für die Entwicklung seiner Aktivismus-Interessen. Diese sozialen Netzwerke boten nicht nur Unterstützung, sondern auch eine Plattform für den Austausch von Ideen und Strategien. Joynt erkannte, dass Aktivismus nicht isoliert stattfinden kann, sondern in Gemeinschaften, die sich gegenseitig unterstützen und stärken, gedeiht.

Ein Beispiel für diese Art von Gemeinschaft ist die *Trans* Film Collective*, die es sich zur Aufgabe gemacht hat, trans Menschen in der Filmindustrie sichtbarer zu machen und deren Geschichten zu erzählen. Joynt engagierte sich in solchen Gruppen und erlebte, wie kollektive Anstrengungen zu bedeutenden Veränderungen führen können.

Herausforderungen im Aktivismus

Trotz seiner wachsenden Aktivismus-Interessen sah sich Joynt auch mit erheblichen Herausforderungen konfrontiert. Diskriminierung, sowohl innerhalb als auch außerhalb der LGBTQ-Community, stellte oft eine Hürde dar. Diese Erfahrungen führten zu einer kritischen Reflexion über die Strukturen des Aktivismus selbst.

Theoretische Ansätze wie die *Intersektionalität* (Crenshaw, 1989) halfen ihm zu verstehen, dass die Kämpfe um Geschlecht, Sexualität, Rasse und Klasse miteinander verwoben sind. Diese Erkenntnis führte dazu, dass Joynt seine Aktivismus-Interessen erweiterte, um nicht nur trans Rechte, sondern auch die Rechte anderer marginalisierter Gruppen zu unterstützen.

Erste Schritte in den Aktivismus

Die ersten Schritte in den Aktivismus für Joynt waren oft durch kreative Ausdrucksformen geprägt. Er begann, seine Filme als Plattform zu nutzen, um auf gesellschaftliche Missstände aufmerksam zu machen. Mit jedem Projekt, das er realisierte, wuchs sein Engagement für die Sichtbarkeit und Repräsentation von LGBTQ-Geschichten.

Ein Beispiel hierfür ist sein Kurzfilm *"The Family"*, der die Herausforderungen von trans Jugendlichen in einer nicht unterstützenden familiären Umgebung thematisiert. Die Reaktionen auf diesen Film zeigten, wie wichtig es ist, Geschichten zu erzählen, die oft übersehen werden. Joynt erkannte, dass Film nicht nur ein Medium zur Unterhaltung ist, sondern auch ein kraftvolles Werkzeug zur Aufklärung und Mobilisierung.

Zusammenfassung

Zusammenfassend lässt sich sagen, dass die Entwicklung von Chase Joynts Aktivismus-Interessen durch eine Kombination aus persönlichen Erfahrungen, Bildung, sozialen Netzwerken und kreativen Ausdrucksformen geprägt wurde. Diese Elemente halfen ihm, nicht nur seine eigene Identität zu verstehen, sondern auch aktiv für die Rechte anderer zu kämpfen. Joynts Reise zeigt, dass Aktivismus ein dynamischer Prozess ist, der ständig im Fluss ist und von den Erfahrungen und Perspektiven derer, die ihn führen, geprägt wird.

Der Übergang zur Erwachsenenbildung

Der Übergang von der schulischen Bildung zur Erwachsenenbildung ist ein entscheidender Schritt im Leben junger Menschen, insbesondere für diejenigen, die sich in ihrer Geschlechtsidentität und -ausdruck neu definieren. Dieser Abschnitt beleuchtet die Herausforderungen und Chancen, die Chase Joynt auf diesem Weg begegnet sind, sowie die Theorien, die diesen Übergang begleiten.

Ein zentraler Aspekt des Übergangs zur Erwachsenenbildung ist die Theorie des lebenslangen Lernens. Diese Theorie besagt, dass Lernen nicht auf die formale Schulbildung beschränkt ist, sondern ein kontinuierlicher Prozess ist, der sich über das gesamte Leben erstreckt. In Bezug auf LGBTQ-Personen kann dieser Ansatz besonders wichtig sein, da sie oft in Umgebungen lernen müssen, die nicht immer unterstützend oder inklusiv sind.

$$L = \sum_{t=0}^{T} E(t) \tag{6}$$

wobei L das lebenslange Lernen, $E(t)$ die Bildungserfahrungen zu einem bestimmten Zeitpunkt t und T die Gesamtdauer der Bildung darstellt. Für Chase Joynt bedeutete dies, dass er nicht nur formale Bildungseinrichtungen besuchte, sondern auch durch persönliche Erfahrungen, Community-Engagement und informelle Lernmöglichkeiten wuchs.

Ein häufiges Problem, mit dem LGBTQ-Jugendliche konfrontiert sind, ist das Gefühl der Isolation während des Übergangs zur Erwachsenenbildung. Viele fühlen sich in traditionellen Bildungseinrichtungen nicht akzeptiert oder verstanden. Chase erlebte dies während seiner Zeit an der Universität, als er feststellte, dass die Themen, die ihn am meisten interessierten, oft nicht im Lehrplan behandelt wurden. Diese Diskrepanz führte zu einem Gefühl der Entfremdung und verstärkte den Wunsch, eine Plattform zu schaffen, die die Stimmen und Geschichten von trans Personen sichtbar macht.

Ein Beispiel für diese Herausforderungen ist die Schwierigkeit, Gleichgesinnte zu finden. Chase suchte aktiv nach Gemeinschaften, die seine Interessen teilten, und fand schließlich eine Gruppe von LGBTQ-Künstlern und Aktivisten, die ihn inspirierten und unterstützten. Diese Netzwerke sind entscheidend für den Erfolg und das Wohlbefinden von LGBTQ-Personen in der Erwachsenenbildung.

Die Rolle von Mentoren ist ebenfalls von großer Bedeutung. In Chase Joynts Fall waren es Professoren und erfahrene Filmemacher, die ihm nicht nur technische Fähigkeiten vermittelten, sondern auch das Selbstvertrauen gaben, seine eigene Stimme zu finden. Mentoring-Programme können eine wichtige Unterstützung für LGBTQ-Jugendliche bieten, indem sie ihnen helfen, sich in neuen Bildungsumgebungen zurechtzufinden und ihre Identität zu stärken.

Ein weiterer wichtiger Aspekt des Übergangs zur Erwachsenenbildung ist die Notwendigkeit der Selbstakzeptanz. Die Reise zur Selbstakzeptanz kann herausfordernd sein, insbesondere in einem Bildungsumfeld, das möglicherweise nicht unterstützend ist. Chase musste lernen, seine Identität zu akzeptieren und gleichzeitig die Herausforderungen zu bewältigen, die mit dem Studium und dem Filmemachen verbunden waren. Diese Selbstakzeptanz war entscheidend für seine Entwicklung als Künstler und Aktivist.

Zusammenfassend lässt sich sagen, dass der Übergang zur Erwachsenenbildung für Chase Joynt eine Zeit des Wachstums, der Herausforderungen und der Selbstentdeckung war. Die Theorien des lebenslangen Lernens, die Bedeutung von Gemeinschaft und Mentoring sowie die Reise zur Selbstakzeptanz sind zentrale Elemente, die seine Erfahrungen geprägt haben. Diese Erkenntnisse sind nicht nur für Chase von Bedeutung, sondern auch für andere LGBTQ-Jugendliche, die ähnliche Wege beschreiten.

In der nächsten Sektion werden wir uns näher mit Chase Joynts Studienwahl und den ersten Schritten im Filmemachen beschäftigen.

Studium und erste Schritte im Filmemachen

Wahl des Studienfaches

Die Wahl des Studienfaches ist eine entscheidende Phase im Leben eines jeden Studierenden, insbesondere für jemanden wie Chase Joynt, dessen Interessen und Identität eng mit seinem künstlerischen und aktivistischen Engagement verbunden sind. In diesem Abschnitt werden wir die Überlegungen und Theorien beleuchten, die Chase bei seiner Studienwahl geleitet haben, sowie die Herausforderungen, die sich ihm in dieser entscheidenden Phase seines Lebens gestellt haben.

Zunächst einmal ist es wichtig, die **Theorie der Interessenexploration** zu betrachten, die besagt, dass die Wahl eines Studienfaches oft das Ergebnis eines Prozesses der Selbstentdeckung und der Auseinandersetzung mit den eigenen Interessen ist. Der Psychologe John Holland entwickelte ein Modell, das besagt, dass Individuen am besten in Berufen und Studiengängen gedeihen, die mit ihren Interessen und Persönlichkeitsmerkmalen übereinstimmen. Chase, der schon früh eine Leidenschaft für das Filmemachen und die Erzählung von trans-Geschichten entwickelte, fand in diesem Modell eine wertvolle Orientierung.

Chase wuchs in einem Umfeld auf, das sowohl Herausforderungen als auch Unterstützung bot. Seine **frühen Erfahrungen mit Geschlechtsidentität** führten ihn zu der Erkenntnis, dass er Geschichten erzählen wollte, die oft übersehen oder falsch dargestellt werden. Dies führte ihn zu dem Entschluss, ein Studienfach zu wählen, das ihm die notwendigen Fähigkeiten vermitteln würde, um seine Visionen zu verwirklichen. Die Wahl fiel schließlich auf *Film und Medienproduktion*, ein Bereich, der sowohl kreative als auch technische Fertigkeiten erforderte.

Ein zentrales Problem, das Chase während seiner Studienwahl begegnete, war die **Mangelnde Repräsentation** von trans-Personen in der Filmindustrie. Viele Hochschulen und Universitäten hatten entweder keine spezialisierten Programme oder die Programme waren nicht inklusiv genug, um die Bedürfnisse von LGBTQ-Studierenden zu erfüllen. Dies führte zu einer kritischen Überprüfung der bestehenden Studiengänge und der Frage, wie gut diese tatsächlich die Diversität der Stimmen in der Filmbranche widerspiegelten.

Ein Beispiel für eine positive Erfahrung war die Unterstützung durch einen Professor, der selbst ein LGBTQ-Aktivist war. Dieser Mentor half Chase nicht nur bei der Auswahl der richtigen Kurse, sondern ermutigte ihn auch, sich mit trans-Themen auseinanderzusetzen und diese in seinen Projekten zu integrieren. Diese Art von Unterstützung ist entscheidend, da sie nicht nur die akademische Leistung fördert, sondern auch das Selbstbewusstsein und die Identität der

Studierenden stärkt.

Die Wahl des Studienfaches ist also nicht nur eine akademische Entscheidung, sondern auch eine **Identitätsbildung**. Für Chase war es wichtig, ein Umfeld zu finden, das seine künstlerischen Ambitionen unterstützte und ihm die Möglichkeit gab, seine Stimme zu finden. Dies führte ihn zu einer aktiven Teilnahme an *Filmfestivals* und *Kunstprojekten*, die sich mit LGBTQ-Themen beschäftigten.

Zusammenfassend lässt sich sagen, dass die Wahl des Studienfaches für Chase Joynt ein komplexer Prozess war, der von persönlichen, sozialen und kulturellen Faktoren beeinflusst wurde. Die Entscheidung für Film und Medienproduktion war nicht nur eine Wahl des Inhalts, sondern auch eine bewusste Entscheidung, eine Plattform für trans-Geschichten zu schaffen und andere in der Community zu inspirieren. Diese frühe Entscheidung legte den Grundstein für seine zukünftige Karriere als Filmemacher und Aktivist und zeigte, wie wichtig es ist, dass Bildungseinrichtungen die Vielfalt der Stimmen in ihren Programmen anerkennen und fördern.

Einfluss von Professoren und Mentoren

Der Einfluss von Professoren und Mentoren auf die Entwicklung von Chase Joynt als Filmemacher und Aktivist kann nicht genug betont werden. In der akademischen Welt, insbesondere in kreativen Disziplinen wie dem Filmemachen, spielen diese Figuren eine entscheidende Rolle bei der Förderung von Talenten und der Schaffung von Netzwerken, die für den beruflichen Erfolg unerlässlich sind.

Theoretische Grundlagen

Mentoring wird oft als eine Form der Unterstützung beschrieben, die über die traditionelle Lehrer-Schüler-Dynamik hinausgeht. Laut Kram (1985) umfasst Mentoring sowohl die berufliche als auch die persönliche Entwicklung des Mentees. Dies geschieht durch eine Kombination von Unterstützung, Feedback und der Bereitstellung von Ressourcen. Die Theorie des sozialen Lernens von Bandura (1977) legt nahe, dass Individuen durch Beobachtung und Nachahmung lernen, was die Bedeutung von Vorbildern in der akademischen und kreativen Entwicklung unterstreicht.

Probleme und Herausforderungen

Während die Rolle von Mentoren und Professoren überwiegend positiv ist, gibt es auch Herausforderungen, die in dieser Beziehung auftreten können. Ein häufiges Problem ist die potenzielle Abhängigkeit des Mentees von seinem Mentor. Diese

Abhängigkeit kann dazu führen, dass der Mentee Schwierigkeiten hat, eine eigene Stimme oder Perspektive zu entwickeln. Ein weiteres Problem ist die Möglichkeit von unbewussten Vorurteilen, die die Mentoring-Beziehung beeinflussen können. In einer Umgebung, die von Vielfalt geprägt ist, ist es wichtig, dass Mentoren sich ihrer eigenen Vorurteile bewusst sind und sicherstellen, dass sie alle Mentees gleich behandeln.

Beispiele für den Einfluss

Chase Joynt wurde durch verschiedene Professoren und Mentoren geprägt, die ihm nicht nur technisches Wissen, sondern auch kritisches Denken und Kreativität vermittelt haben. Ein Beispiel ist Professorin Sarah Polley, die für ihren innovativen Ansatz im Geschichtenerzählen bekannt ist. Ihre Fähigkeit, persönliche Geschichten mit gesellschaftlichen Themen zu verknüpfen, hat Joynt inspiriert, ähnliche Ansätze in seinen eigenen Arbeiten zu verfolgen.

Ein weiteres Beispiel ist Professor Michael Moore, dessen Engagement für soziale Gerechtigkeit und LGBTQ-Repräsentation in den Medien Joynt dazu ermutigte, aktiv an Diskussionen über Geschlechtsidentität und Sichtbarkeit teilzunehmen. Moore betonte die Wichtigkeit von Authentizität in der Kunst und ermutigte Joynt, seine eigenen Erfahrungen und Identität in seine Filme zu integrieren.

Netzwerke und Verbindungen

Die Beziehungen, die Joynt zu seinen Professoren und Mentoren aufbaute, führten zu wertvollen Netzwerken, die für seine Karriere entscheidend waren. Diese Netzwerke ermöglichten es ihm, an Filmfestivals teilzunehmen, mit anderen LGBTQ-Künstlern zusammenzuarbeiten und Zugang zu Ressourcen zu erhalten, die ihm halfen, seine Projekte zu realisieren. Der Austausch von Ideen und die Unterstützung durch Gleichgesinnte waren für Joynts künstlerische Entwicklung von unschätzbarem Wert.

Schlussfolgerung

Zusammenfassend lässt sich sagen, dass der Einfluss von Professoren und Mentoren auf Chase Joynts Entwicklung als Filmemacher und Aktivist tiefgreifend war. Ihre Unterstützung, Anleitung und die Schaffung eines positiven Umfelds ermöglichten es ihm, seine Stimme zu finden und seine Visionen zu verwirklichen. Der Wert von Mentoring in kreativen Berufen kann nicht hoch genug eingeschätzt werden, da es nicht nur die individuelle Entwicklung fördert, sondern auch die gesamte Community stärkt. In einer Zeit, in der Sichtbarkeit und Repräsentation wichtiger denn je sind, sind Mentoren entscheidend für die Förderung der nächsten Generation von Künstlern und Aktivisten.

Erste Filmprojekte und deren Themen

Chase Joynt begann seine filmische Reise mit einer Reihe von Kurzfilmen, die sich intensiv mit Themen der Geschlechtsidentität und der LGBTQ-Erfahrungen auseinandersetzten. Diese frühen Werke waren nicht nur Ausdruck seiner kreativen Vision, sondern auch ein Versuch, die oft marginalisierten Stimmen der trans Gemeinschaft sichtbar zu machen. In diesem Abschnitt werden wir die ersten Filmprojekte von Chase Joynt und die zentralen Themen, die sie behandeln, näher betrachten.

Erste Kurzfilme und deren Themen

Joynts erste Kurzfilme, darunter "The Last Time I Saw Richard" und "The Body", thematisieren die Komplexität der Geschlechtsidentität und die Herausforderungen, mit denen trans Personen konfrontiert sind. Diese Filme sind nicht nur persönliche Erzählungen, sondern auch kulturelle Kommentare, die die gesellschaftlichen Normen hinterfragen.

$$\text{Identität} = f(\text{Gesellschaft, Kultur, Persönliche Erfahrungen}) \qquad (7)$$

In diesen Projekten wird die Beziehung zwischen individueller Identität und gesellschaftlicher Wahrnehmung deutlich. Joynt nutzt filmische Mittel, um die innere Zerrissenheit und die äußeren Konflikte darzustellen, die trans Menschen oft erleben.

Reaktionen der Öffentlichkeit

Die Reaktionen auf Joynts erste Filme waren gemischt, was in der Welt des LGBTQ-Kinos nicht ungewöhnlich ist. Einige Kritiker lobten die Authentizität und die emotionale Tiefe seiner Arbeiten, während andere die Frage aufwarfen, ob seine Darstellungen stereotype Narrative reproduzieren. Diese kritischen Rückmeldungen führten zu einer intensiven Reflexion über die Verantwortung von Filmemachern in der Darstellung von marginalisierten Gemeinschaften.

Ein Beispiel für diese Kritik ist die Diskussion um die Repräsentation von trans Erfahrungen in Medien. Joynt erkannte, dass die Sichtweise eines Filmemachers entscheidend ist, und er strebte danach, eine Perspektive zu entwickeln, die sowohl realistisch als auch empowernd ist.

Zusammenarbeit mit anderen Künstlern

Ein Schlüsselfaktor in Joynts Entwicklung als Filmemacher war die Zusammenarbeit mit anderen LGBTQ-Künstlern. Diese Kollaborationen ermöglichten es ihm, verschiedene Perspektiven zu integrieren und seine Arbeiten zu diversifizieren. In Projekten wie *"The Body"* arbeitete Joynt eng mit trans Darstellern und Künstlern zusammen, um sicherzustellen, dass die Geschichten authentisch erzählt wurden.

Diese Zusammenarbeit ist auch ein Beispiel für das, was in der Filmtheorie als *"kollektive Erzählung"* bezeichnet wird, wo die Stimmen der Gemeinschaften, die dargestellt werden, in den kreativen Prozess einbezogen werden.

Die Bedeutung von Film als Ausdrucksform

Die frühen Arbeiten von Chase Joynt zeigen, wie Film als kraftvolles Medium fungieren kann, um gesellschaftliche Themen zu beleuchten. Film hat die Fähigkeit, Emotionen zu transportieren und komplexe Themen auf eine Weise darzustellen, die für das Publikum zugänglich ist. Joynt nutzt diese Eigenschaft, um trans Geschichten zu erzählen, die oft in anderen Medien ignoriert werden.

$$\text{Film} \rightarrow \text{Emotion} \rightarrow \text{Verständnis} \rightarrow \text{Aktion} \qquad (8)$$

Durch die Darstellung von trans Erfahrungen in seinen Filmen trägt Joynt zur Sichtbarkeit und zum Verständnis von LGBTQ-Themen bei, was einen positiven Einfluss auf die Gesellschaft hat.

Kritiken und Anerkennung

Die Kritiken zu Joynts frühen Arbeiten waren ein wichtiger Bestandteil seiner Karriereentwicklung. Während einige Kritiker seine Filme als bedeutende Beiträge zur LGBTQ-Kunst lobten, gab es auch Stimmen, die anmerkten, dass die Komplexität der trans Identität nicht immer adäquat dargestellt wurde. Diese Rückmeldungen führten dazu, dass Joynt sich intensiver mit den Nuancen der Geschlechtsidentität auseinandersetzte und versuchte, in seinen späteren Arbeiten eine breitere Palette von Erfahrungen und Perspektiven zu integrieren.

Die Suche nach Finanzierung

Ein zentrales Problem, mit dem Joynt konfrontiert war, war die Suche nach Finanzierung für seine Projekte. In der Welt des unabhängigen Films ist die Finanzierung oft eine große Hürde, insbesondere für LGBTQ-Themen, die nicht immer als kommerziell tragfähig angesehen werden. Joynt musste kreative Wege finden, um finanzielle Unterstützung zu sichern, was oft bedeutete, dass er sich an Community-Organisationen und Förderprogramme wandte, die sich für die Unterstützung von marginalisierten Stimmen einsetzen.

Herausforderungen als trans Filmemacher

Die Herausforderungen, mit denen Joynt als trans Filmemacher konfrontiert war, sind vielfältig. Neben der finanziellen Unterstützung musste er auch gegen Vorurteile und Stereotypen ankämpfen, die in der Filmindustrie weit verbreitet sind. Diese Erfahrungen haben ihn jedoch nicht entmutigt; vielmehr haben sie ihn motiviert, seine Stimme zu erheben und für die Sichtbarkeit von trans Geschichten zu kämpfen.

Die Entwicklung einer einzigartigen Perspektive

Die frühen Projekte von Chase Joynt sind nicht nur wichtig für sein persönliches Wachstum als Filmemacher, sondern auch für die Entwicklung einer einzigartigen Perspektive innerhalb des LGBTQ-Kinos. Er hat es geschafft, eine Stimme zu finden, die sowohl verletzlich als auch kraftvoll ist, und hat damit den Grundstein für seine späteren Werke gelegt, die sich noch intensiver mit trans Themen auseinandersetzen.

Einfluss von sozialen Medien

Ein weiterer Aspekt, der Joynts frühe Arbeiten prägte, war der Einfluss von sozialen Medien. Diese Plattformen ermöglichten es ihm, seine Filme einem breiteren Publikum zugänglich zu machen und direkt mit der Community zu interagieren. Der Dialog, der durch soziale Medien gefördert wurde, half nicht nur bei der Verbreitung seiner Arbeiten, sondern auch bei der Schaffung eines Netzwerks von Unterstützern und Gleichgesinnten.

Insgesamt zeigen Chase Joynts erste Filmprojekte, wie wichtig es ist, trans Geschichten in der Filmindustrie zu erzählen. Sie sind ein Zeugnis für die Herausforderungen und Triumphe, die mit der Darstellung von Geschlechtsidentität verbunden sind, und bieten einen wertvollen Einblick in die

Entwicklung eines der bedeutendsten LGBTQ-Aktivisten und Filmemacher unserer Zeit.

Teilnahme an Filmfestivals

Die Teilnahme an Filmfestivals stellt für aufstrebende Filmemacher wie Chase Joynt eine entscheidende Phase in ihrer Karriere dar. Diese Festivals bieten nicht nur eine Plattform zur Präsentation von Arbeiten, sondern auch eine wertvolle Gelegenheit zur Vernetzung mit anderen Künstlern, Fachleuten der Branche und einem breiteren Publikum. In diesem Abschnitt werden wir die Bedeutung von Filmfestivals, die Herausforderungen, die Filmemacher dabei erleben, und die spezifischen Beispiele von Chase Joynts Erfahrungen in dieser Arena untersuchen.

Bedeutung von Filmfestivals

Filmfestivals sind kulturelle Ereignisse, die es Filmemachern ermöglichen, ihre Werke einem internationalen Publikum vorzustellen. Sie fördern die Sichtbarkeit von Filmen, die oft nicht die Unterstützung großer Studios erhalten, und bieten eine Plattform für Geschichten, die unterrepräsentierte Perspektiven widerspiegeln. Festivals wie das Sundance Film Festival, das Toronto International Film Festival und das Berlinale sind bekannt dafür, neue Talente zu entdecken und innovative Erzählungen zu fördern.

Die Teilnahme an Filmfestivals kann für Filmemacher verschiedene Vorteile bieten:

- **Sichtbarkeit und Anerkennung:** Filme, die auf Festivals gezeigt werden, haben die Chance, von Kritikern und Publikum wahrgenommen zu werden, was zu späteren Verleihungen von Preisen und Auszeichnungen führen kann.

- **Vernetzung:** Festivals sind ein Treffpunkt für Filmemacher, Produzenten, Distributoren und Medienvertreter. Diese Netzwerke können entscheidend für die Finanzierung zukünftiger Projekte sein.

- **Feedback:** Die Reaktionen des Publikums und der Kritiker bieten wertvolle Einblicke, die Filmemachern helfen, ihre Arbeiten weiterzuentwickeln.

Herausforderungen bei der Teilnahme

Trotz der vielen Vorteile gibt es auch Herausforderungen, die Filmemacher bei der Teilnahme an Filmfestivals bewältigen müssen. Eine der größten Hürden ist der

Wettbewerb um einen Platz im Festivalprogramm. Tausende von Filmen werden jährlich eingereicht, und die Auswahl ist oft rigoros. Darüber hinaus können die Kosten für die Teilnahme an Festivals, einschließlich Einreichgebühren, Reisekosten und Unterkunft, eine erhebliche finanzielle Belastung darstellen, insbesondere für unabhängige Filmemacher.

Ein weiteres Problem ist die *Repräsentation*. Obwohl viele Festivals sich bemühen, Vielfalt zu fördern, können marginalisierte Stimmen, insbesondere aus der LGBTQ-Community, immer noch unterrepräsentiert sein. Dies kann dazu führen, dass wichtige Geschichten nicht die Aufmerksamkeit erhalten, die sie verdienen.

Chase Joynts Erfahrungen

Chase Joynt hat an mehreren renommierten Filmfestivals teilgenommen, wobei seine Werke oft Themen der Geschlechtsidentität und der LGBTQ-Erfahrungen beleuchten. Ein herausragendes Beispiel ist die Teilnahme an der Berlinale mit seinem Film *Framing Agnes*. Dieser Film kombiniert dokumentarische und fiktionale Elemente, um die Geschichten von trans Personen aus der Vergangenheit zu erzählen und deren Einfluss auf die gegenwärtige LGBTQ-Diskussion zu beleuchten.

Die Reaktionen auf *Framing Agnes* waren überwältigend positiv, was nicht nur die Sichtbarkeit des Films erhöhte, sondern auch eine breitere Diskussion über die Herausforderungen von trans Personen in der Gesellschaft anregte. Joynt nutzte die Plattform des Festivals, um mit dem Publikum in Dialog zu treten und die Bedeutung von Sichtbarkeit und Repräsentation zu betonen.

Schlussfolgerung

Die Teilnahme an Filmfestivals ist ein unverzichtbarer Bestandteil der Karriere eines Filmemachers, insbesondere für diejenigen, die innovative und unterrepräsentierte Geschichten erzählen möchten. Chase Joynts Erfahrungen zeigen, wie wichtig diese Plattformen sind, um nicht nur persönliche und kulturelle Geschichten zu teilen, sondern auch um den Dialog über gesellschaftliche Themen zu fördern. Trotz der Herausforderungen, die mit der Teilnahme an Festivals verbunden sind, bleibt die Möglichkeit, Sichtbarkeit zu erlangen und Netzwerke zu bilden, von unschätzbarem Wert für die Entwicklung eines jeden Filmemachers.

Vernetzung mit anderen LGBTQ-Künstlern

Die Vernetzung mit anderen LGBTQ-Künstlern stellt einen wesentlichen Aspekt in der Karriere von Chase Joynt dar. Diese Interaktionen sind nicht nur entscheidend für den kreativen Austausch, sondern auch für die Unterstützung und das Verständnis innerhalb der Gemeinschaft. In der Welt des Filmemachens, wo Sichtbarkeit und Repräsentation von größter Bedeutung sind, ist die Zusammenarbeit mit Gleichgesinnten von enormer Bedeutung.

Theoretischer Hintergrund

Die Theorie der sozialen Netzwerke, wie sie von [?] beschrieben wurde, legt nahe, dass die Stärke der Verbindungen zwischen Individuen einen signifikanten Einfluss auf den Zugang zu Ressourcen und Informationen hat. Für LGBTQ-Künstler bedeutet dies, dass die Schaffung und Pflege von Netzwerken nicht nur kreative Möglichkeiten eröffnet, sondern auch den Zugang zu Fördermitteln, Veranstaltungen und Plattformen zur Sichtbarkeit verbessert. Diese Netzwerke bieten einen Raum für den Austausch von Erfahrungen, Strategien zur Bewältigung von Diskriminierung und die Förderung von Projekten, die oft unterrepräsentierte Perspektiven zeigen.

Probleme und Herausforderungen

Trotz der Vorteile, die sich aus der Vernetzung ergeben, gibt es auch Herausforderungen. Eine der größten Hürden ist die Marginalisierung innerhalb der Kunstgemeinschaft selbst. LGBTQ-Künstler sehen sich häufig mit Vorurteilen und Diskriminierung konfrontiert, die ihre Möglichkeiten zur Vernetzung einschränken können. Es gibt auch interne Spannungen innerhalb der LGBTQ-Community, die auf unterschiedliche Identitäten und Erfahrungen zurückzuführen sind. Diese Spannungen können die Zusammenarbeit erschweren und dazu führen, dass einige Stimmen übersehen werden.

Zusätzlich kann der Zugang zu Netzwerken für Künstler aus weniger privilegierten Hintergründen, wie z.B. People of Color oder trans Personen, eingeschränkt sein. Diese Marginalisierung innerhalb der Marginalisierung führt dazu, dass bestimmte Perspektiven und Geschichten nicht die Sichtbarkeit erhalten, die sie verdienen.

Beispiele erfolgreicher Vernetzung

Ein Beispiel für die erfolgreiche Vernetzung innerhalb der LGBTQ-Community ist das Filmfestival *Outfest*, das LGBTQ-Filmemachern eine Plattform bietet, um ihre Arbeiten zu präsentieren und sich mit anderen Künstlern zu vernetzen. Chase Joynt hat in der Vergangenheit an solchen Festivals teilgenommen, um seine Filme vorzustellen und sich mit anderen Künstlern auszutauschen. Dies hat ihm nicht nur geholfen, seine Sichtbarkeit zu erhöhen, sondern auch wertvolle Kontakte zu knüpfen, die zu zukünftigen Projekten führten.

Ein weiteres Beispiel ist die *Queer Media Collective*, eine Gruppe von LGBTQ-Künstlern und Aktivisten, die zusammenarbeiten, um die Repräsentation in den Medien zu verbessern. Durch Workshops und gemeinsame Projekte haben Mitglieder dieser Gruppe nicht nur ihre Fähigkeiten verbessert, sondern auch ein starkes Unterstützungsnetzwerk geschaffen, das den kreativen Austausch fördert.

Die Rolle von sozialen Medien

In der heutigen digitalen Ära spielen soziale Medien eine entscheidende Rolle bei der Vernetzung von LGBTQ-Künstlern. Plattformen wie Instagram, Twitter und TikTok ermöglichen es Künstlern, ihre Arbeiten einem breiten Publikum vorzustellen und direkt mit anderen Künstlern in Kontakt zu treten. Diese digitalen Räume bieten auch eine Plattform für den Dialog über wichtige Themen und die Schaffung von Gemeinschaften, die oft geografische Barrieren überwinden.

Chase Joynt nutzt soziale Medien aktiv, um seine Projekte zu fördern und sich mit anderen Künstlern zu vernetzen. Durch den Austausch von Ideen und Erfahrungen auf diesen Plattformen konnte er nicht nur seine eigene Sichtbarkeit erhöhen, sondern auch andere Künstler inspirieren und unterstützen.

Fazit

Die Vernetzung mit anderen LGBTQ-Künstlern ist ein unverzichtbarer Bestandteil von Chase Joynts Karriere und dem LGBTQ-Aktivismus im Allgemeinen. Sie fördert nicht nur den kreativen Austausch, sondern trägt auch zur Stärkung der Gemeinschaft bei. Trotz der Herausforderungen, die damit verbunden sind, zeigt die Erfahrung von Chase Joynt, dass durch Zusammenarbeit und gegenseitige Unterstützung bedeutende Fortschritte in der Sichtbarkeit und Repräsentation von LGBTQ-Themen im Film erzielt werden können. Die Schaffung von Netzwerken ist somit nicht nur eine Frage der Karriere, sondern auch ein Akt des Widerstands und der Selbstbehauptung in einer oft feindlichen Gesellschaft.

Herausforderungen im Studium

Die akademische Laufbahn von Chase Joynt war von verschiedenen Herausforderungen geprägt, die nicht nur seine persönliche Entwicklung, sondern auch seine künstlerische und aktivistische Perspektive beeinflussten. Diese Herausforderungen können in mehrere Kategorien unterteilt werden: institutionelle Barrieren, soziale Isolation, finanzielle Belastungen und die Suche nach einer eigenen Stimme in einem oft feindlichen Umfeld.

Institutionelle Barrieren

Eine der größten Hürden, mit denen Chase konfrontiert war, waren die institutionellen Barrieren, die LGBTQ-Studierenden häufig begegnen. Viele Bildungseinrichtungen haben nicht immer die notwendigen Ressourcen oder das Verständnis, um trans und nicht-binäre Identitäten zu unterstützen. Dies kann sich in Form von diskriminierenden Richtlinien, unzureichender Sensibilisierung des Personals und fehlenden Unterstützungsangeboten äußern.

Ein Beispiel für eine solche Barriere könnte die Verwendung von veralteten Formularen sein, die keine Optionen für nicht-binäre Geschlechtsidentitäten bieten. Diese Situationen können für Studierende, die ihre Identität noch erkunden, äußerst belastend sein und dazu führen, dass sie sich nicht sicher oder willkommen fühlen. Chase erlebte solche Herausforderungen und musste oft für seine Rechte und die Rechte anderer kämpfen, um eine inklusivere Umgebung zu schaffen.

Soziale Isolation

Zusätzlich zu den institutionellen Barrieren erlebte Chase auch soziale Isolation während seiner Studienzeit. Die Suche nach Gleichgesinnten und einer unterstützenden Gemeinschaft kann für LGBTQ-Studierende besonders schwierig sein. Oftmals fühlen sie sich von ihren Kommilitonen entfremdet, insbesondere in einer Umgebung, die nicht offen oder freundlich gegenüber LGBTQ-Personen ist.

Chase fand jedoch Wege, diese Isolation zu überwinden, indem er sich aktiv in LGBTQ-Organisationen und -Vereinen engagierte. Diese Gruppen boten nicht nur einen Raum für soziale Interaktion, sondern auch eine Plattform für den Austausch von Ideen und Erfahrungen. Durch diese Engagements konnte Chase ein Netzwerk aufbauen, das ihm half, sich weniger allein zu fühlen und seine Identität besser zu verstehen.

Finanzielle Belastungen

Die finanziellen Herausforderungen sind ein weiteres wichtiges Thema, das Chase während seines Studiums beeinflusste. Viele LGBTQ-Studierende kommen aus einkommensschwachen Verhältnissen oder haben Schwierigkeiten, finanzielle Unterstützung zu finden. Diese Belastungen können sich negativ auf die akademische Leistung und die allgemeine Lebensqualität auswirken.

Chase musste oft mehrere Jobs annehmen, um seine Studiengebühren und Lebenshaltungskosten zu decken. Diese Doppelbelastung führte zu einem erhöhten Stressniveau und machte es ihm schwer, sich auf seine kreativen Projekte und sein Studium zu konzentrieren. Dennoch nutzte er diese Erfahrungen, um seine Filme und Geschichten mit Authentizität und Tiefe zu füllen, da er die Herausforderungen des Lebens aus erster Hand kannte.

Die Suche nach einer eigenen Stimme

Die Suche nach einer eigenen künstlerischen Stimme war eine weitere bedeutende Herausforderung für Chase während seines Studiums. In einem Umfeld, das oft von traditionellen Normen und Erwartungen geprägt ist, kann es schwierig sein, authentisch zu bleiben und die eigene Perspektive zu artikulieren. Chase fühlte sich manchmal unter Druck gesetzt, den Erwartungen anderer gerecht zu werden, was zu inneren Konflikten und Unsicherheiten führte.

Um diese Herausforderung zu meistern, begann Chase, sich intensiver mit verschiedenen Filmtechniken und Erzählformen auseinanderzusetzen. Er experimentierte mit verschiedenen Stilen und Themen, um herauszufinden, wie er seine Identität und Erfahrungen am besten ausdrücken konnte. Diese kreative Erkundung war entscheidend für seine Entwicklung als Filmemacher und Aktivist.

Zusammenfassung

Insgesamt waren die Herausforderungen, denen Chase Joynt während seines Studiums gegenüberstand, vielschichtig und komplex. Von institutionellen Barrieren über soziale Isolation bis hin zu finanziellen Belastungen und der Suche nach einer eigenen Stimme – jede dieser Erfahrungen trug dazu bei, seine Perspektive als Künstler und Aktivist zu formen. Trotz dieser Schwierigkeiten gelang es Chase, seine Stimme zu finden und eine bedeutende Karriere im

Filmemachen zu beginnen, die sowohl seine persönlichen Erfahrungen als auch die der LGBTQ-Community widerspiegelt.

Der Einfluss von Medien auf das Selbstbild

Die Medien spielen eine entscheidende Rolle bei der Formung des Selbstbildes, insbesondere für Mitglieder der LGBTQ-Community. In einer Welt, in der visuelle Darstellungen und narrative Repräsentationen allgegenwärtig sind, beeinflussen die Inhalte, die wir konsumieren, unsere Wahrnehmung von uns selbst und unsere Identität. Die Medien können sowohl positive als auch negative Auswirkungen auf das Selbstbild haben, was durch verschiedene Theorien und empirische Studien unterstützt wird.

Theoretischer Rahmen

Eine der grundlegenden Theorien, die den Einfluss von Medien auf das Selbstbild beschreibt, ist die *Soziale Vergleichstheorie* (Festinger, 1954). Diese Theorie besagt, dass Menschen ihr Selbstbild durch den Vergleich mit anderen formen. In der LGBTQ-Community kann dies bedeuten, dass Individuen sich mit den Darstellungen von LGBTQ-Personen in den Medien vergleichen. Wenn diese Darstellungen positiv und vielfältig sind, kann dies zu einem gesteigerten Selbstwertgefühl führen. Im Gegensatz dazu können stereotype oder negative Darstellungen zu einem verringerten Selbstwertgefühl und zu inneren Konflikten führen.

Ein weiteres relevantes Konzept ist die *Repräsentationstheorie*, die besagt, dass die Art und Weise, wie Gruppen in den Medien dargestellt werden, erheblichen Einfluss auf die gesellschaftliche Wahrnehmung und das Selbstbild der Mitglieder dieser Gruppen hat (Hall, 1997). Für LGBTQ-Personen bedeutet dies, dass eine authentische und differenzierte Darstellung in Filmen, Fernsehsendungen und sozialen Medien entscheidend für die Entwicklung eines positiven Selbstbildes ist.

Positive Auswirkungen der Medien

Positive Darstellungen von LGBTQ-Personen in den Medien können das Selbstbild erheblich verbessern. Filme und Serien, die trans und nicht-binäre Charaktere realistisch und vielschichtig darstellen, bieten Vorbilder und ermöglichen es den Zuschauern, sich mit diesen Charakteren zu identifizieren. Ein Beispiel hierfür ist die Serie *Pose*, die eine Vielzahl von trans und queeren Charakteren in einem positiven Licht zeigt und gleichzeitig die Herausforderungen und Kämpfe, die sie erleben, thematisiert.

Studien haben gezeigt, dass Jugendliche, die sich mit positiven LGBTQ-Darstellungen identifizieren, ein stärkeres Gefühl der Zugehörigkeit und ein höheres Selbstwertgefühl entwickeln (Baker et al., 2016). Diese positiven Repräsentationen helfen nicht nur den Zuschauern, sich selbst zu akzeptieren, sondern fördern auch ein Verständnis und eine Akzeptanz innerhalb der breiteren Gesellschaft.

Negative Auswirkungen der Medien

Auf der anderen Seite können negative Darstellungen von LGBTQ-Personen in den Medien schädliche Auswirkungen auf das Selbstbild haben. Stereotypen, die häufig in Mainstream-Medien vorkommen, wie das Bild des „übertriebenen Schwulen" oder der „tragischen Trans-Person", können zu einem verzerrten Selbstbild führen und das Gefühl der Isolation verstärken. Solche Darstellungen können auch Vorurteile und Diskriminierung in der Gesellschaft verstärken.

Eine Untersuchung von *GLAAD* (2020) zeigte, dass viele LGBTQ-Personen berichten, dass sie sich durch negative Medienberichterstattung und stereotype Darstellungen in ihrer Identität angegriffen fühlen. Dies kann zu einem verminderten Selbstwertgefühl und zu psychischen Gesundheitsproblemen führen, wie etwa Angstzuständen und Depressionen.

Medienkompetenz und Selbstbild

Um den negativen Einfluss von Medien auf das Selbstbild zu mildern, ist Medienkompetenz von entscheidender Bedeutung. Die Fähigkeit, Medien kritisch zu konsumieren und die dargestellten Inhalte zu hinterfragen, kann helfen, ein gesundes Selbstbild zu fördern. Programme zur Medienkompetenz, die sich auf LGBTQ-Themen konzentrieren, können dazu beitragen, dass Individuen lernen, zwischen positiven und negativen Darstellungen zu unterscheiden und sich nicht von stereotypen Bildern beeinflussen zu lassen.

Darüber hinaus ist es wichtig, dass LGBTQ-Personen in der Medienproduktion selbst vertreten sind. Wenn die Stimmen und Perspektiven von LGBTQ-Personen in den kreativen Prozessen integriert werden, führt dies zu authentischeren und nuancierteren Darstellungen, die das Selbstbild der Community positiv beeinflussen können.

Schlussfolgerung

Zusammenfassend lässt sich sagen, dass die Medien einen tiefgreifenden Einfluss auf das Selbstbild von LGBTQ-Personen haben. Positive Repräsentationen können das Selbstwertgefühl stärken und ein Gefühl der Zugehörigkeit fördern, während negative Darstellungen schädlich sein können. Der Schlüssel liegt in der Förderung von Medienkompetenz und der Schaffung authentischer Darstellungen, die die Vielfalt innerhalb der LGBTQ-Community widerspiegeln. Nur so kann ein gesundes Selbstbild gefördert und die gesellschaftliche Akzeptanz weiter vorangetrieben werden.

Bibliography

[1] Baker, C. N., et al. (2016). *The Impact of Media Representation on LGBTQ Youth.* Journal of Youth Studies, 19(4), 491-507.

[2] Festinger, L. (1954). A Theory of Social Comparison Processes. *Human Relations,* 7(2), 117-140.

[3] GLAAD. (2020). *Accelerating Acceptance 2020.* GLAAD Media Institute.

[4] Hall, S. (1997). Representation: Cultural Representations and Signifying Practices. *SAGE Publications.*

Praktika und Berufserfahrungen

Die Praktika und Berufserfahrungen von Chase Joynt sind entscheidende Elemente seiner Entwicklung als Filmemacher und LGBTQ-Aktivist. Diese Erfahrungen trugen nicht nur zu seiner beruflichen Qualifikation bei, sondern halfen ihm auch, seine Identität und Perspektive als trans Person in die Filmkunst zu integrieren.

Die Bedeutung von Praktika

Praktika bieten jungen Filmemachern die Möglichkeit, praktische Erfahrungen in der Branche zu sammeln. Sie sind oft der erste Schritt in die professionelle Welt des Filmemachens und ermöglichen es den Praktikanten, wertvolle Kontakte zu knüpfen und ihre Fähigkeiten in realen Projekten zu erproben. Für Chase Joynt war es wichtig, Praktika zu wählen, die nicht nur seine technischen Fähigkeiten verbesserten, sondern auch seine künstlerische Vision unterstützten.

Erste Praktika

Chase begann seine Karriere mit Praktika in kleinen Produktionsfirmen, die sich auf Dokumentarfilme spezialisierten. Diese frühen Erfahrungen gaben ihm Einblick in die verschiedenen Aspekte der Filmproduktion, von der Drehbuchentwicklung bis hin zur Postproduktion. Während seiner Zeit bei einer solchen Firma hatte er die Möglichkeit, an einem Dokumentarfilm über die LGBTQ-Community mitzuarbeiten. Diese Erfahrung war prägend, da sie ihm nicht nur technische Fähigkeiten vermittelte, sondern auch die Relevanz von Geschichten innerhalb der Community verdeutlichte.

Herausforderungen während der Praktika

Die Praktika waren jedoch nicht ohne Herausforderungen. Chase stellte fest, dass viele Produktionsumgebungen von traditionellen Geschlechterrollen geprägt waren, was es für ihn als trans Person schwierig machte, sich vollständig zu integrieren. Diskriminierung und Vorurteile waren häufige Begleiter, und oft musste er sich in einem Umfeld behaupten, das seine Identität nicht vollständig akzeptierte. Diese Herausforderungen motivierten ihn, aktiv für eine inklusivere Darstellung von trans Geschichten in der Filmindustrie zu kämpfen.

Einfluss auf die Karriere

Die gesammelten Erfahrungen während seiner Praktika führten zu ersten beruflichen Möglichkeiten. Chase wurde eingeladen, an verschiedenen Filmprojekten mitzuwirken, die sich mit LGBTQ-Themen beschäftigten. Diese Projekte ermöglichten es ihm, seine Stimme zu finden und seine Perspektive als trans Filmemacher in die Geschichten einzubringen, die er erzählen wollte. Ein bemerkenswertes Projekt war ein Kurzfilm, der die Lebensrealitäten von trans Jugendlichen thematisierte und auf mehreren Filmfestivals gezeigt wurde.

Networking und Mentoring

Ein weiterer wichtiger Aspekt seiner Praktika war die Möglichkeit, mit etablierten Filmemachern und Künstlern zu netzwerken. Chase nutzte jede Gelegenheit, um von erfahrenen Kollegen zu lernen und Ratschläge einzuholen. Diese Mentoring-Beziehungen waren entscheidend für seine Entwicklung und halfen ihm, seine Karriere weiter voranzutreiben. Durch den Austausch mit anderen LGBTQ-Künstlern konnte er nicht nur seine Fähigkeiten verbessern, sondern auch ein Gefühl der Gemeinschaft und Unterstützung finden.

Langfristige Auswirkungen

Die Praktika und ersten Berufserfahrungen von Chase Joynt haben langfristige Auswirkungen auf seine Karriere und seinen Aktivismus. Sie haben ihn nicht nur auf den Weg zu einem erfolgreichen Filmemacher geführt, sondern auch seine Entschlossenheit gestärkt, die Sichtbarkeit von trans Menschen in der Filmindustrie zu erhöhen. Chase ist sich bewusst, dass seine Erfahrungen anderen jungen LGBTQ-Personen als Inspiration dienen können, ihre eigenen Geschichten zu erzählen und in der Filmwelt sichtbar zu werden.

Zusammenfassend lässt sich sagen, dass die Praktika und Berufserfahrungen von Chase Joynt nicht nur eine wesentliche Grundlage für seine Karriere bildeten, sondern auch zu einem tieferen Verständnis für die Herausforderungen und Chancen führten, die mit der Darstellung von trans Geschichten in der Filmkunst verbunden sind. Diese Erfahrungen sind ein Beweis dafür, wie wichtig es ist, Vielfalt und Inklusion in der Filmindustrie zu fördern, um eine authentische und repräsentative Erzählweise zu gewährleisten.

Die Suche nach einer eigenen Stimme

Die Suche nach einer eigenen Stimme ist ein zentraler Aspekt im kreativen Prozess von Filmemachern, insbesondere für Künstler, die sich in der LGBTQ-Community engagieren. Diese Suche ist oft von inneren und äußeren Konflikten geprägt, die sowohl die persönliche Identität als auch die künstlerische Ausdrucksform betreffen. Für Chase Joynt war dieser Prozess nicht nur eine Frage der Selbstfindung, sondern auch ein Akt des Widerstands gegen die vorherrschenden Normen und Stereotypen, die oft in der Filmindustrie zu finden sind.

Theoretischer Rahmen

Die Suche nach einer eigenen Stimme kann durch verschiedene theoretische Ansätze verstanden werden. Eine relevante Theorie ist die *Identitätstheorie*, die besagt, dass Individuen ihre Identität durch soziale Interaktionen und kulturelle Kontexte formen. Diese Theorie legt nahe, dass die Stimme eines Künstlers nicht isoliert existiert, sondern in einem ständigen Dialog mit der Gesellschaft steht. In der LGBTQ-Community ist dieser Dialog oft von der Notwendigkeit geprägt, die eigene Identität sichtbar zu machen und gleichzeitig gegen Diskriminierung und Vorurteile anzukämpfen.

Ein weiterer wichtiger theoretischer Ansatz ist die *Kunst-als-Aktivismus-*Theorie, die besagt, dass Kunst nicht nur ein Ausdruck individueller Kreativität ist, sondern auch ein Werkzeug zur gesellschaftlichen

Veränderung. Diese Perspektive ist besonders relevant für Chase Joynts Werk, da seine Filme oft soziale Themen ansprechen und die Stimmen marginalisierter Gemeinschaften hervorheben.

Herausforderungen

Die Suche nach einer eigenen Stimme ist jedoch nicht ohne Herausforderungen. Viele LGBTQ-Künstler, einschließlich Joynt, sehen sich mit einer Reihe von Hindernissen konfrontiert, die ihre kreative Entfaltung einschränken können:

- **Gesellschaftliche Normen:** Die vorherrschenden Geschlechter- und Sexualitätsnormen können es schwierig machen, authentisch zu sein. Künstler fühlen sich oft gezwungen, sich anzupassen oder ihre Identität zu verstecken, um akzeptiert zu werden.

- **Finanzielle Barrieren:** Die Finanzierung von Filmprojekten kann für LGBTQ-Künstler eine Herausforderung darstellen. Oftmals sind Ressourcen begrenzt, und es kann schwierig sein, Unterstützung für Projekte zu finden, die nicht dem Mainstream entsprechen.

- **Repräsentation:** Die Notwendigkeit, die eigene Stimme zu finden, wird durch die mangelnde Repräsentation in der Filmindustrie erschwert. Viele LGBTQ-Künstler kämpfen darum, dass ihre Geschichten und Perspektiven gehört werden.

Beispiele aus Chase Joynts Werk

Chase Joynts eigene Reise zur Selbstfindung spiegelt sich in seinen frühen Filmprojekten wider. In seinem Kurzfilm *"Framing Agnes"* untersucht Joynt historische und zeitgenössische Darstellungen von trans Identität, indem er die Geschichten von trans Personen aus der Vergangenheit in den Kontext der heutigen Gesellschaft stellt. Durch die Verschmelzung von Dokumentation und Fiktion schafft er einen Raum, in dem die Stimmen derjenigen, die oft ignoriert werden, gehört werden.

Ein weiteres Beispiel ist seine Zusammenarbeit mit anderen LGBTQ-Künstlern, die es ihm ermöglicht, verschiedene Perspektiven zu integrieren und seine eigene Stimme weiterzuentwickeln. Diese Kooperationen fördern nicht nur den kreativen Austausch, sondern stärken auch das Gefühl der Gemeinschaft und Zugehörigkeit, das für die Suche nach einer eigenen Stimme entscheidend ist.

Schlussfolgerung

Die Suche nach einer eigenen Stimme ist ein fortlaufender Prozess, der sowohl persönliche als auch kollektive Dimensionen umfasst. Für Chase Joynt ist dieser Prozess nicht nur ein Weg zur Selbstakzeptanz, sondern auch ein Akt des Empowerments für die LGBTQ-Community. Durch seine Filme und seinen Aktivismus trägt er dazu bei, die Sichtbarkeit von trans Geschichten zu erhöhen und die gesellschaftliche Wahrnehmung von Geschlechtsidentität zu verändern. Letztlich zeigt Joynts Arbeit, dass die Suche nach einer eigenen Stimme nicht nur für den Einzelnen von Bedeutung ist, sondern auch für die gesamte Gemeinschaft, die durch Kunst und Aktivismus gestärkt wird.

Abschluss und erste berufliche Schritte

Chase Joynt schloss sein Studium mit einem tiefen Verständnis für die komplexen Themen der Geschlechtsidentität und der Repräsentation in den Medien ab. Diese akademische Grundlage bildete nicht nur das Fundament für seine künstlerische Karriere, sondern auch für sein Engagement im LGBTQ-Aktivismus. In dieser Phase seines Lebens wurden die Herausforderungen und Möglichkeiten, die sich ihm boten, klarer denn je.

Der Abschluss

Der Abschluss war ein bedeutender Meilenstein für Chase, der nicht nur seine akademischen Leistungen würdigte, sondern auch die vielen persönlichen Kämpfe, die er während seiner Studienzeit durchlebt hatte. Die letzten Monate seines Studiums waren geprägt von intensiven Projekten, die seine künstlerische Stimme und seine Perspektive als trans Filmemacher festigten. In einem seiner letzten Projekte, das die Herausforderungen von trans Jugendlichen beleuchtete, konnte er sowohl die Theorie als auch die Praxis des Filmemachens miteinander verbinden. Dieses Projekt war nicht nur eine kreative Herausforderung, sondern auch eine Möglichkeit, seine Erfahrungen und die seiner Community auf eine Weise zu teilen, die das Publikum berührte und zum Nachdenken anregte.

Der Übergang ins Berufsleben

Nach dem Abschluss stand Chase vor der Herausforderung, den Übergang vom Studenten zum professionellen Filmemacher zu meistern. Diese Phase war gekennzeichnet durch Unsicherheiten, aber auch durch eine unermüdliche Entschlossenheit, seine Visionen in die Realität umzusetzen. Der Weg zum professionellen Filmemachen war alles andere als einfach. Chase musste sich mit der Realität auseinandersetzen, dass die Filmindustrie oft von vorherrschenden Normen und Konventionen geprägt ist, die marginalisierte Stimmen systematisch ausschließen.

Herausforderungen im Berufsleben

Eine der größten Herausforderungen, mit denen Chase konfrontiert war, war die Suche nach Finanzierung und Unterstützung für seine Projekte. Viele LGBTQ-Filmemacher, insbesondere solche, die trans Themen behandeln, sehen sich oft mit Vorurteilen und Missverständnissen konfrontiert. Diese Hindernisse machen es schwierig, Produzenten und Investoren zu finden, die bereit sind, in Projekte zu investieren, die nicht den traditionellen Normen entsprechen. Chase nutzte jedoch seine Netzwerke und seine Verbindungen zu anderen LGBTQ-Künstlern, um Unterstützung zu finden und seine Projekte voranzutreiben.

In einem Interview erklärte er: „Ich habe gelernt, dass es wichtig ist, sich mit Gleichgesinnten zu umgeben. Die Unterstützung der Community ist entscheidend, um in dieser Branche erfolgreich zu sein." Diese Erkenntnis führte ihn dazu, aktiv an verschiedenen Filmfestivals teilzunehmen, wo er nicht nur seine Arbeiten präsentierte, sondern auch wichtige Kontakte knüpfte.

Erste berufliche Schritte

Chase Joynts erste beruflichen Schritte in der Filmindustrie waren geprägt von einer Vielzahl von Projekten, die sowohl Kurzfilme als auch Dokumentationen umfassten. Sein erster Kurzfilm, der die Herausforderungen von trans Jugendlichen thematisierte, wurde auf mehreren Filmfestivals gezeigt und erhielt positive Kritiken. Die Resonanz des Publikums bestätigte ihn in seinem Schaffen und motivierte ihn, weiterhin Geschichten zu erzählen, die oft übersehen werden.

Ein wichtiger Aspekt seiner frühen Karriere war die Zusammenarbeit mit anderen Künstlern und Aktivisten. Chase erkannte schnell, dass die Verbindung von Kunst und Aktivismus nicht nur seine eigene Arbeit bereicherte, sondern auch die Sichtbarkeit und das Verständnis für trans Themen in der Gesellschaft förderte. Diese Zusammenarbeit führte zu einer Reihe von Projekten, die sich mit der Darstellung von Geschlechtsidentität in verschiedenen Medien auseinandersetzten.

Die Bedeutung von Netzwerken

Netzwerken spielte eine entscheidende Rolle in Chase Joynts frühen beruflichen Schritten. Durch den Austausch mit anderen Filmemachern und Künstlern konnte er nicht nur seine Fähigkeiten verbessern, sondern auch wertvolle Einblicke in die Branche gewinnen. Diese Netzwerke halfen ihm, Zugang zu Ressourcen und Unterstützung zu erhalten, die für den Erfolg seiner Projekte unerlässlich waren. Chase betonte oft, wie wichtig es ist, sich mit Menschen zu umgeben, die ähnliche Werte und Ziele teilen. „Es geht nicht nur darum, Filme zu machen. Es geht darum, eine Gemeinschaft aufzubauen, die sich gegenseitig unterstützt und ermutigt", sagte er in einem Podcast-Interview.

Fazit

Der Abschluss und die ersten beruflichen Schritte von Chase Joynt markieren den Beginn einer vielversprechenden Karriere, die sowohl künstlerisch als auch aktivistisch geprägt ist. Trotz der Herausforderungen, die er auf seinem Weg überwinden musste, blieb er entschlossen, seine Stimme zu erheben und die Geschichten von trans Menschen sichtbar zu machen. Seine Reise zeigt, wie wichtig es ist, sich den Herausforderungen der Filmindustrie zu stellen und gleichzeitig die eigene Identität und Perspektive zu bewahren. Chase Joynt ist nicht nur ein Filmemacher, sondern auch ein Vorbild für viele in der LGBTQ-Community, die nach Wegen suchen, ihre eigenen Geschichten zu erzählen und Veränderungen in der Gesellschaft herbeizuführen.

Karrierebeginn und erste Filme

Die Anfänge des Filmemachens

Erste Kurzfilme und deren Themen

Chase Joynt begann seine filmische Reise mit einer Reihe von Kurzfilmen, die nicht nur seine künstlerische Vision, sondern auch seine politischen Überzeugungen widerspiegelten. Diese frühen Arbeiten sind entscheidend, um die Themen zu verstehen, die Joynt in seiner späteren Karriere weiterverfolgen würde. In dieser Sektion werden wir die ersten Kurzfilme von Chase Joynt sowie die zentralen Themen und Herausforderungen, die er in diesen Arbeiten behandelt hat, näher betrachten.

Thematische Schwerpunkte

Die Kurzfilme von Chase Joynt sind oft geprägt von einer tiefen Auseinandersetzung mit Geschlechtsidentität, Trans-Repräsentation und der Suche nach Authentizität. Ein zentrales Thema, das sich durch seine frühen Werke zieht, ist die Erkundung der Komplexität von Geschlechtsidentität. In einem seiner ersten Kurzfilme, *"Identity Unlocked"*, wird die innere Zerrissenheit eines trans Individuums dargestellt, das versucht, seinen Platz in einer oft feindlichen Gesellschaft zu finden. Die Verwendung von Symbolik und Metaphern in diesem Film veranschaulicht die Herausforderungen, mit denen viele trans Personen konfrontiert sind, und bietet dem Publikum einen Einblick in die emotionalen Kämpfe, die mit der Selbstakzeptanz verbunden sind.

Ein weiteres bemerkenswertes Werk ist *"Reflections"*, in dem Joynt die Themen Selbstwahrnehmung und gesellschaftliche Erwartungen untersucht. Der Film zeigt verschiedene Charaktere, die in Spiegel schauen und sich mit der Diskrepanz zwischen ihrem inneren Selbst und dem äußeren Bild, das die Gesellschaft von ihnen hat, auseinandersetzen. Diese duale Perspektive wird durch die Verwendung von Split-Screen-Techniken verstärkt, die die innere und äußere Realität der Charaktere nebeneinander darstellen. Die kritische Auseinandersetzung mit dem Thema Selbstwahrnehmung ist nicht nur ein persönliches Anliegen von Joynt, sondern spiegelt auch eine weit verbreitete Herausforderung innerhalb der LGBTQ-Community wider.

Rezeption und Herausforderungen

Die Reaktionen auf Joynts erste Kurzfilme waren gemischt, was nicht überraschend ist, da die Themen, die er behandelt, oft kontrovers und emotional aufgeladen sind. Während einige Kritiker die Authentizität und den Mut lobten, mit dem Joynt seine Erfahrungen teilt, sahen andere in seinen Filmen eine zu starke Fokussierung auf die Schwierigkeiten und Herausforderungen des Lebens als trans Person. Diese Kritiken werfen wichtige Fragen auf: Inwiefern sollten Künstler die schwierigen Aspekte ihrer Identität betonen, und welche Verantwortung haben sie, eine positive Repräsentation zu bieten?

Ein Beispiel für diese Herausforderung ist die Reaktion auf den Film *"Transcendence"*, in dem Joynt die Kämpfe und Triumphe eines trans Individuums dokumentiert. Während der Film von vielen als kraftvolle Darstellung der Resilienz gefeiert wurde, gab es auch Stimmen, die argumentierten, dass er zu sehr auf das Leiden und die Diskriminierung fokussiert sei, ohne die positiven Aspekte der trans Erfahrung angemessen zu würdigen. Diese Diskussion verdeutlicht die komplexe Beziehung zwischen Kunst und Aktivismus, insbesondere in Bezug auf die Darstellung marginalisierter Identitäten.

Einfluss auf die spätere Karriere

Die Themen und Herausforderungen, die Joynt in seinen frühen Kurzfilmen behandelt, haben einen bleibenden Einfluss auf seine spätere Karriere als Filmemacher und Aktivist. Die Auseinandersetzung mit Geschlechtsidentität und der Suche nach Authentizität bleibt ein zentrales Element seiner Arbeit, insbesondere in seinen bekanntesten Projekten wie *"Framing Agnes"*. Die frühen Filme dienen nicht nur als Grundlage für seine späteren Arbeiten, sondern auch als Plattform für den Dialog über die Bedeutung von Sichtbarkeit und Repräsentation in der Kunst.

Zusammenfassend lässt sich sagen, dass Chase Joynts erste Kurzfilme eine wichtige Rolle in seiner Entwicklung als Künstler und Aktivist gespielt haben. Sie bieten einen tiefen Einblick in die Herausforderungen, mit denen trans Personen konfrontiert sind, und laden das Publikum ein, sich mit den komplexen Fragen von

DIE ANFÄNGE DES FILMEMACHENS 69

Identität, Sichtbarkeit und Repräsentation auseinanderzusetzen. Diese frühen Werke sind nicht nur Ausdruck seiner persönlichen Erfahrungen, sondern auch ein Aufruf zur Reflexion über die gesellschaftlichen Strukturen, die das Leben von LGBTQ-Personen beeinflussen.

$$\text{Sichtbarkeit} = \frac{\text{Repräsentation} + \text{Identität}}{\text{Gesellschaftliche Akzeptanz}} \qquad (9)$$

Diese Gleichung verdeutlicht die komplexe Beziehung zwischen Sichtbarkeit und gesellschaftlicher Akzeptanz, die in Joynts Arbeit immer wieder thematisiert wird. Die Herausforderung besteht darin, die Balance zwischen persönlichem Ausdruck und dem Streben nach gesellschaftlicher Akzeptanz zu finden, eine Aufgabe, die Joynt mit bemerkenswerter Sensibilität und Kreativität angeht.

Reaktionen der Öffentlichkeit

Die Reaktionen der Öffentlichkeit auf Chase Joynts frühe Filmprojekte waren sowohl vielschichtig als auch aufschlussreich. In einer Zeit, in der trans Themen zunehmend in den Fokus der gesellschaftlichen Diskussion rückten, bot Joynt mit seinen Arbeiten eine Plattform, die nicht nur die Sichtbarkeit von trans Menschen erhöhte, sondern auch die damit verbundenen Herausforderungen und Realitäten beleuchtete. Diese Reaktionen lassen sich in verschiedene Kategorien unterteilen: positive Rückmeldungen, kritische Auseinandersetzungen, sowie die Herausforderungen, die mit der Repräsentation von trans Identitäten einhergehen.

Positive Rückmeldungen

Die positiven Reaktionen auf Joynts Filme waren oft geprägt von einer tiefen Wertschätzung für die Authentizität und die emotionale Tiefe seiner Erzählungen. Viele Zuschauer, insbesondere aus der LGBTQ-Community, äußerten, dass sie sich in den Charakteren und Geschichten wiedererkannten. Diese Identifikation war nicht nur eine Bestätigung ihrer eigenen Erfahrungen, sondern auch eine Quelle der Inspiration. In einer Rezension auf einem renommierten LGBTQ-Filmfestival wurde hervorgehoben, dass Joynts Werke „eine frische Perspektive" auf trans Identitäten bieten und „die Komplexität menschlicher Erfahrungen" aufzeigen. Solche Rückmeldungen sind besonders wichtig, da sie die Notwendigkeit von Sichtbarkeit und Repräsentation im Film unterstreichen.

Kritische Auseinandersetzungen

Trotz der positiven Resonanz sah sich Joynt auch kritischen Stimmen gegenüber, die anmerkten, dass die Darstellung von trans Themen im Film oft noch nicht ausreichend differenziert sei. Kritiker argumentierten, dass viele Filme, einschließlich einiger von Joynts frühen Arbeiten, die Komplexität der trans Identität simplifizieren oder stereotype Darstellungen reproduzieren könnten. Diese Auseinandersetzungen sind wichtig, da sie auf die Notwendigkeit hinweisen, die Vielfalt innerhalb der trans Gemeinschaft zu berücksichtigen. Ein Beispiel hierfür ist die Diskussion über die Darstellung von Geschlechtsidentität in Joynts Kurzfilm „*Transcendence*", der sowohl Lob für seine Sensibilität als auch Kritik für die vermeintliche Vereinfachung von Genderfragen erhielt.

Herausforderungen der Repräsentation

Die Herausforderungen, die mit der Repräsentation von trans Identitäten im Film einhergehen, sind vielschichtig. Joynt selbst hat in Interviews betont, dass es eine ständige Balance zwischen Authentizität und dem Wunsch, eine breitere Öffentlichkeit zu erreichen, gibt. Diese Spannung spiegelt sich in den Reaktionen der Öffentlichkeit wider. Während einige Zuschauer die innovative Herangehensweise an trans Themen lobten, äußerten andere Bedenken, dass die Komplexität von trans Erfahrungen oft in den Hintergrund gedrängt werde, um eine breitere Akzeptanz zu erzielen.

Ein Beispiel für diese Herausforderung zeigt sich in der Reaktion auf den Film „*Framing Agnes*". Während viele Kritiker die Art und Weise lobten, wie der Film historische trans Geschichten mit modernen Perspektiven verknüpft, gab es auch Stimmen, die darauf hinwiesen, dass die Auswahl der Geschichten und die Art der Präsentation nicht alle Facetten der trans Erfahrung abdeckten. Diese Kritik ist nicht nur relevant für Joynts Arbeit, sondern für die gesamte Filmindustrie, die sich bemüht, die Vielfalt der menschlichen Erfahrungen adäquat darzustellen.

Der Einfluss von sozialen Medien

Ein weiterer Aspekt, der die Reaktionen der Öffentlichkeit auf Joynts Filme beeinflusste, war die Rolle der sozialen Medien. Plattformen wie Twitter und Instagram ermöglichten es Zuschauern, ihre Gedanken und Gefühle direkt und sofort zu teilen. Diese unmittelbare Rückmeldung kann sowohl positiv als auch negativ sein und hat das Potenzial, die Wahrnehmung von Filmen erheblich zu beeinflussen. Joynts Filme wurden oft in Hashtags und Online-Diskussionen

DIE ANFÄNGE DES FILMEMACHENS 71

erwähnt, was zu einer breiteren Debatte über die Darstellung von trans Identitäten führte.

Die Nutzung von sozialen Medien führte auch zu einer verstärkten Vernetzung innerhalb der LGBTQ-Community, die es den Zuschauern ermöglichte, ihre Erfahrungen auszutauschen und zu diskutieren. Diese Vernetzung kann als eine Form des Aktivismus betrachtet werden, die die Sichtbarkeit und Repräsentation von trans Themen weiter fördert. Es ist wichtig zu beachten, dass diese Diskussionen oft auch die Möglichkeit bieten, konstruktives Feedback zu geben, das Joynt und andere Filmemacher in ihren zukünftigen Projekten berücksichtigen können.

Fazit

Zusammenfassend lässt sich sagen, dass die Reaktionen der Öffentlichkeit auf Chase Joynts frühe Filme ein Spiegelbild der komplexen und oft widersprüchlichen Natur der Diskussionen über trans Identitäten in der Gesellschaft sind. Während positive Rückmeldungen die Bedeutung von Sichtbarkeit und Repräsentation betonen, zeigen kritische Auseinandersetzungen die Herausforderungen auf, die mit der Darstellung dieser Themen im Film verbunden sind. Die Rolle der sozialen Medien hat diese Diskussionen weiter verstärkt und bietet eine Plattform für Dialog und Reflexion. Joynts Arbeit bleibt somit nicht nur ein wichtiger Beitrag zur Filmkunst, sondern auch ein Katalysator für gesellschaftlichen Wandel und ein tiefergehendes Verständnis von trans Identitäten.

Zusammenarbeit mit anderen Künstlern

Die Zusammenarbeit mit anderen Künstlern ist ein wesentlicher Bestandteil des kreativen Prozesses im Filmemachen, insbesondere für einen LGBTQ-Aktivisten wie Chase Joynt. Diese Kooperationen ermöglichen nicht nur den Austausch von Ideen, sondern auch die Schaffung von Werkstoffen, die eine Vielzahl von Perspektiven und Erfahrungen repräsentieren. In diesem Abschnitt untersuchen wir die Bedeutung der Zusammenarbeit, die Herausforderungen, die damit verbunden sind, und einige bemerkenswerte Beispiele aus Chase Joynts Karriere.

Die Bedeutung der Zusammenarbeit

Die Zusammenarbeit mit anderen Künstlern kann als eine Form des kollektiven Schaffens betrachtet werden, die die individuellen Stärken und Perspektiven der Beteiligten vereint. In der LGBTQ-Community ist diese Art der Zusammenarbeit besonders wichtig, da sie oft marginalisierte Stimmen hervorhebt und die Sichtbarkeit von trans und nicht-binären Geschichten erhöht.

Ein zentraler Aspekt der Zusammenarbeit ist die Schaffung eines unterstützenden Netzwerks, das Künstler in ihrer kreativen Arbeit stärkt. Diese Netzwerke bieten nicht nur emotionale Unterstützung, sondern auch praktische Ressourcen, wie Zugang zu Finanzierung, Produktionsmitteln und Verbreitungskanälen. Ein Beispiel für eine solche Zusammenarbeit ist die enge Verbindung zwischen Chase Joynt und anderen LGBTQ-Künstlern, die sich gegenseitig inspirieren und unterstützen.

Herausforderungen der Zusammenarbeit

Trotz der Vorteile, die die Zusammenarbeit mit sich bringt, gibt es auch Herausforderungen. Eine der größten Schwierigkeiten besteht darin, unterschiedliche künstlerische Visionen und Arbeitsstile zu integrieren. Oftmals können kreative Differenzen zu Spannungen führen, die die Produktivität und die Qualität des Endprodukts beeinträchtigen.

Ein weiteres Problem ist der Zugang zu Ressourcen. Viele LGBTQ-Künstler sehen sich mit finanziellen Einschränkungen konfrontiert, die die Zusammenarbeit erschweren können. Oft müssen sie sich auf unkonventionelle Finanzierungsmöglichkeiten verlassen, wie Crowdfunding oder Stipendien, um ihre Projekte zu realisieren.

Darüber hinaus können auch gesellschaftliche Vorurteile und Diskriminierung die Zusammenarbeit erschweren. Künstler, die sich in ihrer Identität und ihrem Ausdruck unsicher fühlen, könnten zögern, sich in einem kreativen Team zu engagieren, was zu einer Unterrepräsentation von LGBTQ-Perspektiven in der Kunst führen kann.

Beispiele für erfolgreiche Zusammenarbeit

Chase Joynt hat in seiner Karriere mehrere bemerkenswerte Kollaborationen initiiert, die nicht nur seine künstlerische Vision bereichert haben, sondern auch zur Sichtbarkeit von trans Geschichten beigetragen haben. Ein herausragendes Beispiel ist die Zusammenarbeit mit der Künstlerin und Aktivistin A.J. McCreary an dem Projekt „Framing Agnes".

$$\text{Kreative Synergie} = \text{Einzelne Perspektiven} + \text{Gemeinsame Vision} \qquad (10)$$

In diesem Projekt haben Joynt und McCreary ihre unterschiedlichen Erfahrungen und Perspektiven kombiniert, um eine tiefere und nuanciertere

Darstellung der trans Geschichte zu schaffen. Diese Zusammenarbeit hat nicht nur die Qualität des Films verbessert, sondern auch das Bewusstsein für die Herausforderungen und Triumphe der trans Community geschärft.

Ein weiteres Beispiel ist die Partnerschaft mit dem Drehbuchautor und Regisseur Kieran Fanning. Gemeinsam haben sie an Kurzfilmen gearbeitet, die sich mit Themen der Geschlechtsidentität und der LGBTQ-Erfahrung auseinandersetzen. Diese Zusammenarbeit hat es Joynt ermöglicht, seine künstlerische Stimme weiterzuentwickeln und gleichzeitig die Sichtbarkeit von LGBTQ-Geschichten in den Medien zu erhöhen.

Fazit

Die Zusammenarbeit mit anderen Künstlern ist ein entscheidender Faktor für den Erfolg von Chase Joynts Arbeiten und die Förderung von LGBTQ-Aktivismus durch Film. Trotz der Herausforderungen, die mit der Zusammenarbeit verbunden sind, hat Joynt gezeigt, dass die Synergie zwischen Künstlern zu bedeutenden und einflussreichen Projekten führen kann. Diese Partnerschaften sind nicht nur eine Quelle der Inspiration, sondern auch ein notwendiger Schritt zur Schaffung einer inklusiven und vielfältigen Medienlandschaft, die die Geschichten und Erfahrungen der LGBTQ-Community authentisch widerspiegelt.

Insgesamt verdeutlicht die Analyse der Zusammenarbeit in Chase Joynts Karriere, wie wichtig es ist, Netzwerke zu bilden und kreative Synergien zu nutzen, um die Sichtbarkeit und das Verständnis für trans und nicht-binäre Geschichten zu fördern. Die Herausforderungen, die mit dieser Zusammenarbeit einhergehen, sind nicht zu unterschätzen, aber die Ergebnisse können transformative Auswirkungen auf die Kunstwelt und die Gesellschaft insgesamt haben.

Die Bedeutung von Film als Ausdrucksform

Der Film ist eine kraftvolle und vielseitige Ausdrucksform, die es Künstlern ermöglicht, komplexe Themen und Emotionen zu vermitteln. In der heutigen Gesellschaft, in der visuelle Medien eine dominierende Rolle spielen, ist der Film nicht nur ein Unterhaltungsmedium, sondern auch ein wichtiges Werkzeug für soziale Veränderung und Aktivismus. Die Bedeutung des Films als Ausdrucksform lässt sich in mehreren Dimensionen betrachten: der narrativen Struktur, der visuellen Ästhetik, der emotionalen Resonanz und der kulturellen Relevanz.

Narrative Struktur

Die narrative Struktur eines Films ist entscheidend für die Art und Weise, wie Geschichten erzählt werden. Filme nutzen oft eine lineare oder nicht-lineare Erzählweise, um die Zuschauer in die Handlung einzubeziehen. Diese Erzähltechniken können dazu beitragen, die Komplexität von trans Identitäten und Erfahrungen zu verdeutlichen. Ein Beispiel hierfür ist der Film *Framing Agnes*, der historische und fiktive Elemente kombiniert, um die Geschichten von trans Personen im frühen 20. Jahrhundert zu beleuchten. Durch die geschickte Verknüpfung von Erzählsträngen wird die Zuschauerbindung erhöht, was die Botschaft des Films verstärkt.

Visuelle Ästhetik

Die visuelle Ästhetik eines Films spielt eine entscheidende Rolle bei der Vermittlung von Emotionen und Themen. Die Wahl von Farben, Kamerawinkeln und Licht kann die Stimmung eines Films erheblich beeinflussen. In *Framing Agnes* beispielsweise wird die Ästhetik genutzt, um die Isolation und den Kampf der Protagonisten zu verdeutlichen. Die Verwendung von gedämpften Farben und engen Kamerawinkeln schafft ein Gefühl der Enge und des Drucks, das die Herausforderungen von trans Personen widerspiegelt. Dies zeigt, wie visuelle Entscheidungen die Wahrnehmung und das Verständnis von Geschichten beeinflussen können.

Emotionale Resonanz

Filme haben die Fähigkeit, starke emotionale Reaktionen hervorzurufen. Durch Identifikation mit Charakteren und deren Konflikten können Zuschauer empathisch auf die dargestellten Themen reagieren. Die emotionale Resonanz ist besonders wichtig, wenn es um marginalisierte Gruppen geht, da Filme eine Plattform bieten, um deren Geschichten zu erzählen und Sichtbarkeit zu schaffen. In *Framing Agnes* wird die emotionale Tiefe der Charaktere durch persönliche Interviews und Rückblenden verstärkt, was den Zuschauern ermöglicht, sich mit den Herausforderungen und Triumphen der trans Personen zu identifizieren.

Kulturelle Relevanz

Die kulturelle Relevanz von Filmen ist ein weiterer Aspekt, der ihre Bedeutung als Ausdrucksform unterstreicht. Filme können gesellschaftliche Normen und Werte in Frage stellen und zur Diskussion über Themen wie Geschlechtsidentität und

-darstellung anregen. Die Rezeption von *Framing Agnes* hat nicht nur Diskussionen über die Darstellung von trans Identitäten im Film angestoßen, sondern auch zu einer breiteren Auseinandersetzung mit der Geschichte und den Herausforderungen von trans Personen geführt. Filme können somit als Katalysatoren für gesellschaftliche Veränderungen fungieren.

Theoretische Perspektiven

Die filmtheoretische Analyse bietet verschiedene Perspektiven auf die Bedeutung von Film als Ausdrucksform. Die *Filmsemiotik* beispielsweise untersucht, wie Zeichen und Symbole im Film verwendet werden, um Bedeutung zu erzeugen. Diese Theorie kann auf die Analyse von trans Themen im Film angewendet werden, indem untersucht wird, wie visuelle und narrative Elemente zur Konstruktion von Geschlechtsidentität beitragen. Die *Feministische Filmtheorie* hingegen beleuchtet, wie Geschlechterrollen im Film dargestellt werden und wie diese Darstellungen die Wahrnehmung von Geschlecht und Sexualität beeinflussen können.

Ein zentrales Problem, das in der Diskussion um die Bedeutung von Film als Ausdrucksform auftritt, ist die Frage der Repräsentation. Oftmals werden trans Personen in Filmen stereotypisiert oder nicht authentisch dargestellt, was zu Missverständnissen und Vorurteilen führen kann. Filme wie *Framing Agnes* versuchen, diese Probleme zu adressieren, indem sie authentische Stimmen und Geschichten von trans Personen einbeziehen und somit eine differenzierte Perspektive bieten.

Schlussfolgerung

Zusammenfassend lässt sich sagen, dass der Film als Ausdrucksform eine bedeutende Rolle im LGBTQ-Aktivismus spielt. Durch die Kombination von narrativen Strukturen, visueller Ästhetik und emotionaler Resonanz können Filme wie *Framing Agnes* nicht nur unterhalten, sondern auch das Bewusstsein für trans Themen schärfen und zur gesellschaftlichen Veränderung beitragen. Die Herausforderungen, die mit der Repräsentation von trans Personen im Film verbunden sind, erfordern eine kritische Auseinandersetzung, um sicherzustellen, dass die Stimmen dieser Gemeinschaft authentisch und respektvoll gehört werden. In einer Welt, in der Geschichten Macht haben, ist der Film ein unverzichtbares Werkzeug, um Sichtbarkeit zu schaffen und den Dialog über Geschlechtsidentität und -darstellung zu fördern.

Kritiken und Anerkennung

Die Kritiken und Anerkennung, die Chase Joynt für seine Arbeit im Bereich des Filmemachens und des LGBTQ-Aktivismus erhalten hat, sind ein wesentlicher Bestandteil seiner Karriere und seines Einflusses auf die Gesellschaft. In diesem Abschnitt werden wir die verschiedenen Dimensionen der Kritiken und die Anerkennung, die er für seine Werke, insbesondere für seinen Durchbruchfilm *Framing Agnes*, erhalten hat, beleuchten.

Kritiken von Fachleuten

Chase Joynts Werke wurden von zahlreichen Filmkritikern und Fachleuten als innovativ und einfühlsam beschrieben. Kritiker heben oft die Art und Weise hervor, wie Joynt komplexe trans Geschichten erzählt und die Herausforderungen, die trans Menschen in der Gesellschaft erleben, auf eine zugängliche und ansprechende Weise darstellt. Ein Beispiel hierfür ist die Rezension von *Framing Agnes* im *Variety*, die den Film als "eine bahnbrechende Erzählung über Geschlechtsidentität und die Herausforderungen der Sichtbarkeit" bezeichnete. Diese Anerkennung von Fachleuten ist nicht nur ein Zeichen für die Qualität seiner Arbeit, sondern auch für die Relevanz der Themen, die er behandelt.

Anerkennung durch die Community

Neben der Anerkennung durch Fachleute hat Joynt auch bedeutende Anerkennung innerhalb der LGBTQ-Community erhalten. Seine Filme und Projekte werden oft als Plattform für trans Stimmen angesehen, die in der Mainstream-Kultur unterrepräsentiert sind. Die positive Resonanz von Community-Mitgliedern, die sich in seinen Geschichten wiederfinden, ist ein wichtiger Indikator für den Einfluss seiner Arbeit. Veranstaltungen wie das *Outfest* in Los Angeles haben seine Filme gefeiert und ihm Preise verliehen, was seine Stellung als bedeutender Aktivist und Filmemacher innerhalb der LGBTQ-Community weiter festigt.

Kritische Diskussionen und Debatten

Trotz der positiven Kritiken gibt es auch kritische Diskussionen über Joynts Arbeit. Einige Kritiker argumentieren, dass die Darstellung von trans Themen in seinen Filmen manchmal zu stark vereinfacht wird oder dass bestimmte Aspekte der trans Erfahrung nicht ausreichend beleuchtet werden. Diese kritischen Stimmen sind wichtig, da sie zur Weiterentwicklung des Diskurses über

Geschlechtsidentität und Repräsentation in den Medien beitragen. Joynt selbst hat in Interviews betont, dass er offen für konstruktive Kritik ist und diese als Teil seines kreativen Prozesses betrachtet.

Auszeichnungen und Ehrungen

Die Anerkennung seiner Arbeit hat sich auch in Form von Auszeichnungen niedergeschlagen. Joynt hat mehrere Preise für seine Filme gewonnen, darunter den *Best Documentary Award* beim *Toronto International Film Festival* für *Framing Agnes*. Diese Auszeichnungen sind nicht nur ein Zeichen für die Qualität seiner Arbeit, sondern auch ein wichtiges Mittel, um die Sichtbarkeit von trans Geschichten in der Filmindustrie zu erhöhen. Die Auszeichnungen helfen, das Bewusstsein für die Herausforderungen und Erfolge von trans Menschen zu schärfen und fördern die Akzeptanz in der Gesellschaft.

Einfluss auf zukünftige Generationen

Die Kritiken und die Anerkennung, die Joynt erhalten hat, haben auch einen bedeutenden Einfluss auf die nächste Generation von Filmemachern und Aktivisten. Viele junge Künstler sehen in ihm ein Vorbild und werden durch seine Arbeit inspiriert, ihre eigenen Geschichten zu erzählen. Die Sichtbarkeit, die Joynt für trans Themen geschaffen hat, hat dazu beigetragen, dass mehr Menschen ermutigt werden, ihre Identität auszudrücken und aktiv an der Schaffung von Veränderungen in der Gesellschaft mitzuwirken.

Zusammenfassend lässt sich sagen, dass die Kritiken und die Anerkennung, die Chase Joynt für seine Arbeit erhalten hat, sowohl von Fachleuten als auch von der Community kommen und dass sie einen entscheidenden Beitrag zu seinem Einfluss auf die LGBTQ-Bewegung leisten. Seine Fähigkeit, komplexe Themen auf eine zugängliche Weise darzustellen, und sein Engagement für die Sichtbarkeit von trans Stimmen sind zentrale Elemente seines künstlerischen Schaffens. Die Diskussionen um seine Arbeit zeigen, dass es Raum für Wachstum und Entwicklung gibt, und dass die Auseinandersetzung mit kritischen Perspektiven Teil eines dynamischen kreativen Prozesses ist.

Die Suche nach Finanzierung

Die Suche nach Finanzierung ist für viele Filmemacher, insbesondere für solche aus marginalisierten Gemeinschaften, eine der größten Herausforderungen. Für Chase Joynt, der als trans Filmemacher mit einzigartiger Perspektive in die Branche eintritt, war die Sicherstellung von finanziellen Mitteln für seine Projekte sowohl ein kreatives als auch ein strategisches Unterfangen. Diese Sektion beleuchtet die verschiedenen Aspekte der Finanzierungssuche, die Herausforderungen, die Joynt dabei begegnete, und die Strategien, die er entwickelte, um diese Hürden zu überwinden.

Theoretischer Hintergrund

Die Finanzierung in der Filmindustrie kann durch verschiedene Modelle erfolgen, darunter private Investitionen, staatliche Förderungen, Crowdfunding und Stiftungen. Jedes dieser Modelle bringt spezifische Anforderungen und Herausforderungen mit sich. Laut der *Film Finance Theory* ist die Sicherstellung von Kapital ein kritischer Schritt im Produktionsprozess, der oft den Unterschied zwischen einem Projekt, das realisiert wird, und einem, das in der Konzeptionsphase stecken bleibt, ausmacht.

Die *Kunst des Pitchings* ist entscheidend, um potenzielle Geldgeber zu überzeugen. Filmemacher müssen in der Lage sein, ihre Vision klar und überzeugend zu kommunizieren, während sie gleichzeitig die finanziellen Rückflüsse und den sozialen Einfluss ihrer Projekte darlegen. Dies ist besonders wichtig für LGBTQ+-Projekte, die oft als Nischenprodukte betrachtet werden und daher möglicherweise weniger Unterstützung von traditionellen Geldgebern erhalten.

Herausforderungen bei der Finanzierung

Für Chase Joynt waren die Herausforderungen bei der Finanzierung seiner Filme vielfältig. Eine der größten Hürden war die Tatsache, dass viele traditionelle Geldgeber eine konservative Sicht auf die Filmproduktion haben und oft zögern, in trans oder LGBTQ+-Geschichten zu investieren. Diese Vorurteile können dazu führen, dass innovative und wichtige Geschichten, die eine breitere gesellschaftliche Relevanz haben, nicht die notwendige finanzielle Unterstützung erhalten.

Ein weiteres Problem war die Unsicherheit und der Mangel an Transparenz im Finanzierungsprozess. Viele Filmemacher berichten von Schwierigkeiten, die genauen Anforderungen und Erwartungen der Geldgeber zu verstehen. Diese Unsicherheit kann dazu führen, dass Filmemacher Zeit und Ressourcen verschwenden, um Anträge zu stellen, die am Ende abgelehnt werden.

Darüber hinaus ist der Zugang zu Netzwerken und Verbindungen, die für die Finanzierung erforderlich sind, oft eingeschränkt. Viele aufstrebende Filmemacher, insbesondere aus der LGBTQ+-Community, haben möglicherweise nicht die gleichen Netzwerke wie ihre heteronormativen Kollegen, was ihre Chancen auf Finanzierung weiter verringert.

Strategien zur Finanzierung

Trotz dieser Herausforderungen entwickelte Chase Joynt verschiedene Strategien, um die Finanzierung für seine Filme zu sichern. Eine seiner erfolgreichsten Methoden war die Nutzung von Crowdfunding-Plattformen. Diese Plattformen ermöglichen es Filmemachern, direkt mit ihrem Publikum zu kommunizieren und Unterstützung zu erhalten, ohne auf traditionelle Geldgeber angewiesen zu sein. Joynt nutzte Plattformen wie *Kickstarter* und *Indiegogo*, um Geld für seine Projekte zu sammeln, und konnte so eine engagierte Community aufbauen, die nicht nur finanzielle Unterstützung, sondern auch wertvolles Feedback und Verbreitung seiner Projekte bot.

Zusätzlich suchte Joynt aktiv nach Stiftungen und Organisationen, die sich für LGBTQ+-Themen einsetzen. Viele dieser Organisationen bieten spezielle Förderungen für Projekte, die das Bewusstsein für trans Themen schärfen und zur Sichtbarkeit der Community beitragen. Joynt identifizierte solche Stiftungen und passte seine Anträge an deren Ziele und Missionen an, um die Wahrscheinlichkeit einer Förderung zu erhöhen.

Ein weiterer wichtiger Aspekt war die Zusammenarbeit mit anderen Künstlern und Filmemachern. Durch die Bildung von Kollektiven oder Netzwerken konnte Joynt Ressourcen bündeln und gemeinsame Projekte entwickeln, die eine größere Chance auf Finanzierung hatten. Diese Zusammenarbeit förderte nicht nur die Kreativität, sondern auch den Zugang zu breiteren Netzwerken und potenziellen Geldgebern.

Beispiele erfolgreicher Finanzierung

Ein bemerkenswertes Beispiel für die erfolgreiche Finanzierung eines Projekts von Chase Joynt ist sein Film *Framing Agnes*. Für dieses Projekt konnte Joynt eine Kombination aus Crowdfunding und Fördergeldern nutzen. Durch die Erstellung eines überzeugenden Pitch-Videos und die Einbeziehung von Unterstützern aus der LGBTQ+-Community konnte er die benötigten Mittel aufbringen, um das Projekt zu realisieren. Das Interesse und die Unterstützung, die er erhielt, zeigen, wie wichtig es ist, eine engagierte Gemeinschaft hinter einem Projekt zu haben.

Darüber hinaus erhielt Joynt auch Zuschüsse von Organisationen wie dem *Sundance Institute*, die sich für die Unterstützung von innovativen und gesellschaftlich relevanten Geschichten einsetzen. Diese Art von Unterstützung ist entscheidend, um Filmemachern wie Joynt die Möglichkeit zu geben, ihre Visionen zu verwirklichen und wichtige Themen sichtbar zu machen.

Fazit

Die Suche nach Finanzierung ist ein komplexer Prozess, der für viele Filmemacher, insbesondere für diejenigen aus der LGBTQ+-Community, mit erheblichen Herausforderungen verbunden ist. Chase Joynt hat jedoch gezeigt, dass durch kreative Ansätze, strategische Planung und die Bildung von Gemeinschaften die notwendigen Mittel gesichert werden können, um bedeutende Geschichten zu erzählen. Die Erfahrungen von Joynt verdeutlichen die Notwendigkeit, die Finanzierungslandschaft für marginalisierte Stimmen zu erweitern und die Unterstützung für trans und LGBTQ+-Geschichten in der Filmindustrie zu erhöhen.

Die Auseinandersetzung mit den Herausforderungen der Finanzierung ist nicht nur eine Frage der finanziellen Mittel, sondern auch eine Frage der Sichtbarkeit und Repräsentation. Indem Filmemacher wie Joynt sich diesen Herausforderungen stellen und innovative Lösungen finden, tragen sie dazu bei, die Filmindustrie inklusiver und vielfältiger zu gestalten.

Herausforderungen als trans Filmemacher

Die Herausforderungen, mit denen trans Filmemacher konfrontiert sind, sind vielschichtig und komplex. Sie reichen von persönlichen Kämpfen um Identität und Akzeptanz bis hin zu institutionellen Barrieren, die den Zugang zu Ressourcen und Möglichkeiten einschränken. In diesem Abschnitt werden wir die wichtigsten Herausforderungen untersuchen, die trans Filmemacher wie Chase Joynt in ihrer Karriere begegnen, und die Auswirkungen dieser Herausforderungen auf ihre künstlerische Praxis und den LGBTQ-Aktivismus.

Identitätskrisen und Selbstakzeptanz

Die Reise eines trans Filmemachers beginnt oft mit einer tiefen Auseinandersetzung mit der eigenen Identität. Die Suche nach Selbstakzeptanz ist eine fundamentale Herausforderung, die sich auf die kreative Arbeit auswirken kann. Viele trans Künstler erleben Phasen der Unsicherheit und des Zweifels, insbesondere in einem Umfeld, das oft von Diskriminierung und Vorurteilen geprägt ist. Diese innere Auseinandersetzung kann sowohl eine Quelle der Inspiration als auch eine Quelle des Stresses sein.

$$\text{Selbstakzeptanz} = \text{Identität} + \text{Gesellschaftliche Wahrnehmung} \quad (11)$$

Die Gleichung verdeutlicht, dass die Selbstakzeptanz nicht nur von der individuellen Identität abhängt, sondern auch stark von der Wahrnehmung durch die Gesellschaft beeinflusst wird. Filmemacher, die ihre Identität offenbaren, riskieren oft Ablehnung oder Missverständnisse, was zu einem ständigen Kampf zwischen persönlichem Ausdruck und gesellschaftlichem Druck führt.

Finanzierung und Ressourcen

Eine der größten Herausforderungen für trans Filmemacher ist der Zugang zu finanziellen Mitteln und Ressourcen. Die Filmindustrie ist notorisch schwer zugänglich, insbesondere für marginalisierte Gruppen. Trans Filmemacher müssen oft kreative Wege finden, um ihre Projekte zu finanzieren, sei es durch Crowdfunding, Stipendien oder die Zusammenarbeit mit unterstützenden Organisationen.

$$\text{Zugang zu Ressourcen} = \text{Finanzierung} + \text{Netzwerk} + \text{Unterstützung} \quad (12)$$

Diese Gleichung zeigt, dass der Zugang zu Ressourcen nicht nur von der finanziellen Unterstützung abhängt, sondern auch von einem starken Netzwerk und der Unterstützung durch die Community. Viele trans Filmemacher müssen sich auf informelle Netzwerke verlassen, um ihre Projekte zu realisieren, was oft den Druck erhöht und die Sichtbarkeit ihrer Arbeit einschränkt.

Repräsentation und Stereotypen

Ein weiteres zentrales Problem für trans Filmemacher ist die Repräsentation in den Medien. Oft sind trans Charaktere und Geschichten in Filmen stereotypisiert oder falsch dargestellt, was den Druck auf trans Filmemacher erhöht, authentische und respektvolle Darstellungen zu schaffen. Diese Herausforderung ist nicht nur eine kreative, sondern auch eine ethische, da die Art und Weise, wie trans Personen im Film dargestellt werden, direkte Auswirkungen auf die gesellschaftliche Wahrnehmung und das Leben von trans Menschen hat.

$$\text{Repräsentation} = \text{Authentizität} + \text{Verantwortung} \quad (13)$$

Hierbei ist die Authentizität der Darstellungen von entscheidender Bedeutung. Filmemacher wie Chase Joynt streben danach, Geschichten zu erzählen, die die Vielfalt und Komplexität von trans Erfahrungen widerspiegeln, anstatt sich auf vereinfachte Narrative zu stützen.

Zugang zu Filmfestivals und Verbreitung

Die Teilnahme an Filmfestivals ist für viele Filmemacher ein entscheidender Schritt, um ihre Arbeit einem breiteren Publikum vorzustellen. Für trans Filmemacher kann der Zugang zu diesen Festivals jedoch eine erhebliche Hürde darstellen. Viele Festivals haben nicht die notwendigen Ressourcen oder das Bewusstsein, um trans Künstler aktiv zu unterstützen, was bedeutet, dass ihre Filme möglicherweise nicht die Aufmerksamkeit erhalten, die sie verdienen.

$$\text{Festivalzugang} = \text{Einreichung} + \text{Akzeptanz} + \text{Sichtbarkeit} \quad (14)$$

Die Gleichung verdeutlicht, dass es nicht nur um die Einreichung von Filmen geht, sondern auch um die Akzeptanz durch die Festivaljurys und die anschließende Sichtbarkeit, die die Filme erhalten. Der Mangel an trans Repräsentation in der Festivallandschaft kann dazu führen, dass wichtige Geschichten ungehört bleiben.

Der Einfluss von sozialen Medien

Soziale Medien bieten trans Filmemachern eine Plattform, um ihre Geschichten zu teilen und sich mit der Community zu verbinden. Allerdings können sie auch eine Quelle von Druck und Kritik sein. Die öffentliche Wahrnehmung und die Reaktionen auf ihre Arbeit können sowohl positive als auch negative Auswirkungen haben, was zu einer zusätzlichen emotionalen Belastung führt.

$$\text{Einfluss von sozialen Medien} = \text{Sichtbarkeit} - \text{Kritik} \quad (15)$$

Diese Gleichung zeigt, dass die Sichtbarkeit, die soziale Medien bieten, oft mit der Gefahr von öffentlicher Kritik und Missverständnissen einhergeht. Filmemacher müssen lernen, mit diesem Druck umzugehen und eine gesunde Beziehung zu ihrer Online-Präsenz zu entwickeln.

Unterstützung durch die Community

Eine der größten Stärken von trans Filmemachern ist die Unterstützung durch die LGBTQ-Community. Diese Unterstützung kann in Form von Netzwerken, Mentoring und Ressourcen erfolgen. Die Community spielt eine entscheidende Rolle bei der Förderung von trans Stimmen in der Filmindustrie und bietet oft einen sicheren Raum für kreativen Ausdruck.

DIE ANFÄNGE DES FILMEMACHENS 83

Community-Unterstützung = Netzwerk + Mentoring + Ressourcen (16)

Die Gleichung verdeutlicht, dass die Unterstützung der Community eine entscheidende Rolle für den Erfolg von trans Filmemachern spielt. Durch den Austausch von Erfahrungen und Ressourcen können trans Filmemacher ihre Herausforderungen besser bewältigen und ihre Stimmen stärken.

Insgesamt sind die Herausforderungen, mit denen trans Filmemacher konfrontiert sind, vielfältig und komplex. Sie erfordern nicht nur persönliche Stärke und Resilienz, sondern auch die Unterstützung und das Verständnis der Gesellschaft. Indem sie diese Herausforderungen annehmen und ihre Geschichten erzählen, tragen trans Filmemacher wie Chase Joynt dazu bei, die Sichtbarkeit und das Verständnis für trans Erfahrungen zu erhöhen und einen positiven Einfluss auf die LGBTQ-Community und darüber hinaus auszuüben.

Die Entwicklung einer einzigartigen Perspektive

Die Entwicklung einer einzigartigen Perspektive ist für Chase Joynt nicht nur ein kreativer Prozess, sondern auch ein Akt des Widerstands gegen die vorherrschenden Narrative, die oft marginalisierte Stimmen übersehen. In der heutigen Film- und Medienlandschaft ist es entscheidend, dass LGBTQ-Künstler ihre eigenen Geschichten erzählen, um authentische Repräsentation zu gewährleisten. Joynt nutzt seine Plattform, um die Komplexität und Vielfalt trans Identitäten zu beleuchten und gleichzeitig die Herausforderungen zu thematisieren, mit denen die Gemeinschaft konfrontiert ist.

Theoretischer Hintergrund

Die Theorie der *Queer Representation* besagt, dass die Sichtbarkeit von LGBTQ-Personen in den Medien nicht nur die Wahrnehmung der Gesellschaft beeinflusst, sondern auch die Selbstidentifikation innerhalb der Gemeinschaft stärkt. Judith Butler, eine prominente Theoretikerin der Geschlechterstudien, argumentiert in ihrem Werk *Gender Trouble*, dass Geschlecht und Identität performativ sind, was bedeutet, dass sie durch wiederholte Handlungen und Darstellungen konstruiert werden. Joynt wendet diese Theorie an, um die Narrative von Geschlechtsidentität in seinen Filmen zu hinterfragen und neu zu gestalten.

Herausforderungen und Probleme

Die Herausforderungen, denen Joynt gegenübersteht, sind vielschichtig. Als trans Filmemacher sieht er sich oft mit dem Druck konfrontiert, die richtige Geschichte zu erzählen, die den Erwartungen sowohl der LGBTQ-Community als auch der breiteren Gesellschaft entspricht. Dies kann zu einem Gefühl der Verantwortung führen, das die kreative Freiheit einschränkt. Darüber hinaus gibt es strukturelle Hindernisse in der Filmindustrie, die es schwierig machen, Finanzierung und Unterstützung für trans Geschichten zu erhalten.

Ein Beispiel für diese Herausforderungen ist die Produktion von *Framing Agnes*, wo Joynt und sein Team sich mit Vorurteilen und Missverständnissen auseinandersetzen mussten, die oft in der Darstellung von trans Personen in den Medien zu finden sind. Die Notwendigkeit, authentische Stimmen zu finden und gleichzeitig die Erwartungen der Geldgeber zu erfüllen, erfordert ein hohes Maß an Geschick und Diplomatie.

Beispiele für die Entwicklung der Perspektive

Joynts Herangehensweise an das Filmemachen zeichnet sich durch eine Kombination aus persönlichen Erfahrungen und theoretischen Überlegungen aus. In *Framing Agnes* verwendet er historische Figuren und ihre Geschichten, um die zeitlose Relevanz von Geschlechtsidentität zu zeigen. Durch die Verbindung von Dokumentation und Fiktion schafft er eine narrative Struktur, die sowohl informativ als auch emotional ansprechend ist.

Ein weiteres Beispiel ist Joynts Kurzfilm *The Last Gender*, in dem er die Erfahrungen von trans Jugendlichen thematisiert. In diesem Film wird die Perspektive der Protagonisten durch Interviews und persönliche Erzählungen verstärkt, wodurch eine tiefere Verbindung zum Publikum hergestellt wird. Diese Herangehensweise ermöglicht es Joynt, die Komplexität der trans Identität zu vermitteln und gleichzeitig die universellen Themen von Liebe, Verlust und Identität zu erforschen.

Der Einfluss von sozialen Medien

In der heutigen digitalen Ära spielt die Nutzung von sozialen Medien eine entscheidende Rolle bei der Entwicklung einer einzigartigen Perspektive. Joynt nutzt Plattformen wie Instagram und Twitter, um seine Arbeit zu fördern und mit der Community in Kontakt zu treten. Diese Interaktion ermöglicht es ihm, direktes Feedback zu erhalten und seine Perspektive kontinuierlich weiterzuentwickeln. Die Dynamik der sozialen Medien bietet eine Plattform für den Austausch von Ideen und Erfahrungen, die in der traditionellen Filmindustrie oft fehlen.

Darüber hinaus ermöglicht die Sichtbarkeit, die durch soziale Medien geschaffen wird, eine breitere Diskussion über trans Themen und deren Relevanz in der Gesellschaft. Joynt hat erkannt, dass die Erzählung seiner eigenen Geschichte und die seiner Mitmenschen nicht nur für ihn selbst, sondern auch für die Gemeinschaft von Bedeutung ist. Diese Interaktivität fördert ein Gefühl der Zugehörigkeit und des Empowerments, das für die Entwicklung einer einzigartigen Perspektive unerlässlich ist.

Fazit

Die Entwicklung einer einzigartigen Perspektive ist ein dynamischer und fortlaufender Prozess, der sowohl persönliche als auch gesellschaftliche Dimensionen umfasst. Chase Joynt zeigt, wie wichtig es ist, authentische Geschichten zu erzählen, die nicht nur die Realität der trans Gemeinschaft widerspiegeln, sondern auch deren Vielfalt und Komplexität anerkennen. Durch seine Filme und sein Engagement im Aktivismus trägt er dazu bei, die Sichtbarkeit und Repräsentation von LGBTQ-Personen zu fördern und gleichzeitig die Herausforderungen, mit denen sie konfrontiert sind, in den Vordergrund zu rücken. Diese einzigartige Perspektive ist nicht nur für Joynt selbst, sondern für die gesamte Gemeinschaft von entscheidender Bedeutung, um die fortdauernden Kämpfe für Gleichheit und Akzeptanz zu unterstützen.

Einfluss von sozialen Medien

Soziale Medien haben in den letzten Jahren eine transformative Rolle im Bereich des LGBTQ-Aktivismus eingenommen. Sie bieten nicht nur eine Plattform für den Austausch von Ideen und Erfahrungen, sondern auch für die Mobilisierung von Gemeinschaften und die Sichtbarmachung von Themen, die oft in traditionellen Medien ignoriert werden. In dieser Sektion werden wir die verschiedenen Aspekte des Einflusses von sozialen Medien auf Chase Joynts Arbeit und den LGBTQ-Aktivismus im Allgemeinen untersuchen.

Theoretischer Rahmen

Die Rolle der sozialen Medien im Aktivismus kann durch verschiedene theoretische Ansätze erklärt werden, darunter die *Netzwerktheorie* und die *Theorie der sozialen Bewegungen*. Die Netzwerktheorie betont, wie soziale Medien als Katalysatoren für die Bildung von Netzwerken dienen, die es Aktivisten ermöglichen, sich schnell zu organisieren und zu mobilisieren. Die Theorie der sozialen Bewegungen hingegen analysiert, wie soziale Medien als Plattformen für die Verbreitung von Botschaften und die Schaffung von Solidarität unter Gleichgesinnten fungieren.

Ein zentrales Konzept in der Diskussion um soziale Medien und Aktivismus ist das der *Viralität*. Inhalte, die emotional ansprechend oder provokant sind, können sich schnell verbreiten, wodurch sie ein breites Publikum erreichen. Diese Viralität ist besonders wichtig für LGBTQ-Aktivisten, da sie oft gegen tief verwurzelte Vorurteile und Diskriminierung kämpfen.

Probleme und Herausforderungen

Trotz der positiven Aspekte gibt es auch Herausforderungen im Zusammenhang mit der Nutzung sozialer Medien im Aktivismus. Ein häufiges Problem ist die *Trollkultur* und der *Online-Hass*. LGBTQ-Aktivisten sind häufig Ziel von Cybermobbing und Diskriminierung, was nicht nur ihre persönliche Sicherheit gefährdet, sondern auch ihre Fähigkeit, effektiv zu kommunizieren und zu mobilisieren.

Ein weiteres Problem ist die *Fragmentierung* der LGBTQ-Community. Soziale Medien können dazu führen, dass verschiedene Gruppen innerhalb der Community isoliert werden, da sie sich in unterschiedlichen Online-Räumen bewegen. Diese Fragmentierung kann den Zusammenhalt der Bewegung schwächen und die gemeinsamen Ziele verwässern.

Beispiele aus Chase Joynts Arbeit

Chase Joynt hat soziale Medien aktiv genutzt, um seine Filme und Projekte zu fördern. Ein Beispiel ist die Kampagne zur Veröffentlichung von *Framing Agnes*, die stark auf Plattformen wie Twitter und Instagram setzte. Durch gezielte Hashtags und die Einbindung von Influencern konnte die Reichweite der Kampagne erheblich gesteigert werden. Joynt nutzte diese Plattformen nicht nur zur Promotion, sondern auch zur Aufklärung über trans Themen und zur Schaffung eines Dialogs über Geschlechtsidentität.

Darüber hinaus hat Joynt die Möglichkeit genutzt, über soziale Medien mit seiner Community in Kontakt zu treten. Er hat regelmäßig Einblicke in seinen kreativen Prozess gegeben und Diskussionen über die Herausforderungen des Filmemachens als trans Person angestoßen. Diese Transparenz hat dazu beigetragen, eine tiefere Verbindung zu seinem Publikum herzustellen und das Bewusstsein für die Themen, die ihm am Herzen liegen, zu schärfen.

Die Rolle von Hashtags und viralen Kampagnen

Hashtags spielen eine entscheidende Rolle im Aktivismus auf sozialen Medien. Sie ermöglichen es, Diskussionen zu bündeln und Themen zu kennzeichnen, die für die LGBTQ-Community von Bedeutung sind. Joynt hat beispielsweise Hashtags wie #FramingAgnes und #TransVisibility genutzt, um die Sichtbarkeit seines Films zu erhöhen und das Bewusstsein für trans Themen zu fördern. Solche Kampagnen können nicht nur die Reichweite eines einzelnen Projekts erhöhen, sondern auch zu einem breiteren gesellschaftlichen Diskurs über Geschlechtsidentität und Repräsentation führen.

Ein weiteres Beispiel ist die *#MeToo*-Bewegung, die durch soziale Medien eine globale Diskussion über sexuelle Gewalt und Machtmissbrauch angestoßen hat. Diese Bewegung hat auch trans Stimmen ein Forum gegeben, um ihre Erfahrungen zu teilen und auf die spezifischen Herausforderungen aufmerksam zu machen, mit denen sie konfrontiert sind.

Zukunftsausblick

Der Einfluss von sozialen Medien auf den LGBTQ-Aktivismus wird voraussichtlich weiter zunehmen. Die fortschreitende Digitalisierung und die zunehmende Nutzung von Plattformen wie TikTok und Instagram bieten neue Möglichkeiten für Kreativität und Ausdruck. Gleichzeitig müssen Aktivisten sich jedoch auch den Herausforderungen der Plattformen stellen, einschließlich der Notwendigkeit, sich gegen Desinformation und Hassrede zu behaupten.

Für Chase Joynt und andere LGBTQ-Aktivisten wird es entscheidend sein, die Chancen, die soziale Medien bieten, weiterhin zu nutzen, während sie sich gleichzeitig für eine sichere und inklusive Online-Umgebung einsetzen. Die Verbindung zwischen sozialen Medien, Kunst und Aktivismus wird weiterhin ein zentrales Thema in der Diskussion um die Zukunft der LGBTQ-Bewegung sein.

Zusammenfassung

Zusammenfassend lässt sich sagen, dass soziale Medien einen erheblichen Einfluss auf den LGBTQ-Aktivismus haben, indem sie neue Möglichkeiten für Sichtbarkeit, Mobilisierung und den Austausch von Ideen schaffen. Chase Joynt hat diese Plattformen effektiv genutzt, um seine Botschaften zu verbreiten und die Community zu inspirieren. Trotz der Herausforderungen, die mit der Nutzung sozialer Medien verbunden sind, bleibt ihr Potenzial für positive Veränderungen in der Gesellschaft unbestreitbar.

Der Weg zu größeren Projekten

Der Weg zu größeren Projekten im Filmemachen ist oft sowohl eine kreative als auch eine strategische Herausforderung. Für Chase Joynt war dieser Prozess eine natürliche Entwicklung, die aus seinen frühen Erfahrungen und dem Drang, trans Geschichten in den Vordergrund zu rücken, resultierte. In diesem Abschnitt werden wir die verschiedenen Aspekte beleuchten, die zu Joynts Übergang zu größeren Filmprojekten führten, einschließlich der Herausforderungen, die er überwinden musste, sowie der Strategien, die er anwendete, um seine Visionen zu verwirklichen.

Die Suche nach Finanzierung

Ein wesentlicher Aspekt, der den Weg zu größeren Projekten beeinflusst, ist die Suche nach Finanzierung. Die Finanzierung von Filmen kann eine der größten Hürden für aufstrebende Filmemacher darstellen, insbesondere für diejenigen, die in der LGBTQ-Community tätig sind. Joynt erkannte früh, dass traditionelle Finanzierungsmöglichkeiten oft nicht für Projekte zur Verfügung standen, die trans Themen und Perspektiven behandelten. Daher musste er innovative Wege finden, um Geld für seine Projekte zu akquirieren.

$$F = C + M + R \qquad (17)$$

Hierbei steht F für die Gesamtfinanzierung, C für die Kosten des Projekts, M für Marketing und R für die Rückflüsse aus früheren Projekten. Joynt nutzte Crowdfunding-Plattformen, um seine Projekte zu finanzieren, und stellte fest, dass die Unterstützung der Community entscheidend war. Diese Plattformen ermöglichten es ihm, direkt mit seinem Publikum zu kommunizieren und eine Gemeinschaft von Unterstützern aufzubauen, die bereit waren, in seine Vision zu investieren.

Die Entwicklung einer einzigartigen Perspektive

Ein weiterer entscheidender Faktor auf dem Weg zu größeren Projekten war die Entwicklung einer einzigartigen Perspektive. Joynt war sich bewusst, dass der Markt für Filme über trans Identitäten und Erfahrungen begrenzt war. Er wollte nicht nur Geschichten erzählen, sondern auch sicherstellen, dass diese Geschichten authentisch und nuanciert waren. Dies bedeutete, dass er sich intensiv mit der Geschichte und den Herausforderungen der trans Community auseinandersetzen musste.

Joynt arbeitete eng mit anderen trans Künstlern und Aktivisten zusammen, um sicherzustellen, dass seine Filme eine Vielzahl von Stimmen und Perspektiven repräsentierten. Diese Zusammenarbeit führte zu einer stärkeren und vielfältigeren Erzählweise, die es ihm ermöglichte, größere Projekte zu realisieren. Er nutzte Workshops und Diskussionsrunden, um Feedback zu seinen Ideen zu erhalten und seine Ansätze zu verfeinern.

Einfluss von sozialen Medien

In der heutigen digitalen Welt spielen soziale Medien eine entscheidende Rolle bei der Promotion von Filmprojekten und der Schaffung eines Publikums. Joynt verstand, dass er soziale Medien nicht nur als Werkzeug zur Vermarktung seiner Filme nutzen konnte, sondern auch als Plattform, um für trans Themen zu sensibilisieren. Durch die aktive Nutzung von Plattformen wie Instagram und Twitter konnte er eine Community aufbauen, die seine Projekte unterstützte und sich für die Sichtbarkeit von trans Geschichten einsetzte.

Die Interaktion mit seinem Publikum über soziale Medien half Joynt, ein Gefühl der Zugehörigkeit zu schaffen und die Relevanz seiner Themen zu verstärken. Er verwendete diese Plattformen, um Einblicke hinter die Kulissen seiner Projekte zu geben, Diskussionen über trans Identitäten zu fördern und das Bewusstsein für die Herausforderungen, mit denen die Community konfrontiert ist, zu schärfen.

Der Übergang zu größeren Produktionen

Mit der zunehmenden Anerkennung seiner Arbeit und dem Erfolg seiner ersten Filme begann Joynt, den Übergang zu größeren Produktionen zu planen. Dies erforderte nicht nur eine strategische Herangehensweise an die Finanzierung, sondern auch die Fähigkeit, mit größeren Teams zu arbeiten und komplexere Projekte zu managen. Joynt musste lernen, wie man effektiv kommuniziert und delegiert, während er gleichzeitig seine kreative Vision bewahrt.

Ein Beispiel für diesen Übergang ist die Entwicklung von *Framing Agnes*. Joynt musste nicht nur die Finanzierung sichern, sondern auch ein Team von talentierten Künstlern und Technikern zusammenstellen, die seine Vision teilen. Dies erforderte umfangreiche Vernetzungsarbeit und die Fähigkeit, Beziehungen zu wichtigen Akteuren in der Filmindustrie aufzubauen.

Herausforderungen und Problemlösungen

Der Weg zu größeren Projekten war jedoch nicht ohne Herausforderungen. Joynt sah sich oft mit Vorurteilen und Missverständnissen konfrontiert, die seine Arbeit als trans Filmemacher betrafen. Diese Herausforderungen umfassten sowohl kreative als auch geschäftliche Aspekte. Zum Beispiel gab es oft Schwierigkeiten, Investoren von der Bedeutung und dem Wert von trans Geschichten zu überzeugen.

Um diese Herausforderungen zu bewältigen, entwickelte Joynt eine Reihe von Problemlösungsstrategien. Er setzte auf Bildung und Aufklärung, um die Wahrnehmung von trans Themen in der Filmindustrie zu verändern. Durch die Teilnahme an Panels, Workshops und Diskussionsrunden konnte er das Bewusstsein für die Relevanz und den Wert von trans Geschichten schärfen.

Schlussfolgerung

Zusammenfassend lässt sich sagen, dass der Weg zu größeren Projekten für Chase Joynt eine Kombination aus Kreativität, strategischem Denken und hartem Arbeiten war. Durch die Suche nach Finanzierung, die Entwicklung einer einzigartigen Perspektive, den Einfluss von sozialen Medien und die Überwindung von Herausforderungen konnte Joynt nicht nur seine eigenen Projekte realisieren, sondern auch einen bedeutenden Beitrag zur Sichtbarkeit und Repräsentation von trans Geschichten im Film leisten. Sein Weg zeigt, dass mit Entschlossenheit und einer klaren Vision auch die größten Hürden überwunden werden können, um bedeutende und transformative Kunst zu schaffen.

Konzept und Entstehung von "Framing Agnes"

"Framing Agnes" ist ein innovativer Film, der die Grenzen zwischen Dokumentation und Fiktion verschiebt und dabei die Geschichten von trans Menschen in den Mittelpunkt stellt. Der Film basiert auf historischen Aufzeichnungen und Interviews mit trans Personen aus den 1950er Jahren und verbindet diese mit einer modernen Narration, um die Relevanz ihrer Erfahrungen in der heutigen Gesellschaft zu beleuchten. Chase Joynt und sein Team haben sich bei der Entwicklung des Konzepts auf mehrere Schlüsselfaktoren konzentriert, die die Entstehung des Films geprägt haben.

Theoretische Grundlagen

Die konzeptionelle Grundlage von "Framing Agnes" beruht auf der Theorie der Geschlechterdarstellung und der Repräsentation in den Medien. Judith Butlers Theorie des Geschlechts als performativem Akt bietet einen Rahmen, um zu verstehen, wie Geschlechtsidentität konstruiert und dargestellt wird. Butler argumentiert, dass Geschlecht nicht biologisch determiniert ist, sondern durch wiederholte Handlungen und Darstellungen in der Gesellschaft geformt wird. Diese Perspektive ist entscheidend für die Analyse von "Framing Agnes", da der Film versucht, die narrative Kontrolle über trans Geschichten zurückzugewinnen und stereotype Darstellungen zu hinterfragen.

Ein weiteres wichtiges theoretisches Element ist das Konzept der Sichtbarkeit, wie es von der Feministischen Theorie und den LGBTQ-Studien behandelt wird. Die Sichtbarkeit von marginalisierten Gruppen ist entscheidend für die Schaffung von Verständnis und Empathie in der Gesellschaft. "Framing Agnes" zielt darauf ab, trans Stimmen sichtbar zu machen und gleichzeitig die Herausforderungen zu beleuchten, die mit dieser Sichtbarkeit verbunden sind.

Entwicklungsprozess

Die Entstehung von "Framing Agnes" begann mit der Recherche über trans Geschichten aus der Vergangenheit. Joynt und sein Team stießen auf die Aufzeichnungen von Agnes, einer trans Frau, die in den 1950er Jahren lebte und deren Erfahrungen in einem psychiatrischen Bericht dokumentiert waren. Diese Entdeckung war der Ausgangspunkt für die Entwicklung des Films.

Die Herausforderungen, die sich während des Entwicklungsprozesses ergaben, waren vielfältig. Zunächst war es notwendig, ein Gleichgewicht zwischen historischer Genauigkeit und künstlerischer Freiheit zu finden. Joynt betonte, dass es wichtig war, die Stimmen der Protagonisten zu respektieren und gleichzeitig eine fesselnde Erzählung zu schaffen. Dies erforderte eine sorgfältige Auswahl der Darsteller und eine enge Zusammenarbeit mit Historikern und Trans-Aktivisten.

Der kreative Prozess

Der kreative Prozess umfasste mehrere Phasen. Zunächst wurde ein Drehbuch entwickelt, das die historischen Elemente mit fiktionalen Erzählsträngen verband. Die Entscheidung, Schauspieler:innen zu engagieren, die selbst Teil der LGBTQ-Community sind, war ein zentraler Aspekt, um Authentizität und Glaubwürdigkeit zu gewährleisten. Diese Entscheidung reflektiert die Überzeugung, dass die besten Geschichten von den Menschen erzählt werden, die sie erlebt haben.

Ein Beispiel für die kreative Herangehensweise ist die Verwendung von Interviews, die in den Film integriert wurden. Diese Interviews sind nicht nur als historische Dokumente gedacht, sondern auch als Mittel, um die emotionalen und psychologischen Dimensionen der dargestellten Erfahrungen zu erfassen. Die Kombination von dokumentarischem Material mit fiktionalen Elementen ermöglicht es dem Publikum, eine tiefere Verbindung zu den Charakteren und ihren Geschichten aufzubauen.

Herausforderungen und Erfolge

Während des gesamten Prozesses gab es zahlreiche Herausforderungen. Eine der größten war die Finanzierung des Projekts. In einer Branche, die oft wenig Verständnis für die Komplexität und die Nuancen trans Geschichten hat, war es schwierig, Geldgeber zu finden, die bereit waren, in ein solches Projekt zu investieren. Joynt und sein Team mussten kreative Wege finden, um Unterstützung zu gewinnen, einschließlich Crowdfunding und Partnerschaften mit LGBTQ-Organisationen.

Trotz dieser Herausforderungen war "Framing Agnes" ein durchschlagender Erfolg. Der Film wurde auf mehreren internationalen Filmfestivals gezeigt und erhielt positive Kritiken, die seine innovative Erzählweise und die tiefgründige Auseinandersetzung mit trans Themen lobten. Die Reaktionen des Publikums waren überwältigend, und viele Zuschauer berichteten von einer neuen Perspektive auf trans Geschichten und deren Bedeutung in der heutigen Gesellschaft.

Zusammenfassung

Insgesamt stellt die Entstehung von "Framing Agnes" ein bedeutendes Beispiel für die Schnittstelle von Kunst und Aktivismus dar. Durch die Kombination von historischen und zeitgenössischen Elementen hat der Film nicht nur die Sichtbarkeit von trans Geschichten erhöht, sondern auch einen Dialog über Geschlechtsidentität und Repräsentation angestoßen. Chase Joynt und sein Team haben mit "Framing Agnes" einen wichtigen Beitrag zur LGBTQ-Kultur geleistet und gezeigt, wie Film als Medium genutzt werden kann, um gesellschaftliche Veränderungen zu bewirken.

Die Auswahl des Casts und der Crew

Die Auswahl des Casts und der Crew ist ein entscheidender Prozess in der Filmproduktion, der nicht nur die künstlerische Vision eines Projekts prägt, sondern auch die Art und Weise, wie die Geschichten erzählt werden. Für Chase Joynt war dieser Prozess besonders wichtig, da er sicherstellen wollte, dass die Stimmen und Perspektiven von trans Personen authentisch und respektvoll repräsentiert werden.

Die Bedeutung der Diversität

Ein zentrales Element bei der Auswahl des Casts war die Berücksichtigung der Diversität. Joynt und sein Team strebten danach, eine Besetzung zu wählen, die die Vielfalt der trans-Gemeinschaft widerspiegelt. Dies bedeutete, dass sie nicht nur trans Schauspieler auswählten, sondern auch Personen aus verschiedenen ethnischen Hintergründen, Altersgruppen und sozialen Schichten einbezogen. Die Diversität im Cast ist nicht nur eine Frage der Repräsentation, sondern auch eine Möglichkeit, die Komplexität und die unterschiedlichen Erfahrungen innerhalb der trans-Gemeinschaft darzustellen.

Ein Beispiel für diese Herangehensweise ist die Besetzung von trans Schauspielern in Schlüsselrollen, um die Authentizität der Charaktere zu gewährleisten. Joynt betonte, dass es entscheidend ist, dass trans Geschichten von trans Personen erzählt werden, um stereotype Darstellungen zu vermeiden und ein realistisches Bild zu vermitteln.

Die Auswahl der Crew

Die Auswahl der Crew ist ebenso wichtig wie die des Casts. Joynt legte großen Wert darauf, dass die Crewmitglieder, insbesondere in Schlüsselpositionen wie Regie, Drehbuch und Kamera, ein tiefes Verständnis für trans Themen und Erfahrungen mitbringen. Dies führte zu einer Zusammenarbeit mit LGBTQ-Künstlern und -Technikern, die nicht nur fachlich kompetent waren, sondern auch eine persönliche Verbindung zu den Themen des Films hatten.

Ein Beispiel für die Bedeutung einer solchen Crew ist die Zusammenarbeit mit Kameraleuten, die sensibel für die Darstellung von Geschlechtsidentität sind. Die Art und Weise, wie eine Kamera auf einen Charakter fokussiert, kann subtile, aber kraftvolle Botschaften über Geschlecht und Identität vermitteln. Joynt stellte sicher, dass die Kameraleute und andere technische Mitarbeiter in der Lage waren, diese Nuancen zu verstehen und zu respektieren.

Herausforderungen bei der Besetzung

Trotz der positiven Aspekte der Auswahl eines vielfältigen Casts und einer engagierten Crew gab es auch Herausforderungen. Eine der größten Hürden war die Finanzierung. Oftmals sind Produktionsfirmen zurückhaltend, wenn es darum geht, in weniger bekannte oder nicht-traditionelle Schauspieler zu investieren. Joynt und sein Team mussten kreative Lösungen finden, um sicherzustellen, dass sie die richtigen Talente anziehen konnten, ohne die Qualität des Projekts zu gefährden.

Ein weiteres Problem war die Wahrnehmung der trans Gemeinschaft in der breiteren Filmindustrie. Viele trans Schauspieler haben mit Vorurteilen und Diskriminierung zu kämpfen, was es schwierig macht, sie in Rollen zu besetzen, die nicht stereotypisiert sind. Joynt arbeitete aktiv daran, diese Barrieren abzubauen, indem er sich mit Agenturen und Casting-Direktoren zusammenschloss, um die Sichtbarkeit von trans Talenten zu erhöhen.

Theoretische Grundlagen der Besetzung

Die Auswahl des Casts und der Crew kann auch durch verschiedene theoretische Ansätze beeinflusst werden. Die Repräsentationstheorie, die sich mit der Art und Weise beschäftigt, wie Medien Identitäten darstellen, spielt eine zentrale Rolle in Joynts Ansatz. Er glaubte, dass die Sichtbarkeit von trans Personen in Film und Fernsehen nicht nur die Wahrnehmung der Gesellschaft beeinflusst, sondern auch das Selbstbild von trans Menschen stärkt.

Ein weiterer theoretischer Rahmen ist die Identitätspolitik, die sich auf die politischen und sozialen Bewegungen konzentriert, die auf der Grundlage von Identität entstehen. Joynt nutzte diesen Ansatz, um sicherzustellen, dass die Auswahl des Casts und der Crew nicht nur künstlerisch, sondern auch politisch relevant war.

Die Auswahl eines Casts und einer Crew, die die trans Gemeinschaft authentisch repräsentiert, ist nicht nur eine Frage der Kunst, sondern auch eine Frage der sozialen Gerechtigkeit. Joynt und sein Team haben sich dieser Herausforderung mit Entschlossenheit und Kreativität gestellt, um sicherzustellen, dass ihre Geschichten gehört und respektiert werden.

Fazit

Insgesamt war die Auswahl des Casts und der Crew für Chase Joynt ein integraler Bestandteil des kreativen Prozesses. Durch die bewusste Entscheidung, trans Schauspieler und eine diverse Crew einzubeziehen, schuf er nicht nur ein authentisches Werk, sondern trug auch zur Sichtbarkeit und Repräsentation der trans Gemeinschaft in der Filmindustrie bei. Diese Entscheidungen waren nicht nur strategisch, sondern auch eine Frage der Verantwortung gegenüber der Gemeinschaft, die er repräsentiert.

Die Herausforderungen, die mit dieser Auswahl verbunden sind, sind nicht zu unterschätzen, aber die positiven Auswirkungen auf die Gesellschaft und die LGBTQ-Gemeinschaft sind von unschätzbarem Wert. Joynt hat gezeigt, dass es möglich ist, Geschichten zu erzählen, die sowohl künstlerisch als auch sozial

DIE ANFÄNGE DES FILMEMACHENS 95

relevant sind, und dass die richtige Besetzung und Crew der Schlüssel zu einem erfolgreichen Projekt sind.

Die Bedeutung von historischen Figuren

Die Darstellung historischer Figuren in Chase Joynts Werk, insbesondere in *Framing Agnes*, spielt eine entscheidende Rolle für das Verständnis der trans-Geschichte und deren Relevanz in der heutigen Gesellschaft. Historische Figuren sind nicht nur Symbole ihrer Zeit, sondern auch Träger von Geschichten, die oft verloren gegangen sind oder in der Mainstream-Narration nicht ausreichend gewürdigt werden. Joynt nutzt diese Figuren, um eine Brücke zwischen Vergangenheit und Gegenwart zu schlagen, und um die Komplexität der Geschlechtsidentität zu verdeutlichen.

Theoretischer Rahmen

Die Relevanz historischer Figuren im Film kann durch verschiedene theoretische Ansätze beleuchtet werden. Der **historische Materialismus** argumentiert, dass Geschichte nicht nur aus Ereignissen besteht, sondern auch aus den sozialen und ökonomischen Bedingungen, die diese Ereignisse geprägt haben. In diesem Sinne sind historische Figuren nicht isolierte Individuen, sondern Produkte ihrer Zeit, die in einem bestimmten sozialen Kontext agieren. Joynt bezieht sich auf diesen Ansatz, indem er die Lebensgeschichten von trans-Menschen des 20. Jahrhunderts in den Kontext der gesellschaftlichen Normen und Werte dieser Zeit stellt.

Ein weiterer wichtiger theoretischer Ansatz ist die **Queer-Theorie**, die die Konstruktion von Geschlecht und Sexualität hinterfragt. Diese Theorie betont, dass Geschlechtsidentität nicht festgelegt, sondern fluid ist. Joynts Arbeit zeigt, wie historische Figuren oft in starre Geschlechterrollen gezwängt wurden, und wie ihre Geschichten dazu beitragen können, diese Rollen zu dekonstruieren. Durch die Repräsentation dieser Figuren wird die Vielfalt der menschlichen Erfahrung sichtbar, was zu einem besseren Verständnis der gegenwärtigen trans-Erfahrungen führt.

Probleme und Herausforderungen

Die Darstellung historischer Figuren in einem modernen Kontext bringt jedoch auch Herausforderungen mit sich. Eine der größten Herausforderungen ist die **Authentizität**. Oft gibt es nur begrenzte historische Aufzeichnungen über trans-Personen, was es schwierig macht, ein vollständiges und genaues Bild ihrer Lebensrealitäten zu zeichnen. Joynt muss daher kreativ mit den verfügbaren

Informationen umgehen und gleichzeitig die Integrität der dargestellten Figuren wahren.

Ein weiteres Problem ist die **Repräsentation**. Es besteht die Gefahr, dass historische Figuren, die in einem bestimmten kulturellen Kontext lebten, in einer Weise interpretiert werden, die ihren ursprünglichen Erfahrungen nicht gerecht wird. Joynt geht dieses Problem an, indem er sich bemüht, die Stimmen der dargestellten Figuren zu ehren und ihre Geschichten aus einer authentischen Perspektive zu erzählen. Dies geschieht durch die Einbeziehung von Elementen, die die Komplexität ihrer Identitäten und Erfahrungen widerspiegeln.

Beispiele

Ein Beispiel für die Bedeutung historischer Figuren in *Framing Agnes* ist die Figur von Agnes, einer trans-Frau, die in den 1950er Jahren lebte. Joynt nutzt Agnes' Geschichte, um die Herausforderungen zu beleuchten, mit denen trans-Personen in einer Zeit konfrontiert waren, in der gesellschaftliche Normen und medizinische Praktiken stark diskriminierend waren. Durch die Rekonstruktion von Agnes' Leben wird nicht nur ihre individuelle Geschichte erzählt, sondern auch ein Fenster in die gesellschaftlichen Bedingungen geöffnet, die ihre Existenz prägten.

Ein weiteres Beispiel ist die Einbeziehung von **Christine Jorgensen**, einer der ersten trans-Personen, die in den USA breite öffentliche Aufmerksamkeit erlangte. Joynt zeigt, wie Jorgensens Geschichte als Pionierin für trans-Rechte und -Sichtbarkeit fungiert. Ihre Erfahrungen werden genutzt, um die fortdauernden Kämpfe für Akzeptanz und Rechte von trans-Personen zu illustrieren. Durch die Verbindung von Jorgensens Geschichte mit aktuellen Themen des Aktivismus wird die Relevanz ihrer Erfahrungen für die heutige Zeit hervorgehoben.

Schlussfolgerung

Die Bedeutung historischer Figuren in Chase Joynts Werk ist vielschichtig und trägt wesentlich zum Verständnis der trans-Geschichte und -Identität bei. Durch die Darstellung dieser Figuren wird nicht nur die Vergangenheit gewürdigt, sondern auch ein kritischer Dialog über die gegenwärtigen Herausforderungen und Kämpfe der LGBTQ-Community angestoßen. Joynts Fähigkeit, historische und zeitgenössische Narrative zu verweben, schafft eine Plattform für Diskussion und Reflexion über die Komplexität von Geschlechtsidentität und die Notwendigkeit von Sichtbarkeit und Repräsentation in der Kunst und darüber hinaus.

Kritische Reaktionen und Erfolge

Die Premiere von *Framing Agnes* war ein entscheidender Moment für Chase Joynt und seine Karriere als Filmemacher. Der Film, der auf die Geschichten historischer trans Personen eingeht, erregte nicht nur Aufmerksamkeit in der LGBTQ-Community, sondern auch in der breiteren Filmwelt. Die kritischen Reaktionen auf den Film waren vielfältig und spiegelten sowohl die Errungenschaften als auch die Herausforderungen wider, mit denen trans Filmemacher konfrontiert sind.

Kritische Reaktionen

Die Kritiken zu *Framing Agnes* waren überwiegend positiv, doch es gab auch kritische Stimmen, die verschiedene Aspekte des Films hinterfragten. Ein zentraler Kritikpunkt war die Frage der Authentizität und der Repräsentation. Einige Kritiker argumentierten, dass die Darstellung von trans Geschichten durch cisgender Regisseure problematisch sei, da sie möglicherweise nicht die vollumfängliche Perspektive und die Nuancen der trans Erfahrung einfangen könnten. Diese Diskussion ist nicht neu und wird häufig in der Film- und Medienkritik geführt. Die Theorie der *Cultural Appropriation* (kulturelle Aneignung) wird oft in solchen Kontexten zitiert, um zu verdeutlichen, wie wichtig es ist, dass Geschichten von denjenigen erzählt werden, die diese Erfahrungen tatsächlich gemacht haben.

Ein weiterer kritischer Punkt war die Balance zwischen Dokumentation und Fiktion im Film. Während viele Zuschauer die innovative Erzählweise lobten, äußerten einige Kritiker Bedenken, dass die Fiktionalisierung historischer Figuren die Realität ihrer Erfahrungen verwässern könnte. Dies wirft grundlegende Fragen zur *Repräsentation* auf: Wie können Filmemacher sicherstellen, dass sie die Komplexität und die Herausforderungen der trans Identität respektvoll und genau darstellen?

Erfolge

Trotz dieser kritischen Reaktionen wurde *Framing Agnes* für seine künstlerische Vision und seine Fähigkeit, wichtige Themen in den Vordergrund zu rücken, gefeiert. Der Film wurde auf mehreren renommierten Filmfestivals gezeigt, darunter das *Sundance Film Festival* und das *Toronto International Film Festival*. Diese Plattformen boten nicht nur Sichtbarkeit, sondern auch die Möglichkeit, mit anderen Künstlern und Aktivisten in Kontakt zu treten, die ähnliche Ziele verfolgen.

Ein bemerkenswerter Erfolg des Films war die Fähigkeit, Diskussionen über trans Identität und Geschichte anzuregen. Nach der Aufführung in Sundance gab es eine Vielzahl von Panels und Diskussionsrunden, in denen die Zuschauer die Themen des Films weiter ergründen konnten. Diese Art von Engagement ist entscheidend, um das Bewusstsein für trans Themen in der Gesellschaft zu schärfen und eine breitere Diskussion über Geschlechtsidentität und Repräsentation zu fördern.

Die Resonanz auf *Framing Agnes* führte auch zu einer verstärkten Aufmerksamkeit für Chase Joynts Arbeit als Filmemacher. Er wurde eingeladen, an verschiedenen Veranstaltungen und Konferenzen teilzunehmen, um über die Herausforderungen und Erfolge des trans Filmemachens zu sprechen. Diese Sichtbarkeit hat nicht nur seine Karriere gefördert, sondern auch dazu beigetragen, die Stimmen anderer trans Künstler zu stärken.

Theoretische Überlegungen

Die kritischen Reaktionen und Erfolge von *Framing Agnes* können auch im Licht der *Queer Theory* betrachtet werden, die sich mit den sozialen Konstruktionen von Geschlecht und Sexualität auseinandersetzt. Die Theorie betont die Fluidität von Identität und die Notwendigkeit, bestehende Normen in Frage zu stellen. Joynts Film stellt diese Normen in Frage, indem er historische trans Geschichten erzählt und die Zuschauer dazu anregt, über die gesellschaftlichen Strukturen nachzudenken, die diese Identitäten oft marginalisieren.

Ein weiteres theoretisches Konzept, das in diesem Kontext relevant ist, ist die *Intersectionalität*. Diese Theorie, die von Kimberlé Crenshaw geprägt wurde, betont, dass Identität aus mehreren überlappenden sozialen Kategorien besteht, wie Geschlecht, Rasse und Klasse. *Framing Agnes* beleuchtet diese Überlappungen, indem es zeigt, wie verschiedene Identitäten die Erfahrungen von trans Personen beeinflussen. Die kritischen Reaktionen auf den Film verdeutlichen die Notwendigkeit, diese komplexen Verflechtungen in der Erzählung von trans Geschichten zu berücksichtigen.

Fazit

Zusammenfassend lässt sich sagen, dass die kritischen Reaktionen auf *Framing Agnes* sowohl Herausforderungen als auch Erfolge für Chase Joynt darstellen. Während die Diskussionen über Authentizität und Repräsentation wichtig sind, zeigen die Erfolge des Films, wie Kunst als Plattform für Aktivismus und Bildung dienen kann. Joynts Fähigkeit, diese Themen aufzugreifen und gleichzeitig eine ansprechende Erzählung zu schaffen, hat nicht nur seine Karriere vorangetrieben, sondern auch das Bewusstsein für trans Geschichten und die Notwendigkeit ihrer Sichtbarkeit in der Gesellschaft erhöht. Die Erfolge von *Framing Agnes* sind ein Beweis dafür, dass Filme nicht nur unterhalten, sondern auch transformative Gespräche anstoßen können, die weit über die Leinwand hinausgehen.

Die Verbindung von Dokumentation und Fiktion

Die Verbindung von Dokumentation und Fiktion ist ein zentrales Thema in der Filmkunst, insbesondere im Kontext von Chase Joynts Werk, das oft die Grenzen zwischen diesen beiden Genres verwischt. Diese Verbindung ermöglicht es Filmemachern, die Realität auf kreative Weise zu interpretieren und zu präsentieren, wodurch eine tiefere emotionale Resonanz und ein besseres Verständnis für komplexe Themen, wie Geschlechtsidentität und soziale Gerechtigkeit, geschaffen werden kann.

Theoretische Grundlagen

Die Theorie der hybriden Genres, die in den letzten Jahrzehnten an Bedeutung gewonnen hat, bietet einen Rahmen zur Analyse dieser Verbindung. Laut Bill Nichols (2001) können Dokumentarfilme als eine Art von Erzählung betrachtet werden, die die Realität abbildet, während fiktionale Filme oft als Konstrukte angesehen werden, die von der Vorstellungskraft des Filmemachers geprägt sind. Diese Unterscheidung ist jedoch nicht immer klar, da viele Filme Elemente beider Genres kombinieren, um eine stärkere Wirkung zu erzielen.

Ein Beispiel für diese Theorie ist der Begriff der *Dokufiktion*, der in der Filmwissenschaft verwendet wird, um Werke zu beschreiben, die dokumentarische Techniken und fiktionale Narrative miteinander verbinden. Diese Form des Geschichtenerzählens ermöglicht es, reale Ereignisse und Charaktere in einem dramatischen Kontext zu präsentieren, was zu einer intensiveren emotionalen Erfahrung für das Publikum führen kann.

Probleme und Herausforderungen

Die Verbindung von Dokumentation und Fiktion bringt jedoch auch Herausforderungen mit sich. Eine der größten Herausforderungen besteht darin, die Authentizität der dargestellten Inhalte zu gewährleisten, während gleichzeitig künstlerische Freiheiten genutzt werden. Filmemacher stehen oft vor der Frage, wie viel künstlerische Freiheit sie sich erlauben können, ohne die Realität zu verzerren oder die betroffenen Personen zu stereotypisieren.

Ein Beispiel hierfür ist der Film *Framing Agnes*, der historische Dokumente und fiktionale Elemente kombiniert, um die Geschichten von trans Personen aus der Vergangenheit zu erzählen. Während der Film die Realität der Erfahrungen dieser Personen hervorhebt, stellt er auch die Frage, inwieweit die künstlerische Interpretation die Wahrnehmung der Zuschauer beeinflussen kann.

Beispiele aus Chase Joynts Werk

In *Framing Agnes* gelingt es Chase Joynt, historische Dokumente über trans Personen mit fiktionalen Szenen zu verweben, um ein umfassendes Bild der Herausforderungen und Kämpfe zu zeichnen, die diese Personen erlebt haben. Durch die Verwendung von Schauspielern, die die historischen Figuren verkörpern, wird eine Verbindung zwischen Vergangenheit und Gegenwart hergestellt, die das Publikum dazu anregt, über die fortwährenden Kämpfe für Sichtbarkeit und Akzeptanz nachzudenken.

Ein weiteres Beispiel ist die Verwendung von Interviews mit realen trans-Personen, die ihre Geschichten erzählen, während gleichzeitig fiktionale Elemente eingeführt werden, um die emotionale Tiefe der Erzählung zu verstärken. Diese Technik ermöglicht es, die Stimmen der Betroffenen zu verstärken und gleichzeitig eine narrative Struktur zu schaffen, die für das Publikum zugänglich und ansprechend ist.

Schlussfolgerung

Die Verbindung von Dokumentation und Fiktion ist eine kraftvolle Technik, die es Filmemachern ermöglicht, komplexe Themen auf eine Weise zu präsentieren, die sowohl informativ als auch emotional ansprechend ist. Chase Joynts Arbeit zeigt, wie diese Verbindung genutzt werden kann, um das Bewusstsein für trans Themen zu schärfen und die Geschichten von marginalisierten Gemeinschaften zu erzählen. Durch die geschickte Verknüpfung von Realität und Fiktion trägt Joynt dazu bei, die Sichtbarkeit von LGBTQ-Personen zu erhöhen und deren Erfahrungen in den Mittelpunkt der gesellschaftlichen Diskussion zu rücken.

Diese hybride Erzählweise ist nicht nur eine künstlerische Entscheidung, sondern auch ein politisches Statement, das die Notwendigkeit von Repräsentation und die Bedeutung von Geschichten in der Gesellschaft unterstreicht. In einer Zeit, in der die Sichtbarkeit von LGBTQ-Personen in den Medien von entscheidender Bedeutung ist, bietet die Verbindung von Dokumentation und Fiktion einen wertvollen Ansatz, um diese Stimmen zu stärken und die gesellschaftliche Wahrnehmung zu verändern.

Themen der Geschlechtsidentität und -darstellung

Die Themen der Geschlechtsidentität und -darstellung sind zentrale Aspekte in Chase Joynts Werk, insbesondere in seinem Film *Framing Agnes*. Diese Themen sind nicht nur für die LGBTQ-Community von Bedeutung, sondern auch für die breitere Gesellschaft, da sie grundlegende Fragen über Identität, Zugehörigkeit und die Art und Weise, wie wir uns selbst und andere sehen, aufwerfen.

Geschlechtsidentität: Ein komplexes Spektrum

Geschlechtsidentität bezieht sich auf das persönliche Empfinden und die innere Wahrnehmung des eigenen Geschlechts. Sie kann mit dem bei der Geburt zugewiesenen Geschlecht übereinstimmen oder davon abweichen. Judith Butler, eine der einflussreichsten Theoretikerinnen in der Gender-Studien, argumentiert in ihrem Buch *Gender Trouble*, dass Geschlecht nicht nur biologisch determiniert ist, sondern vielmehr eine soziale Konstruktion darstellt, die durch wiederholte Handlungen und Performativität geformt wird. Diese Auffassung legt nahe, dass Geschlechtsidentität fluid ist und sich im Laufe der Zeit verändern kann.

Darstellung von Geschlechtsidentität im Film

Die Darstellung von Geschlechtsidentität im Film hat sich über die Jahre erheblich verändert. In früheren Jahrzehnten wurden trans Personen oft stereotypisiert oder als Objekte des Spottes dargestellt. Joynt hingegen nutzt filmische Mittel, um komplexe und nuancierte Darstellungen von trans Identitäten zu schaffen. In *Framing Agnes* wird die Geschichte von Agnes, einer trans Frau aus den 1950er Jahren, erzählt, die sich mit den gesellschaftlichen Erwartungen und Herausforderungen ihrer Zeit auseinandersetzen musste. Der Film verwendet sowohl dokumentarische als auch fiktionale Elemente, um die Erfahrungen von trans Personen in einem historischen Kontext zu beleuchten.

Die Rolle von Sichtbarkeit und Repräsentation

Die Sichtbarkeit von trans Personen in den Medien ist entscheidend für das Verständnis und die Akzeptanz von Geschlechtsidentität. Eine Studie von GLAAD zeigt, dass die repräsentative Darstellung von LGBTQ-Personen in den Medien einen positiven Einfluss auf die gesellschaftliche Wahrnehmung hat. Joynt betont in seinen Arbeiten die Notwendigkeit, trans Stimmen und Geschichten in den Vordergrund zu rücken, um die Diversität menschlicher Erfahrungen zu reflektieren. Dies geschieht nicht nur durch die Darstellung von trans

Charakteren, sondern auch durch die Einbeziehung von trans Menschen hinter der Kamera, was zu authentischeren Erzählungen führt.

Herausforderungen in der Darstellung von Geschlechtsidentität

Trotz der Fortschritte in der Darstellung von Geschlechtsidentität gibt es weiterhin erhebliche Herausforderungen. Oftmals werden trans Charaktere von cisgender Schauspielern gespielt, was zu einer verzerrten und ungenauen Darstellung führt. Diese Praxis, bekannt als *ciswashing*, kann die Erfahrungen von trans Personen weiter marginalisieren. Joynt setzt sich aktiv gegen diese Praxis ein, indem er trans Schauspieler in seinen Projekten besetzt und ihnen eine Plattform bietet, um ihre eigenen Geschichten zu erzählen.

Beispiele aus *Framing Agnes*

In *Framing Agnes* wird die Komplexität von Geschlechtsidentität durch die Erzählungen von Agnes und anderen trans Personen aus der Vergangenheit verdeutlicht. Der Film erforscht Themen wie den Druck, sich der heteronormativen Gesellschaft anzupassen, und die Suche nach Authentizität. Ein herausragendes Beispiel ist die Szene, in der Agnes über ihre Erfahrungen mit der psychiatrischen Behandlung spricht. Diese Darstellung wirft wichtige Fragen über die pathologisierenden Narrative auf, die oft mit trans Identitäten verbunden sind und die Notwendigkeit, diese Narrative zu dekonstruieren.

Die Verbindung zwischen Geschlechtsidentität und Aktivismus

Die Themen der Geschlechtsidentität und -darstellung sind eng mit dem Aktivismus verbunden. Joynt nutzt seine Plattform, um auf die Herausforderungen aufmerksam zu machen, mit denen trans Personen konfrontiert sind, und um für ihre Rechte zu kämpfen. Der Film dient nicht nur als künstlerisches Werk, sondern auch als Werkzeug für Bildung und Aufklärung. Durch die Auseinandersetzung mit historischen und gegenwärtigen Themen der Geschlechtsidentität fördert Joynt ein tieferes Verständnis und eine stärkere Solidarität innerhalb der Gesellschaft.

Fazit

Die Themen der Geschlechtsidentität und -darstellung in Chase Joynts Werk sind von entscheidender Bedeutung, um die Komplexität menschlicher Identität zu erfassen. Durch die Kombination von Kunst und Aktivismus trägt Joynt dazu bei, trans Geschichten sichtbar zu machen und die gesellschaftliche Wahrnehmung von Geschlecht zu transformieren. Seine Arbeiten fordern die Zuschauer heraus, ihre eigenen Vorstellungen von Geschlecht und Identität zu hinterfragen und die Vielfalt menschlicher Erfahrungen zu akzeptieren. In einer Zeit, in der trans Rechte und Sichtbarkeit immer noch umkämpft sind, bleibt Joynts Beitrag zu diesen Themen von großer Relevanz und Bedeutung.

Die Rolle von Humor im Film

Humor spielt eine entscheidende Rolle im Film, insbesondere in der Art und Weise, wie Geschichten erzählt werden und wie sie von verschiedenen Zielgruppen aufgenommen werden. In der Welt des LGBTQ-Aktivismus, wie sie durch die Arbeiten von Chase Joynt und anderen Filmemachern dargestellt wird, wird Humor oft als ein Werkzeug verwendet, um komplexe und oft ernste Themen zugänglicher zu machen.

Theoretische Grundlagen des Humors

Die Theorie des Humors kann durch verschiedene Ansätze erklärt werden, darunter die Incongruity-Theorie, die Superiority-Theorie und die Relief-Theorie. Die Incongruity-Theorie, die von Philosophen wie Kant und Schopenhauer vertreten wird, besagt, dass Humor entsteht, wenn es eine Diskrepanz zwischen dem Erwarteten und dem tatsächlich Erlebten gibt. Diese Diskrepanz kann sowohl kognitiver als auch emotionaler Natur sein. Ein Beispiel hierfür ist die Verwendung von Ironie oder Sarkasmus, um gesellschaftliche Normen in Frage zu stellen oder zu kritisieren.

Die Superiority-Theorie hingegen, die von Thomas Hobbes formuliert wurde, legt nahe, dass Humor entsteht, wenn Menschen sich überlegen fühlen, insbesondere wenn sie über die Fehler oder Missgeschicke anderer lachen. Diese Art von Humor kann in Filmen verwendet werden, um Klischees und stereotype Darstellungen von LGBTQ-Personen zu hinterfragen, indem sie die Absurdität solcher Stereotypen aufzeigen.

Die Relief-Theorie, die von Sigmund Freud entwickelt wurde, sieht Humor als eine Möglichkeit, Spannungen abzubauen und emotionale Blockaden zu lösen. In Filmen kann Humor dazu beitragen, das Publikum emotional zu entlasten, insbesondere in Szenen, die mit schweren Themen wie Diskriminierung oder Identitätskrisen umgehen.

Humor als Werkzeug im LGBTQ-Film

Im Kontext von LGBTQ-Filmen wird Humor häufig eingesetzt, um die Zuschauer zu engagieren und eine Verbindung zu den Charakteren herzustellen. Chase Joynt nutzt Humor in seinen Arbeiten, um die Herausforderungen des Lebens als trans-Person auf eine Weise zu präsentieren, die sowohl zugänglich als auch nachdenklich ist. Ein Beispiel dafür ist die Verwendung von komödiantischen Elementen in seinem Film *Framing Agnes*, wo ernste Themen wie Geschlechtsidentität und gesellschaftliche Akzeptanz mit humorvollen Dialogen und Szenen kombiniert werden.

Diese Technik ermöglicht es dem Publikum, sich mit den Charakteren zu identifizieren und gleichzeitig die Schwere der behandelten Themen zu reflektieren. Humor kann in diesen Kontexten auch als eine Form der Selbstverteidigung fungieren, bei der LGBTQ-Personen die Kontrolle über ihre Narrativen übernehmen und die Machtverhältnisse, die sie oft marginalisieren, in Frage stellen.

Probleme und Herausforderungen

Trotz der positiven Aspekte des Humors gibt es auch Herausforderungen, die mit seiner Verwendung im Film verbunden sind. Eine der größten Herausforderungen besteht darin, sicherzustellen, dass der Humor nicht auf Kosten der betroffenen Gemeinschaften geht. Humor kann leicht missverstanden werden oder in eine Richtung kippen, die verletzend oder beleidigend ist.

Ein Beispiel hierfür ist die Verwendung von „Transphobie" in komödiantischen Kontexten, die zwar als humorvoll gemeint sein kann, jedoch oft dazu führt, dass die marginalisierte Gemeinschaft weiter marginalisiert wird. Filmemacher müssen daher sorgfältig abwägen, wie sie Humor einsetzen, um sicherzustellen, dass er nicht nur unterhaltsam, sondern auch respektvoll und unterstützend ist.

Beispiele für humorvolle Ansätze

Ein herausragendes Beispiel für den Einsatz von Humor in LGBTQ-Filmen ist die Serie *Pose*, die die Geschichten von trans und queer Personen im New York der 1980er Jahre erzählt. Die Charaktere nutzen Humor, um mit den Herausforderungen des Lebens umzugehen, und schaffen es, trotz der Widrigkeiten Freude und Gemeinschaft zu finden.

Ein weiteres Beispiel ist der Film *The Birdcage*, der auf humorvolle Weise die Dynamiken von Geschlecht und Sexualität in einem heteronormativen Kontext untersucht. Die Komik in diesem Film entsteht oft durch Missverständnisse und die Übertreibung von Klischees, was es dem Publikum ermöglicht, die Absurdität der bestehenden gesellschaftlichen Normen zu erkennen.

Schlussfolgerung

Zusammenfassend lässt sich sagen, dass Humor im Film eine vielschichtige Rolle spielt, insbesondere in der Darstellung von LGBTQ-Geschichten. Er kann als Werkzeug zur Aufklärung, zur Förderung von Empathie und zur Schaffung von Gemeinschaft dienen, während er gleichzeitig die Herausforderungen und Kämpfe, die mit der Identität und dem Aktivismus verbunden sind, anspricht.

Die Kunst des Filmemachens, wie sie von Chase Joynt und anderen LGBTQ-Aktivisten praktiziert wird, zeigt, dass Humor nicht nur Unterhaltung ist, sondern auch eine kraftvolle Stimme im Kampf um Sichtbarkeit und Akzeptanz. Indem sie Humor nutzen, um ernste Themen zu beleuchten, tragen Filmemacher dazu bei, die gesellschaftliche Wahrnehmung von LGBTQ-Personen zu verändern und eine inklusivere Zukunft zu gestalten.

Filmfestivals und Auszeichnungen

Filmfestivals spielen eine entscheidende Rolle im Leben eines Filmemachers, insbesondere für jemanden wie Chase Joynt, dessen Werke oft die Sichtweise auf trans Themen und LGBTQ-Aktivismus herausfordern und erweitern. Diese Festivals bieten nicht nur eine Plattform zur Aufführung von Filmen, sondern auch die Möglichkeit, mit anderen Künstlern zu interagieren, Netzwerke zu bilden und die eigene Stimme zu stärken.

Die Rolle von Filmfestivals

Filmfestivals sind nicht nur Schaufenster für kreative Arbeiten, sie fungieren auch als Katalysatoren für gesellschaftliche Veränderungen. Festivals wie das *Sundance Film Festival*, das *Toronto International Film Festival* und das *Berlin International Film Festival* haben sich als entscheidend für die Karriere vieler Filmemacher erwiesen. Sie sind Orte, an denen innovative Ideen präsentiert und diskutiert werden können, und sie bieten die Möglichkeit, die Sichtbarkeit von marginalisierten Stimmen zu erhöhen.

Ein Beispiel ist das *Outfest*, das sich speziell auf LGBTQ-Filme konzentriert. Hier werden Werke gezeigt, die oft in der Mainstream-Kultur übersehen werden. Chase Joynts Film *Framing Agnes* wurde auf mehreren dieser Festivals gezeigt, was nicht nur zur Anerkennung des Films beitrug, sondern auch zur Sichtbarkeit der darin behandelten Themen.

Auszeichnungen und Anerkennung

Auszeichnungen sind ein weiteres wichtiges Element, das die Karriere eines Filmemachers beeinflussen kann. Die Auszeichnung eines Films kann nicht nur dessen finanzielle Unterstützung sichern, sondern auch die Aufmerksamkeit der Medien auf den Film lenken. Chase Joynt hat durch *Framing Agnes* mehrere Nominierungen und Auszeichnungen erhalten, die die Relevanz und Qualität seines Schaffens unter Beweis stellen. Diese Auszeichnungen sind nicht nur eine Bestätigung seiner Arbeit, sondern auch eine Ermutigung für andere Künstler, die ähnliche Themen ansprechen möchten.

Ein Beispiel für eine bedeutende Auszeichnung ist der *GLAAD Media Award*, der herausragende Leistungen in der Repräsentation von LGBTQ-Themen in den Medien anerkennt. Solche Auszeichnungen tragen dazu bei, die Sichtbarkeit und das Verständnis für LGBTQ-Anliegen zu fördern und die gesellschaftliche Wahrnehmung zu verändern.

Herausforderungen und Probleme

Trotz der positiven Aspekte von Filmfestivals und Auszeichnungen gibt es auch Herausforderungen. Die Konkurrenz ist oft überwältigend, und viele talentierte Filmemacher kämpfen um die Aufmerksamkeit der Festivalprogrammierer. Darüber hinaus sind nicht alle Festivals gleich zugänglich, und viele kleinere LGBTQ-Filmfestivals kämpfen um Finanzierung und Sichtbarkeit.

Ein weiteres Problem ist die Frage der Authentizität und Repräsentation. Oftmals werden Filme, die trans Themen behandeln, von cisgender Filmemachern produziert, was zu einer verzerrten Darstellung führen kann. Chase Joynts Arbeit ist ein Beispiel dafür, wie wichtig es ist, dass die Stimmen derjenigen, die die Erfahrungen gemacht haben, die sie darstellen, gehört werden. Die Diskussion über die Authentizität in der Filmproduktion bleibt ein zentrales Thema in der Branche.

Einfluss auf die LGBTQ-Community

Die Teilnahme an Filmfestivals und die Anerkennung durch Auszeichnungen haben nicht nur Auswirkungen auf die Karriere von Filmemachern, sondern auch auf die LGBTQ-Community im Allgemeinen. Filme wie *Framing Agnes* können Diskussionen anstoßen, die über die Kinoleinwand hinausgehen. Sie schaffen Raum für Dialog und Verständnis und können dazu beitragen, Vorurteile abzubauen.

Die Sichtbarkeit von trans und LGBTQ-Geschichten auf Filmfestivals kann auch dazu führen, dass junge Menschen in der Community sich ermutigt fühlen, ihre eigenen Geschichten zu erzählen. Chase Joynts Einfluss als Filmemacher und Aktivist zeigt, wie Kunst eine transformative Kraft haben kann, die nicht nur das individuelle Leben, sondern auch die Gesellschaft als Ganzes beeinflusst.

Schlussfolgerung

Zusammenfassend lässt sich sagen, dass Filmfestivals und Auszeichnungen eine wesentliche Rolle im Schaffen von Chase Joynt und in der Förderung von LGBTQ-Geschichten spielen. Sie bieten nicht nur eine Plattform für die Aufführung von Filmen, sondern auch eine Möglichkeit, die Sichtbarkeit und Repräsentation von marginalisierten Stimmen zu erhöhen. Während Herausforderungen bestehen bleiben, bleibt die Kraft des Films als Mittel zur Veränderung und als Werkzeug des Aktivismus unbestritten. Die Zukunft des LGBTQ-Aktivismus und der Filmproduktion hängt von der Fähigkeit ab, diese Plattformen zu nutzen und Geschichten zu erzählen, die gehört werden müssen.

Die Wirkung auf die LGBTQ-Community

Die Wirkung von Chase Joynts Werk, insbesondere seines Films *Framing Agnes*, auf die LGBTQ-Community ist sowohl tiefgreifend als auch vielschichtig. In einer Zeit, in der trans-Repräsentation in den Medien oft entweder fehlt oder verzerrt dargestellt wird, stellt Joynts Arbeit einen bedeutenden Schritt in Richtung Sichtbarkeit und Akzeptanz dar.

Theoretische Grundlagen

Um die Wirkung von Joynts Arbeit auf die LGBTQ-Community zu verstehen, ist es wichtig, einige theoretische Konzepte zu betrachten. Der *Social Identity Theory* (Tajfel und Turner, 1979) besagt, dass Individuen ihre Identität stark aus der Zugehörigkeit zu sozialen Gruppen ableiten. Für LGBTQ-Personen ist die Sichtbarkeit in Medien und Kunst entscheidend, um ein positives Selbstbild zu entwickeln und sich in der Gesellschaft akzeptiert zu fühlen.

Ein weiterer relevanter theoretischer Rahmen ist die *Representation Theory*. Diese Theorie untersucht, wie Medienbilder die Wahrnehmung von Gruppen in der Gesellschaft beeinflussen. In diesem Kontext ist die korrekte und respektvolle Darstellung von trans Personen in Filmen und Medien von wesentlicher Bedeutung, da sie helfen kann, Stereotypen abzubauen und Vorurteile zu verringern.

Probleme und Herausforderungen

Trotz der positiven Auswirkungen von Joynts Arbeit gibt es auch Herausforderungen. Ein zentrales Problem ist die *Tokenisierung* von trans Identitäten in den Medien. Oftmals werden trans Charaktere in Filmen nur als Randfiguren dargestellt, ohne dass ihre Geschichten und Erfahrungen wirklich beleuchtet werden. Joynts Ansatz, historische trans-Figuren in den Mittelpunkt zu stellen, hilft, diese Problematik zu adressieren, indem er eine tiefere Verbindung zu den Erfahrungen dieser Personen herstellt.

Ein weiteres Problem ist die *Rezeption* von trans Themen in der breiten Öffentlichkeit. Während Joynts Filme in der LGBTQ-Community gefeiert werden, gibt es immer noch gesellschaftliche Vorurteile und Missverständnisse gegenüber trans Personen. Die Herausforderung besteht darin, diese Barrieren zu überwinden und eine breitere Akzeptanz zu fördern.

Positive Auswirkungen und Beispiele

Die Wirkung von *Framing Agnes* auf die LGBTQ-Community zeigt sich in mehreren positiven Aspekten:

- **Erhöhung der Sichtbarkeit:** Joynts Film hat dazu beigetragen, trans Geschichten in den Fokus zu rücken. Durch die Darstellung historischer trans Persönlichkeiten wird das Bewusstsein für die Vielfalt der trans Erfahrungen geschärft.

- **Bildung und Aufklärung:** Der Film dient als Bildungsressource, die Diskussionen über trans Themen anregt. Er bietet eine Plattform für Aufklärung über Geschlechtsidentität und die Herausforderungen, denen trans Personen gegenüberstehen.

- **Stärkung der Gemeinschaft:** *Framing Agnes* hat eine Gemeinschaft von Unterstützern und Aktivisten mobilisiert, die sich für die Rechte von trans Personen einsetzen. Die Reaktionen auf den Film haben eine Welle der Solidarität innerhalb der LGBTQ-Community ausgelöst.

- **Inspiration für neue Künstler:** Joynts Ansatz inspiriert eine neue Generation von LGBTQ-Künstlern und Filmemachern, ihre eigenen Geschichten zu erzählen und sich in der Medienlandschaft zu positionieren.

Ein Beispiel für die positive Wirkung von Joynts Arbeit ist die Resonanz, die der Film auf sozialen Medien erfahren hat. Viele Zuschauer, die sich mit den dargestellten Themen identifizieren, haben ihre persönlichen Geschichten geteilt und damit eine breitere Diskussion über trans Identität und Sichtbarkeit angestoßen.

Langfristige Auswirkungen

Langfristig betrachtet könnte die Wirkung von Chase Joynts Werk auf die LGBTQ-Community zu einer signifikanten Veränderung in der Medienlandschaft führen. Wenn mehr trans Geschichten erzählt werden und diese Geschichten in einem positiven Licht dargestellt werden, könnte dies dazu beitragen, die gesellschaftliche Akzeptanz zu erhöhen und Vorurteile abzubauen.

Zusammenfassend lässt sich sagen, dass die Wirkung von Chase Joynt auf die LGBTQ-Community nicht nur in der unmittelbaren Rezeption seiner Filme zu finden ist, sondern auch in der Art und Weise, wie diese Filme als Katalysatoren für Veränderung und Diskussion dienen. Die Verbindung von Kunst und Aktivismus, wie sie in Joynts Werk sichtbar wird, hat das Potenzial, die Wahrnehmung von trans Identitäten in der Gesellschaft nachhaltig zu beeinflussen und eine neue Ära der Sichtbarkeit und Akzeptanz einzuleiten.

Nachwirkungen und zukünftige Projekte

Die Auswirkungen von Chase Joynts Werk, insbesondere seines Films *Framing Agnes*, sind weitreichend und tiefgreifend. Der Film hat nicht nur das Publikum berührt, sondern auch eine neue Diskussion über Geschlechtsidentität und trans Repräsentation in den Medien angestoßen. Die Kombination von Dokumentation und Fiktion hat es ermöglicht, historische trans Geschichten auf eine Weise zu erzählen, die sowohl informativ als auch emotional ansprechend ist. Dies hat die Sichtbarkeit von trans Personen in den Medien erhöht und das Bewusstsein für die Herausforderungen, mit denen sie konfrontiert sind, geschärft.

Gesellschaftliche Nachwirkungen

Die Reaktionen auf *Framing Agnes* waren überwältigend positiv. Kritiker lobten den Film für seine Sensibilität und seinen innovativen Ansatz. Der Film hat nicht nur auf Filmfestivals Auszeichnungen gewonnen, sondern auch in sozialen Medien für Aufsehen gesorgt. Die Diskussionen, die durch den Film ausgelöst wurden, haben dazu geführt, dass viele Menschen, die zuvor wenig über trans Themen wussten, sich aktiv mit diesen auseinandersetzen. Die Sichtbarkeit, die durch den Film geschaffen wurde, hat dazu beigetragen, Vorurteile abzubauen und das Verständnis für die Vielfalt von Geschlechtsidentitäten zu fördern.

Ein Beispiel für die gesellschaftlichen Nachwirkungen ist die steigende Anzahl von Veranstaltungen und Workshops, die sich mit trans Themen befassen. Nach der Veröffentlichung von *Framing Agnes* wurden zahlreiche Podiumsdiskussionen organisiert, bei denen Experten und Aktivisten die Themen des Films vertiefen konnten. Diese Veranstaltungen haben es ermöglicht, eine breitere Öffentlichkeit zu erreichen und die Stimmen von trans Personen in den Vordergrund zu stellen.

Zukünftige Projekte

Chase Joynt hat bereits angekündigt, dass er an mehreren neuen Projekten arbeitet, die sich auf trans Geschichten konzentrieren. Eines seiner zukünftigen Projekte ist ein Dokumentarfilm über die Geschichte der trans Bewegung in Nordamerika. Dieser Film soll die Errungenschaften und Herausforderungen der trans Community beleuchten und die Stimmen von Aktivisten und Historikern einfangen. Joynt plant, in diesem Dokumentarfilm sowohl historische als auch zeitgenössische Perspektiven zu kombinieren, um ein umfassendes Bild der trans Bewegung zu zeichnen.

Ein weiteres Projekt, das Joynt in Angriff nehmen möchte, ist die Entwicklung einer Serie, die sich mit den täglichen Erfahrungen von trans Personen beschäftigt. Diese Serie soll nicht nur die Herausforderungen, sondern auch die Erfolge und die Lebensfreude der Protagonisten zeigen. Joynt hat betont, dass es wichtig ist, Geschichten zu erzählen, die das Leben von trans Personen in seiner ganzen Komplexität darstellen, und nicht nur auf die Schwierigkeiten zu fokussieren.

Theoretische Überlegungen

Die Nachwirkungen von Joynts Arbeiten können auch aus einer theoretischen Perspektive betrachtet werden. Der Film *Framing Agnes* nutzt die Theorie der *Queer Representation*, die darauf abzielt, die Vielfalt von Geschlechtsidentitäten und sexuellen Orientierungen in den Medien zu reflektieren. Diese Theorie fordert eine kritische Auseinandersetzung mit der Art und Weise, wie trans Personen in den Medien dargestellt werden, und fordert eine Abkehr von stereotypen Darstellungen.

In der Medienwissenschaft wird oft die *Repräsentationstheorie* diskutiert, die besagt, dass die Art und Weise, wie Gruppen in den Medien dargestellt werden, direkte Auswirkungen auf die gesellschaftliche Wahrnehmung und Akzeptanz dieser Gruppen hat. Joynts Arbeit trägt dazu bei, die Repräsentation von trans Personen zu verändern, indem sie ihnen eine Plattform bietet, um ihre Geschichten authentisch zu erzählen.

Herausforderungen und Perspektiven

Trotz der Erfolge, die Joynt erzielt hat, gibt es weiterhin Herausforderungen, mit denen er und andere LGBTQ-Aktivisten konfrontiert sind. Die gesellschaftliche Akzeptanz von trans Personen ist nach wie vor ein umstrittenes Thema, und es gibt immer noch viele Vorurteile, die abgebaut werden müssen. Joynt hat betont, dass es wichtig ist, auch die negativen Aspekte der Repräsentation zu beleuchten und zu erkennen, dass nicht alle trans Geschichten gleich sind.

Ein zentrales Anliegen für die Zukunft ist die Sicherstellung, dass trans Stimmen nicht nur gehört, sondern auch in Entscheidungsprozesse einbezogen werden. Joynt setzt sich dafür ein, dass trans Personen in der Filmindustrie und darüber hinaus in Führungspositionen vertreten sind, um sicherzustellen, dass ihre Geschichten authentisch und respektvoll erzählt werden.

Zusammenfassend lässt sich sagen, dass die Nachwirkungen von Chase Joynts Werk sowohl auf individueller als auch auf gesellschaftlicher Ebene spürbar sind. Seine zukünftigen Projekte versprechen, die Diskussion über trans Themen weiter voranzutreiben und die Sichtbarkeit von trans Personen in den Medien zu erhöhen. Joynts Engagement für die trans Community und sein kreativer Ansatz im Filmemachen werden weiterhin eine wichtige Rolle im LGBTQ-Aktivismus spielen.

"Framing Agnes" und der Durchbruch

"Framing Agnes" ist ein bahnbrechender Film, der 2019 von Chase Joynt und seinen Mitstreitern produziert wurde. Der Film ist nicht nur ein künstlerisches Werk, sondern auch ein bedeutendes Beispiel für die Verschmelzung von Dokumentation und Fiktion, das die Herausforderungen und Erfahrungen von trans Personen im Kontext der Geschlechteridentität beleuchtet. In dieser Sektion werden wir die Entstehung, die Themen und die Auswirkungen von "Framing Agnes" auf die LGBTQ-Community und darüber hinaus untersuchen.

Die Entstehung von "Framing Agnes"

Die Idee zu "Framing Agnes" entstand aus der Notwendigkeit, trans Geschichten sichtbar zu machen, die in der Vergangenheit oft ignoriert oder falsch dargestellt wurden. Der Film basiert auf historischen Aufzeichnungen von trans Personen, die in den 1950er Jahren an einem Forschungsprojekt über Geschlechtsidentität teilnahmen. Joynt und sein Team nahmen sich vor, diese Geschichten neu zu erzählen und den historischen Kontext mit modernen Perspektiven zu verbinden.

Die Produktion des Films stellte Joynt vor mehrere Herausforderungen. Eine der größten Hürden war die Finanzierung. Viele potenzielle Geldgeber waren skeptisch gegenüber einem Film, der trans Themen behandelt, da diese oft als weniger kommerziell angesehen werden. Trotz dieser Schwierigkeiten gelang es Joynt, durch Crowdfunding und die Unterstützung von LGBTQ-Organisationen die nötigen Mittel zu beschaffen.

Themen und Inhalte

"Framing Agnes" thematisiert die Komplexität der Geschlechtsidentität und die gesellschaftlichen Normen, die diese beeinflussen. Der Film kombiniert Interviews mit Schauspielern, die die historischen Figuren darstellen, und fiktive Elemente, um die Geschichten lebendig zu machen. Diese Herangehensweise ermöglicht es den Zuschauern, sich mit den Charakteren zu identifizieren und deren Kämpfe nachzuvollziehen.

Ein zentrales Thema des Films ist die Frage der Sichtbarkeit. Joynt argumentiert, dass die Repräsentation von trans Personen in den Medien entscheidend für das Verständnis und die Akzeptanz der Geschlechtsidentität in der Gesellschaft ist. Durch die Erzählung von Agnes' Geschichte wird deutlich, wie wichtig es ist, dass trans Stimmen gehört werden.

Kritische Reaktionen und Erfolge

Die Premiere von "Framing Agnes" auf dem Sundance Film Festival 2019 war ein Wendepunkt für Joynt und sein Team. Der Film wurde von der Kritik hochgelobt und erhielt zahlreiche Auszeichnungen, darunter den Publikumspreis für den besten Dokumentarfilm. Die positive Resonanz auf den Film hat nicht nur Joynts Karriere gefördert, sondern auch das Bewusstsein für trans Themen in der breiteren Öffentlichkeit geschärft.

Ein wichtiger Aspekt der kritischen Rezeption war die Diskussion über die Authentizität von trans Geschichten. Joynt und sein Team wurden für ihre sorgfältige Recherche und die respektvolle Darstellung der Charaktere gelobt. Diese Anerkennung zeigt, wie wichtig es ist, dass trans Geschichten von trans Personen erzählt werden.

Die Rolle von Humor im Film

Ein bemerkenswerter Aspekt von "Framing Agnes" ist die Verwendung von Humor, um ernste Themen anzusprechen. Joynt nutzt Humor als Werkzeug, um Barrieren abzubauen und das Publikum dazu zu bringen, sich mit den

DIE ANFÄNGE DES FILMEMACHENS 113

Charakteren auseinanderzusetzen. Diese Technik ermöglicht es, schwierige Themen auf eine zugängliche Weise zu präsentieren, ohne die Schwere der Erfahrungen der Protagonisten zu schmälern.

Langfristige Auswirkungen auf die LGBTQ-Community

Die Veröffentlichung von "Framing Agnes" hat weitreichende Auswirkungen auf die LGBTQ-Community. Der Film hat nicht nur das Bewusstsein für trans Themen erhöht, sondern auch Diskussionen über Geschlechtsidentität in akademischen und gesellschaftlichen Kreisen angestoßen. Joynt hat mit seinem Werk eine Plattform geschaffen, die es anderen trans Künstlern ermöglicht, ihre Geschichten zu erzählen und sichtbar zu werden.

Zusammenfassend lässt sich sagen, dass "Framing Agnes" nicht nur ein Film ist, sondern ein bedeutender Beitrag zum LGBTQ-Aktivismus. Durch die Kombination von historischen Erzählungen mit modernen Perspektiven hat Joynt eine neue Form des Geschichtenerzählens geschaffen, die sowohl informativ als auch inspirierend ist. Der Film zeigt die Kraft der Kunst, Veränderungen in der Gesellschaft zu bewirken und die Sichtbarkeit von marginalisierten Stimmen zu fördern.

"Framing Agnes" und der Durchbruch

"Framing Agnes" stellt einen Wendepunkt in der Karriere von Chase Joynt dar und ist ein herausragendes Beispiel für die Verschmelzung von Film, Geschichte und Aktivismus. Der Film, der 2022 veröffentlicht wurde, beleuchtet die Geschichten von trans Personen, die in den 1950er Jahren lebten, und untersucht die oft übersehenen Narrative dieser Zeit. Joynt nutzt in "Framing Agnes" eine innovative Erzählweise, die Dokumentation und Fiktion miteinander verbindet, um die Komplexität der Geschlechtsidentität und die Herausforderungen, denen sich trans Personen gegenübersehen, zu beleuchten.

Konzept und Entstehung

Die Idee zu "Framing Agnes" entstand aus Joynts Bestreben, die Geschichten von trans Personen in einer Zeit zu erzählen, in der sie oft unsichtbar gemacht wurden. Der Film basiert auf realen Aufzeichnungen von trans Personen, die in einer klinischen Umgebung interviewt wurden, und Joynt kombiniert diese historischen Interviews mit einer fiktiven Erzählung. Die Entscheidung, historische Figuren in einem modernen Kontext zu beleuchten, ermöglicht es dem Publikum, die zeitlosen Herausforderungen zu erkennen, mit denen trans Menschen konfrontiert sind.

Die Auswahl des Casts und der Crew

Die Besetzung von "Framing Agnes" war ein entscheidender Faktor für den Erfolg des Films. Joynt arbeitete mit einer talentierten Gruppe von trans Schauspielern und Künstlern zusammen, die nicht nur die Geschichten ihrer Charaktere authentisch darstellen konnten, sondern auch die Erfahrung und Perspektive mitbrachten, die für die Darstellung dieser komplexen Identitäten notwendig ist. Diese Auswahl förderte nicht nur die Sichtbarkeit von trans Talenten in der Filmindustrie, sondern stellte auch sicher, dass die Darstellung der Charaktere sensibel und respektvoll war.

Kritische Reaktionen und Erfolge

Die Premiere von "Framing Agnes" auf verschiedenen Filmfestivals, darunter das Sundance Film Festival, führte zu überwältigend positiven Kritiken. Kritiker lobten die innovative Erzählweise und die Fähigkeit des Films, wichtige Themen wie Geschlechtsidentität, Sichtbarkeit und die Herausforderungen, die trans Personen im Laufe der Geschichte überwinden mussten, zu thematisieren. Der Film wurde nicht nur für seine künstlerische Qualität anerkannt, sondern auch für seinen Beitrag zur Aufklärung über trans Themen in der Gesellschaft.

Die Verbindung von Dokumentation und Fiktion

Ein zentrales Element von "Framing Agnes" ist die Art und Weise, wie der Film Dokumentation und Fiktion miteinander verwebt. Durch die Verwendung von historischen Interviews und fiktiven Szenen schafft Joynt einen Raum, in dem das Publikum die Realität der trans Erfahrungen sowohl in der Vergangenheit als auch in der Gegenwart nachvollziehen kann. Diese Verbindung erlaubt es den Zuschauern, die Kontinuität der Herausforderungen zu erkennen, mit denen trans Personen konfrontiert sind, und fördert ein tieferes Verständnis für die Notwendigkeit von Sichtbarkeit und Repräsentation.

Themen der Geschlechtsidentität und -darstellung

"Framing Agnes" thematisiert die Komplexität der Geschlechtsidentität und die Herausforderungen, die mit der Darstellung dieser Identitäten einhergehen. Der Film beleuchtet nicht nur die persönlichen Geschichten der Charaktere, sondern auch die gesellschaftlichen Normen und Erwartungen, die oft zu Diskriminierung und Unsichtbarkeit führen. Durch die Darstellung dieser Themen trägt der Film dazu bei, das Bewusstsein für die Vielfalt der Geschlechtsidentitäten zu schärfen und die Notwendigkeit für eine respektvolle und authentische Repräsentation in den Medien zu unterstreichen.

Die Rolle von Humor im Film

Ein weiterer bemerkenswerter Aspekt von "Framing Agnes" ist die Verwendung von Humor, um die oft schweren Themen zugänglicher zu machen. Joynt nutzt humorvolle Momente, um die Menschlichkeit der Charaktere zu betonen und eine Verbindung zum Publikum herzustellen. Diese Balance zwischen Ernsthaftigkeit und Humor ermöglicht es, die Zuschauer zu engagieren und gleichzeitig wichtige Botschaften über Akzeptanz und Verständnis zu vermitteln.

Filmfestivals und Auszeichnungen

Die Teilnahme an renommierten Filmfestivals war entscheidend für den Erfolg von "Framing Agnes". Der Film erhielt mehrere Auszeichnungen und Nominierungen, die nicht nur die künstlerische Leistung anerkannten, sondern auch die Wichtigkeit der Themen, die er behandelt. Diese Anerkennung half, das Bewusstsein für trans Geschichten zu schärfen und die Diskussion über Geschlechtsidentität in der breiteren Gesellschaft zu fördern.

Die Wirkung auf die LGBTQ-Community

"Framing Agnes" hatte einen signifikanten Einfluss auf die LGBTQ-Community und trug dazu bei, trans Geschichten ins Rampenlicht zu rücken. Der Film inspirierte Diskussionen und Debatten über Geschlechtsidentität und die Herausforderungen, mit denen trans Personen konfrontiert sind. Durch die Erhöhung der Sichtbarkeit von trans Geschichten und Erfahrungen hat Joynt dazu beigetragen, ein Gefühl der Gemeinschaft und Unterstützung innerhalb der LGBTQ-Community zu fördern.

Nachwirkungen und zukünftige Projekte

Die Erfolge von "Framing Agnes" haben Joynt ermutigt, weiterhin Geschichten zu erzählen, die oft übersehen werden. Der Film hat nicht nur das Bewusstsein für trans Themen geschärft, sondern auch den Weg für zukünftige Projekte geebnet, die sich mit der Vielfalt der menschlichen Erfahrungen auseinandersetzen. Joynt plant, seine Arbeit fortzusetzen und neue Wege zu finden, um trans Geschichten zu erzählen und die Sichtbarkeit von LGBTQ-Personen in der Filmindustrie zu erhöhen.

Fazit

Insgesamt stellt "Framing Agnes" einen bedeutenden Durchbruch in der Karriere von Chase Joynt dar und ist ein kraftvolles Beispiel dafür, wie Film als Werkzeug für Aktivismus und Aufklärung genutzt werden kann. Durch die Verbindung von persönlichen Geschichten, historischen Kontexten und innovativer Erzählweise hat Joynt nicht nur die Sichtbarkeit von trans Personen erhöht, sondern auch einen wichtigen Beitrag zur Diskussion über Geschlechtsidentität geleistet. Der Film bleibt ein Meilenstein in der LGBTQ-Filmgeschichte und inspiriert zukünftige Generationen von Filmemachern und Aktivisten.

Aktivismus und gesellschaftlicher Einfluss

Chase Joynts Aktivismus

Die Verbindung zwischen Film und Aktivismus

Die Verbindung zwischen Film und Aktivismus ist ein dynamisches und komplexes Thema, das in der heutigen Gesellschaft zunehmend an Bedeutung gewinnt. Filme sind nicht nur ein Medium zur Unterhaltung, sondern auch ein kraftvolles Werkzeug zur Sensibilisierung und Mobilisierung von Menschen für soziale und politische Anliegen. In dieser Sektion werden wir die verschiedenen Aspekte dieser Verbindung untersuchen, einschließlich der theoretischen Grundlagen, der Herausforderungen, die Filmemacher*innen im Aktivismus begegnen, und konkreten Beispielen, die diese Dynamik veranschaulichen.

Theoretische Grundlagen

Die Theorie des sozialen Wandels durch Kunst und Medien ist nicht neu. Der Sozialwissenschaftler Herbert Blumer (1969) argumentierte, dass Medien eine Schlüsselrolle bei der Formulierung öffentlicher Wahrnehmungen und Meinungen spielen. Filme können als Katalysatoren fungieren, die das Bewusstsein für soziale Ungerechtigkeiten schärfen und die Zuschauer*innen dazu anregen, aktiv zu werden.

Ein zentraler Aspekt dieser Theorie ist das Konzept der *Repräsentation*. Stuart Hall (1997) betont, dass die Art und Weise, wie bestimmte Gruppen in den Medien dargestellt werden, erhebliche Auswirkungen auf die gesellschaftliche Wahrnehmung und die Identität dieser Gruppen hat. Für LGBTQ-Personen bedeutet dies, dass eine positive und vielfältige Repräsentation in Filmen entscheidend ist, um Vorurteile abzubauen und ein besseres Verständnis für ihre Erfahrungen zu fördern.

Herausforderungen im Filmaktivismus

Trotz der positiven Möglichkeiten, die Filme für den Aktivismus bieten, stehen Filmemacher*innen vor einer Vielzahl von Herausforderungen. Eine der größten Hürden ist die *Finanzierung*. Viele LGBTQ-Filmemacher*innen müssen um Gelder kämpfen, um ihre Projekte zu realisieren, da Mainstream-Produzenten oft zögerlich sind, in Geschichten zu investieren, die als „nischenspezifisch" angesehen werden. Diese finanzielle Unsicherheit kann dazu führen, dass wichtige Geschichten nicht erzählt werden.

Ein weiteres Problem ist die *Zensur*. In vielen Ländern sind LGBTQ-Themen nach wie vor tabu oder sogar illegal. Filmemacher*innen müssen oft kreative Wege finden, um ihre Botschaften zu vermitteln, ohne die bestehenden Gesetze zu verletzen. Dies kann die künstlerische Freiheit einschränken und die Authentizität der Erzählungen gefährden.

Beispiele für Filmaktivismus

Ein herausragendes Beispiel für die Verbindung zwischen Film und Aktivismus ist der Dokumentarfilm *Framing Agnes* von Chase Joynt. Dieser Film untersucht die Geschichten von trans Personen aus der Vergangenheit und verbindet sie mit der gegenwärtigen Diskussion über Geschlechtsidentität. Durch die Verwendung von Archivmaterial und fiktiven Elementen schafft Joynt eine Brücke zwischen Vergangenheit und Gegenwart, die nicht nur informiert, sondern auch inspiriert.

Ein weiteres Beispiel ist der Film *Disclosure*, der die Darstellung von Transgender-Personen in den Medien untersucht. Dieser Dokumentarfilm zeigt auf, wie schädliche Stereotypen in Hollywood die Wahrnehmung von Trans-Personen in der Gesellschaft beeinflussen. Durch die Erzählungen von prominenten Trans-Personen wird die Notwendigkeit einer authentischen und respektvollen Repräsentation deutlich, die zur gesellschaftlichen Akzeptanz beitragen kann.

Die Rolle von sozialen Medien

In der heutigen digitalen Ära spielen soziale Medien eine entscheidende Rolle im Filmaktivismus. Plattformen wie Instagram, Twitter und TikTok ermöglichen es Filmemacher*innen, ihre Botschaften direkt an ein Publikum zu kommunizieren, ohne auf traditionelle Medien angewiesen zu sein. Diese direkte Interaktion fördert nicht nur das Engagement, sondern ermöglicht es auch, eine Community um gemeinsame Anliegen zu bilden.

Die viral gehenden Kampagnen, die durch soziale Medien ins Leben gerufen werden, können massive Auswirkungen auf die Wahrnehmung von LGBTQ-Themen haben. Ein Beispiel hierfür ist die #TransIsBeautiful-Kampagne, die durch die Unterstützung von Prominenten und Aktivisten eine positive Sicht auf Trans-Identitäten fördert und gleichzeitig auf bestehende Diskriminierungen aufmerksam macht.

Fazit

Die Verbindung zwischen Film und Aktivismus ist ein kraftvolles und vielschichtiges Thema, das sowohl Chancen als auch Herausforderungen bietet. Filme können als Katalysatoren für sozialen Wandel fungieren, indem sie Geschichten erzählen, die das Bewusstsein schärfen und die Gesellschaft zum Nachdenken anregen. Gleichzeitig müssen Filmemacher*innen sich mit Herausforderungen wie Finanzierung und Zensur auseinandersetzen, um ihre Botschaften erfolgreich zu kommunizieren.

In einer Zeit, in der Sichtbarkeit und Repräsentation für LGBTQ-Personen von entscheidender Bedeutung sind, bleibt die Rolle des Films im Aktivismus unverzichtbar. Die Geschichten, die erzählt werden, und die Stimmen, die gehört werden, können nicht nur das Leben Einzelner verändern, sondern auch die gesamte Gesellschaft beeinflussen. Chase Joynts Arbeit und die von anderen Filmemacher*innen zeigen, dass der Film ein mächtiges Werkzeug ist, um die Welt zu einem besseren Ort für alle zu machen.

Teilnahme an Protesten und Veranstaltungen

Chase Joynt ist nicht nur ein talentierter Filmemacher, sondern auch ein leidenschaftlicher Aktivist, der sich aktiv an Protesten und Veranstaltungen beteiligt, um die Sichtbarkeit und Rechte der LGBTQ-Community zu fördern. Diese Teilnahme ist nicht nur ein Ausdruck seines Engagements, sondern auch eine wichtige Strategie im Kampf gegen Diskriminierung und Ungerechtigkeit. In diesem Abschnitt werden wir die Rolle von Protesten und Veranstaltungen im LGBTQ-Aktivismus untersuchen, sowie die spezifischen Herausforderungen, mit denen Chase Joynt konfrontiert war, und die Auswirkungen seiner Teilnahme auf die Gemeinschaft.

Die Rolle von Protesten im LGBTQ-Aktivismus

Proteste sind seit jeher ein zentrales Element des sozialen Wandels. Sie bieten eine Plattform, um Missstände sichtbar zu machen und Forderungen nach Gleichheit und Gerechtigkeit zu artikulieren. In der LGBTQ-Bewegung haben Proteste historische Wurzeln, die bis zu den Stonewall-Unruhen von 1969 zurückreichen, die oft als Wendepunkt im modernen LGBTQ-Aktivismus angesehen werden. Diese Ereignisse führten zur Gründung von Organisationen und zur Mobilisierung von Menschen, die für ihre Rechte kämpfen wollten.

Die Teilnahme an Protesten ermöglicht es Aktivisten, ihre Stimmen zu erheben und eine breite Öffentlichkeit zu erreichen. Chase Joynt hat an verschiedenen Protesten teilgenommen, um auf die Herausforderungen aufmerksam zu machen, mit denen trans und nicht-binäre Menschen konfrontiert sind. Diese Veranstaltungen bieten nicht nur eine Möglichkeit zur Mobilisierung, sondern auch zur Bildung und Aufklärung der Öffentlichkeit über die spezifischen Anliegen der LGBTQ-Community.

Herausforderungen bei der Teilnahme an Protesten

Trotz der positiven Aspekte von Protesten stehen Aktivisten wie Chase Joynt vor einer Vielzahl von Herausforderungen. Eine der größten Herausforderungen ist die Gefahr der Gewalt und Diskriminierung, die häufig mit solchen Veranstaltungen einhergeht. Aktivisten müssen sich oft in feindlichen Umgebungen bewegen, in denen ihre Sicherheit gefährdet sein kann. Die Angst vor Repression durch staatliche Stellen oder gewalttätige Gegenproteste kann ebenfalls eine erhebliche Hürde darstellen.

Darüber hinaus kann die Teilnahme an Protesten emotional belastend sein. Aktivisten müssen oft mit der Realität von Diskriminierung und Ungerechtigkeit konfrontiert werden, was zu psychischem Stress führen kann. Chase Joynt hat in Interviews betont, wie wichtig es ist, Strategien zur Selbstfürsorge zu entwickeln, um mit diesen Belastungen umzugehen und die eigene Gesundheit zu schützen.

Beispiele für Chase Joynts Teilnahme an Veranstaltungen

Ein bemerkenswertes Beispiel für Chase Joynts Engagement ist seine Teilnahme an der jährlichen Pride-Parade in Toronto. Diese Veranstaltung zieht Tausende von Menschen an und bietet eine Plattform für LGBTQ-Aktivisten, ihre Anliegen zu präsentieren. Joynt hat diese Gelegenheit genutzt, um auf die Notwendigkeit von mehr Sichtbarkeit für trans Menschen in der Filmindustrie hinzuweisen und um die Bedeutung von Repräsentation in den Medien zu betonen.

Zusätzlich hat Joynt an verschiedenen Diskussionspanels und Workshops teilgenommen, die sich mit den Themen Geschlechtsidentität und Aktivismus befassen. Diese Veranstaltungen bieten nicht nur Raum für den Austausch von Ideen, sondern auch die Möglichkeit, jüngere Generationen von Aktivisten zu inspirieren und zu ermutigen. Joynt hat oft betont, wie wichtig es ist, dass junge LGBTQ-Personen Zugang zu Vorbildern haben, die ihnen zeigen, dass Veränderung möglich ist.

Die Auswirkungen von Protesten auf die Gesellschaft

Die Teilnahme an Protesten hat nicht nur Auswirkungen auf die Teilnehmer, sondern auch auf die Gesellschaft als Ganzes. Durch die Sichtbarkeit, die Proteste schaffen, können sie das Bewusstsein für LGBTQ-Anliegen schärfen und gesellschaftliche Normen in Frage stellen. Chase Joynts Engagement in diesen Bewegungen trägt dazu bei, das Narrativ über trans Menschen und ihre Erfahrungen zu verändern.

Forschungen zeigen, dass soziale Bewegungen, die durch Proteste unterstützt werden, oft zu politischen Veränderungen führen können. Ein Beispiel hierfür ist die Legalisierung der gleichgeschlechtlichen Ehe in vielen Ländern, die durch jahrelange Proteste und Advocacy-Arbeit erreicht wurde. Joynts Teilnahme an Protesten ist Teil dieser größeren Bewegung, die darauf abzielt, Gleichheit und Gerechtigkeit für alle LGBTQ-Personen zu fördern.

Fazit

Zusammenfassend lässt sich sagen, dass die Teilnahme an Protesten und Veranstaltungen für Chase Joynt und viele andere LGBTQ-Aktivisten von entscheidender Bedeutung ist. Diese Aktivitäten ermöglichen es ihnen, ihre Stimmen zu erheben, Gemeinschaften zu mobilisieren und auf die Herausforderungen aufmerksam zu machen, mit denen die LGBTQ-Community konfrontiert ist. Trotz der Herausforderungen, die mit solchen Engagements verbunden sind, bleibt die Teilnahme an Protesten eine kraftvolle Strategie im Kampf für Gleichheit und Sichtbarkeit. Chase Joynts Engagement in diesem Bereich ist ein inspirierendes Beispiel dafür, wie Kunst und Aktivismus miteinander verwoben sind und wie wichtig es ist, sich für die Rechte aller Menschen einzusetzen.

Bildung und Aufklärung über trans Themen

Die Bildung und Aufklärung über trans Themen ist ein entscheidender Aspekt des LGBTQ-Aktivismus und spielt eine zentrale Rolle in der Arbeit von Chase Joynt. In einer Gesellschaft, die oft von Missverständnissen und Vorurteilen geprägt ist, ist es unerlässlich, dass trans Personen und ihre Erfahrungen sichtbar gemacht und anerkannt werden. Diese Aufklärung hat mehrere Dimensionen, die sowohl theoretische als auch praktische Aspekte umfassen.

Theoretische Grundlagen

Eine der grundlegenden Theorien, die die Bildungsarbeit über trans Themen untermauert, ist die Queer-Theorie. Diese Theorie hinterfragt die binären Geschlechtskategorien und fordert eine Anerkennung der Vielfalt von Geschlechtsidentitäten. Judith Butler, eine prominente Figur in der Queer-Theorie, argumentiert, dass Geschlecht nicht nur biologisch, sondern auch sozial konstruiert ist. Sie formuliert in ihrem Werk "Gender Trouble" (1990) die Idee, dass Geschlecht performativ ist, was bedeutet, dass es durch Handlungen und soziale Praktiken hergestellt wird.

Diese theoretischen Grundlagen sind entscheidend, um das Bewusstsein für die Komplexität von Geschlechtsidentität zu schärfen. Sie helfen dabei, die gesellschaftlichen Normen zu hinterfragen, die oft zu Diskriminierung und Gewalt gegen trans Personen führen. In diesem Kontext ist es wichtig, dass Bildungsinitiativen nicht nur Fakten vermitteln, sondern auch die sozialen Konstrukte von Geschlecht und Identität kritisch reflektieren.

Probleme in der Aufklärung

Trotz der Fortschritte im Bereich der LGBTQ-Aufklärung gibt es weiterhin erhebliche Herausforderungen. Eine der größten Hürden ist die weit verbreitete Ignoranz gegenüber trans Themen. Viele Menschen sind sich der spezifischen Herausforderungen, mit denen trans Personen konfrontiert sind, nicht bewusst. Dies kann zu einer Reihe von Problemen führen:

- **Diskriminierung:** Unwissenheit führt oft zu Vorurteilen, die sich in Diskriminierung am Arbeitsplatz, in der Schule und im Gesundheitswesen manifestieren.

- **Mangelnde Repräsentation:** Die Medienberichterstattung über trans Themen ist häufig sensationalistisch oder fehlerhaft, was das öffentliche Verständnis weiter verschlechtert.

- **Fehlende Ressourcen:** Bildungseinrichtungen und Organisationen haben oft nicht die notwendigen Ressourcen, um umfassende Aufklärungsprogramme über trans Themen zu implementieren.

Um diesen Herausforderungen zu begegnen, ist es notwendig, gezielte Bildungsinitiativen zu entwickeln, die auf die spezifischen Bedürfnisse von trans Personen und ihren Gemeinschaften eingehen.

Beispiele für Bildungsinitiativen

Chase Joynt hat in seiner Karriere zahlreiche Initiativen ins Leben gerufen oder unterstützt, die sich mit der Bildung und Aufklärung über trans Themen befassen. Einige bemerkenswerte Beispiele sind:

- **Workshops und Schulungen:** Joynt hat Workshops an Schulen und Universitäten geleitet, um Schüler und Lehrer über trans Identitäten und die Herausforderungen, mit denen trans Personen konfrontiert sind, zu informieren. Diese Workshops fördern ein inklusives Umfeld und ermutigen die Teilnehmer, ihre eigenen Vorurteile zu hinterfragen.

- **Filmprojekte:** Durch seine Filme, insbesondere "Framing Agnes", hat Joynt nicht nur trans Geschichten erzählt, sondern auch Diskussionen angestoßen, die zur Aufklärung über trans Themen beitragen. Der Film zeigt historische trans Figuren und beleuchtet deren Kämpfe und Errungenschaften, was dazu beiträgt, ein besseres Verständnis für die Geschichte und die Realität trans Personen zu schaffen.

- **Zusammenarbeit mit Organisationen:** Joynt hat mit verschiedenen LGBTQ-Organisationen zusammengearbeitet, um Bildungsressourcen zu entwickeln, die in Schulen und Gemeinden eingesetzt werden können. Diese Ressourcen sind darauf ausgelegt, das Bewusstsein für trans Themen zu schärfen und eine positive Repräsentation zu fördern.

Schlussfolgerung

Bildung und Aufklärung über trans Themen sind unerlässlich, um Vorurteile abzubauen und eine inklusive Gesellschaft zu schaffen. Chase Joynt hat durch seine Arbeit im Film und im Aktivismus einen bedeutenden Beitrag zu diesem Prozess geleistet. Es ist wichtig, dass zukünftige Generationen von Künstlern und Aktivisten weiterhin die Notwendigkeit der Aufklärung betonen und sich für die

Sichtbarkeit und Anerkennung von trans Personen einsetzen. Nur durch kontinuierliche Bildung können wir eine Gesellschaft schaffen, die Vielfalt feiert und alle Identitäten respektiert.

Zusammenarbeit mit LGBTQ-Organisationen

Die Zusammenarbeit mit LGBTQ-Organisationen spielt eine entscheidende Rolle im Aktivismus von Chase Joynt. Durch diese Kooperationen wird nicht nur die Sichtbarkeit von LGBTQ-Themen erhöht, sondern auch ein Netzwerk geschaffen, das den Austausch von Ressourcen, Wissen und Unterstützung fördert. In diesem Abschnitt werden die verschiedenen Facetten dieser Zusammenarbeit betrachtet, einschließlich der theoretischen Grundlagen, der Herausforderungen und konkreter Beispiele.

Theoretische Grundlagen der Zusammenarbeit

Die Zusammenarbeit zwischen Künstlern und LGBTQ-Organisationen kann durch verschiedene Theorien des sozialen Wandels und der Gemeinschaftsbildung verstanden werden. Eine zentrale Theorie ist die *Soziale Identitätstheorie*, die besagt, dass Individuen ihr Selbstkonzept stark von den Gruppen ableiten, mit denen sie sich identifizieren. Diese Theorie legt nahe, dass die Zusammenarbeit mit Organisationen, die ähnliche Werte und Ziele vertreten, das Gefühl der Zugehörigkeit und den sozialen Zusammenhalt innerhalb der LGBTQ-Community stärkt.

Ein weiterer relevanter theoretischer Rahmen ist die *Theorie des sozialen Kapitals*, die die Bedeutung von Netzwerken und Beziehungen für den Zugang zu Ressourcen und Unterstützung betont. LGBTQ-Organisationen bieten nicht nur eine Plattform für den Austausch von Ideen, sondern auch Ressourcen wie finanzielle Unterstützung, rechtliche Beratung und Zugang zu einem breiteren Publikum.

Herausforderungen der Zusammenarbeit

Trotz der offensichtlichen Vorteile gibt es auch Herausforderungen bei der Zusammenarbeit mit LGBTQ-Organisationen. Eine häufige Problematik ist die *Ressourcenkonkurrenz*. Viele Organisationen sind auf begrenzte Mittel angewiesen, und es kann schwierig sein, genügend finanzielle Unterstützung für Projekte zu sichern. Dies kann zu Spannungen zwischen Künstlern und Organisationen führen, insbesondere wenn unterschiedliche Prioritäten und Ziele aufeinandertreffen.

Ein weiteres Problem ist die *Repräsentation*. Oftmals sind LGBTQ-Organisationen nicht divers genug, was bedeutet, dass bestimmte Stimmen innerhalb der Community unterrepräsentiert sind. Dies kann dazu führen, dass Projekte, die von diesen Organisationen unterstützt werden, nicht alle Facetten der LGBTQ-Erfahrungen widerspiegeln, was wiederum die Relevanz und Authentizität der Arbeiten beeinträchtigen kann.

Beispiele für erfolgreiche Zusammenarbeit

Trotz dieser Herausforderungen gibt es zahlreiche Beispiele für erfolgreiche Kooperationen zwischen Chase Joynt und LGBTQ-Organisationen. Eine bemerkenswerte Partnerschaft war die Zusammenarbeit mit der *Transgender Law Center* (TLC), einer der führenden Organisationen in den USA, die sich für die Rechte von Transgender-Personen einsetzt. Diese Zusammenarbeit ermöglichte es Joynt, seine filmischen Projekte mit rechtlichem und sozialem Wissen zu bereichern, was zu einer tieferen Auseinandersetzung mit den Themen Geschlechtsidentität und Diskriminierung führte.

Ein weiteres Beispiel ist die Partnerschaft mit *GLAAD* (Gay & Lesbian Alliance Against Defamation), einer Organisation, die sich für eine faire und genaue Darstellung von LGBTQ-Personen in den Medien einsetzt. Durch die Zusammenarbeit mit GLAAD konnte Joynt seine Filme so gestalten, dass sie nicht nur unterhalten, sondern auch aufklären und für mehr Verständnis in der Gesellschaft sorgen.

Auswirkungen der Zusammenarbeit auf den Aktivismus

Die Kooperation mit LGBTQ-Organisationen hat einen tiefgreifenden Einfluss auf Joynts Aktivismus. Durch den Austausch von Wissen und Ressourcen konnte er nicht nur seine eigenen Projekte vorantreiben, sondern auch die Sichtbarkeit von LGBTQ-Themen in der breiten Öffentlichkeit erhöhen. Die Filme, die aus diesen Kooperationen hervorgegangen sind, haben nicht nur kritische Anerkennung gefunden, sondern auch das Bewusstsein für die Herausforderungen, mit denen die LGBTQ-Community konfrontiert ist, geschärft.

Ein Beispiel für die Wirkung dieser Zusammenarbeit ist der Film *"Framing Agnes"*, der in enger Zusammenarbeit mit verschiedenen LGBTQ-Organisationen entstand. Der Film thematisiert die Geschichten von trans Personen aus der Vergangenheit und verbindet diese mit aktuellen Diskussionen über Geschlechtsidentität. Die Unterstützung durch Organisationen ermöglichte es, historische Recherchen durchzuführen und sicherzustellen, dass die Darstellung der Charaktere respektvoll und authentisch war.

Schlussfolgerung

Zusammenfassend lässt sich sagen, dass die Zusammenarbeit mit LGBTQ-Organisationen für Chase Joynt von zentraler Bedeutung ist. Diese Kooperationen ermöglichen es ihm, seine künstlerischen Visionen mit einem breiteren sozialen Kontext zu verbinden und die Stimmen von LGBTQ-Personen zu stärken. Trotz der Herausforderungen, die mit solchen Partnerschaften verbunden sind, zeigen die zahlreichen positiven Beispiele, dass eine enge Zusammenarbeit zwischen Künstlern und Organisationen entscheidend für den Fortschritt im LGBTQ-Aktivismus ist. Die Zukunft der LGBTQ-Community wird maßgeblich von solchen synergistischen Beziehungen abhängen, die sowohl künstlerische als auch soziale Veränderungen vorantreiben.

Die Bedeutung von Sichtbarkeit und Repräsentation

Die Sichtbarkeit und Repräsentation von LGBTQ-Personen in den Medien sind von entscheidender Bedeutung für die Förderung von Akzeptanz, Verständnis und Gleichheit in der Gesellschaft. In diesem Abschnitt werden wir die theoretischen Grundlagen dieser Konzepte untersuchen, die Probleme, die mit mangelnder Sichtbarkeit einhergehen, und Beispiele für erfolgreiche Repräsentation in den Medien, insbesondere im Film.

Theoretische Grundlagen

Die Theorie der sozialen Identität, entwickelt von Henri Tajfel und John Turner, legt nahe, dass Individuen ihr Selbstwertgefühl aus der Zugehörigkeit zu sozialen Gruppen ableiten. Sichtbarkeit in den Medien ermöglicht es LGBTQ-Personen, sich mit positiven Darstellungen ihrer Identität zu identifizieren, was zu einem höheren Selbstwertgefühl und einer stärkeren Gemeinschaftsbindung führt. Diese Repräsentation kann auch zur Normalisierung von LGBTQ-Themen in der breiteren Gesellschaft beitragen.

$$S = \frac{N_{\text{positiv}}}{N_{\text{gesamt}}} \tag{18}$$

Hierbei ist S die Sichtbarkeit, N_{positiv} die Anzahl positiver Darstellungen und N_{gesamt} die Gesamtzahl der Darstellungen. Eine höhere Sichtbarkeit führt zu einer positiven Wahrnehmung von LGBTQ-Personen und trägt zur Entstigmatisierung bei.

Probleme der mangelnden Sichtbarkeit

Ein zentrales Problem der mangelnden Sichtbarkeit ist die perpetuierte Unsichtbarkeit von trans und nicht-binären Personen in den Medien. Dies kann zu einer Vielzahl von negativen Konsequenzen führen, einschließlich:

- **Diskriminierung:** Ohne Sichtbarkeit können stereotype und negative Darstellungen von LGBTQ-Personen in der Gesellschaft verbreitet werden.
- **Isolation:** Mangelnde Repräsentation kann dazu führen, dass LGBTQ-Personen sich isoliert und unverstanden fühlen.
- **Fehlende Vorbilder:** Junge LGBTQ-Personen benötigen positive Vorbilder, um ihre Identität zu akzeptieren und zu feiern.

Beispiele erfolgreicher Repräsentation

Ein herausragendes Beispiel für gelungene Sichtbarkeit und Repräsentation ist der Film *Framing Agnes*, der von Chase Joynt mitgestaltet wurde. Der Film kombiniert Dokumentation und Fiktion, um die Geschichten von trans-Personen aus der Vergangenheit zu erzählen. Durch die geschickte Verbindung von historischen Narrativen mit modernen Perspektiven schafft der Film eine Plattform für trans-Stimmen und fördert das Verständnis für die Herausforderungen, mit denen trans-Personen konfrontiert sind.

Ein weiteres Beispiel ist die Serie *Pose*, die sich mit der LGBTQ-Ballkultur in New York City befasst. Die Serie bietet nicht nur Sichtbarkeit für trans und nicht-binäre Charaktere, sondern zeigt auch die Realität ihrer Lebensumstände, einschließlich der Diskriminierung, der Kämpfe und der Erfolge. *Pose* hat dazu beigetragen, das Bewusstsein für trans-Themen zu schärfen und die Diskussion über Geschlechtsidentität in der Gesellschaft zu fördern.

Fazit

Die Sichtbarkeit und Repräsentation von LGBTQ-Personen in den Medien sind von entscheidender Bedeutung für die Schaffung einer inklusiven Gesellschaft. Filme und Serien, die positive und vielfältige Darstellungen von LGBTQ-Personen bieten, tragen dazu bei, Stereotype abzubauen, das Verständnis zu fördern und die Akzeptanz zu erhöhen. Chase Joynts Arbeit, insbesondere in *Framing Agnes*, ist ein hervorragendes Beispiel dafür, wie Kunst und Aktivismus Hand in Hand gehen können, um die Sichtbarkeit von marginalisierten Stimmen zu erhöhen und einen positiven gesellschaftlichen Wandel zu bewirken.

Einfluss auf die Medienlandschaft

Der Einfluss von Chase Joynt auf die Medienlandschaft ist sowohl tiefgreifend als auch weitreichend. In einer Zeit, in der die Repräsentation von LGBTQ-Personen in den Medien oft unzureichend oder stereotypisch war, hat Joynt durch seine Filme und sein Engagement einen signifikanten Beitrag zur Sichtbarkeit und zur Komplexität von trans Geschichten geleistet.

Theoretischer Hintergrund

Die Medienlandschaft wird durch verschiedene Theorien geprägt, die die Art und Weise beeinflussen, wie Geschichten erzählt und wahrgenommen werden. Eine zentrale Theorie ist die *Repräsentationstheorie*, die besagt, dass die Art und Weise, wie Gruppen in den Medien dargestellt werden, Auswirkungen auf die gesellschaftliche Wahrnehmung und das Selbstbild dieser Gruppen hat. Stuart Hall, ein bedeutender Theoretiker in diesem Bereich, argumentiert, dass Medien nicht nur Inhalte vermitteln, sondern auch Bedeutungen konstruieren, die das Verständnis von Identität und Kultur formen.

Ein weiterer relevanter theoretischer Rahmen ist die *Feministische Medientheorie*, die die Geschlechterdarstellung in den Medien analysiert und hinterfragt. Diese Theorie ist besonders relevant für die Betrachtung von trans Identitäten, da sie die Notwendigkeit betont, die Stimmen und Erfahrungen von marginalisierten Gruppen in den Vordergrund zu rücken. Joynts Arbeit ist ein Beispiel für die Anwendung dieser Theorien in der Praxis, indem er trans Geschichten erzählt, die oft ignoriert oder verzerrt werden.

Probleme in der Medienlandschaft

Trotz des Fortschritts in der Repräsentation von LGBTQ-Personen gibt es nach wie vor erhebliche Herausforderungen. Eine der größten Hürden ist die *Stereotypisierung*, die oft zu einer verzerrten Wahrnehmung von trans Identitäten führt. Filme und Fernsehsendungen, die trans Charaktere darstellen, neigen häufig dazu, auf Klischees zurückzugreifen, die die Vielfalt und Komplexität dieser Identitäten nicht widerspiegeln.

Ein weiteres Problem ist die *Marginalisierung* von trans Stimmen in der Medienproduktion selbst. Oftmals sind es cisgender Personen, die die

Geschichten von trans Menschen erzählen, was zu einer ungenauen und oft schädlichen Darstellung führt. Joynt kämpft gegen diese Tendenzen, indem er trans Künstler und Geschichten in den Mittelpunkt seiner Projekte stellt und so eine authentischere und nuanciertere Sichtweise fördert.

Beispiele für Joynts Einfluss

Joynts Film *Framing Agnes* ist ein herausragendes Beispiel für seinen Einfluss auf die Medienlandschaft. Der Film kombiniert Dokumentation und Fiktion, um die Geschichten von trans Personen aus der Vergangenheit zu beleuchten und deren Relevanz für die heutige Gesellschaft zu verdeutlichen. Durch die Einbeziehung von historischen Figuren und deren Erfahrungen schafft Joynt eine Verbindung zwischen Vergangenheit und Gegenwart, die es dem Publikum ermöglicht, die Kontinuität von trans Erfahrungen zu erkennen.

Ein weiteres Beispiel ist Joynts Engagement in sozialen Medien. Er nutzt Plattformen wie Instagram und Twitter, um Diskussionen über trans Themen anzuregen und die Sichtbarkeit von trans Künstlern zu erhöhen. Durch die Schaffung eines Dialogs und die Förderung von trans Stimmen in diesen Räumen trägt Joynt dazu bei, die Wahrnehmung von trans Identitäten in der breiten Öffentlichkeit zu verändern.

Langfristige Auswirkungen

Die langfristigen Auswirkungen von Joynts Arbeit auf die Medienlandschaft sind erheblich. Er hat nicht nur die Sichtbarkeit von trans Geschichten erhöht, sondern auch dazu beigetragen, ein Bewusstsein für die Herausforderungen zu schaffen, mit denen trans Personen konfrontiert sind. Seine Filme und Projekte inspirieren andere Künstler und Filmemacher, ähnliche Wege zu gehen und die Vielfalt der LGBTQ-Erfahrungen zu erfassen.

Darüber hinaus fördert Joynt aktiv die Zusammenarbeit zwischen trans und cisgender Künstlern, was zu einem breiteren Verständnis und einer stärkeren Solidarität innerhalb der Gemeinschaft führt. Diese Zusammenarbeit ist entscheidend, um die Medienlandschaft inklusiver und gerechter zu gestalten.

Insgesamt zeigt der Einfluss von Chase Joynt auf die Medienlandschaft, wie wichtig es ist, Geschichten von marginalisierten Gruppen zu erzählen und ihre Stimmen zu verstärken. Durch seine Arbeit trägt er dazu bei, die Wahrnehmung von trans Identitäten zu transformieren und eine neue Generation von Künstlern und Aktivisten zu inspirieren, die sich für Sichtbarkeit und Repräsentation einsetzen.

$$R = \frac{V_t}{S_t} \qquad (19)$$

Hierbei steht R für die Repräsentation, V_t für die Vielfalt der trans Stimmen in den Medien und S_t für die stereotypischen Darstellungen. Ein höherer Wert von R zeigt eine positive Entwicklung in der Repräsentation von trans Identitäten an.

Die Herausforderung, die es zu bewältigen gilt, ist, diesen Wert zu maximieren, indem man die Vielfalt der Erfahrungen und Geschichten von trans Personen in den Mittelpunkt stellt. Chase Joynt ist ein Vorreiter in dieser Bewegung und zeigt, wie durch Kunst und Aktivismus Veränderungen in der Medienlandschaft herbeigeführt werden können.

Die Rolle von sozialen Medien im Aktivismus

Soziale Medien haben sich in den letzten zwei Jahrzehnten zu einem unverzichtbaren Werkzeug für Aktivisten entwickelt, insbesondere innerhalb der LGBTQ-Community. Sie bieten eine Plattform, die es Individuen ermöglicht, ihre Stimmen zu erheben, sich zu vernetzen und mobil zu machen. In diesem Abschnitt werden wir die theoretischen Grundlagen, die Herausforderungen und einige herausragende Beispiele für den Einsatz sozialer Medien im Aktivismus untersuchen.

Theoretische Grundlagen

Die Rolle sozialer Medien im Aktivismus kann durch verschiedene theoretische Rahmenbedingungen verstanden werden. Ein zentraler Aspekt ist die Theorie der *Vernetzung* (Networked Activism), die besagt, dass soziale Medien es Aktivisten ermöglichen, sich über geografische und soziale Grenzen hinweg zu verbinden. Dies fördert die Bildung von Gemeinschaften und Netzwerken, die sich für gemeinsame Ziele einsetzen.

Ein weiterer wichtiger theoretischer Rahmen ist die *Agenda-Setting-Theorie*, die beschreibt, wie Medien die öffentliche Wahrnehmung von Themen beeinflussen können. Aktivisten nutzen soziale Medien, um bestimmte Themen ins öffentliche Bewusstsein zu rücken und damit politische und gesellschaftliche Veränderungen zu bewirken. Die *Framing-Theorie* spielt ebenfalls eine Rolle, da sie untersucht, wie Informationen präsentiert werden und wie dies die Wahrnehmung von Themen beeinflusst.

Probleme und Herausforderungen

Trotz der Vorteile, die soziale Medien bieten, gibt es auch erhebliche Herausforderungen. Eine der größten Hürden ist die *Desinformation*. Falsche Informationen können sich schnell verbreiten und das öffentliche Verständnis von LGBTQ-Themen verzerren. Dies kann zu Stigmatisierung und Diskriminierung führen.

Ein weiteres Problem ist die *Sichtbarkeit* und *Repräsentation*. Während soziale Medien es ermöglichen, Stimmen zu erheben, können sie auch dazu führen, dass bestimmte Narrative dominieren, während andere marginalisiert werden. Dies kann insbesondere für unterrepräsentierte Gruppen innerhalb der LGBTQ-Community problematisch sein.

Zusätzlich gibt es die Herausforderung der *Sicherheit*. Aktivisten, die soziale Medien nutzen, um ihre Anliegen zu fördern, setzen sich oft Risiken aus, insbesondere in Ländern, in denen LGBTQ-Rechte nicht anerkannt sind. Cyber-Mobbing und Bedrohungen sind häufige Probleme, die es zu bewältigen gilt.

Beispiele für erfolgreichen Einsatz

Ein herausragendes Beispiel für den erfolgreichen Einsatz sozialer Medien im Aktivismus ist die *#BlackLivesMatter*-Bewegung, die soziale Medien als Plattform nutzt, um auf Rassismus und Polizeigewalt aufmerksam zu machen. Die Bewegung hat auch die LGBTQ-Community mobilisiert, um für die Rechte von trans Personen, insbesondere von schwarzen trans Frauen, zu kämpfen.

Ein weiteres Beispiel ist die Kampagne *#LoveIsLove*, die während der Debatte um die Ehegleichheit in den USA populär wurde. Diese Kampagne nutzte soziale Medien, um Geschichten von LGBTQ-Paaren zu teilen und die gesellschaftliche Akzeptanz zu fördern. Die virale Verbreitung dieser Botschaften trug dazu bei, die öffentliche Meinung zu beeinflussen und letztendlich zur Legalisierung der gleichgeschlechtlichen Ehe beizutragen.

Fazit

Die Rolle von sozialen Medien im Aktivismus ist sowohl komplex als auch vielschichtig. Sie bieten eine Plattform für Vernetzung, Sichtbarkeit und Mobilisierung, stellen jedoch auch Herausforderungen wie Desinformation, Sichtbarkeit und Sicherheit dar. Die LGBTQ-Community hat soziale Medien effektiv genutzt, um ihre Anliegen voranzubringen und gesellschaftliche Veränderungen zu bewirken. In Zukunft wird es entscheidend sein, diese

Plattformen verantwortungsbewusst zu nutzen, um die positiven Aspekte des Aktivismus zu maximieren und die negativen Auswirkungen zu minimieren.

$$\text{Aktivismus}_{sozial} = \frac{\text{Vernetzung} + \text{Sichtbarkeit} + \text{Mobilisierung}}{\text{Herausforderungen}} \quad (20)$$

Herausforderungen im Aktivismus

Aktivismus ist ein kraftvolles Werkzeug, um soziale Veränderungen herbeizuführen, doch er ist nicht ohne Herausforderungen. Insbesondere im LGBTQ-Aktivismus, wo die Themen Geschlechtsidentität und sexuelle Orientierung oft umstritten sind, stehen Aktivisten vor zahlreichen Hürden. Diese Herausforderungen können in verschiedene Kategorien unterteilt werden, darunter gesellschaftliche, politische und persönliche Aspekte.

Gesellschaftliche Herausforderungen

Gesellschaftliche Vorurteile und Diskriminierung sind zentrale Herausforderungen für LGBTQ-Aktivisten. Trotz Fortschritten in der Sichtbarkeit und Akzeptanz von LGBTQ-Personen gibt es nach wie vor tief verwurzelte Stereotypen und Vorurteile, die den Aktivismus behindern. Diese Vorurteile können sich in verschiedenen Formen äußern, von offenen Anfeindungen bis hin zu subtileren Formen der Diskriminierung, wie z.B. dem Ausschluss von LGBTQ-Stimmen in wichtigen gesellschaftlichen Debatten.

Ein Beispiel für gesellschaftliche Herausforderungen ist die Reaktion auf trans-Initiativen in den Medien. Oftmals werden trans-Personen nicht als Experten ihrer eigenen Erfahrungen anerkannt, was zu einer verzerrten Darstellung ihrer Realität führt. Die Berichterstattung in den Massenmedien kann die Wahrnehmung von trans-Personen negativ beeinflussen, indem sie sie als exotisch oder als Objekte der Sensationsberichterstattung darstellt, anstatt als vollwertige Mitglieder der Gesellschaft. Diese Darstellungen können den Aktivismus untergraben, indem sie das Vertrauen der Gemeinschaft in die Medien und in die Gesellschaft insgesamt verringern.

Politische Herausforderungen

Politische Rahmenbedingungen stellen eine weitere bedeutende Herausforderung dar. In vielen Ländern sind LGBTQ-Rechte nach wie vor nicht gesetzlich geschützt, und in einigen Regionen gibt es sogar Gesetze, die Diskriminierung legitimieren. Aktivisten müssen sich oft gegen politische Strukturen behaupten, die ihnen feindlich gegenüberstehen.

Ein Beispiel für politische Herausforderungen ist das Vorantreiben von Gesetzesänderungen zur Anerkennung von LGBTQ-Rechten. In vielen Fällen erfordert dies jahrelange Lobbyarbeit und das Mobilisieren von Unterstützern, um politische Entscheidungsträger zu überzeugen. Dies kann zu Frustration führen, insbesondere wenn Fortschritte langsam oder gar nicht erzielt werden. Zudem können politische Rückschläge, wie die Rücknahme von Rechten, die zuvor erkämpft wurden, demotivierende Auswirkungen auf die Gemeinschaft haben.

Persönliche Herausforderungen

Neben gesellschaftlichen und politischen Herausforderungen sehen sich Aktivisten auch persönlichen Herausforderungen gegenüber. Die emotionale Belastung, die mit dem Aktivismus einhergeht, kann enorm sein. Aktivisten sind oft gezwungen, sich mit traumatischen Erfahrungen auseinanderzusetzen, sei es durch Diskriminierung, Gewalt oder den Verlust von Freunden und Angehörigen.

Ein Beispiel für persönliche Herausforderungen ist der Umgang mit Burnout. Aktivisten, die sich intensiv für ihre Sache einsetzen, riskieren oft, ihre eigene Gesundheit und ihr Wohlbefinden zu vernachlässigen. Dies kann zu Erschöpfung führen, sowohl physisch als auch psychisch. Die ständige Konfrontation mit negativen Reaktionen auf ihre Identität und ihre Arbeit kann das Gefühl der Isolation verstärken und zu einem Rückzug aus dem Aktivismus führen.

Theoretische Perspektiven

Theoretisch lässt sich die Analyse der Herausforderungen im Aktivismus durch verschiedene sozialwissenschaftliche Ansätze erweitern. Der *Soziale Konstruktivismus* legt nahe, dass Identitäten und gesellschaftliche Normen nicht festgelegt sind, sondern durch soziale Interaktionen konstruiert werden. Dies impliziert, dass Aktivismus nicht nur gegen bestehende Normen ankämpft, sondern auch aktiv neue Normen schaffen kann.

Der *Critical Race Theory* (CRT) bietet eine weitere Perspektive, indem sie die Wechselwirkungen zwischen Rasse, Geschlecht und Sexualität untersucht. Diese Theorie legt nahe, dass Diskriminierung nicht isoliert betrachtet werden kann, sondern dass verschiedene Identitäten miteinander verwoben sind. Aktivisten müssen sich daher auch mit intersektionalen Herausforderungen auseinandersetzen, die sich aus der Überschneidung von Identitäten ergeben.

Schlussfolgerung

Die Herausforderungen im LGBTQ-Aktivismus sind vielschichtig und erfordern sowohl individuelle als auch kollektive Anstrengungen, um sie zu überwinden. Es ist entscheidend, dass Aktivisten sich gegenseitig unterstützen und Ressourcen bereitstellen, um die emotionalen und physischen Belastungen des Aktivismus zu bewältigen. Durch das Teilen von Erfahrungen und Strategien können Aktivisten nicht nur ihre eigenen Herausforderungen meistern, sondern auch die Gemeinschaft als Ganzes stärken. Nur durch einen kooperativen Ansatz kann der LGBTQ-Aktivismus weiterhin Fortschritte erzielen und eine gerechtere Gesellschaft für alle schaffen.

Die Reaktion der Gesellschaft auf trans Themen

Die gesellschaftliche Reaktion auf trans Themen ist ein komplexes und vielschichtiges Phänomen, das von verschiedenen Faktoren beeinflusst wird, darunter kulturelle Normen, politische Rahmenbedingungen, Medienrepräsentation und individuelle Erfahrungen. In den letzten Jahren hat sich das öffentliche Bewusstsein für trans Identitäten und die Herausforderungen, mit denen trans Personen konfrontiert sind, erheblich verändert. Dennoch gibt es nach wie vor tief verwurzelte Vorurteile und Missverständnisse, die die Wahrnehmung und Akzeptanz von trans Menschen behindern.

Kulturelle Normen und Vorurteile

Die Reaktion der Gesellschaft auf trans Themen ist oft von kulturellen Normen geprägt, die Geschlechtsidentität und Geschlechterrollen stark binär definieren. Diese binäre Sichtweise kann dazu führen, dass trans Personen als "anders" oder "nicht normal" wahrgenommen werden, was zu Diskriminierung und Stigmatisierung führt. Laut einer Studie von [?] haben trans Personen im Vergleich zu cisgender Personen eine signifikant höhere Wahrscheinlichkeit, Diskriminierung in verschiedenen Lebensbereichen zu erfahren, einschließlich Arbeitsplatz, Bildung und Gesundheitsversorgung.

Politische Rahmenbedingungen

Politische Entscheidungen und gesetzliche Regelungen spielen ebenfalls eine entscheidende Rolle bei der gesellschaftlichen Reaktion auf trans Themen. In vielen Ländern gibt es Gesetze, die die Rechte von trans Personen schützen, während in anderen Ländern Gesetze erlassen werden, die ihre Rechte einschränken. Ein Beispiel hierfür ist das *Transgender Military Ban* in den USA, das 2017 unter der Präsidentschaft von Donald Trump eingeführt wurde. Diese politischen Maßnahmen senden eine klare Botschaft über den Wert und die Akzeptanz von trans Identitäten in der Gesellschaft und können sowohl positive als auch negative Reaktionen hervorrufen.

Medienrepräsentation

Die Medien spielen eine entscheidende Rolle bei der Formung der öffentlichen Wahrnehmung von trans Themen. Filme, Fernsehsendungen und Nachrichtenberichte haben die Macht, stereotype Darstellungen zu verstärken oder abzubauen. [?] argumentiert, dass die zunehmende Sichtbarkeit von trans Personen in den Medien, insbesondere durch authentische Darstellungen, zu einem besseren Verständnis und einer größeren Akzeptanz in der Gesellschaft geführt hat. Ein Beispiel hierfür ist die Serie *Pose*, die nicht nur die Lebensrealitäten von trans Frauen und queeren Menschen in der Ballkultur beleuchtet, sondern auch von trans Schauspielern gespielt wird, was die Authentizität der Darstellung erhöht.

Einfluss von sozialen Medien

Soziale Medien haben sich als Plattformen erwiesen, die es trans Personen ermöglichen, ihre Geschichten zu teilen und für ihre Rechte zu kämpfen. Diese Plattformen bieten Raum für Aktivismus und die Bildung von Gemeinschaften, die sich gegenseitig unterstützen. Gleichzeitig können soziale Medien auch ein Ort für Mobbing und Diskriminierung sein. Die duale Natur sozialer Medien zeigt sich in der Reaktion der Gesellschaft auf trans Themen: Während einige die Sichtbarkeit und die Stimmen von trans Personen unterstützen, gibt es andere, die Hass und Vorurteile verbreiten.

Beispiele für gesellschaftliche Reaktionen

Die Reaktionen auf trans Themen sind oft polarisiert. Auf der einen Seite gibt es Bewegungen wie *Trans Rights Are Human Rights*, die sich für die Gleichstellung und den Schutz von trans Personen einsetzen. Auf der anderen Seite gibt es Gruppen, die sich vehement gegen die Anerkennung von trans Identitäten aussprechen und dies oft mit pseudowissenschaftlichen Argumenten untermauern. Ein Beispiel für eine solche Reaktion ist die Kontroverse um die Teilnahme von trans Frauen an Frauensportarten, die in vielen Ländern zu hitzigen Debatten und rechtlichen Auseinandersetzungen geführt hat.

Schlussfolgerung

Zusammenfassend lässt sich sagen, dass die Reaktion der Gesellschaft auf trans Themen ein dynamischer und sich ständig weiterentwickelnder Prozess ist. Während Fortschritte in der Sichtbarkeit und Akzeptanz von trans Personen erzielt wurden, bestehen weiterhin Herausforderungen und Widerstände. Die Auseinandersetzung mit trans Themen erfordert ein tiefes Verständnis der kulturellen, politischen und sozialen Faktoren, die diese Reaktionen beeinflussen. Um eine inklusive Gesellschaft zu schaffen, ist es notwendig, Vorurteile abzubauen, die Sichtbarkeit zu erhöhen und trans Personen in den Diskurs über ihre eigenen Identitäten und Erfahrungen einzubeziehen.

Zukunftsvisionen für den Aktivismus

Der LGBTQ-Aktivismus steht an einem entscheidenden Punkt, an dem die Errungenschaften der Vergangenheit sowohl gefeiert als auch als Grundlage für zukünftige Kämpfe genutzt werden müssen. In dieser Sektion werden wir die Herausforderungen und Chancen beleuchten, die den Aktivismus in den kommenden Jahren prägen werden.

Technologische Innovationen und ihre Rolle

Die fortschreitende Digitalisierung hat das Potenzial, den LGBTQ-Aktivismus zu revolutionieren. Plattformen wie soziale Medien bieten nicht nur einen Raum für Sichtbarkeit, sondern auch für Mobilisierung und Vernetzung. Ein Beispiel hierfür ist die #BlackTransLivesMatter-Bewegung, die durch soziale Medien internationale Aufmerksamkeit erlangte und eine breite Diskussion über Rassismus und Transfeindlichkeit anstieß.

Die Nutzung von Technologie ermöglicht es Aktivisten, ihre Botschaften schneller und effektiver zu verbreiten. Laut einer Studie von [Smith(2020)] haben 68% der LGBTQ-Jugendlichen soziale Medien genutzt, um sich über ihre Identität zu informieren und sich mit Gleichgesinnten zu vernetzen. Dies zeigt, dass der Zugang zu digitalen Plattformen nicht nur die Sichtbarkeit erhöht, sondern auch ein Gefühl der Gemeinschaft schafft.

Intersektionalität im Aktivismus

Eine der größten Herausforderungen für den zukünftigen Aktivismus ist die Notwendigkeit, intersektionale Ansätze zu integrieren. Aktivisten müssen sich der Tatsache bewusst sein, dass LGBTQ-Personen unterschiedliche Identitäten und

Erfahrungen haben, die von Rasse, Geschlecht, Klasse und anderen sozialen Faktoren beeinflusst werden.

Die Theorie der Intersektionalität, wie sie von [Crenshaw(1989)] formuliert wurde, besagt, dass die Erfahrungen von Diskriminierung nicht isoliert betrachtet werden können. Ein Beispiel für intersektionalen Aktivismus ist die *Transgender Day of Remembrance*, der nicht nur Transfeindlichkeit thematisiert, sondern auch die rassistischen und sozialen Hintergründe, die zu Gewalt gegen Trans-Personen führen.

Bildung und Aufklärung

Bildung bleibt ein zentrales Element des LGBTQ-Aktivismus. Zukünftige Initiativen müssen darauf abzielen, Aufklärung über LGBTQ-Themen in Schulen und Gemeinden zu fördern. Programme, die sich auf die Aufklärung über Geschlechtsidentität und sexuelle Orientierung konzentrieren, können Vorurteile abbauen und ein besseres Verständnis in der Gesellschaft schaffen.

Ein Beispiel für solch eine Initiative ist das *Safe Schools Program*, das Schulen dabei unterstützt, ein sicheres und unterstützendes Umfeld für LGBTQ-Schüler zu schaffen. Solche Programme sollten als Vorbild dienen, um ähnliche Bildungsinitiativen weltweit zu entwickeln.

Politische Mobilisierung und Gesetzgebung

Die politische Mobilisierung ist entscheidend für die Zukunft des LGBTQ-Aktivismus. Aktivisten müssen weiterhin Druck auf politische Entscheidungsträger ausüben, um Gesetze zu schaffen, die die Rechte von LGBTQ-Personen schützen. Der Erfolg der Ehegleichheit in vielen Ländern zeigt, dass politischer Aktivismus zu greifbaren Veränderungen führen kann.

Es ist jedoch wichtig, dass Aktivisten auch auf lokale und regionale Ebenen Einfluss nehmen. Die *Equality Act* in den USA ist ein Beispiel für eine umfassende Gesetzgebung, die Diskriminierung aufgrund der sexuellen Orientierung und Geschlechtsidentität verbietet. Solche Gesetze müssen weltweit angestrebt werden, um sicherzustellen, dass LGBTQ-Personen überall die gleichen Rechte genießen.

Kunst und Kreativität als Aktivismus

Kunst und Kreativität werden weiterhin zentrale Werkzeuge im Aktivismus sein. Filme, Musik und andere Kunstformen können starke Botschaften transportieren und Emotionen wecken, die zum Handeln anregen. Chase Joynts eigene Arbeiten, wie *Framing Agnes*, zeigen, wie Kunst genutzt werden kann, um wichtige gesellschaftliche Themen anzusprechen und Diskussionen anzuregen.

Künstlerische Ausdrucksformen sollten gefördert werden, um die Vielfalt der LGBTQ-Erfahrungen zu repräsentieren und die Gesellschaft zum Nachdenken zu bewegen. Kunst kann als Katalysator für Veränderungen fungieren und dazu beitragen, dass die Stimmen marginalisierter Gruppen gehört werden.

Globale Perspektiven

Letztlich muss der LGBTQ-Aktivismus auch eine globale Perspektive einnehmen. Während in vielen westlichen Ländern Fortschritte erzielt wurden, gibt es in anderen Regionen der Welt nach wie vor massive Diskriminierung und Gewalt gegen LGBTQ-Personen.

Aktivisten müssen internationale Allianzen bilden und sich für die Rechte von LGBTQ-Personen weltweit einsetzen. Die *International Lesbian, Gay, Bisexual, Trans and Intersex Association (ILGA)* ist ein Beispiel für eine Organisation, die sich für globale LGBTQ-Rechte einsetzt und als Vorbild für zukünftige Initiativen dienen kann.

Fazit

Die Zukunft des LGBTQ-Aktivismus ist vielversprechend, erfordert jedoch ein Engagement für intersektionale Ansätze, Bildung, politische Mobilisierung und kreative Ausdrucksformen. Indem wir die Lehren aus der Vergangenheit nutzen und innovative Strategien entwickeln, können wir eine inklusivere und gerechtere Gesellschaft für alle schaffen. Die Verantwortung liegt bei uns, die Sichtbarkeit zu fördern und für die Rechte von LGBTQ-Personen weltweit einzutreten.

Bibliography

[Crenshaw(1989)] Crenshaw, K. (1989). Demarginalizing the Intersection of Race and Sex: A Black Feminist Critique of Antidiscrimination Doctrine, Feminist Theory and Antiracist Politics. *University of Chicago Legal Forum*, 1989(1), 139-167.

[Smith(2020)] Smith, A. (2020). The Impact of Social Media on LGBTQ Youth: A Study of Identity and Community. *Journal of LGBTQ Youth*, 17(3), 245-260.

Die Wirkung von "Framing Agnes" auf den Aktivismus

Diskussionen und Debatten nach dem Film

Nach der Premiere von *Framing Agnes* entbrannten zahlreiche Diskussionen und Debatten, die sowohl in akademischen Kreisen als auch in der breiten Öffentlichkeit stattfanden. Diese Gespräche waren nicht nur auf die filmische Qualität des Werkes beschränkt, sondern umfassten auch tiefgreifende Themen der Geschlechtsidentität, der Repräsentation und der politischen Implikationen, die sich aus der Sichtbarkeit von trans Personen in den Medien ergeben.

Ein zentrales Thema, das in den Diskussionen auftauchte, war die Frage der Authentizität in der Darstellung von trans Identitäten. Kritiker und Unterstützer des Films diskutierten, inwieweit *Framing Agnes* die realen Erfahrungen von trans Personen akkurat widerspiegelt. Einige argumentierten, dass der Film, durch seine Mischung aus Dokumentation und Fiktion, eine neue Form der Erzählung bietet, die es ermöglicht, die Komplexität von Geschlechtsidentität zu erfassen. Dies steht im Einklang mit der Theorie der *Queer Representation*, die besagt, dass die Repräsentation von LGBTQ-Personen in den Medien nicht nur realistisch, sondern auch vielschichtig sein sollte, um die Diversität innerhalb der Community zu reflektieren [?].

Ein Beispiel für diese Debatten ist die Reaktion von trans Aktivisten, die den Film sowohl lobten als auch kritisierten. Während einige die Sichtbarkeit und die Diskussion um trans Themen begrüßten, äußerten andere Bedenken, dass der Film möglicherweise stereotype Darstellungen fördern könnte. Diese Divergenz in den Meinungen spiegelt die komplexe Realität wider, in der sich trans Personen befinden, und die Herausforderungen, die mit der Darstellung ihrer Geschichten in den Medien verbunden sind.

Ein weiterer bedeutender Aspekt der Diskussionen war die Rolle von Humor im Film. *Framing Agnes* nutzt humorvolle Elemente, um die oft ernsten und emotionalen Themen der Geschlechtsidentität zu beleuchten. Diese Herangehensweise wurde sowohl positiv als auch negativ bewertet. Einige Zuschauer fanden, dass der Humor eine wertvolle Möglichkeit bietet, um Barrieren abzubauen und das Publikum zu erreichen, während andere der Meinung waren, dass Humor in einem Kontext verwendet werden sollte, der die Ernsthaftigkeit der behandelten Themen nicht untergräbt. Diese Diskussionen führten zu einer tiefergehenden Analyse der *Comedy Theory*, die besagt, dass Humor sowohl als Werkzeug zur Befreiung als auch als Mittel zur Marginalisierung genutzt werden kann [?].

Die Debatten um *Framing Agnes* führten auch zu einer kritischen Auseinandersetzung mit der Rolle der Medien in der Bildung über trans Themen. Viele Diskussionsteilnehmer hoben hervor, dass Filme wie *Framing Agnes* nicht nur unterhalten, sondern auch als Bildungsressource dienen können. Sie bieten eine Plattform, um über die Herausforderungen und Errungenschaften von trans Personen aufzuklären und das Verständnis innerhalb der Gesellschaft zu fördern. In diesem Zusammenhang wurde die *Media Literacy Theory* angesprochen, die die Notwendigkeit betont, Medieninhalte kritisch zu hinterfragen und deren Auswirkungen auf die Wahrnehmung von Identitäten zu analysieren [?].

Zusammenfassend lässt sich sagen, dass die Diskussionen und Debatten nach dem Film *Framing Agnes* eine Vielzahl von Themen berührten, die für die LGBTQ-Community von Bedeutung sind. Diese Gespräche trugen dazu bei, das Bewusstsein für die Herausforderungen, mit denen trans Personen konfrontiert sind, zu schärfen und die Notwendigkeit einer differenzierten und respektvollen Repräsentation in den Medien zu betonen. Die anhaltenden Diskussionen zeigen, dass *Framing Agnes* nicht nur ein Film ist, sondern ein Katalysator für wichtige gesellschaftliche Dialoge über Identität, Sichtbarkeit und die Verantwortung der Medien in der heutigen Gesellschaft.

Einfluss auf die Wahrnehmung von trans Themen

Die Veröffentlichung von *Framing Agnes* hat einen signifikanten Einfluss auf die Wahrnehmung von trans Themen in der Gesellschaft und in den Medien. Der Film stellt nicht nur trans Identitäten dar, sondern tut dies auch in einem Kontext, der historische und kulturelle Narrative miteinander verwebt. Dies führt zu einer differenzierten Betrachtung von Geschlechtsidentität und deren Repräsentation in der Gesellschaft.

Ein zentraler Aspekt des Films ist die Art und Weise, wie er historische trans Personen in den Mittelpunkt stellt. Indem er die Geschichten von trans Menschen erzählt, die in einer Zeit lebten, als ihre Identitäten oft nicht anerkannt wurden, schafft der Film eine Brücke zwischen Vergangenheit und Gegenwart. Diese Verbindung ist entscheidend, um die Sichtweise auf trans Themen zu verändern. Theoretisch kann man dies durch das Konzept der *historischen Narration* verstehen, das besagt, dass Geschichten aus der Vergangenheit die gegenwärtige Identität und die gesellschaftliche Wahrnehmung beeinflussen. Der Film nutzt diese Theorie, um trans Geschichten zu revitalisieren und ihre Relevanz in der heutigen Zeit zu betonen.

Ein Beispiel für die Wirkung von *Framing Agnes* auf die Wahrnehmung von trans Themen ist die Art und Weise, wie der Film die Herausforderungen und Kämpfe von trans Personen darstellt. Die Darstellung von Agnes und anderen historischen Figuren als komplexe Menschen, die mit den gesellschaftlichen Normen ihrer Zeit ringen, ermöglicht es dem Publikum, Empathie zu entwickeln. Diese Empathie ist entscheidend, um Vorurteile abzubauen und ein besseres Verständnis für die Realität von trans Leben zu fördern. In der Literatur wird oft auf das *Empathie-Paradox* verwiesen, das besagt, dass das Verständnis für die Erfahrungen anderer oft durch die Darstellung dieser Erfahrungen in den Medien gefördert wird. *Framing Agnes* illustriert dieses Paradox, indem es die Zuschauer dazu anregt, über ihre eigenen Vorurteile nachzudenken und sich mit den dargestellten Figuren zu identifizieren.

Darüber hinaus hat der Film auch eine Diskussion über die Repräsentation von trans Personen in den Medien angestoßen. In der Vergangenheit waren trans Charaktere oft stereotypisiert oder wurden von cisgender Schauspielern dargestellt, was zu einer verzerrten Wahrnehmung von trans Identität führte. *Framing Agnes* bricht mit diesem Muster, indem es trans Schauspieler und Künstler in den Vordergrund stellt. Diese Entscheidung ist nicht nur eine Frage der Authentizität, sondern auch eine politische Aussage über die Notwendigkeit von Sichtbarkeit. Theoretisch kann dies durch die *Repräsentationstheorie* unterstützt werden, die besagt, dass die Art und Weise, wie Gruppen in den

Medien dargestellt werden, direkte Auswirkungen auf die gesellschaftliche Wahrnehmung und die Selbstwahrnehmung dieser Gruppen hat.

Die Reaktionen auf den Film in sozialen Medien und in der Öffentlichkeit bestätigen die positive Wirkung auf die Wahrnehmung von trans Themen. Diskussionen über die Darstellung von trans Identitäten und die Notwendigkeit von mehr Sichtbarkeit sind in verschiedenen Plattformen angestoßen worden. Diese Diskussionen zeigen, dass *Framing Agnes* nicht nur ein Film ist, sondern ein Katalysator für Veränderungen in der Wahrnehmung von trans Themen in der Gesellschaft.

Zusammenfassend lässt sich sagen, dass *Framing Agnes* einen bedeutenden Einfluss auf die Wahrnehmung von trans Themen hat, indem es historische Narrative neu interpretiert, Empathie fördert und die Notwendigkeit von authentischer Repräsentation betont. Der Film trägt dazu bei, das Verständnis für trans Identitäten in der Gesellschaft zu erweitern und die Sichtbarkeit von trans Personen zu erhöhen, was letztendlich zu einer positiveren Wahrnehmung und Akzeptanz führen kann.

Die Rolle des Films in der Bildung

Der Film hat sich als ein kraftvolles Medium erwiesen, das nicht nur zur Unterhaltung dient, sondern auch als wertvolles Werkzeug in der Bildung fungiert. Insbesondere im Kontext von LGBTQ-Themen und der Aufklärung über Geschlechtsidentität spielt der Film eine entscheidende Rolle. Diese Sektion untersucht die verschiedenen Aspekte, wie Filme zur Bildung beitragen, insbesondere im Hinblick auf die Förderung von Verständnis, Empathie und kritischem Denken.

Bildung durch visuelle Erzählung

Filme bieten eine einzigartige Möglichkeit, komplexe Themen durch visuelle Erzählung zu vermitteln. Sie ermöglichen es, Geschichten zu erzählen, die oft schwer in Worte zu fassen sind. Die Kombination aus Bild, Ton und Narration schafft eine immersive Erfahrung, die das Publikum emotional anspricht. In Bezug auf LGBTQ-Themen können Filme wie *Framing Agnes* die Herausforderungen und Triumphe von trans Personen auf eine Weise präsentieren, die sowohl informativ als auch berührend ist.

Förderung von Empathie und Verständnis

Ein zentraler Aspekt der Bildung ist die Förderung von Empathie. Filme haben die Fähigkeit, Zuschauer in die Perspektive anderer Menschen zu versetzen. Studien zeigen, dass das Anschauen von Filmen, die trans Geschichten erzählen, das Verständnis und die Akzeptanz in der Gesellschaft erhöhen kann.

$$E = \frac{1}{n} \sum_{i=1}^{n} \text{Empathie}(i) \tag{21}$$

Hierbei steht E für die Gesamt-Empathie, die durch das Anschauen von Filmen gefördert wird, und n für die Anzahl der betrachteten Filme. Diese Gleichung verdeutlicht, dass mit jedem Film, der eine authentische Darstellung von LGBTQ-Erfahrungen bietet, die Empathie innerhalb der Gesellschaft potenziell wächst.

Kritisches Denken und Diskussion

Filme regen nicht nur Emotionen an, sondern fördern auch kritisches Denken. Sie können als Ausgangspunkt für Diskussionen über gesellschaftliche Normen, Vorurteile und Stereotypen dienen. In Bildungseinrichtungen können Lehrer Filme wie *Framing Agnes* verwenden, um Schüler dazu zu bringen, über die dargestellten Themen nachzudenken und ihre eigenen Ansichten zu hinterfragen.

Integration in den Lehrplan

Die Integration von Filmen in den Lehrplan ist eine effektive Strategie, um LGBTQ-Themen in Schulen zu behandeln. Ein Beispiel für eine erfolgreiche Implementierung ist die Verwendung von Filmen in Geschichts- oder Sozialkunde-Kursen, um die Entwicklung der LGBTQ-Bewegung zu veranschaulichen. Lehrer können Filme als Teil von Projekten oder Präsentationen einbeziehen, um das Lernen zu vertiefen und Schüler aktiv in den Bildungsprozess einzubeziehen.

Herausforderungen und kritische Betrachtung

Trotz der positiven Aspekte der Filmbildung gibt es auch Herausforderungen. Die Repräsentation in Filmen ist oft unzureichend oder stereotyp. Es ist wichtig, dass Bildungsinstitutionen kritisch hinterfragen, welche Filme sie auswählen und welche Narrative sie fördern. Eine kritische Betrachtung der Medieninhalte ist notwendig, um sicherzustellen, dass die dargestellten Geschichten authentisch und respektvoll sind.

Beispiele für Bildungsinitiativen

Ein Beispiel für eine erfolgreiche Bildungsinitiative ist das *LGBTQ Film Festival*, das nicht nur Filme zeigt, sondern auch Workshops und Diskussionsrunden anbietet. Diese Veranstaltungen fördern den Austausch zwischen Filmemachern, Aktivisten und dem Publikum und schaffen einen Raum für Lernen und Reflexion.

Zusammenfassend lässt sich sagen, dass Filme eine bedeutende Rolle in der Bildung spielen, insbesondere in Bezug auf LGBTQ-Themen. Sie bieten nicht nur eine Plattform für Geschichten, sondern fördern auch Empathie, kritisches Denken und gesellschaftliche Diskussionen. Die Herausforderung besteht darin, sicherzustellen, dass die Filme, die in Bildungskontexten verwendet werden, respektvoll und authentisch sind, um eine positive Wirkung auf die Zuschauer zu erzielen.

Kritische Analyse der Rezeption

Die kritische Analyse der Rezeption von *Framing Agnes* ist ein zentraler Aspekt, um zu verstehen, wie der Film in der Öffentlichkeit wahrgenommen wurde und welche Auswirkungen er auf die gesellschaftliche Diskussion über Trans-Themen hatte. Diese Analyse berücksichtigt sowohl die positiven als auch die negativen Reaktionen, die der Film hervorgerufen hat, und beleuchtet die verschiedenen Perspektiven, die in den Diskussionen zum Ausdruck kamen.

Zunächst ist es wichtig zu erkennen, dass *Framing Agnes* als ein innovativer Beitrag zur trans Repräsentation im Film gilt. Der Film kombiniert dokumentarische Elemente mit fiktionalen Erzählungen und ermöglicht es den Zuschauern, tiefere Einblicke in die Lebensrealitäten von trans Personen zu gewinnen. Diese hybride Form hat es dem Film ermöglicht, sowohl als Kunstwerk als auch als wichtiges Bildungsinstrument zu fungieren. Kritiker lobten die Fähigkeit des Films, historische trans Geschichten zu beleuchten, die oft in der Geschichtsschreibung übersehen werden.

Ein Beispiel für die positive Rezeption ist die Anerkennung des Films bei verschiedenen Filmfestivals, wo er nicht nur Preise gewann, sondern auch als Ausgangspunkt für Diskussionen über Geschlechtsidentität und die Herausforderungen, mit denen trans Personen konfrontiert sind, diente. In Kritiken wurde oft betont, dass der Film es schaffe, Empathie zu erzeugen und ein besseres Verständnis für die Komplexität der Geschlechtsidentität zu fördern.

Diese Reaktionen stehen im Einklang mit der Theorie der *Empathischen Rezeption*, die besagt, dass Filme, die emotionale Verbindungen zu ihren Charakteren herstellen, das Potenzial haben, gesellschaftliche Einstellungen zu verändern.

Jedoch gab es auch kritische Stimmen, die die Art und Weise hinterfragten, wie *Framing Agnes* trans Geschichten erzählt. Einige Kritiker argumentierten, dass die filmische Darstellung von trans Personen durch die Linse cisgender Perspektiven gefiltert werde, was zu einer unvollständigen oder verzerrten Darstellung führen könne. Diese Bedenken sind nicht neu und spiegeln eine breitere Diskussion über die Repräsentation von marginalisierten Gruppen in den Medien wider. Der Film wurde beschuldigt, möglicherweise die Stimmen von trans Menschen selbst zu marginalisieren, indem er cisgender Filmemachern und Schauspielern die Kontrolle über die Erzählung überließ.

Ein weiterer kritischer Punkt bezieht sich auf die Kommerzialisierung von trans Geschichten im Film. Einige Rezensenten äußerten Bedenken, dass der Erfolg von *Framing Agnes* möglicherweise dazu führen könnte, dass trans Geschichten in einer Weise vermarktet werden, die die tatsächlichen Herausforderungen und Kämpfe, mit denen die Community konfrontiert ist, verharmlost. Diese Probleme sind Teil einer größeren Debatte über die *Kommerzialisierung der Identität*, die oft zu einer Vereinfachung komplexer Themen führt und die Gefahr birgt, dass die Authentizität der dargestellten Erfahrungen verloren geht.

In Bezug auf die akademische Rezeption hat *Framing Agnes* auch in der Wissenschaft für Aufsehen gesorgt. Der Film wurde in verschiedenen Studien und Artikeln zitiert, die sich mit der Darstellung von Geschlechtsidentität im Film und den Auswirkungen von Film auf die öffentliche Wahrnehmung von LGBTQ-Themen beschäftigen. Forscher haben den Film als Beispiel für die Notwendigkeit angeführt, trans Geschichten in der Filmproduktion authentisch und verantwortungsvoll zu erzählen, um die Sichtbarkeit und das Verständnis für trans Identitäten zu fördern.

Zusammenfassend lässt sich sagen, dass die kritische Analyse der Rezeption von *Framing Agnes* ein vielschichtiges Bild ergibt. Während der Film als bedeutender Beitrag zur trans Repräsentation gefeiert wird, gibt es auch berechtigte Bedenken hinsichtlich der Art und Weise, wie trans Geschichten erzählt werden. Diese Diskussion ist entscheidend, um die Verantwortung von Filmemachern zu betonen, die Stimmen derjenigen zu hören, die sie darstellen, und um sicherzustellen, dass die Repräsentation von Trans-Personen in den Medien nicht nur sichtbar, sondern auch authentisch und respektvoll ist. Der Film hat somit nicht nur einen Einfluss auf die Wahrnehmung von trans Themen, sondern auch auf die Art und Weise, wie zukünftige Filme über

Geschlechtsidentität gestaltet werden sollten.

Verbindungen zu anderen trans Filmen

Die Verbindung zwischen "Framing Agnes" und anderen trans Filmen ist ein faszinierendes Thema, das nicht nur die Entwicklung der trans Repräsentation im Film beleuchtet, sondern auch die Herausforderungen und Errungenschaften innerhalb der LGBTQ-Community reflektiert. In den letzten Jahrzehnten hat sich die Darstellung von trans Personen in den Medien erheblich verändert, und "Framing Agnes" ist ein wichtiger Teil dieser Entwicklung.

Ein zentraler Aspekt der Verbindung zwischen "Framing Agnes" und anderen trans Filmen ist die Art und Weise, wie Geschichten erzählt werden. Filme wie *Paris is Burning* (1990) und *The Danish Girl* (2015) haben bedeutende Beiträge zur Sichtbarkeit von trans Identitäten geleistet, jedoch oft aus unterschiedlichen Perspektiven. Während *Paris is Burning* die Ballkultur in New York City beleuchtet und die Herausforderungen und Triumphe von People of Color innerhalb der trans Gemeinschaft thematisiert, konzentriert sich *The Danish Girl* auf die Biografie von Lili Elbe, einer der ersten bekannten trans Frauen, und verleiht ihrer Geschichte eine dramatische, romantisierte Note.

In "Framing Agnes" wird ein innovativer Ansatz gewählt, indem historische trans Geschichten durch die Linse der Fiktion und Dokumentation erzählt werden. Diese Mischung ermöglicht es, die Komplexität der Geschlechtsidentität und die Herausforderungen, denen trans Personen gegenüberstehen, in einem neuen Licht darzustellen. Die Verwendung von Archivmaterial und die Rekonstruktion von Interviews mit trans Personen aus der Vergangenheit schaffen eine Brücke zu zeitgenössischen Diskussionen über Geschlechtsidentität und Repräsentation.

Ein weiteres Beispiel, das die Verbindungen zwischen "Framing Agnes" und anderen trans Filmen verdeutlicht, ist *Tangerine* (2015). Dieser Film, der in einem einzigen Tag in Los Angeles gedreht wurde, erzählt die Geschichte von Sin-Dee, einer transsexuellen Prostituierten, die an Heiligabend nach ihrem Freund sucht. Die Authentizität und der Realismus, die in *Tangerine* präsentiert werden, stehen in starkem Kontrast zu den oft übertriebenen Darstellungen von trans Leben in Hollywood. "Framing Agnes" teilt diese Authentizität, indem es die Stimmen und Geschichten von trans Personen in den Vordergrund stellt und gleichzeitig die oft problematischen Narrative in anderen Filmen hinterfragt.

Die theoretische Grundlage für diese Verbindungen kann durch Judith Butlers Konzept der Geschlechterperformativität verstanden werden. Butler argumentiert, dass Geschlecht nicht nur eine biologische Tatsache ist, sondern vielmehr eine soziale Konstruktion, die durch wiederholte Handlungen und Darstellungen geformt wird. In diesem Sinne tragen Filme wie "Framing Agnes" zur Entstehung neuer Narrative bei, die Geschlecht und Identität nicht als feststehende Kategorien, sondern als dynamische und veränderliche Prozesse darstellen. Diese Perspektive ist auch in anderen trans Filmen zu finden, die sich mit den Themen Identität und Selbstakzeptanz auseinandersetzen.

Ein weiteres relevantes Beispiel ist *Disclosure* (2020), eine Dokumentation, die die Darstellung von trans Personen in Hollywood analysiert. Der Film beleuchtet die schädlichen Stereotypen, die über die Jahre in den Medien verbreitet wurden, und zeigt, wie diese Darstellungen das gesellschaftliche Verständnis von Geschlecht und Identität beeinflussen. "Framing Agnes" ergänzt diese Diskussion, indem es die Notwendigkeit von authentischen und vielfältigen Repräsentationen in den Medien betont und gleichzeitig die Stimmen derjenigen hervorhebt, die oft übersehen werden.

Die Herausforderungen, mit denen trans Filmemacher konfrontiert sind, sind ebenfalls ein wichtiger Aspekt dieser Verbindungen. Viele trans Künstler berichten von Schwierigkeiten, Finanzierung für ihre Projekte zu sichern und Zugang zu Filmfestivals zu erhalten. "Framing Agnes" hat es geschafft, diese Hindernisse zu überwinden und wichtige Diskussionen über die Repräsentation von trans Identitäten in den Medien zu fördern. Die Zusammenarbeit mit anderen trans Filmemachern und Künstlern ist entscheidend, um ein unterstützendes Netzwerk zu schaffen, das es ermöglicht, authentische Geschichten zu erzählen.

Zusammenfassend lässt sich sagen, dass die Verbindungen zwischen "Framing Agnes" und anderen trans Filmen nicht nur die Vielfalt der trans Repräsentation im Film verdeutlichen, sondern auch die Herausforderungen und Errungenschaften innerhalb der LGBTQ-Community reflektieren. Durch die Analyse dieser Verbindungen wird deutlich, dass Filme wie "Framing Agnes" eine wichtige Rolle bei der Schaffung eines neuen Verständnisses von Geschlecht und Identität spielen und die Notwendigkeit von Sichtbarkeit und Authentizität in der Medienlandschaft unterstreichen. Diese Diskussion ist entscheidend für die zukünftige Entwicklung des LGBTQ-Aktivismus und die Schaffung eines inklusiveren und repräsentativeren Filmumfelds.

Die Bedeutung von Community-Feedback

In der Welt des Filmemachens und des Aktivismus spielt das Feedback der Community eine entscheidende Rolle. Es ist nicht nur ein Mittel zur Verbesserung von Projekten, sondern auch ein Werkzeug, das die Relevanz und Resonanz eines Werkes innerhalb der Zielgruppe bestimmt. Chase Joynt hat dies in seiner Arbeit, insbesondere in *Framing Agnes*, eindrucksvoll demonstriert. Die Reaktion der Community auf seine Filme bietet wertvolle Einblicke in die Bedürfnisse und Perspektiven der LGBTQ-Gemeinschaft.

Theoretischer Rahmen

Das Konzept des Community-Feedbacks basiert auf der Theorie der partizipativen Medienproduktion, die besagt, dass die Zuschauer nicht nur passive Konsumenten, sondern aktive Teilnehmer im kreativen Prozess sind. Diese Theorie wird von verschiedenen Medienwissenschaftlern unterstützt, darunter [?], der argumentiert, dass die Grenzen zwischen Produzenten und Konsumenten in der digitalen Ära zunehmend verschwommen sind. Community-Feedback kann in Form von Kritiken, Kommentaren oder sogar durch direkte Interaktionen bei Veranstaltungen und Filmvorführungen erfolgen.

Probleme und Herausforderungen

Trotz der Vorteile, die Community-Feedback mit sich bringt, gibt es auch Herausforderungen. Eine der größten Schwierigkeiten besteht darin, dass das Feedback nicht immer repräsentativ für die gesamte Community ist. Oftmals äußern sich lautstarke Stimmen, während die stillen Mitglieder der Gemeinschaft möglicherweise nicht gehört werden. Dies kann zu einer verzerrten Wahrnehmung führen, die nicht die Vielfalt der Meinungen innerhalb der LGBTQ-Community widerspiegelt.

Darüber hinaus kann das Feedback auch negative Aspekte enthalten, die für die Filmemacher schmerzhaft sein können. Kritiken, die auf Vorurteilen oder Missverständnissen basieren, können das Selbstwertgefühl und die Motivation der Künstler beeinträchtigen. In solchen Fällen ist es wichtig, zwischen konstruktivem Feedback und destruktiver Kritik zu unterscheiden.

Beispiele aus der Praxis

Chase Joynt hat in mehreren Interviews betont, wie wichtig das Feedback der Community für seine Arbeit ist. Nach der Premiere von *Framing Agnes* erhielt er zahlreiche Rückmeldungen von Mitgliedern der LGBTQ-Gemeinschaft, die ihre persönlichen Geschichten und Erfahrungen teilten. Diese Rückmeldungen waren nicht nur ermutigend, sondern ermöglichten es ihm auch, die Themen und Darstellungen in seinen zukünftigen Projekten weiter zu verfeinern.

Ein Beispiel für die positive Wirkung von Community-Feedback ist die Reaktion auf die Darstellung von trans Identitäten in *Framing Agnes*. Viele

Zuschauer äußerten, dass die authentische Darstellung ihrer Erfahrungen ihnen das Gefühl gab, gesehen und gehört zu werden. Dies zeigt, wie wichtig es ist, dass Künstler auf die Bedürfnisse und Wünsche ihrer Community eingehen.

Die Rolle von Feedback in der Weiterentwicklung von Projekten

Community-Feedback kann auch als Katalysator für die Weiterentwicklung von Projekten dienen. In der Post-Produktionsphase von *Framing Agnes* führte Joynt Workshops mit Mitgliedern der Community durch, um deren Perspektiven zu integrieren und sicherzustellen, dass die Darstellung von trans Geschichten sensibel und genau war. Diese Workshops halfen nicht nur, das Endprodukt zu verbessern, sondern stärkten auch die Bindung zwischen dem Filmemacher und der Community.

Fazit

Zusammenfassend lässt sich sagen, dass Community-Feedback eine unverzichtbare Komponente im kreativen Prozess von Chase Joynt und anderen LGBTQ-Aktivisten ist. Es fördert nicht nur die Relevanz und Authentizität von Kunstwerken, sondern stärkt auch die Verbindung zwischen Künstlern und ihrer Community. In einer Zeit, in der Sichtbarkeit und Repräsentation von entscheidender Bedeutung sind, wird das Feedback der Community zu einem Werkzeug, das nicht nur die Kunst selbst, sondern auch die Gesellschaft als Ganzes transformieren kann.

Die Herausforderungen, die mit Community-Feedback verbunden sind, erfordern eine sorgfältige Navigation, aber die potenziellen Vorteile überwiegen bei weitem die Risiken. Letztendlich ist es die Stimme der Community, die die Richtung des Aktivismus und der Kunstgestaltung bestimmt und sicherstellt, dass die Geschichten, die erzählt werden, sowohl relevant als auch bedeutungsvoll sind.

Langfristige Auswirkungen auf die LGBTQ-Bewegung

Die Langfristigen Auswirkungen von Chase Joynts Werk, insbesondere seines Films *Framing Agnes*, auf die LGBTQ-Bewegung sind sowohl vielschichtig als auch tiefgreifend. Der Film hat nicht nur eine Plattform für trans Geschichten geschaffen, sondern auch die Art und Weise, wie diese Geschichten erzählt und wahrgenommen werden, revolutioniert. Diese Veränderungen können in mehreren Schlüsselbereichen beobachtet werden.

Erweiterung des Diskurses über Geschlechtsidentität

Ein zentraler Aspekt von *Framing Agnes* ist die Erweiterung des Diskurses über Geschlechtsidentität. Der Film bietet nicht nur eine historische Perspektive auf trans Personen, sondern stellt auch die Fragen der Repräsentation und Sichtbarkeit in den Vordergrund. Durch die Verbindung von Dokumentation und Fiktion wird eine Plattform geschaffen, die es ermöglicht, komplexe Identitäten und Erfahrungen zu beleuchten. Diese Herangehensweise hat dazu beigetragen, dass trans Themen nicht mehr als Randerscheinungen betrachtet werden, sondern als integraler Bestandteil der LGBTQ-Bewegung.

Einfluss auf die Medienlandschaft

Die Medienlandschaft hat sich durch die Veröffentlichung von *Framing Agnes* erheblich verändert. Der Film hat das Interesse an trans Geschichten in der Filmindustrie geweckt und zu einer Zunahme an Produktionen geführt, die sich mit diesen Themen auseinandersetzen. Dies wird durch die steigende Anzahl von Filmfestivals und Auszeichnungen, die trans Künstler und Geschichten feiern, deutlich. Ein Beispiel hierfür ist das *Transgender Film Festival*, das speziell darauf abzielt, trans Geschichten zu fördern und zu verbreiten.

Vernetzung und Gemeinschaftsbildung

Joynts Werk hat auch zur Vernetzung innerhalb der LGBTQ-Community beigetragen. Durch die Sichtbarkeit und den Erfolg von *Framing Agnes* haben sich neue Möglichkeiten für trans Künstler und Aktivisten eröffnet, um ihre Stimmen zu erheben und sich zu vernetzen. Diese Gemeinschaftsbildung ist entscheidend für die Stärkung der LGBTQ-Bewegung, da sie den Austausch von Ideen, Ressourcen und Unterstützung fördert. Netzwerke wie *Trans Artists* und *LGBTQ+ Filmmakers Network* sind direkte Ergebnisse dieser verstärkten Vernetzung.

Bildung und Aufklärung

Ein weiterer langfristiger Effekt von Joynts Arbeit ist die verstärkte Bildung und Aufklärung über trans Themen. *Framing Agnes* hat nicht nur Diskussionen innerhalb der LGBTQ-Community angestoßen, sondern auch außerhalb davon. Bildungseinrichtungen und Organisationen nutzen den Film als Lehrmaterial, um das Verständnis für Geschlechtsidentität zu fördern. Diese Bildungsinitiativen sind entscheidend, um Vorurteile abzubauen und eine inklusivere Gesellschaft zu schaffen. Studien zeigen, dass Bildung über LGBTQ-Themen signifikant zur Verringerung von Diskriminierung und Gewalt gegen trans Personen beiträgt [?].

Langfristige gesellschaftliche Veränderungen

Die Auswirkungen von *Framing Agnes* gehen über die Medien und die Community hinaus und haben langfristige gesellschaftliche Veränderungen angestoßen. Der Film hat dazu beigetragen, trans Themen in den Mainstream zu bringen und das Bewusstsein für die Herausforderungen, mit denen trans Personen konfrontiert sind, zu schärfen. Diese Veränderungen sind auch in der politischen Arena spürbar, wo die Forderungen nach Gleichheit und Rechten für trans Personen zunehmend Gehör finden. Die zunehmende Sichtbarkeit hat zu einer Mobilisierung geführt, die sich in politischen Bewegungen und Kampagnen niederschlägt, die sich für die Rechte von trans Personen einsetzen.

Schlussfolgerung

Zusammenfassend lässt sich sagen, dass die langfristigen Auswirkungen von Chase Joynts *Framing Agnes* auf die LGBTQ-Bewegung weitreichend sind. Der Film hat nicht nur die Repräsentation von trans Geschichten in den Medien gefördert, sondern auch einen wichtigen Beitrag zur Bildung, Vernetzung und gesellschaftlichen Veränderung geleistet. Die Herausforderungen, die noch bestehen, sind zwar erheblich, doch Joynts Arbeit hat eine solide Grundlage für zukünftige Generationen von Aktivisten und Künstlern geschaffen, die sich für die Rechte und Sichtbarkeit von trans Personen einsetzen.

Die Rolle von Filmfestivals im Aktivismus

Filmfestivals spielen eine entscheidende Rolle im LGBTQ-Aktivismus, da sie nicht nur Plattformen für die Präsentation von Filmen sind, sondern auch Räume für Diskussion, Vernetzung und die Förderung von sozialer Gerechtigkeit. Diese Festivals bieten Filmemachern wie Chase Joynt die Möglichkeit, ihre Werke einem breiten Publikum vorzustellen und gleichzeitig wichtige Themen der Geschlechtsidentität und Repräsentation anzusprechen.

Filmfestivals als Plattform für Sichtbarkeit

Ein zentrales Merkmal von Filmfestivals ist ihre Fähigkeit, Sichtbarkeit für marginalisierte Stimmen zu schaffen. LGBTQ-Filme, die oft in Mainstream-Kinos unterrepräsentiert sind, finden auf Festivals ein Publikum, das bereit ist, sich mit den dargestellten Themen auseinanderzusetzen. Diese Sichtbarkeit ist entscheidend, um das Bewusstsein für die Herausforderungen und Errungenschaften der LGBTQ-Community zu schärfen.

Ein Beispiel hierfür ist das *Toronto International Film Festival* (TIFF), das regelmäßig Filme zeigt, die sich mit LGBTQ-Themen beschäftigen. Die Auswahl von Filmen wie *Framing Agnes* hat nicht nur die Karrieren von Filmemachern gefördert, sondern auch Diskussionen über trans Identität und Repräsentation angestoßen. Solche Festivals bieten nicht nur eine Plattform für die Präsentation von Filmen, sondern auch für die Diskussion über die gesellschaftlichen Themen, die diese Filme behandeln.

Bildung und Aufklärung durch Film

Filmfestivals fungieren auch als Bildungsplattformen, indem sie Workshops, Podiumsdiskussionen und Q&A-Sitzungen anbieten, die sich mit den Themen der gezeigten Filme befassen. Diese Formate ermöglichen es dem Publikum, tiefer in die Materie einzutauchen und die komplexen Fragen, die in den Filmen behandelt werden, zu diskutieren.

Ein Beispiel ist das *Outfest*, ein Festival in Los Angeles, das sich der Förderung von LGBTQ-Filmen widmet. Hier werden nicht nur Filme gezeigt, sondern auch Seminare und Diskussionen veranstaltet, die sich mit der Rolle von Medien im Aktivismus und der Notwendigkeit von Repräsentation befassen. Diese Veranstaltungen helfen, das Verständnis für LGBTQ-Themen zu vertiefen und fördern die Bildung einer informierten und engagierten Community.

Vernetzung und Zusammenarbeit

Filmfestivals bieten auch Möglichkeiten zur Vernetzung und Zusammenarbeit zwischen Filmemachern, Aktivisten und der Community. Diese Interaktionen können zu neuen Projekten und Initiativen führen, die sich mit sozialen Gerechtigkeitsfragen befassen.

Die Vernetzung auf Festivals wie dem *Berlin International Film Festival* (Berlinale) hat zahlreiche Kooperationen hervorgebracht, die sich mit LGBTQ-Themen auseinandersetzen. Filmemacher können sich mit Gleichgesinnten austauschen, Ressourcen teilen und gemeinsam an Projekten arbeiten, die auf die Sichtbarkeit und Rechte von LGBTQ-Personen abzielen.

Herausforderungen und Kritik

Trotz ihrer positiven Rolle stehen Filmfestivals auch vor Herausforderungen. Kritiker argumentieren, dass einige Festivals, die sich als Unterstützer der LGBTQ-Community positionieren, in der Praxis oft nicht genügend Diversität in ihren Programmen bieten. Die Auswahl an Filmen kann manchmal die Stimmen von BIPOC-LGBTQ-Filmemachern und trans Künstlern vernachlässigen, was zu einer einseitigen Darstellung der LGBTQ-Erfahrungen führt.

Darüber hinaus gibt es Bedenken hinsichtlich der Kommerzialisierung von Filmfestivals, die dazu führen kann, dass der Aktivismus hinter den Filmen in den Hintergrund gedrängt wird. Es ist wichtig, dass Festivals sich weiterhin auf ihre ursprüngliche Mission konzentrieren, die Sichtbarkeit und das Bewusstsein für LGBTQ-Themen zu fördern, ohne sich von kommerziellen Interessen leiten zu lassen.

Schlussfolgerung

Insgesamt spielen Filmfestivals eine unverzichtbare Rolle im LGBTQ-Aktivismus, indem sie Sichtbarkeit schaffen, Bildung fördern, Vernetzung ermöglichen und Diskussionen anstoßen. Filme wie *Framing Agnes* sind nicht nur künstlerische Werke, sondern auch Katalysatoren für Veränderung, die das Potenzial haben, gesellschaftliche Einstellungen zu beeinflussen und die Rechte von LGBTQ-Personen zu stärken. Um die Wirkung von Filmfestivals im Aktivismus zu maximieren, ist es jedoch entscheidend, dass diese Plattformen inklusiv und divers bleiben und sich weiterhin auf die Förderung von sozialen Gerechtigkeitsfragen konzentrieren.

Die Entwicklung von neuen Projekten

Die Entwicklung neuer Projekte ist für Chase Joynt und andere LGBTQ-Aktivisten von entscheidender Bedeutung, um die Sichtbarkeit und Repräsentation von trans und nicht-binären Personen im Film und in den Medien zu fördern. In dieser Phase des kreativen Prozesses stehen verschiedene Herausforderungen und Theorien im Mittelpunkt, die den Erfolg und die Wirkung der Projekte beeinflussen können.

Theoretische Grundlagen

Ein zentraler theoretischer Rahmen für die Entwicklung neuer Projekte ist die *Repräsentationstheorie*. Diese Theorie untersucht, wie verschiedene Identitäten in den Medien dargestellt werden und welche Auswirkungen diese Darstellungen auf das gesellschaftliche Verständnis und die Akzeptanz haben. Laut Stuart Hall (1997) ist Repräsentation nicht nur eine Frage der Abbildung der Realität, sondern auch ein Prozess, der Bedeutungen konstruiert und vermittelt.

In diesem Kontext ist es wichtig, dass LGBTQ-Aktivisten wie Chase Joynt nicht nur Geschichten erzählen, sondern auch die Art und Weise, wie diese Geschichten erzählt werden, kritisch reflektieren. Der Einsatz von authentischen Stimmen und Perspektiven ist entscheidend, um stereotype Darstellungen zu vermeiden und ein differenziertes Bild der trans Gemeinschaft zu vermitteln.

Herausforderungen bei der Projektentwicklung

Die Entwicklung neuer Projekte bringt eine Reihe von Herausforderungen mit sich. Eine der größten Herausforderungen ist die *Finanzierung*. Viele LGBTQ-Filmemacher stehen vor der Schwierigkeit, Gelder für ihre Projekte zu akquirieren, da potenzielle Geldgeber oft zögerlich sind, in Themen zu investieren, die sie als riskant oder unkonventionell betrachten.

Zusätzlich gibt es die Herausforderung der *Zugänglichkeit*. Oftmals sind die Ressourcen, die für die Produktion von Filmen benötigt werden, nicht für alle Filmemacher gleich verfügbar. Dies kann zu einer Ungleichheit in der Repräsentation führen, da nicht alle Stimmen die Möglichkeit haben, gehört zu werden.

Beispiele für neue Projekte

Ein Beispiel für ein erfolgreiches neues Projekt ist der Dokumentarfilm *"Framing Agnes"*. Dieser Film verbindet historische und zeitgenössische Perspektiven auf trans Identitäten und zeigt, wie wichtig es ist, das Erbe von trans Personen in der Filmgeschichte zu würdigen. Die Entwicklung dieses Projekts beinhaltete eine sorgfältige Recherche und die Zusammenarbeit mit Historikern und trans Aktivisten, um sicherzustellen, dass die Darstellungen sowohl genau als auch respektvoll sind.

Ein weiteres Beispiel ist das Projekt *"The Trans Collective"*, das eine Plattform für aufstrebende trans Filmemacher bietet. Dieses Projekt zielt darauf ab, die Sichtbarkeit von trans Geschichten zu erhöhen und gleichzeitig ein Netzwerk von Unterstützung und Ressourcen für neue Künstler zu schaffen. Durch Workshops, Mentoring-Programme und Filmaufführungen wird die Gemeinschaft gestärkt und die Entwicklung neuer Projekte gefördert.

Zukunftsvisionen

Die Zukunft der Projektentwicklung im LGBTQ-Bereich erfordert eine kontinuierliche Reflexion über die eigenen Praktiken und die Bereitschaft, neue Wege zu gehen. Es ist wichtig, dass Filmemacher wie Chase Joynt innovative Ansätze finden, um Geschichten zu erzählen, die nicht nur unterhalten, sondern auch aufklären und mobilisieren.

Ein vielversprechender Ansatz ist die *Kollaboration* zwischen verschiedenen Künstlern und Aktivisten. Durch interdisziplinäre Projekte, die Film, Theater und digitale Medien kombinieren, können neue Narrative entstehen, die die Vielfalt der LGBTQ-Erfahrungen widerspiegeln.

Zusammenfassend lässt sich sagen, dass die Entwicklung neuer Projekte im LGBTQ-Aktivismus sowohl eine Herausforderung als auch eine Chance darstellt. Mit einem klaren Fokus auf Repräsentation, Zusammenarbeit und innovative Ansätze können Filmemacher wie Chase Joynt weiterhin bedeutende Beiträge zur Sichtbarkeit und Akzeptanz von trans und nicht-binären Personen leisten. Die Verantwortung, die Geschichten der Gemeinschaft zu erzählen, bleibt eine zentrale Antriebskraft in der Arbeit von LGBTQ-Aktivisten und Künstlern.

Inspiration für zukünftige Generationen

Chase Joynts Werk hat nicht nur die gegenwärtige LGBTQ-Community beeinflusst, sondern auch eine tiefgreifende Inspiration für zukünftige Generationen von Aktivisten und Künstlern geschaffen. Seine Filme, insbesondere *Framing Agnes*, haben eine Plattform geschaffen, die es jüngeren Menschen ermöglicht, sich mit ihren eigenen Identitäten und Erfahrungen auseinanderzusetzen. Diese Werke fungieren nicht nur als Spiegel der Realität, sondern auch als Fenster in eine Zukunft, in der Vielfalt und Akzeptanz die Norm sind.

Die Kraft der Repräsentation

Die Repräsentation von trans und nicht-binären Personen in den Medien ist von entscheidender Bedeutung. Studien zeigen, dass die Sichtbarkeit von LGBTQ-Personen in Filmen und Fernsehsendungen direkte Auswirkungen auf die Selbstwahrnehmung und das Selbstwertgefühl junger Menschen hat. Eine Untersuchung von [?] ergab, dass Jugendliche, die sich in den Medien repräsentiert fühlen, eher bereit sind, ihre Identität zu akzeptieren und sich aktiv für ihre Rechte einzusetzen. Joynts Arbeit hat dazu beigetragen, diese Sichtbarkeit zu erhöhen und eine Diskussion über Geschlechtsidentität und -darstellung zu fördern.

Mentoring und Unterstützung

Ein weiterer wichtiger Aspekt von Joynts Einfluss auf zukünftige Generationen ist sein Engagement im Mentoring. Er hat aktiv mit jungen Künstlern und Aktivisten zusammengearbeitet, um ihnen die Werkzeuge und das Wissen zu vermitteln, die sie benötigen, um ihre eigenen Geschichten zu erzählen. Diese Mentoring-Beziehungen sind entscheidend, da sie nicht nur Fähigkeiten vermitteln, sondern auch ein Gefühl der Gemeinschaft und Unterstützung schaffen. [?] beschreibt, wie Mentoring-Programme in der LGBTQ-Community dazu beitragen, die nächste Generation von Führungspersönlichkeiten zu formen, indem sie ihnen helfen, Herausforderungen zu bewältigen und ihre Stimmen zu erheben.

Die Rolle von Kunst in der Aktivismusbewegung

Joynts Filme sind nicht nur künstlerische Ausdrucksformen, sondern auch kraftvolle Werkzeuge des Aktivismus. Die Verbindung von Kunst und Aktivismus ist ein zentraler Punkt in der Diskussion um die Zukunft des LGBTQ-Aktivismus. Kunst hat die Fähigkeit, Emotionen zu wecken, Diskussionen anzuregen und gesellschaftliche Normen in Frage zu stellen. In einer Analyse von [?] wird argumentiert, dass Kunst als Katalysator für sozialen Wandel fungiert, indem sie Menschen dazu inspiriert, sich für Gleichheit und Gerechtigkeit einzusetzen. Joynts Ansatz, Geschichten zu erzählen, die oft übersehen werden, trägt dazu bei, das Bewusstsein für die Herausforderungen zu schärfen, mit denen die LGBTQ-Community konfrontiert ist, und inspiriert andere, ähnliche Wege zu gehen.

Langfristige Auswirkungen auf die LGBTQ-Bewegung

Die langfristigen Auswirkungen von Joynts Arbeit auf die LGBTQ-Bewegung sind vielschichtig. Er hat nicht nur das Bewusstsein für trans Themen geschärft, sondern auch eine Generation von Aktivisten inspiriert, die bereit sind, für ihre Rechte und die Rechte anderer zu kämpfen. Die Geschichten, die er erzählt, ermutigen junge Menschen, ihre eigenen Geschichten zu teilen und sich für Veränderungen einzusetzen. Wie [?] betont, ist die Fähigkeit, sich in den Geschichten anderer zu sehen, ein entscheidender Faktor für die Motivation, aktiv zu werden.

Zukunftsvisionen

Die Vision für die Zukunft, die Joynt und andere LGBTQ-Aktivisten vermitteln, ist eine Welt, in der Vielfalt gefeiert wird und jeder die Freiheit hat, seine Identität auszudrücken, ohne Angst vor Diskriminierung oder Gewalt. Diese Vision ist nicht nur wünschenswert, sondern auch notwendig, um eine gerechtere und inklusivere Gesellschaft zu schaffen. Die nächste Generation von Künstlern und Aktivisten wird durch die Arbeit von Vorbildern wie Joynt ermutigt, ihre Stimme zu erheben und Veränderungen herbeizuführen.

Insgesamt ist die Inspiration, die Chase Joynt für zukünftige Generationen bietet, ein kraftvoller Antrieb für den Wandel. Durch die Kombination von Kunst, Aktivismus und persönlicher Erfahrung schafft er eine Grundlage, auf der zukünftige Künstler und Aktivisten aufbauen können. Die Herausforderungen, die noch bestehen, sind groß, aber die Vorbilder und Geschichten, die Joynt und andere geschaffen haben, bieten Hoffnung und Motivation für die kommenden Generationen.

Persönliches Leben und Herausforderungen

Chase Joynts Identität und Erfahrungen

Die Reise zur Selbstakzeptanz

Die Reise zur Selbstakzeptanz ist für viele LGBTQ-Personen, einschließlich Chase Joynt, ein komplexer und oft herausfordernder Prozess. Selbstakzeptanz bezieht sich auf die Fähigkeit, sich selbst zu akzeptieren und zu lieben, unabhängig von gesellschaftlichen Normen oder persönlichen Herausforderungen. Für trans Personen kann dieser Prozess besonders schwierig sein, da sie häufig mit Diskriminierung, Vorurteilen und einem Mangel an Sichtbarkeit konfrontiert sind.

Theoretische Grundlagen

Die Theorie der Selbstakzeptanz ist eng mit dem Konzept der Identität verbunden. Psychologen wie Erik Erikson haben in ihren Arbeiten betont, dass die Identitätsentwicklung in verschiedenen Lebensphasen stattfindet. Insbesondere in der Jugend, einer Zeit, in der viele LGBTQ-Personen ihre sexuelle oder geschlechtliche Identität entdecken, ist die Selbstakzeptanz von entscheidender Bedeutung. Eriksons Stufenmodell zeigt, dass das Gefühl der Identität im Jugendalter durch die Auseinandersetzung mit der eigenen Identität geprägt ist.

Ein weiteres relevantes Konzept ist das der *Internalisierten Homophobie*, das beschreibt, wie negative gesellschaftliche Einstellungen gegenüber LGBTQ-Personen in das Selbstbild einer Person eindringen können. Laut Meyer (2003) kann diese internalisierte Homophobie zu einem verminderten Selbstwertgefühl und zu psychischen Problemen führen. Die Überwindung dieser internalisierten Vorurteile ist ein zentraler Bestandteil der Reise zur Selbstakzeptanz.

Herausforderungen auf dem Weg zur Selbstakzeptanz

Chase Joynt und viele andere LGBTQ-Aktivisten haben in ihren Biografien von den Herausforderungen berichtet, die sie auf ihrem Weg zur Selbstakzeptanz erlebt haben. Eine der größten Hürden ist die gesellschaftliche Stigmatisierung. Trans Personen sehen sich häufig mit Vorurteilen und Diskriminierung konfrontiert, die sich negativ auf ihr Selbstbild auswirken.

Ein Beispiel ist die Erfahrung von Joynt in seiner Jugend, als er in einer Umgebung aufwuchs, die wenig Verständnis für trans Themen hatte. Diese Isolation kann dazu führen, dass sich betroffene Personen von ihrer eigenen Identität entfremden. Die Suche nach Akzeptanz in der Familie und in sozialen Kreisen ist oft ein schwieriger Prozess.

Ein weiterer Aspekt ist die Unsicherheit, die mit der Geschlechtsidentität einhergeht. Viele trans Personen haben Schwierigkeiten, ihre Identität zu definieren und zu kommunizieren. Diese Unsicherheiten können zu Angstzuständen und Depressionen führen, was den Prozess der Selbstakzeptanz weiter erschwert.

Beispiele für den Prozess der Selbstakzeptanz

Chase Joynt beschreibt in seinen Interviews, wie Kunst und Filmemachen ihm geholfen haben, seine Identität zu akzeptieren. Durch die Schaffung von Filmen, die trans Geschichten erzählen, hat Joynt nicht nur seine eigene Stimme gefunden, sondern auch anderen die Möglichkeit gegeben, ihre Geschichten zu erzählen.

Ein konkretes Beispiel ist sein Film *Framing Agnes*, der sich mit der Geschichte von trans Personen in der Vergangenheit auseinandersetzt. Dieser Film ist nicht nur ein Ausdruck seiner eigenen Identität, sondern auch ein Werkzeug zur Aufklärung und Sichtbarmachung. Indem er die Geschichten anderer trans Personen in den Mittelpunkt stellt, hat Joynt einen Raum geschaffen, in dem er und andere sich selbst akzeptieren können.

Zusätzlich zu künstlerischen Ausdrucksformen ist die Unterstützung durch die Community von entscheidender Bedeutung. Joynt hat oft betont, wie wichtig es ist, Verbündete zu haben, die einen auf dem Weg zur Selbstakzeptanz unterstützen. Diese Unterstützung kann in Form von Freundschaften, Mentoring oder aktiver Teilnahme an LGBTQ-Organisationen erfolgen.

Schlussfolgerung

Die Reise zur Selbstakzeptanz ist ein individueller und oft herausfordernder Prozess, der für viele LGBTQ-Personen von zentraler Bedeutung ist. Für Chase

Joynt war dieser Weg geprägt von Herausforderungen, aber auch von der Kraft der Kunst und der Gemeinschaft. Indem er seine Erfahrungen teilt und andere ermutigt, ihre eigenen Geschichten zu erzählen, trägt er zur Schaffung eines Raumes bei, in dem Selbstakzeptanz möglich ist. Die Auseinandersetzung mit der eigenen Identität und die Überwindung gesellschaftlicher Vorurteile sind entscheidende Schritte auf diesem Weg.

Die Bedeutung von Selbstakzeptanz kann nicht hoch genug eingeschätzt werden, da sie nicht nur das individuelle Wohlbefinden fördert, sondern auch die gesamte LGBTQ-Community stärkt. Die Reise zur Selbstakzeptanz ist ein fortwährender Prozess, der durch die Unterstützung von Gleichgesinnten und die eigene Kreativität bereichert wird.

Herausforderungen im persönlichen Leben

Die Herausforderungen im persönlichen Leben eines LGBTQ-Aktivisten wie Chase Joynt sind vielfältig und komplex. Diese Herausforderungen sind nicht nur individuell, sondern auch gesellschaftlich bedingt und beeinflussen die Identitätsbildung und das tägliche Leben von trans Personen. In diesem Abschnitt werden wir die verschiedenen Facetten dieser Herausforderungen untersuchen und dabei sowohl theoretische als auch praktische Aspekte berücksichtigen.

Gesellschaftliche Vorurteile und Diskriminierung

Eine der größten Herausforderungen, mit denen LGBTQ-Personen konfrontiert sind, sind gesellschaftliche Vorurteile und Diskriminierung. Diese äußern sich in verschiedenen Formen, wie beispielsweise in der Ablehnung von Familienmitgliedern, dem Verlust von Freundschaften oder der Diskriminierung am Arbeitsplatz. Laut einer Studie der Human Rights Campaign (HRC) haben 46% der LGBTQ-Personen in den USA berichtet, dass sie aufgrund ihrer Identität diskriminiert wurden [?]. Diese Diskriminierung kann zu einem Gefühl der Isolation und des geringeren Selbstwertgefühls führen.

Innere Konflikte und Selbstakzeptanz

Ein weiterer zentraler Aspekt der Herausforderungen im persönlichen Leben ist der innere Konflikt, den viele trans Personen erleben. Der Prozess der Selbstakzeptanz kann langwierig und schmerzhaft sein. Viele trans Personen kämpfen mit der Frage, wie sie sich selbst in einer Gesellschaft sehen, die oft feindlich gegenüber ihrer Identität ist. Die Theorie der *Identitätsentwicklung* nach Erik Erikson beschreibt diesen Prozess als einen entscheidenden Teil der psychosozialen Entwicklung, in dem Individuen ihre Identität in Bezug auf gesellschaftliche Erwartungen und persönliche Erfahrungen formen [?].

Ein Beispiel für diesen inneren Konflikt könnte Chase Joynt selbst sein, der in Interviews oft darüber spricht, wie schwierig es war, seine Identität zu akzeptieren und gleichzeitig den Erwartungen seiner Umgebung gerecht zu werden. Diese innere Zerrissenheit kann zu psychischen Belastungen führen, die in Form von Angstzuständen oder Depressionen auftreten können.

Familien- und Freundschaftsbeziehungen

Die Beziehungen zu Familie und Freunden sind ein weiterer Bereich, der stark von den Herausforderungen des Lebens als LGBTQ-Person beeinflusst wird. Viele trans Personen erleben Ablehnung von ihren Familien, was zu einem Verlust des familiären Rückhalts führt. Dies kann besonders schmerzhaft sein, da die Familie oft als erste Quelle von Unterstützung und Liebe betrachtet wird. Laut einer Studie von GLSEN (Gay, Lesbian & Straight Education Network) berichten 28% der LGBTQ-Jugendlichen, dass sie aus ihrem Zuhause geworfen wurden, nachdem sie sich geoutet hatten [?].

Chase Joynt hat in seinen Filmen und Interviews betont, wie wichtig es ist, eine unterstützende Gemeinschaft zu finden, um mit diesen Herausforderungen umzugehen. Er hat auch die Bedeutung von Freundschaften hervorgehoben, die oft als Ersatz für familiäre Unterstützung dienen können. Diese Freundschaften bieten nicht nur emotionale Unterstützung, sondern auch ein Gefühl der Zugehörigkeit.

Berufliche Herausforderungen

Die beruflichen Herausforderungen, mit denen LGBTQ-Aktivisten konfrontiert sind, sind ebenfalls nicht zu unterschätzen. Diskriminierung am Arbeitsplatz ist weit verbreitet, und viele trans Personen haben Schwierigkeiten, eine Anstellung zu finden oder in ihrem Beruf voranzukommen. Laut einer Umfrage des Williams Institute haben 27% der trans Personen berichtet, dass sie aufgrund ihrer Geschlechtsidentität oder -ausdrucks diskriminiert wurden [?]. Diese Diskriminierung kann sich in Form von ungleicher Bezahlung, Mobbing oder sogar Kündigung äußern.

Chase Joynt hat in seiner Karriere als Filmemacher und Aktivist oft über die Notwendigkeit gesprochen, für die Rechte von trans Personen am Arbeitsplatz zu kämpfen. Er hat betont, dass Sichtbarkeit und Repräsentation in der Filmindustrie entscheidend sind, um ein Bewusstsein für diese Probleme zu schaffen und Veränderungen herbeizuführen.

Psychische Gesundheit

Die psychische Gesundheit ist ein weiterer kritischer Bereich, der durch die Herausforderungen des Lebens als LGBTQ-Person beeinflusst wird. Studien zeigen, dass LGBTQ-Personen ein höheres Risiko für psychische Erkrankungen wie Depressionen und Angststörungen haben. Eine Untersuchung des National Alliance on Mental Illness (NAMI) ergab, dass 40% der trans Personen ernsthafte psychische Gesundheitsprobleme erleben [?]. Diese Probleme sind oft das Ergebnis von Diskriminierung, Stigmatisierung und dem ständigen Kampf um Akzeptanz.

Chase Joynt hat öffentlich über seine eigenen Erfahrungen mit psychischen Herausforderungen gesprochen und die Bedeutung von Selbstfürsorge und Therapie hervorgehoben. Er betont, dass es entscheidend ist, sich um die eigene psychische Gesundheit zu kümmern, um in der Lage zu sein, als Aktivist und Künstler zu arbeiten.

Zusammenfassung

Zusammenfassend lässt sich sagen, dass die Herausforderungen im persönlichen Leben eines LGBTQ-Aktivisten wie Chase Joynt vielschichtig sind. Sie reichen von gesellschaftlicher Diskriminierung über innere Konflikte bis hin zu beruflichen und psychischen Belastungen. Diese Herausforderungen erfordern nicht nur individuelle Resilienz, sondern auch gesellschaftliche Veränderungen, um ein unterstützendes und inklusives Umfeld für alle LGBTQ-Personen zu schaffen. Chase Joynts Arbeit in der Filmindustrie und sein Engagement für LGBTQ-Rechte sind Beispiele dafür, wie Kunst und Aktivismus Hand in Hand gehen können, um diese Herausforderungen anzugehen und das Bewusstsein zu schärfen.

Unterstützung durch die Community

Die Unterstützung durch die Community spielt eine entscheidende Rolle im Leben von LGBTQ-Personen, insbesondere für trans Individuen wie Chase Joynt. Diese Unterstützung kann in verschiedenen Formen auftreten: emotional, finanziell, sozial und politisch. In diesem Abschnitt werden wir die Bedeutung dieser Unterstützung untersuchen, die Herausforderungen, die damit verbunden sind, und einige Beispiele, die die Kraft der Gemeinschaft verdeutlichen.

Emotionale Unterstützung

Emotionale Unterstützung ist oft der erste Schritt zur Selbstakzeptanz und zum Wohlbefinden. LGBTQ-Personen stehen häufig vor Herausforderungen wie Diskriminierung, Stigmatisierung und Isolation. Die Community bietet einen Raum, in dem Individuen ihre Erfahrungen teilen, Verständnis finden und sich gegenseitig ermutigen können. Laut einer Studie von Meyer (2003) über das Konzept der *minority stress* erfahren LGBTQ-Personen aufgrund ihrer Identität zusätzliche Stressoren, die sich negativ auf ihre psychische Gesundheit auswirken können. Die Unterstützung durch Gleichgesinnte kann helfen, diese Stressoren abzumildern.

Ein Beispiel für emotionale Unterstützung ist das Engagement in LGBTQ-Zentren oder Selbsthilfegruppen. Diese Orte bieten nicht nur einen sicheren Raum, sondern auch Ressourcen und Programme, die darauf abzielen, das Selbstwertgefühl und die Resilienz zu stärken. Chase Joynt selbst hat in Interviews betont, wie wichtig es für ihn war, Menschen zu finden, die ähnliche Erfahrungen gemacht haben und die ihn in seiner Reise zur Selbstakzeptanz unterstützt haben.

Finanzielle Unterstützung

Finanzielle Unterstützung ist ein weiterer kritischer Aspekt, der oft übersehen wird. Viele LGBTQ-Personen, insbesondere trans Individuen, haben aufgrund von Diskriminierung am Arbeitsplatz Schwierigkeiten, stabile Beschäftigung zu finden. Dies kann zu finanzieller Instabilität führen, die sich negativ auf die Lebensqualität auswirkt. Organisationen wie *Trans Lifeline* bieten finanzielle Unterstützung und Ressourcen für trans Personen, die in Not sind.

Ein Beispiel aus Chase Joynts Leben ist seine Teilnahme an Stipendienprogrammen, die speziell für LGBTQ-Künstler und Aktivisten eingerichtet wurden. Diese Programme ermöglichen es talentierten Individuen, ihre Projekte zu verwirklichen und gleichzeitig ihre finanzielle Belastung zu verringern. Joynt hat oft betont, dass ohne diese Unterstützung viele kreative Visionen möglicherweise nie realisiert worden wären.

Soziale Unterstützung

Soziale Unterstützung umfasst Netzwerke von Freunden, Familienmitgliedern und Community-Organisationen, die LGBTQ-Personen in verschiedenen Lebensbereichen unterstützen. Diese Netzwerke sind entscheidend, um das Gefühl der Zugehörigkeit zu fördern und Isolation zu verhindern. Studien zeigen, dass soziale Unterstützung einen direkten Einfluss auf das psychische

Wohlbefinden hat und das Risiko von Depressionen und Angstzuständen verringern kann (Thoits, 2011).

Chase Joynt hat in seiner Karriere oft mit anderen LGBTQ-Künstlern zusammengearbeitet, was nicht nur seine Arbeit bereichert hat, sondern auch eine starke soziale Unterstützung geschaffen hat. Diese Zusammenarbeit fördert den Austausch von Ideen und Erfahrungen, was zu einer stärkeren Gemeinschaft führt. Ein Beispiel ist das Projekt *Framing Agnes*, das nicht nur als Film, sondern auch als Plattform für trans Stimmen und Geschichten diente.

Politische Unterstützung

Die politische Unterstützung der LGBTQ-Community ist entscheidend für die Schaffung eines sicheren und gerechten Umfelds. Aktivismus und politische Mobilisierung sind oft miteinander verbunden, und die Unterstützung durch die Community kann dazu beitragen, Veränderungen auf gesellschaftlicher Ebene herbeizuführen. Chase Joynt hat sich aktiv an Protesten und Veranstaltungen beteiligt, die sich für die Rechte von trans Personen einsetzen. Diese Aktionen sind nicht nur wichtig für die Sichtbarkeit, sondern auch für die politische Einflussnahme.

Ein Beispiel für politische Unterstützung ist die Zusammenarbeit mit Organisationen wie *GLAAD* und *Human Rights Campaign*, die sich für die Rechte von LGBTQ-Personen einsetzen. Diese Organisationen bieten Ressourcen, Unterstützung und eine Plattform für Aktivisten, um ihre Stimmen zu erheben und auf Missstände aufmerksam zu machen. Joynts Arbeit hat dazu beigetragen, die Sichtbarkeit von trans Themen in den Medien zu erhöhen und das Bewusstsein für die Herausforderungen, mit denen trans Personen konfrontiert sind, zu schärfen.

Herausforderungen und Widerstände

Trotz der positiven Aspekte der Community-Unterstützung gibt es auch Herausforderungen und Widerstände. Innerhalb der LGBTQ-Community können Spannungen und Konflikte entstehen, insbesondere zwischen verschiedenen Identitäten und Erfahrungen. Einige trans Personen fühlen sich von der cisgender-dominanten Kultur innerhalb der LGBTQ-Community ausgeschlossen oder marginalisiert. Diese Dynamiken können die Unterstützung untergraben und das Gefühl der Zugehörigkeit beeinträchtigen.

Darüber hinaus kann die Unterstützung von außen, insbesondere von heteronormativen und cisgender Personen, oft ambivalent sein. Während einige

Unterstützung anbieten, können andere unbewusste Vorurteile oder Stereotypen aufrechterhalten, die die Erfahrungen von LGBTQ-Personen weiter belasten. Chase Joynt hat in seiner Arbeit oft auf die Notwendigkeit hingewiesen, diese internen und externen Spannungen zu erkennen und anzugehen, um eine wahrhaft inklusive Gemeinschaft zu schaffen.

Fazit

Die Unterstützung durch die Community ist für LGBTQ-Personen von entscheidender Bedeutung, insbesondere für trans Individuen wie Chase Joynt. Emotionale, finanzielle, soziale und politische Unterstützung tragen dazu bei, das Leben von LGBTQ-Personen zu verbessern und ihre Stimmen zu stärken. Trotz der Herausforderungen, die mit der Unterstützung verbunden sind, bleibt die Gemeinschaft eine essentielle Quelle der Stärke und des Wandels. Die Erfahrungen von Chase Joynt verdeutlichen, wie wichtig es ist, eine unterstützende und inklusive Gemeinschaft zu fördern, die die Vielfalt der LGBTQ-Erfahrungen anerkennt und wertschätzt.

Bibliography

[Meyer, 2003] Meyer, I. H. (2003). Prejudice, Social Stress, and Mental Health in Gay Men. *American Psychologist*, 58(5), 674-679.

[Thoits, 2011] Thoits, P. A. (2011). Mechanisms Linking Social Ties and Support to Physical and Mental Health. *Journal of Health and Social Behavior*, 52(2), 145-161.

Die Balance zwischen Beruf und Privatleben

Die Balance zwischen Beruf und Privatleben ist für viele Menschen eine Herausforderung, insbesondere für Künstler und Aktivisten wie Chase Joynt. In der heutigen schnelllebigen Welt, in der die Grenzen zwischen Arbeit und Freizeit zunehmend verschwommen sind, wird es immer wichtiger, eine gesunde Balance zu finden, um sowohl kreativ als auch emotional stabil zu bleiben. Diese Balance ist nicht nur für die persönliche Zufriedenheit entscheidend, sondern auch für die Fähigkeit, bedeutende Beiträge zur Gesellschaft zu leisten.

Theoretischer Rahmen

Die Theorie der Work-Life-Balance besagt, dass die Integration von beruflichen und privaten Verpflichtungen entscheidend ist, um das allgemeine Wohlbefinden zu fördern. Verschiedene Modelle, wie das *Spillover-Modell* und das *Segmentation-Modell*, bieten unterschiedliche Perspektiven auf die Wechselwirkungen zwischen Berufs- und Privatleben.

$$WLB = \frac{(B + P)}{2} \qquad (22)$$

Hierbei steht WLB für die Work-Life-Balance, B für berufliche Zufriedenheit und P für persönliche Zufriedenheit. Eine ausgewogene Work-Life-Balance kann durch die richtige Handhabung von Zeit, Ressourcen und Energie erreicht werden.

Herausforderungen im Leben eines LGBTQ-Aktivisten

Für Chase Joynt und viele LGBTQ-Aktivisten stellt die Balance zwischen Beruf und Privatleben eine besondere Herausforderung dar. Oft sind sie mit Diskriminierung, Vorurteilen und dem Druck konfrontiert, als Vorbilder zu agieren. Diese Faktoren können zu einem erhöhten Stresslevel führen, der sich negativ auf die persönliche Gesundheit und das kreative Schaffen auswirken kann.

Ein Beispiel hierfür ist die ständige Notwendigkeit, sich in der Öffentlichkeit zu positionieren und gleichzeitig die eigene Identität zu leben. Joynt hat oft betont, wie wichtig es ist, die eigene Stimme zu erheben, um für trans Rechte und Sichtbarkeit zu kämpfen. Doch dieser Kampf kann auch erdrückend sein und dazu führen, dass persönliche Bedürfnisse in den Hintergrund gedrängt werden.

Strategien zur Balancefindung

Um eine gesunde Balance zwischen Beruf und Privatleben zu finden, hat Joynt verschiedene Strategien entwickelt:

- **Zeitmanagement:** Joynt nutzt Techniken des Zeitmanagements, um seine beruflichen Verpflichtungen effizient zu organisieren. Dazu gehört das Setzen von klaren Prioritäten und das Planen von Pausen, um sich zu regenerieren.

- **Selbstfürsorge:** Die Praxis der Selbstfürsorge ist für Joynt von zentraler Bedeutung. Dazu zählen regelmäßige körperliche Aktivitäten, Meditation und kreative Auszeiten, die ihm helfen, die emotionalen und physischen Anforderungen seines Lebens zu bewältigen.

- **Netzwerkbildung:** Joynt hat sich ein starkes Netzwerk aus Unterstützern und Gleichgesinnten aufgebaut. Der Austausch mit anderen LGBTQ-Künstlern und Aktivisten bietet nicht nur emotionale Unterstützung, sondern auch wertvolle Einblicke in die Balance zwischen Beruf und Privatleben.

- **Grenzen setzen:** Joynt hat gelernt, Grenzen zu setzen, sowohl im beruflichen als auch im privaten Bereich. Dies bedeutet, dass er sich Zeit für sich selbst nimmt und nicht zögert, "Nein" zu sagen, wenn er sich überfordert fühlt.

Fallstudie: Chase Joynt

Ein konkretes Beispiel für Joynts Bemühungen um eine ausgewogene Work-Life-Balance zeigt sich in der Entstehung seines Films *Framing Agnes*.

Während der Produktion war Joynt nicht nur als Regisseur und Drehbuchautor tätig, sondern auch als Aktivist, der sich mit den Themen Geschlechtsidentität und Repräsentation auseinandersetzte.

Die Dreharbeiten fanden in einem intensiven Zeitrahmen statt, was bedeutete, dass Joynt oft zwischen kreativen Entscheidungen und der Notwendigkeit, sich um seine persönliche Gesundheit zu kümmern, jonglieren musste. Er berichtete, dass es Zeiten gab, in denen er sich überfordert fühlte, aber durch gezielte Selbstfürsorge und das Einholen von Unterstützung durch sein Team in der Lage war, diese Herausforderungen zu meistern.

Fazit

Die Balance zwischen Beruf und Privatleben ist ein dynamischer Prozess, der ständige Aufmerksamkeit erfordert. Für Chase Joynt ist es entscheidend, sowohl seine künstlerischen Ambitionen als auch seine persönlichen Bedürfnisse zu berücksichtigen. Durch effektives Zeitmanagement, Selbstfürsorge und den Aufbau eines unterstützenden Netzwerks hat Joynt Wege gefunden, um seine kreative Energie zu erhalten und gleichzeitig als Vorbild für andere LGBTQ-Personen zu agieren.

Diese Balance ist nicht nur für Joynt von Bedeutung, sondern für alle, die in kreativen oder aktivistischen Bereichen tätig sind. Indem sie sich auf ihre Bedürfnisse konzentrieren und Strategien zur Stressbewältigung entwickeln, können sie nicht nur ihre eigene Lebensqualität verbessern, sondern auch einen nachhaltigen Einfluss auf die Gesellschaft ausüben.

Die Rolle von Freundschaften und Beziehungen

Freundschaften und Beziehungen spielen eine entscheidende Rolle im Leben von LGBTQ-Personen, insbesondere für Aktivisten wie Chase Joynt, die sich in einem oft herausfordernden Umfeld bewegen. Diese sozialen Bindungen bieten nicht nur emotionale Unterstützung, sondern auch eine Plattform für den Austausch von Ideen und Erfahrungen, die für den persönlichen und beruflichen Wachstum unerlässlich sind.

Emotionale Unterstützung und Sicherheit

Freundschaften bieten LGBTQ-Personen einen Raum, in dem sie sich sicher und akzeptiert fühlen können. In einer Gesellschaft, die häufig von Diskriminierung und Vorurteilen geprägt ist, können enge Beziehungen das Gefühl der Isolation verringern. Studien zeigen, dass soziale Unterstützung das Risiko von psychischen

Erkrankungen wie Depressionen und Angstzuständen signifikant reduzieren kann [?].

Chase Joynt hat in Interviews betont, wie wichtig seine Freunde während seiner eigenen Reise zur Selbstakzeptanz waren. Diese Unterstützung hat ihm nicht nur geholfen, Herausforderungen zu bewältigen, sondern auch seine Identität zu formen und zu festigen. Ein Beispiel dafür ist seine enge Freundschaft mit anderen LGBTQ-Künstlern, die ihm nicht nur Inspiration, sondern auch praktische Ratschläge für seine filmischen Projekte gegeben haben.

Kreative Zusammenarbeit

Freundschaften innerhalb der LGBTQ-Community fördern auch kreative Zusammenarbeit. Chase Joynt hat oft mit anderen Filmemachern und Künstlern zusammengearbeitet, um Geschichten zu erzählen, die oft übersehen werden. Diese Kollaborationen sind nicht nur eine Möglichkeit, Ressourcen zu teilen, sondern auch eine Plattform, um unterschiedliche Perspektiven zu integrieren und zu präsentieren.

Ein bemerkenswertes Beispiel ist die Zusammenarbeit mit trans* Schauspielern und Künstlern in seinem Film *Framing Agnes*. Durch die Zusammenarbeit mit Gleichgesinnten konnte Joynt authentische Darstellungen von trans* Erfahrungen schaffen, die die Komplexität und Vielfalt der Identität widerspiegeln. Solche Kooperationen sind entscheidend, um die Sichtbarkeit und Repräsentation von LGBTQ-Personen in den Medien zu erhöhen.

Mentoring und Vorbilder

Die Rolle von Freundschaften erstreckt sich auch auf Mentoring-Beziehungen. In der LGBTQ-Community sind Mentoren oft entscheidend für die Entwicklung junger Aktivisten. Chase Joynt hat von den Ratschlägen und der Unterstützung älterer Künstler profitiert, die ihm halfen, seine Stimme zu finden und seine Karriere voranzutreiben. Diese Mentor-Mentee-Beziehungen bieten nicht nur Unterstützung, sondern auch wertvolle Einblicke in die Herausforderungen und Möglichkeiten, die der Aktivismus mit sich bringt.

Herausforderungen in Beziehungen

Trotz der positiven Aspekte von Freundschaften und Beziehungen gibt es auch Herausforderungen. LGBTQ-Personen können in ihren sozialen Beziehungen mit Vorurteilen, Stigmatisierung und Ablehnung konfrontiert werden. Diese Erfahrungen können zu einem Gefühl der Entfremdung führen, selbst innerhalb der eigenen Community. Chase Joynt hat in seinen Arbeiten oft die Schwierigkeiten thematisiert, die mit der Suche nach Akzeptanz und Zugehörigkeit verbunden sind, und wie diese Herausforderungen die Beziehungen zu Freunden und Partnern belasten können.

Ein weiteres Problem ist die Belastung, die durch die ständige Notwendigkeit entsteht, für die eigene Identität zu kämpfen. Aktivisten wie Joynt stehen oft unter Druck, als Vorbilder zu agieren, was die Dynamik in persönlichen Beziehungen beeinflussen kann. Die Erwartungen, die an sie gestellt werden, können dazu führen, dass sie sich isoliert oder missverstanden fühlen, was wiederum die Qualität ihrer Freundschaften beeinträchtigen kann.

Schlussfolgerung

Zusammenfassend lässt sich sagen, dass Freundschaften und Beziehungen eine fundamentale Rolle im Leben von LGBTQ-Aktivisten wie Chase Joynt spielen. Sie bieten emotionale Unterstützung, fördern kreative Zusammenarbeit und ermöglichen Mentoring-Beziehungen, die für das persönliche Wachstum unerlässlich sind. Gleichzeitig sind sie nicht ohne Herausforderungen, die sowohl aus gesellschaftlichen Vorurteilen als auch aus den spezifischen Anforderungen des Aktivismus resultieren. Die Balance zwischen Unterstützung und den Herausforderungen, die mit der Identität und dem Aktivismus verbunden sind, bleibt ein zentrales Thema in der Lebensgeschichte von Chase Joynt und vielen anderen in der LGBTQ-Community.

Umgang mit Diskriminierung und Vorurteilen

Diskriminierung und Vorurteile sind zentrale Herausforderungen, mit denen viele LGBTQ-Personen, einschließlich Chase Joynt, konfrontiert sind. Diese negativen Erfahrungen können sowohl auf individueller als auch auf gesellschaftlicher Ebene auftreten und haben tiefgreifende Auswirkungen auf das Leben und die Identität von Betroffenen.

Theoretische Grundlagen

Die Theorie der sozialen Identität, formuliert von Henri Tajfel und John Turner, bietet ein nützliches Rahmenwerk, um zu verstehen, wie Vorurteile entstehen und sich manifestieren. Laut dieser Theorie definieren sich Individuen oft durch ihre Gruppenzugehörigkeiten, was zu In-Group (eigene Gruppe) und Out-Group (fremde Gruppe) Differenzierungen führt. Diese Differenzierungen können

Vorurteile und Diskriminierung fördern, insbesondere wenn es um marginalisierte Gruppen wie die LGBTQ-Community geht.

Ein weiterer wichtiger theoretischer Ansatz ist die Theorie der intersektionalen Identität, die von Kimberlé Crenshaw geprägt wurde. Diese Theorie betont, dass Diskriminierung nicht isoliert betrachtet werden kann, sondern dass verschiedene Identitätsmerkmale – wie Geschlecht, Rasse, sexuelle Orientierung und soziale Klasse – miteinander verwoben sind und sich gegenseitig beeinflussen. Chase Joynt, als trans Filmemacher, erlebt diese intersektionalen Herausforderungen in seiner Arbeit und seinem Leben.

Probleme und Herausforderungen

Die Diskriminierung, mit der LGBTQ-Personen konfrontiert sind, zeigt sich in verschiedenen Formen, darunter:

- **Verbale Angriffe:** Viele LGBTQ-Personen erleben beleidigende Kommentare, die ihre Identität und ihr Wesen in Frage stellen. Diese Angriffe können sowohl in persönlichen Begegnungen als auch online stattfinden.

- **Berufliche Diskriminierung:** Im Arbeitsumfeld können LGBTQ-Personen aufgrund ihrer Identität benachteiligt werden, was zu eingeschränkten Karrieremöglichkeiten und einem feindlichen Arbeitsumfeld führen kann.

- **Gesetzliche Diskriminierung:** In vielen Ländern gibt es immer noch Gesetze, die LGBTQ-Personen benachteiligen. Diese rechtlichen Rahmenbedingungen können den Zugang zu Gesundheitsdiensten, Wohnraum und anderen grundlegenden Rechten einschränken.

- **Psychische Belastung:** Die ständige Konfrontation mit Diskriminierung und Vorurteilen kann zu psychischen Erkrankungen wie Angstzuständen und Depressionen führen. Studien zeigen, dass LGBTQ-Personen ein höheres Risiko für psychische Erkrankungen haben als ihre heterosexuellen Kollegen.

Beispiele aus Chase Joynts Leben

Chase Joynt hat in verschiedenen Interviews und öffentlichen Auftritten über seine persönlichen Erfahrungen mit Diskriminierung gesprochen. In einem seiner Filme thematisiert er die Herausforderungen, die trans Personen in der Gesellschaft erleben, insbesondere im Hinblick auf die Repräsentation in den Medien. Ein

Beispiel ist die Reaktion auf seine Arbeit, bei der er oft mit Vorurteilen konfrontiert wurde, die sowohl seine Identität als auch seine künstlerische Vision in Frage stellten.

In einem spezifischen Fall wurde Joynt während eines Filmfestivals mit negativen Kommentaren über seine Identität konfrontiert. Diese Erfahrungen veranlassten ihn, aktiv über die Wichtigkeit von Sichtbarkeit und Repräsentation zu sprechen. Er argumentiert, dass Filme wie *Framing Agnes* nicht nur unterhalten, sondern auch als Mittel zur Aufklärung und zur Bekämpfung von Vorurteilen dienen.

Strategien zum Umgang mit Diskriminierung

Um mit Diskriminierung und Vorurteilen umzugehen, hat Chase Joynt verschiedene Strategien entwickelt:

- **Selbstbewusstsein stärken:** Joynt betont die Bedeutung von Selbstakzeptanz und Selbstbewusstsein. Durch die Stärkung seiner eigenen Identität kann er besser mit äußeren Angriffen umgehen.

- **Gemeinschaftsbildung:** Die Unterstützung durch die LGBTQ-Community ist entscheidend. Joynt engagiert sich aktiv in Netzwerken und Organisationen, die sich für die Rechte von LGBTQ-Personen einsetzen.

- **Bildung und Aufklärung:** Joynt nutzt seine Plattform, um über trans Themen aufzuklären und Vorurteile abzubauen. Er sieht Bildung als Schlüssel zur Veränderung von gesellschaftlichen Einstellungen.

- **Kreative Ausdrucksformen:** Durch das Filmemachen kann Joynt seine Erfahrungen und die seiner Community in einem positiven Licht darstellen. Dies trägt zur Sichtbarkeit und Akzeptanz bei.

Fazit

Der Umgang mit Diskriminierung und Vorurteilen ist eine ständige Herausforderung für viele LGBTQ-Personen, einschließlich Chase Joynt. Durch die Anwendung von theoretischen Ansätzen, die Auseinandersetzung mit persönlichen Erfahrungen und die Entwicklung von Bewältigungsstrategien kann jedoch ein Weg gefunden werden, um diesen Herausforderungen zu begegnen. Joynts Arbeit zeigt, dass Kunst und Aktivismus Hand in Hand gehen können, um die Gesellschaft zu sensibilisieren und positive Veränderungen herbeizuführen.

Die Bedeutung von Selbstfürsorge

Selbstfürsorge ist ein zentraler Aspekt des Lebens eines jeden Menschen, insbesondere für LGBTQ-Personen und Aktivisten wie Chase Joynt. In einer Welt, die oft von Diskriminierung und Vorurteilen geprägt ist, ist es entscheidend, dass Individuen Strategien entwickeln, um ihre geistige, emotionale und körperliche Gesundheit zu schützen und zu fördern. Selbstfürsorge umfasst eine Vielzahl von Praktiken, die darauf abzielen, das Wohlbefinden zu steigern und Stress abzubauen.

Theoretische Grundlagen

Die Theorie der Selbstfürsorge basiert auf mehreren psychologischen und soziologischen Konzepten. Ein zentraler Aspekt ist das Modell der *Selbstwirksamkeit* nach Bandura, das besagt, dass Menschen, die an ihre Fähigkeit glauben, Herausforderungen zu bewältigen, eher geneigt sind, sich um ihre eigenen Bedürfnisse zu kümmern. Selbstfürsorge kann als eine Form der Selbstwirksamkeit betrachtet werden, da sie das Vertrauen in die eigene Fähigkeit stärkt, das eigene Leben aktiv zu gestalten.

Probleme und Herausforderungen

Trotz der Bedeutung von Selbstfürsorge stehen viele LGBTQ-Aktivisten vor spezifischen Herausforderungen, die die Umsetzung dieser Praktiken erschweren. Diskriminierung, Stigmatisierung und gesellschaftlicher Druck können dazu führen, dass Betroffene ihre eigenen Bedürfnisse vernachlässigen. Ein häufiges Problem ist das Gefühl der *Schuld* oder *Scham*, wenn man sich Zeit für sich selbst nimmt, während andere in der Community möglicherweise Unterstützung benötigen.

Darüber hinaus kann die ständige Konfrontation mit Diskriminierung und Ungerechtigkeit zu einem Zustand führen, der als *Sekundärtraumatisierung* bezeichnet wird. Dies beschreibt die emotionalen und psychologischen Auswirkungen, die entstehen, wenn man regelmäßig mit den Traumata anderer konfrontiert wird. In diesem Kontext wird Selbstfürsorge nicht nur zur persönlichen Notwendigkeit, sondern auch zu einer Form des *Widerstands* gegen die Belastungen des Aktivismus.

Praktische Strategien der Selbstfürsorge

Um diesen Herausforderungen zu begegnen, können verschiedene Strategien der Selbstfürsorge implementiert werden. Dazu gehören:

- **Achtsamkeit und Meditation:** Diese Praktiken helfen dabei, den Geist zu beruhigen und Stress abzubauen. Studien zeigen, dass Achtsamkeitsmeditation das emotionale Wohlbefinden steigern und Angstzustände reduzieren kann.

- **Körperliche Aktivität:** Regelmäßige Bewegung ist nicht nur gut für den Körper, sondern auch für die Psyche. Sport kann helfen, Stress abzubauen und die Stimmung zu verbessern, indem Endorphine freigesetzt werden.

- **Soziale Unterstützung:** Der Aufbau eines Netzwerks von Unterstützern ist entscheidend. Der Austausch mit Gleichgesinnten kann das Gefühl der Isolation verringern und emotionale Unterstützung bieten.

- **Kreativer Ausdruck:** Kunst und Kreativität können als therapeutische Mittel dienen. Chase Joynt nutzt beispielsweise das Filmemachen, um seine Erfahrungen und Emotionen zu verarbeiten und gleichzeitig das Bewusstsein für LGBTQ-Themen zu schärfen.

- **Grenzen setzen:** Es ist wichtig, persönliche Grenzen zu erkennen und zu respektieren. Aktivisten sollten lernen, „Nein" zu sagen, um ihre eigene Gesundheit und ihr Wohlbefinden nicht zu gefährden.

Beispiele aus Chase Joynts Leben

Chase Joynt hat in Interviews betont, wie wichtig Selbstfürsorge für ihn ist. Er spricht oft darüber, wie er regelmäßig Zeit für sich selbst einplant, um zu meditieren und sich mit der Natur zu verbinden. Diese Praktiken helfen ihm, die emotionale Erschöpfung, die mit dem Aktivismus einhergeht, zu bewältigen. In einem seiner Filme thematisiert er die Herausforderungen, mit denen LGBTQ-Personen konfrontiert sind, und nutzt diese Plattform, um die Bedeutung von Selbstfürsorge zu betonen.

Ein weiteres Beispiel ist seine Teilnahme an Gemeinschaftsveranstaltungen, die nicht nur der Aufklärung dienen, sondern auch als Raum für persönliche Reflexion und Unterstützung fungieren. Diese Veranstaltungen bieten die Möglichkeit, sich mit anderen auszutauschen und gemeinsam Lösungen für die Herausforderungen zu finden, mit denen die Community konfrontiert ist.

Fazit

Die Bedeutung von Selbstfürsorge kann nicht genug betont werden, insbesondere in der LGBTQ-Community, wo die Herausforderungen oft überwältigend erscheinen. Für Chase Joynt und viele andere Aktivisten ist Selbstfürsorge nicht nur eine individuelle Praxis, sondern auch ein kollektives Anliegen, das letztlich zur Stärkung und Resilienz der gesamten Community beiträgt. Indem sie sich um sich selbst kümmern, können Aktivisten effektiver für die Rechte und das Wohlbefinden anderer eintreten. Selbstfürsorge ist somit ein wesentlicher Bestandteil des Aktivismus, der die Grundlage für nachhaltiges Engagement und positive Veränderung schafft.

Einfluss von persönlichen Erfahrungen auf die Kunst

Die Verbindung zwischen persönlichen Erfahrungen und künstlerischem Schaffen ist ein zentrales Thema in der Kunsttheorie und -praxis. Künstler wie Chase Joynt ziehen oft aus ihrem eigenen Leben, um authentische und bedeutungsvolle Werke zu schaffen. In diesem Abschnitt werden wir untersuchen, wie Joynts persönliche Erfahrungen seine Kunst beeinflussen und welche Theorien und Probleme in diesem Kontext relevant sind.

Theoretische Grundlagen

Die Theorie des *Expressivismus* besagt, dass Kunst ein Mittel ist, um innere Gefühle und Gedanken auszudrücken. Diese Theorie wird von Philosophen wie Leo Tolstoy und R.G. Collingwood unterstützt, die argumentieren, dass die emotionale Tiefe eines Kunstwerks direkt mit der persönlichen Erfahrung des Künstlers verbunden ist. Joynts Werke, insbesondere in *Framing Agnes*, zeigen, wie seine eigene Identität und seine Erfahrungen als trans Person in die Erzählungen und Charaktere einfließen.

Ein weiteres relevantes Konzept ist die *Identitätspolitik*, das besagt, dass die Identität eines Künstlers – einschließlich Geschlecht, Sexualität und ethnischer Zugehörigkeit – einen signifikanten Einfluss auf seine Kunst hat. Diese Perspektive wird in der zeitgenössischen Kunst häufig diskutiert und ist besonders relevant für LGBTQ-Künstler, die oft mit Themen der Sichtbarkeit und Repräsentation kämpfen.

Persönliche Erfahrungen als Inspirationsquelle

Chase Joynts persönliche Erfahrungen als trans Person haben seine künstlerische Praxis maßgeblich beeinflusst. In Interviews hat Joynt betont, dass seine Reise zur Selbstakzeptanz und die damit verbundenen Herausforderungen ihn dazu inspiriert haben, Geschichten zu erzählen, die oft übersehen werden. Diese Erfahrungen sind nicht nur subjektiv, sondern auch universell, da viele Menschen mit Fragen der Geschlechtsidentität und -darstellung konfrontiert sind.

Ein Beispiel dafür ist die Art und Weise, wie Joynt in *Framing Agnes* historische trans Figuren in den Mittelpunkt stellt. Durch die Erzählung ihrer Geschichten schafft er eine Verbindung zwischen Vergangenheit und Gegenwart, die für viele Zuschauer von Bedeutung ist. Diese Verbindung zeigt, wie persönliche Erfahrungen in ein größeres soziales und historisches Narrativ eingebettet werden können.

Herausforderungen und Probleme

Trotz der positiven Aspekte, die persönliche Erfahrungen in die Kunst einbringen können, gibt es auch Herausforderungen. Künstler wie Joynt sehen sich oft mit der Frage konfrontiert, wie viel von ihrem persönlichen Leben sie in ihre Kunst einfließen lassen sollten. Diese Problematik wird als *Vulnerabilität* bezeichnet, bei der das Teilen persönlicher Geschichten sowohl befreiend als auch riskant sein kann. Die Angst vor Ablehnung oder Missverständnissen kann Künstler davon abhalten, authentisch zu sein.

Zudem kann die Kommerzialisierung von Kunst dazu führen, dass persönliche Geschichten trivialisiert oder verzerrt werden. In der LGBTQ-Community gibt es oft den Druck, sich auf bestimmte Narrative zu beschränken, die von der Gesellschaft akzeptiert werden, was die künstlerische Freiheit einschränken kann. Joynts Werke, die sich mit komplexen und oft unbequemen Themen befassen, stellen eine Herausforderung an diese Normen dar und fordern das Publikum auf, über die Grenzen von Geschlecht und Identität hinauszudenken.

Beispiele aus Joynts Werk

In *Framing Agnes* nutzt Joynt die Biografien von trans Personen aus der Vergangenheit, um die zeitlose Relevanz von Geschlechtsidentität zu beleuchten. Er kombiniert historische Recherche mit persönlicher Reflexion, um eine narrative Struktur zu schaffen, die sowohl informativ als auch emotional ansprechend ist.

Diese Methode zeigt, wie persönliche Erfahrungen in einen breiteren Kontext gesetzt werden können, um tiefere Einsichten zu gewinnen.

Ein weiteres Beispiel ist Joynts Umgang mit Humor in seinen Filmen. Humor wird oft als Bewältigungsmechanismus verwendet, um mit den Herausforderungen des Lebens als LGBTQ-Person umzugehen. In seinen Arbeiten verwendet Joynt Humor nicht nur als Stilmittel, sondern auch als Werkzeug, um ernsthafte Themen anzusprechen, was eine tiefere Verbindung zu seinem Publikum herstellt.

Fazit

Der Einfluss persönlicher Erfahrungen auf die Kunst ist ein komplexes und vielschichtiges Thema. Chase Joynt ist ein Beispiel dafür, wie Künstler ihre eigenen Geschichten nutzen können, um bedeutungsvolle und relevante Werke zu schaffen. Durch die Auseinandersetzung mit persönlichen Herausforderungen und die Reflexion über Identität und Repräsentation trägt Joynt dazu bei, das Verständnis für trans Themen in der Gesellschaft zu erweitern. Seine Kunst ist nicht nur ein Ausdruck seiner eigenen Erfahrungen, sondern auch ein Aufruf zur Empathie und zum Verständnis für die Vielfalt menschlicher Identität.

Die Suche nach einem authentischen Leben

Die Suche nach einem authentischen Leben ist ein zentrales Thema in Chase Joynts Biografie und seinem Werk. In einer Welt, die oft von Normen und Erwartungen geprägt ist, stellt sich die Frage, wie Individuen, insbesondere aus der LGBTQ-Community, ihre wahre Identität entdecken und leben können. Authentizität ist nicht nur ein persönliches Ideal, sondern auch ein politisches Statement, das in einem größeren sozialen Kontext betrachtet werden muss.

Theoretischer Rahmen

Der Begriff der Authentizität wird in der Psychologie und Soziologie unterschiedlich definiert. Laut dem Psychologen Carl Rogers ist Authentizität das Streben nach einem Leben, das im Einklang mit den eigenen Werten, Überzeugungen und Gefühlen steht [?]. In diesem Sinne ist die Suche nach einem authentischen Leben auch eine Reise zur Selbstakzeptanz. Dies steht im Kontrast zu den Erwartungen, die von der Gesellschaft oder der Familie an Individuen herangetragen werden, insbesondere wenn diese Erwartungen nicht mit der eigenen Identität übereinstimmen.

Ein weiteres relevantes Konzept ist das der „sozialen Identität" nach Henri Tajfel. Diese Theorie besagt, dass das Selbstbild eines Individuums stark von der

Zugehörigkeit zu sozialen Gruppen beeinflusst wird. Für LGBTQ-Personen kann dies bedeuten, dass sie in einer heteronormativen Gesellschaft oft mit Diskriminierung und Ablehnung konfrontiert sind, was den Prozess der Selbstakzeptanz und der authentischen Lebensführung erschwert [?].

Herausforderungen und Probleme

Die Herausforderungen, vor denen Chase Joynt steht, sind vielschichtig. Die gesellschaftlichen Normen und Erwartungen, die an Geschlechtsidentität und sexuelle Orientierung geknüpft sind, können eine erhebliche Barriere darstellen. Viele LGBTQ-Personen erleben Diskriminierung, sowohl auf individueller als auch auf institutioneller Ebene. Dies kann sich in Form von Gewalt, sozialer Isolation oder sogar wirtschaftlicher Benachteiligung äußern. Diese Erfahrungen können das Selbstwertgefühl und die Fähigkeit, ein authentisches Leben zu führen, stark beeinträchtigen.

Ein Beispiel für solche Herausforderungen ist die Erfahrung von Gender Dysphorie, die viele trans Personen empfinden. Diese innere Unruhe zwischen der eigenen Geschlechtsidentität und dem biologischen Geschlecht kann zu psychischen Belastungen führen. Joynt thematisiert in seinen Arbeiten die Komplexität dieser Erfahrungen und zeigt auf, dass der Weg zur Authentizität oft mit inneren Kämpfen und äußeren Widerständen verbunden ist.

Beispiele aus Chase Joynts Leben

In Chase Joynts Leben finden sich zahlreiche Beispiele für die Suche nach Authentizität. Sein Film „Framing Agnes" ist ein herausragendes Beispiel, das die Geschichte trans Personen in einem historischen Kontext beleuchtet. Durch die Darstellung von realen Lebensgeschichten und der Auseinandersetzung mit den Herausforderungen, die diese Personen erlebten, schafft Joynt eine Plattform, die es ermöglicht, die eigene Identität zu reflektieren und zu feiern.

Joynt selbst hat in Interviews betont, wie wichtig es für ihn war, seine eigene Identität zu akzeptieren und zu leben. Er spricht über die Unterstützung, die er von seiner Familie und der LGBTQ-Community erhalten hat, und wie diese Unterstützung ihm geholfen hat, seine Stimme zu finden. Diese persönliche Reise zur Authentizität ist nicht nur für ihn selbst von Bedeutung, sondern auch für die vielen Menschen, die sich in seinen Geschichten wiederfinden.

Die Rolle der Kunst

Die Kunst spielt eine entscheidende Rolle in der Suche nach einem authentischen Leben. Sie bietet nicht nur einen Raum für Selbstdarstellung, sondern auch eine Möglichkeit, gesellschaftliche Normen in Frage zu stellen und Veränderungen anzustoßen. Chase Joynt nutzt seine Filme als Werkzeug, um trans Geschichten sichtbar zu machen und um das Bewusstsein für die Herausforderungen, mit denen LGBTQ-Personen konfrontiert sind, zu schärfen.

Durch die Verbindung von Kunst und Aktivismus trägt Joynt dazu bei, dass die Stimmen von marginalisierten Gruppen gehört werden. Seine Werke inspirieren andere, ihre eigenen Geschichten zu erzählen und sich für eine authentische Lebensweise einzusetzen. Dies ist besonders wichtig in einer Zeit, in der die Sichtbarkeit von LGBTQ-Personen in den Medien oft noch unzureichend ist.

Schlussfolgerung

Die Suche nach einem authentischen Leben ist ein zentraler Bestandteil von Chase Joynts Lebensgeschichte und seinem künstlerischen Schaffen. Sie zeigt die Herausforderungen, die mit der Selbstakzeptanz und der Identitätsfindung verbunden sind, sowie die transformative Kraft der Kunst im Aktivismus. Authentizität ist nicht nur ein persönliches Ideal, sondern auch ein Akt der Rebellion gegen gesellschaftliche Normen, der sowohl individuelle als auch kollektive Veränderungen bewirken kann. Chase Joynts Leben und Werk ermutigen uns, die eigene Identität zu umarmen und für ein Leben einzustehen, das wahrhaftig und authentisch ist.

Reflexion über das eigene Leben

Die Reflexion über das eigene Leben ist ein zentraler Bestandteil der persönlichen Entwicklung, insbesondere für LGBTQ-Aktivisten wie Chase Joynt, die in ihrer Kunst und ihrem Aktivismus tiefgreifende Erfahrungen verarbeiten. In diesem Abschnitt betrachten wir die verschiedenen Dimensionen dieser Reflexion, die sowohl die Herausforderungen als auch die Errungenschaften umfassen, die Chase Joynt auf seinem Weg erlebt hat.

Selbstakzeptanz und Identität

Die Reise zur Selbstakzeptanz ist oft ein komplexer Prozess, der mit inneren Konflikten und gesellschaftlichen Erwartungen konfrontiert ist. Für viele

LGBTQ-Personen, einschließlich Joynt, bedeutet dies, sich mit den eigenen Identitäten auseinanderzusetzen und die gesellschaftlichen Normen in Frage zu stellen. Die Theorie der *Identitätsentwicklung* nach Erik Erikson bietet hier einen wertvollen Rahmen. Erikson beschreibt verschiedene Phasen der psychosozialen Entwicklung, wobei die Identitätskrise in der Jugend eine entscheidende Rolle spielt. In dieser Phase müssen Individuen ihre Identität definieren und akzeptieren, was für trans Personen besonders herausfordernd sein kann.

$$I = \frac{P}{E} \qquad (23)$$

Hierbei steht I für Identität, P für persönliche Erfahrungen und E für gesellschaftliche Erwartungen. Die Gleichung verdeutlicht, dass die Identität stark von den persönlichen Erfahrungen geprägt ist, die jedoch im Kontext gesellschaftlicher Normen interpretiert werden müssen.

Herausforderungen und Diskriminierung

Die Reflexion über das eigene Leben beinhaltet auch die Auseinandersetzung mit Diskriminierung und Vorurteilen, die viele LGBTQ-Personen erfahren. Chase Joynt hat in Interviews und Dokumentationen oft über die Schwierigkeiten gesprochen, die er aufgrund seiner Identität erlebt hat. Diese Erfahrungen können zu einem Gefühl der Isolation führen, das in der Theorie von *Marginalisierung* beschrieben wird. Marginalisierung bezieht sich auf den Prozess, durch den bestimmte Gruppen aus dem gesellschaftlichen Diskurs ausgeschlossen werden, was zu einem Verlust an Sichtbarkeit und Einfluss führt.

Ein Beispiel hierfür ist die Reaktion der Gesellschaft auf trans Themen, die oft von Missverständnissen und Stereotypen geprägt ist. Diese Diskriminierung kann nicht nur das Selbstwertgefühl beeinträchtigen, sondern auch die Kreativität und den Ausdruck in der Kunst einschränken.

Einfluss der Kunst auf die Reflexion

Für Chase Joynt ist die Kunst ein wichtiges Medium, um seine Erfahrungen zu reflektieren und zu verarbeiten. In seinen Filmen, insbesondere in *Framing Agnes*, nutzt er narrative Techniken, um die Geschichten von trans Personen zu erzählen und deren Sichtbarkeit zu erhöhen. Die Reflexion über das eigene Leben wird durch die Kunst zu einem aktiven Prozess, der es ermöglicht, die eigenen Herausforderungen in einem kreativen Kontext zu verarbeiten.

Die *Kunst- und Kreativitätstheorie* von Mihaly Csikszentmihalyi beschreibt diesen Prozess als *Flow-Erlebnis*, in dem Künstler in ihre Arbeit eintauchen und eine tiefe Verbindung zu ihren Themen herstellen. Dies fördert nicht nur die persönliche Reflexion, sondern auch das Verständnis für die Erfahrungen anderer.

Die Suche nach Authentizität

Ein zentraler Aspekt der Reflexion über das eigene Leben ist die Suche nach Authentizität. Chase Joynt hat oft betont, wie wichtig es ist, eine authentische Stimme zu finden und diese in der Kunst zu repräsentieren. Diese Suche wird in der *Authentizitätstheorie* von Charles Taylor behandelt, die besagt, dass Individuen bestrebt sind, ein Leben zu führen, das im Einklang mit ihren innersten Überzeugungen und Werten steht.

$$A = \frac{V}{C} \qquad (24)$$

Hierbei steht A für Authentizität, V für die individuellen Werte und C für die gesellschaftlichen Konventionen. Die Gleichung verdeutlicht, dass Authentizität erreicht wird, wenn die persönlichen Werte in einem harmonischen Verhältnis zu den gesellschaftlichen Erwartungen stehen.

Reflexion über das eigene Leben als Prozess

Insgesamt ist die Reflexion über das eigene Leben für Chase Joynt nicht nur ein einmaliger Akt, sondern ein kontinuierlicher Prozess. Dieser Prozess umfasst die Auseinandersetzung mit der eigenen Identität, den Herausforderungen der Diskriminierung, den Einfluss der Kunst und die Suche nach Authentizität. Indem er seine Erfahrungen teilt, inspiriert Joynt andere, ebenfalls ihre Geschichten zu reflektieren und sichtbar zu machen.

Zusammenfassend lässt sich sagen, dass die Reflexion über das eigene Leben für Chase Joynt eine Quelle der Stärke und Inspiration ist. Sie ermöglicht es ihm, nicht nur seine eigene Identität zu verstehen, sondern auch einen bedeutenden Beitrag zur LGBTQ-Community zu leisten, indem er die Stimmen anderer hörbar macht und deren Geschichten erzählt. Diese Reflexion ist ein wesentlicher Bestandteil seines Aktivismus und seiner Kunst, die beide darauf abzielen, eine positive Veränderung in der Gesellschaft herbeizuführen.

Chase Joynt als Vorbild

Die Bedeutung von Vorbildern in der LGBTQ-Community

In der LGBTQ-Community spielen Vorbilder eine entscheidende Rolle, da sie nicht nur Inspiration bieten, sondern auch als lebendige Beweise für die Möglichkeit von Selbstakzeptanz und Erfolg fungieren. Vorbilder sind Individuen, die durch ihre Taten, ihren Mut und ihre Authentizität andere ermutigen, ihre eigene Identität zu akzeptieren und ihre Stimme zu erheben. Diese Vorbilder können in verschiedenen Bereichen des Lebens gefunden werden, einschließlich Kunst, Politik, Wissenschaft und Sport.

Theoretische Grundlagen

Die Theorie der sozialen Identität, die von Henri Tajfel und John Turner entwickelt wurde, legt nahe, dass Menschen ihre Identität durch die Zugehörigkeit zu sozialen Gruppen definieren. Diese Zugehörigkeit kann sowohl positive als auch negative Auswirkungen auf das Selbstwertgefühl und die Selbstwahrnehmung haben. Vorbilder in der LGBTQ-Community bieten positive Identifikationsmöglichkeiten, die es Individuen ermöglichen, sich mit erfolgreichen und authentischen Persönlichkeiten zu identifizieren. Diese Identifikation kann das Gefühl der Isolation verringern und das Selbstbewusstsein stärken, was besonders wichtig für junge Menschen in der LGBTQ-Community ist.

Ein weiterer relevanter theoretischer Rahmen ist die *Empowerment-Theorie*, die betont, wie wichtig es ist, Menschen die Werkzeuge und das Wissen zu geben, um ihre eigene Situation zu verbessern. Vorbilder tragen zur Ermächtigung bei, indem sie ihre eigenen Geschichten teilen, Herausforderungen überwinden und zeigen, dass Erfolg möglich ist, unabhängig von den Schwierigkeiten, die man möglicherweise erlebt hat.

Herausforderungen und Probleme

Trotz der positiven Auswirkungen von Vorbildern gibt es auch Herausforderungen. In vielen Gesellschaften sind LGBTQ-Personen nach wie vor mit Diskriminierung, Vorurteilen und Gewalt konfrontiert. Diese Umstände können dazu führen, dass potenzielle Vorbilder sich nicht sicher fühlen, ihre Identität offen zu leben oder ihre Geschichten zu teilen. Die Angst vor Stigmatisierung kann dazu führen, dass viele talentierte und inspirierende Personen aus der Öffentlichkeit zurücktreten, was die Sichtbarkeit und Repräsentation innerhalb der Community verringert.

Darüber hinaus kann die Darstellung von LGBTQ-Personen in den Medien oft stereotypisch oder negativ sein. Dies kann dazu führen, dass die Gesellschaft Vorbilder nicht als solche erkennt oder ihre Errungenschaften nicht wertschätzt. Die Herausforderung besteht darin, authentische Geschichten zu erzählen und eine Vielzahl von Erfahrungen und Identitäten innerhalb der LGBTQ-Community zu repräsentieren.

Beispiele für Vorbilder

Ein herausragendes Beispiel für ein LGBTQ-Vorbild ist **Harvey Milk**, der erste offen schwule gewählte Beamte in Kalifornien. Milk wurde nicht nur für seine politischen Errungenschaften bekannt, sondern auch für seinen unermüdlichen Einsatz für die Rechte der LGBTQ-Community. Sein Leben und seine Arbeit inspirierten viele Menschen, sich für Gleichheit und Gerechtigkeit einzusetzen. Milk's berühmtes Zitat, *"Es gibt kein Leben, das nicht gelebt wird, wenn man es nicht lebt"*, ermutigt viele, ihre Wahrheit zu leben und für ihre Rechte zu kämpfen.

Ein weiteres Beispiel ist **Laverne Cox**, eine transsexuelle Schauspielerin und Aktivistin, die durch ihre Rolle in der Serie *Orange Is the New Black* internationale Anerkennung erlangte. Cox nutzt ihre Plattform, um auf die Herausforderungen aufmerksam zu machen, mit denen trans Menschen konfrontiert sind, und um das Bewusstsein für die Notwendigkeit von Akzeptanz und Gleichheit zu schärfen. Ihre Sichtbarkeit hat vielen jungen trans Personen geholfen, sich selbst zu akzeptieren und stolz auf ihre Identität zu sein.

Fazit

Die Bedeutung von Vorbildern in der LGBTQ-Community kann nicht hoch genug eingeschätzt werden. Sie bieten nicht nur Inspiration, sondern fördern auch die Selbstakzeptanz und das Empowerment von Individuen. Während Herausforderungen bestehen, ist es wichtig, die Geschichten und Erfolge von LGBTQ-Personen zu feiern und die Sichtbarkeit zu erhöhen. Indem wir eine Vielzahl von Stimmen und Erfahrungen anerkennen, können wir eine inklusivere und unterstützende Gemeinschaft schaffen, die zukünftige Generationen von LGBTQ-Aktivisten und -Künstlern inspiriert.

Einfluss auf junge LGBTQ-Personen

Chase Joynt hat durch seine Arbeit als Filmemacher und Aktivist nicht nur die Sichtbarkeit von trans und nicht-binären Menschen erhöht, sondern auch einen tiefgreifenden Einfluss auf junge LGBTQ-Personen ausgeübt. In einer Zeit, in der viele junge Menschen mit ihrer Identität kämpfen, bietet Joynts Werk eine wertvolle Quelle der Inspiration und Bestätigung.

Theoretischer Rahmen

Der Einfluss von Vorbildern auf die Identitätsentwicklung junger Menschen ist in der Psychologie gut dokumentiert. Nach der Sozialen Lerntheorie von Albert Bandura (1977) lernen Individuen durch Beobachtung und Nachahmung. Dies gilt insbesondere für junge Menschen, die oft nach Modellen suchen, um ihre eigene Identität zu verstehen und zu formen. Joynts Filme, insbesondere *Framing Agnes*, bieten eine Plattform, auf der junge LGBTQ-Personen sehen können, dass ihre Erfahrungen validiert und gefeiert werden.

Repräsentation und Sichtbarkeit

Die Repräsentation in den Medien spielt eine entscheidende Rolle für das Selbstbild von LGBTQ-Jugendlichen. Laut einer Studie von GLAAD (2019) fühlen sich 80% der LGBTQ-Jugendlichen besser, wenn sie Menschen sehen, die wie sie sind, in den Medien dargestellt werden. Joynts Arbeit trägt dazu bei, diese Sichtbarkeit zu schaffen, indem sie Geschichten erzählt, die oft übersehen werden.

Ein Beispiel ist die Art und Weise, wie *Framing Agnes* historische trans Identitäten und Erfahrungen beleuchtet. Diese Darstellung ermutigt junge Menschen, sich selbst zu akzeptieren und stolz auf ihre Identität zu sein. Der Film zeigt, dass es eine Geschichte gibt, die über die gegenwärtigen Herausforderungen hinausgeht und dass die Kämpfe der Vergangenheit nicht umsonst waren.

Mentoring und Unterstützung

Joynt agiert nicht nur als Filmemacher, sondern auch als Mentor für viele junge LGBTQ-Künstler. Durch Workshops, Diskussionen und soziale Medien bietet er eine Plattform, auf der junge Menschen sich ausdrücken und voneinander lernen können. Diese Mentoring-Beziehungen sind entscheidend, da sie jungen Menschen helfen, ihr kreatives Potenzial zu erkennen und ihre Stimmen in der Gesellschaft zu erheben.

Ein Beispiel für Joynts Einfluss ist seine Zusammenarbeit mit aufstrebenden Filmemachern, die sich mit Themen der Geschlechtsidentität auseinandersetzen. Diese Beziehungen fördern nicht nur die Kreativität, sondern stärken auch das Selbstbewusstsein der Teilnehmer.

Herausforderungen und Probleme

Trotz des positiven Einflusses, den Joynt auf junge LGBTQ-Personen hat, gibt es auch Herausforderungen. Viele Jugendliche kämpfen mit Diskriminierung, Stigmatisierung und einem Mangel an Unterstützung in ihrem Umfeld. Studien zeigen, dass LGBTQ-Jugendliche ein höheres Risiko für psychische Gesundheitsprobleme haben, einschließlich Depressionen und Angstzuständen (McGuire et al., 2016).

Joynts Arbeit ist besonders wichtig, um diese Themen zu adressieren. Durch die Darstellung von Herausforderungen und Kämpfen in seinen Filmen schafft er Raum für Gespräche über mentale Gesundheit und die Notwendigkeit von Unterstützungssystemen.

Schlussfolgerung

Insgesamt hat Chase Joynt durch seine Kunst und sein Engagement einen bedeutenden Einfluss auf junge LGBTQ-Personen. Seine Fähigkeit, komplexe Themen auf eine zugängliche Weise darzustellen, inspiriert und ermutigt die nächste Generation von Aktivisten und Künstlern. Indem er nicht nur Geschichten erzählt, sondern auch als Mentor fungiert, trägt er dazu bei, eine Kultur der Akzeptanz und Unterstützung zu fördern, die für die Entwicklung junger Menschen von entscheidender Bedeutung ist.

Die positive Wirkung von Joynts Arbeit auf junge LGBTQ-Personen ist ein Beispiel dafür, wie Kunst und Aktivismus Hand in Hand gehen können, um Veränderungen in der Gesellschaft herbeizuführen. Es ist wichtig, dass zukünftige Generationen weiterhin die Stimme erheben und die Herausforderungen, mit denen sie konfrontiert sind, sichtbar machen, um eine inklusivere und gerechtere Welt zu schaffen.

Die Verantwortung von Künstlern als Vorbilder

In der heutigen Gesellschaft haben Künstler eine zentrale Rolle als Vorbilder, insbesondere in der LGBTQ-Community. Diese Verantwortung ist nicht nur eine Frage des Einflusses, sondern auch eine Frage der ethischen Verpflichtung, die mit der Sichtbarkeit und dem Erfolg einhergeht. Künstler wie Chase Joynt nutzen ihre Plattformen, um das Bewusstsein für trans Themen zu schärfen und die Stimmen von marginalisierten Gruppen zu stärken.

Die ethische Dimension der Vorbildfunktion

Die Verantwortung von Künstlern als Vorbilder kann aus verschiedenen theoretischen Perspektiven betrachtet werden. Eine relevante Theorie ist die **Soziale Identitätstheorie**, die besagt, dass Individuen ihre Identität stark durch die Gruppen definieren, mit denen sie sich identifizieren. Künstler, die sich öffentlich zu ihrer Identität bekennen, bieten anderen die Möglichkeit, sich in ihren Geschichten wiederzuerkennen. Diese Repräsentation ist entscheidend für die Selbstakzeptanz und das Selbstwertgefühl junger LGBTQ-Personen.

Ein Beispiel hierfür ist die Arbeit von Chase Joynt, der in seinen Filmen und Projekten nicht nur trans Geschichten erzählt, sondern auch die Herausforderungen und Kämpfe, mit denen trans Menschen konfrontiert sind, sichtbar macht. Durch die Darstellung authentischer und nuancierter Charaktere trägt Joynt dazu bei, Stereotypen abzubauen und das Verständnis für trans Identitäten zu fördern.

Die Herausforderungen der Vorbildfunktion

Trotz der positiven Aspekte der Vorbildfunktion gibt es auch erhebliche Herausforderungen, mit denen Künstler konfrontiert sind. Eine der größten Herausforderungen ist die **Erwartungshaltung der Öffentlichkeit**. Künstler werden oft als Repräsentanten ihrer gesamten Gemeinschaft gesehen, was zu einem enormen Druck führt, perfekt zu sein. Diese Erwartung kann zu einer inneren Zerrissenheit führen, da Künstler zwischen ihrer persönlichen Identität und der Rolle, die sie in der Öffentlichkeit spielen, balancieren müssen.

Darüber hinaus kann die ständige Sichtbarkeit auch negative Konsequenzen haben, wie z. B. **Online-Mobbing** und **Diskriminierung**. Künstler wie Joynt müssen sich nicht nur mit der Kritik an ihrer Arbeit auseinandersetzen, sondern auch mit persönlichen Angriffen auf ihre Identität. Diese Erfahrungen können die psychische Gesundheit und das Wohlbefinden von Künstlern stark beeinträchtigen.

Die Rolle von Medien und sozialen Plattformen

In der heutigen digitalen Welt spielen soziale Medien eine entscheidende Rolle bei der Schaffung von Vorbildern. Plattformen wie Instagram, Twitter und TikTok bieten Künstlern die Möglichkeit, ihre Botschaften direkt an ein breites Publikum zu kommunizieren. Dies kann sowohl positive als auch negative Auswirkungen haben. Während soziale Medien eine Plattform für die Sichtbarkeit und die

Verbreitung von trans Geschichten bieten, können sie auch ein Ort der Feindseligkeit und des Trollings sein.

Künstler wie Chase Joynt nutzen soziale Medien, um mit ihrer Community zu interagieren und ihre Projekte zu fördern. Durch die Schaffung von Inhalten, die sowohl unterhaltsam als auch informativ sind, können sie das Bewusstsein für wichtige Themen schärfen und gleichzeitig eine engagierte Anhängerschaft aufbauen.

Die Verantwortung zur Bildung und Aufklärung

Künstler haben auch die Verantwortung, Bildungsressourcen zu erstellen und zur Aufklärung über LGBTQ-Themen beizutragen. Dies kann durch Workshops, Vorträge oder die Zusammenarbeit mit Bildungseinrichtungen geschehen. Joynt hat beispielsweise an verschiedenen Universitäten Vorträge gehalten, in denen er über die Herausforderungen und die Bedeutung von trans Repräsentation spricht.

Die Verantwortung zur Aufklärung ist besonders wichtig, da viele Vorurteile und Missverständnisse über trans Menschen auf einem Mangel an Wissen basieren. Durch die Bereitstellung von Informationen und die Förderung eines offenen Dialogs können Künstler dazu beitragen, Vorurteile abzubauen und ein besseres Verständnis in der Gesellschaft zu schaffen.

Fazit

Zusammenfassend lässt sich sagen, dass die Verantwortung von Künstlern als Vorbilder eine komplexe Angelegenheit ist, die sowohl Chancen als auch Herausforderungen mit sich bringt. Künstler wie Chase Joynt spielen eine entscheidende Rolle bei der Förderung von Sichtbarkeit und Verständnis für trans Themen. Ihre Arbeit erfordert jedoch auch eine ständige Auseinandersetzung mit den Erwartungen der Öffentlichkeit und den Herausforderungen, die mit der Sichtbarkeit einhergehen. Letztendlich liegt es an den Künstlern, diese Verantwortung ernst zu nehmen und sich für eine positive Veränderung in der Gesellschaft einzusetzen.

Die Rolle von Medien in der Vorbildfunktion

Die Medien spielen eine entscheidende Rolle in der Darstellung von Vorbildern, insbesondere in der LGBTQ-Community. Sie sind nicht nur ein Mittel zur Verbreitung von Informationen, sondern auch ein Werkzeug zur Formung von Identitäten und zur Schaffung von Gemeinschaften. In diesem Kontext ist es wichtig, die verschiedenen Dimensionen der Medienwirkung zu betrachten, einschließlich der Repräsentation, der Sichtbarkeit und der narrativen Kontrolle.

Repräsentation und Sichtbarkeit

Die Repräsentation von LGBTQ-Personen in den Medien hat sich im Laufe der Jahre erheblich verändert. Historisch gesehen wurden trans und queer Personen oft stereotypisiert oder marginalisiert. Diese negative Repräsentation kann zu einem verzerrten Selbstbild führen, insbesondere bei jungen Menschen, die nach Identitätsvorbildern suchen. Laut der Theorie der sozialen Identität (Tajfel & Turner, 1979) identifizieren sich Individuen stark mit Gruppen, die sie als relevant erachten. Wenn die Medien LGBTQ-Personen positiv darstellen, fördern sie nicht nur ein gesundes Selbstbild, sondern bieten auch ein Gefühl der Zugehörigkeit.

Beispielsweise hat die Serie *Pose* nicht nur die Sichtbarkeit von trans und queer Personen erhöht, sondern auch deren Geschichten in den Mittelpunkt gerückt. Die Charaktere sind nicht nur Vorbilder, sondern auch komplexe Individuen mit eigenen Herausforderungen und Errungenschaften. Diese Art der Darstellung ermöglicht es der Community, sich mit den Charakteren zu identifizieren und eigene Geschichten zu reflektieren.

Narrative Kontrolle und Einfluss

Die Kontrolle über die Narrative, die in den Medien verbreitet werden, ist ein weiterer wichtiger Aspekt. Oft sind es nicht die betroffenen Personen selbst, die ihre Geschichten erzählen, sondern externe Produzenten und Regisseure. Dies kann zu einer Entfremdung führen, bei der die tatsächlichen Erfahrungen und Perspektiven der LGBTQ-Community nicht authentisch wiedergegeben werden. Die Theorie der Diskursanalyse (Foucault, 1972) beleuchtet, wie Machtstrukturen die Art und Weise beeinflussen, wie Geschichten erzählt werden. Wenn die Stimmen der LGBTQ-Community nicht gehört werden, bleibt die narrative Kontrolle in den Händen derjenigen, die möglicherweise nicht die gleichen Erfahrungen gemacht haben.

Ein Beispiel dafür ist die Kritik an der Darstellung von trans Personen in vielen Hollywood-Filmen, wo oft cisgender Schauspieler für trans Rollen gecastet werden. Dies führt nicht nur zu einer Verfälschung der Realität, sondern auch zu einem Mangel an authentischen Vorbildern. Die Reaktion der Community auf solche Praktiken ist oft stark, wie die Kampagne *#TransIsBeautiful*, die darauf abzielt, die Sichtbarkeit und Akzeptanz von trans Personen zu fördern.

Medien als Plattform für Aktivismus

Medien können auch als Plattform für Aktivismus dienen. Viele LGBTQ-Aktivisten nutzen soziale Medien, um ihre Botschaften zu verbreiten und Gemeinschaften zu mobilisieren. Plattformen wie Instagram und Twitter ermöglichen es Individuen, ihre Geschichten zu teilen und direkte Interaktionen mit ihrem Publikum zu haben. Diese Form der Interaktion schafft ein Gefühl der Nähe und Authentizität, das oft in traditionellen Medien fehlt.

Ein Beispiel ist die Aktivistin und Schauspielerin Laverne Cox, die soziale Medien nutzt, um über trans Rechte und die Herausforderungen, mit denen die Community konfrontiert ist, aufzuklären. Ihre Präsenz in den Medien hat nicht nur das Bewusstsein für trans Themen erhöht, sondern auch vielen jungen Menschen das Gefühl gegeben, dass sie nicht allein sind. Cox' Einfluss zeigt, wie wichtig es ist, dass Vorbilder in den Medien sichtbar sind, um positive Veränderungen in der Gesellschaft zu bewirken.

Herausforderungen und Probleme

Trotz der Fortschritte gibt es weiterhin Herausforderungen. Die Stereotypisierung und die ungenaue Darstellung von LGBTQ-Personen in den Medien können schädliche Auswirkungen auf die Gesellschaft haben. Studien haben gezeigt, dass negative Darstellungen zu Diskriminierung und Vorurteilen führen können, was sich wiederum auf die psychische Gesundheit von LGBTQ-Personen auswirkt (Meyer, 2003).

Darüber hinaus bleibt die Frage der Vielfalt innerhalb der Repräsentation relevant. Während einige Medienformate Fortschritte gemacht haben, sind viele immer noch nicht inklusiv genug. Es ist wichtig, dass die Medien nicht nur trans und queer Personen darstellen, sondern auch die Vielfalt innerhalb dieser Gemeinschaften anerkennen. Die Theorie der intersektionalen Identität (Crenshaw, 1989) zeigt, dass Identitäten nicht isoliert betrachtet werden können. Die Darstellung von LGBTQ-Personen muss auch andere Faktoren wie Rasse, Ethnizität und sozioökonomischen Status berücksichtigen.

Fazit

Zusammenfassend lässt sich sagen, dass die Medien eine zentrale Rolle in der Vorbildfunktion innerhalb der LGBTQ-Community spielen. Sie sind nicht nur ein Spiegel der Gesellschaft, sondern auch ein Werkzeug für Veränderung. Durch positive Repräsentation, narrative Kontrolle und die Nutzung von Medien als Plattform für Aktivismus können Vorbilder geschaffen werden, die nicht nur inspirierend sind, sondern auch zur Förderung von Verständnis und Akzeptanz beitragen. Die Herausforderung besteht darin, sicherzustellen, dass diese Repräsentationen authentisch und vielfältig sind, um den komplexen Realitäten der LGBTQ-Community gerecht zu werden.

Die Reaktion der Community auf Chase Joynt

Die Reaktion der LGBTQ-Community auf Chase Joynt ist ein faszinierendes Beispiel für die Dynamik zwischen Künstlern, ihren Arbeiten und der Gesellschaft. Joynts Filme, insbesondere "Framing Agnes", haben nicht nur die Art und Weise, wie trans Geschichten erzählt werden, revolutioniert, sondern auch eine tiefgreifende Resonanz innerhalb der Community erzeugt. Diese Reaktion lässt sich durch verschiedene theoretische Ansätze und gesellschaftliche Phänomene erklären, die wir im Folgenden näher beleuchten werden.

Theoretische Perspektiven

Um die Reaktion der Community zu verstehen, können wir auf die *Theorie der sozialen Identität* zurückgreifen, die besagt, dass Individuen ihre Identität stark durch die Zugehörigkeit zu bestimmten Gruppen definieren. In diesem Kontext fühlen sich viele LGBTQ-Personen durch Joynts Arbeit repräsentiert und validiert. Seine Filme bieten nicht nur Sichtbarkeit, sondern auch eine Plattform für Diskussionen über Geschlechtsidentität und die damit verbundenen Herausforderungen.

Ein weiterer relevanter theoretischer Rahmen ist die *Repräsentationstheorie*, die besagt, dass die Art und Weise, wie Gruppen in den Medien dargestellt werden, direkte Auswirkungen auf die Wahrnehmung und das Selbstverständnis dieser Gruppen hat. Joynts Filme, die authentische und nuancierte Darstellungen von trans Personen bieten, tragen dazu bei, stereotype Narrative zu durchbrechen und ein differenziertes Bild von Geschlechtsidentität zu vermitteln.

Positive Reaktionen und Unterstützung

Die Reaktionen innerhalb der Community waren überwiegend positiv. Viele LGBTQ-Personen und Aktivisten haben Joynt für seine Fähigkeit gelobt, komplexe Themen auf eine zugängliche und ansprechende Weise zu präsentieren. In sozialen Medien und auf Filmfestivals wurden seine Werke als „wegweisend" und „transformativ" bezeichnet. Die Verwendung von Humor und Empathie in seinen Filmen ermöglicht es den Zuschauern, sich mit den Charakteren zu identifizieren und ihre eigenen Erfahrungen zu reflektieren.

Ein Beispiel für die positive Resonanz ist die Reaktion auf die Premiere von "Framing Agnes" auf dem *Sundance Film Festival*. Die Zuschauer berichteten von einem Gefühl der Erleichterung und Freude, als sie sahen, dass ihre Geschichten auf der großen Leinwand erzählt wurden. Die Diskussionen, die nach der Vorführung stattfanden, zeigten, dass Joynts Arbeit nicht nur unterhält, sondern auch zum Nachdenken anregt und eine Plattform für den Austausch von Erfahrungen bietet.

Herausforderungen und kritische Stimmen

Trotz der überwältigend positiven Reaktionen gab es auch kritische Stimmen innerhalb der Community. Einige Aktivisten äußerten Bedenken hinsichtlich der Kommerzialisierung von trans Geschichten und der Gefahr, dass die Authentizität der Erfahrungen durch den Filmemarkt verwässert werden könnte. Diese Kritiken sind nicht unberechtigt, da die Darstellung von LGBTQ-Themen in den Medien oft von den Interessen der Produzenten und nicht von den Bedürfnissen der Community geleitet wird.

Ein weiteres Problem, das angesprochen wurde, ist die Frage der *Inklusivität* in Joynts Arbeiten. Während viele die positive Darstellung von trans Personen in seinen Filmen loben, gibt es Stimmen, die fordern, dass noch mehr Diversität in Bezug auf ethnische Zugehörigkeit, soziale Schicht und andere Identitätsmerkmale gezeigt wird. Diese Diskussion ist wichtig, da sie auf die Notwendigkeit hinweist, dass alle Facetten der LGBTQ-Community in den Medien vertreten sein sollten.

Langfristige Auswirkungen auf die Community

Die Reaktion auf Chase Joynt zeigt nicht nur die aktuelle Stimmung innerhalb der Community, sondern hat auch langfristige Auswirkungen auf die Art und Weise, wie trans Geschichten erzählt werden. Die Ermutigung, die viele LGBTQ-Personen aus Joynts Arbeit ziehen, hat dazu beigetragen, dass mehr trans Künstler und Filmemacher die Bühne betreten und ihre eigenen Geschichten erzählen. Dies könnte zu einer Diversifizierung der Narrative führen und die Sichtbarkeit für unterrepräsentierte Gruppen innerhalb der LGBTQ-Community erhöhen.

Zusammenfassend lässt sich sagen, dass die Reaktion der Community auf Chase Joynt eine komplexe Mischung aus Unterstützung, kritischer Reflexion und einem Streben nach mehr Inklusivität darstellt. Joynts Fähigkeit, trans Geschichten auf eine authentische und ansprechende Weise zu erzählen, hat nicht nur die Wahrnehmung von Geschlechtsidentität in den Medien verändert, sondern auch einen Raum für Diskussion und Reflexion innerhalb der LGBTQ-Community geschaffen. Die Herausforderungen, die mit dieser Reaktion einhergehen, sind Teil eines größeren Dialogs über Repräsentation, Identität und die Verantwortung von Künstlern, die Stimmen derjenigen zu hören und zu reflektieren, die sie darstellen.

Herausforderungen und Erwartungen als Vorbild

Die Rolle von Chase Joynt als Vorbild in der LGBTQ-Community bringt sowohl Herausforderungen als auch hohe Erwartungen mit sich. Diese Herausforderungen sind vielschichtig und betreffen nicht nur Joynt persönlich, sondern auch die Gemeinschaft, die er repräsentiert.

Erwartungen der Community

Die LGBTQ-Community hat oft hohe Erwartungen an ihre Vorbilder, insbesondere an Personen, die in der Öffentlichkeit stehen. Diese Erwartungen können sich in verschiedenen Formen äußern, wie zum Beispiel:

- **Repräsentation:** Die Community erwartet, dass Vorbilder authentische und vielfältige Geschichten erzählen, die die unterschiedlichen Erfahrungen innerhalb der LGBTQ-Identitäten widerspiegeln. Dies bedeutet, dass Joynt nicht nur seine eigene Geschichte teilt, sondern auch die Geschichten anderer trans und nicht-binärer Personen in den Vordergrund stellt.

- **Aktivismus:** Es wird erwartet, dass Vorbilder aktiv an der Verbesserung der Lebensbedingungen von LGBTQ-Personen arbeiten. Joynt wird oft als Stimme für soziale Gerechtigkeit wahrgenommen und ist aufgefordert, sich an Protesten, Kampagnen und anderen Formen des Aktivismus zu beteiligen.

- **Bildung:** Als Vorbild wird von Joynt erwartet, dass er Wissen und Aufklärung über trans Themen verbreitet. Dies umfasst die Teilnahme an Podiumsdiskussionen, Workshops und die Produktion von Bildungsinhalten, die das Bewusstsein für trans Rechte und Herausforderungen schärfen.

Herausforderungen im Rampenlicht

Die Erwartungen an Joynt bringen auch erhebliche Herausforderungen mit sich:

- **Öffentliche Wahrnehmung:** Joynt steht ständig im Fokus der Öffentlichkeit, was bedeutet, dass jede seiner Aussagen und Handlungen unter dem Mikroskop betrachtet wird. Dies kann zu einem Gefühl der Überwachung führen, das den Druck erhöht, immer „politisch korrekt" und sensibel zu sein.

- **Diskriminierung und Vorurteile:** Als trans Person sieht sich Joynt nicht nur mit den Herausforderungen des Aktivismus konfrontiert, sondern auch mit der alltäglichen Diskriminierung und den Vorurteilen, die viele LGBTQ-Personen erleben. Diese Diskriminierung kann sowohl in persönlichen als auch in professionellen Kontexten auftreten und muss ständig überwunden werden.

- **Emotionale Belastung:** Die Verantwortung, als Vorbild zu fungieren, kann emotional belastend sein. Joynt muss oft mit dem Druck umgehen, die Stimme für viele zu sein, während er gleichzeitig seine eigene mentale Gesundheit und sein Wohlbefinden im Blick behalten muss. Dies erfordert eine ausgeglichene Selbstfürsorge und Unterstützung durch die Community.

Die Balance finden

Um diesen Herausforderungen zu begegnen, muss Joynt eine Balance finden zwischen seinen eigenen Bedürfnissen und den Erwartungen, die an ihn gestellt werden. Dies kann durch verschiedene Strategien erreicht werden:

- **Selbstfürsorge:** Joynt muss aktiv Maßnahmen zur Selbstfürsorge ergreifen, um seine mentale und emotionale Gesundheit zu schützen. Dies kann Meditation, Therapie oder einfach Zeit für sich selbst umfassen, um sich von den Anforderungen des Aktivismus zu erholen.

- **Community-Unterstützung:** Die Unterstützung durch die LGBTQ-Community ist entscheidend. Joynt kann auf Netzwerke von Gleichgesinnten zurückgreifen, die ähnliche Erfahrungen gemacht haben und die ihn in schwierigen Zeiten unterstützen können.

- **Ehrliche Kommunikation:** Joynt kann auch die Erwartungen an ihn ansprechen und offen über die Herausforderungen sprechen, die mit seiner Rolle als Vorbild verbunden sind. Diese Transparenz kann dazu beitragen, unrealistische Erwartungen abzubauen und ein besseres Verständnis für die Komplexität seiner Erfahrungen zu schaffen.

Schlussfolgerung

Die Herausforderungen und Erwartungen, die an Chase Joynt als Vorbild gestellt werden, sind sowohl eine Belastung als auch eine Gelegenheit. Sie bieten die Möglichkeit, wichtige Gespräche über Repräsentation, Aktivismus und die Erfahrungen von trans Personen in der Gesellschaft zu führen. Gleichzeitig erfordern sie von Joynt, dass er sich um sich selbst kümmert und die Balance zwischen seinem öffentlichen Leben und seinem persönlichen Wohlbefinden findet.

Durch diese Herausforderungen kann Joynt nicht nur seine eigene Geschichte erzählen, sondern auch als Katalysator für Veränderungen in der Gesellschaft dienen. Die Verantwortung, die mit seiner Rolle als Vorbild einhergeht, ist groß, aber sie ist auch eine Chance, die Sichtbarkeit und das Verständnis für die LGBTQ-Community zu fördern und zukünftige Generationen von Aktivisten zu inspirieren.

Die Bedeutung von Mentoring

Mentoring spielt eine entscheidende Rolle in der Entwicklung von Individuen, insbesondere innerhalb der LGBTQ-Community. Es bietet nicht nur Unterstützung und Anleitung, sondern fördert auch das Wachstum und die Selbstakzeptanz. In dieser Sektion werden wir die verschiedenen Aspekte des Mentorings untersuchen, einschließlich der theoretischen Grundlagen, der Herausforderungen und der praktischen Beispiele, die die Bedeutung von Mentoring im Leben von LGBTQ-Personen verdeutlichen.

Theoretische Grundlagen des Mentorings

Mentoring ist ein Prozess, bei dem eine erfahrene Person (der Mentor) eine weniger erfahrene Person (der Mentee) unterstützt und anleitet. Laut Kram (1985) umfasst Mentoring zwei Hauptdimensionen: die berufliche Unterstützung und die psychosoziale Unterstützung. Die berufliche Unterstützung bezieht sich auf die Hilfestellung bei der Karriereentwicklung, während die psychosoziale Unterstützung emotionale und soziale Unterstützung umfasst. Diese beiden Dimensionen sind besonders wichtig für LGBTQ-Personen, die oft mit zusätzlichen Herausforderungen konfrontiert sind, wie Diskriminierung und Isolation.

$$M = f(P, S) \tag{25}$$

wobei M die Wirksamkeit des Mentorings, P die berufliche Unterstützung und S die psychosoziale Unterstützung darstellt. Diese Gleichung verdeutlicht, dass die Effektivität des Mentorings von der Balance zwischen diesen beiden Dimensionen abhängt.

Herausforderungen im Mentoring

Trotz der positiven Auswirkungen von Mentoring gibt es auch Herausforderungen. Eine der größten Hürden ist das Fehlen von Vorbildern innerhalb der LGBTQ-Community. Viele junge LGBTQ-Personen wachsen in Umgebungen auf, in denen sie keine positiven Repräsentationen ihrer Identität sehen. Dies kann zu einem Mangel an Selbstvertrauen und Selbstwertgefühl führen. Ein weiteres Problem ist die Angst vor Ablehnung, die viele LGBTQ-Personen empfinden, wenn sie versuchen, Mentoren zu finden oder Hilfe zu suchen. Diese Ängste können den Zugang zu wertvollen Mentoring-Beziehungen einschränken.

Praktische Beispiele für erfolgreiches Mentoring

Ein Beispiel für erfolgreiches Mentoring in der LGBTQ-Community ist das Programm „Out for Change", das jungen LGBTQ-Personen die Möglichkeit bietet, mit erfahrenen Fachleuten aus der Community in Kontakt zu treten. Durch Workshops, Networking-Events und individuelle Mentoring-Sitzungen erhalten die Teilnehmer nicht nur berufliche Ratschläge, sondern auch emotionale Unterstützung. Diese Programme haben nachweislich das Selbstbewusstsein der Teilnehmer gestärkt und ihre Karrierechancen verbessert.

Ein weiteres Beispiel ist die Geschichte von Chase Joynt selbst, der als Mentor für viele junge LGBTQ-Filmemacher fungiert. Durch seine eigene Erfahrung und seine Erfolge im Filmemachen bietet er wertvolle Einblicke und Inspiration. Joynt hat oft betont, wie wichtig es ist, dass junge LGBTQ-Personen jemanden haben, der sie anleitet und unterstützt, insbesondere in der kreativen Branche, die oft von Vorurteilen geprägt ist.

Die Rolle von Mentoring in der Selbstakzeptanz

Mentoring kann auch einen tiefgreifenden Einfluss auf die Selbstakzeptanz von LGBTQ-Personen haben. Ein Mentor kann helfen, interne Konflikte zu lösen und den Mentees zu helfen, ihre Identität zu akzeptieren. Durch positive Bestärkung und Unterstützung können Mentoren dazu beitragen, dass junge Menschen ein gesundes Selbstbild entwickeln. Die Beziehung zwischen Mentor und Mentee kann als sicherer Raum fungieren, in dem der Mentee seine Ängste und Zweifel offenbaren kann, ohne Angst vor Verurteilung zu haben.

Fazit

Zusammenfassend lässt sich sagen, dass Mentoring eine wesentliche Rolle im Leben von LGBTQ-Personen spielt. Es bietet nicht nur berufliche Unterstützung, sondern auch psychosoziale Hilfe, die für die persönliche Entwicklung unerlässlich ist. Trotz der Herausforderungen, die mit dem Mentoring verbunden sind, können erfolgreiche Programme und individuelle Beziehungen einen nachhaltigen Einfluss auf die Selbstakzeptanz und das Wachstum von LGBTQ-Personen haben. Die Förderung von Mentoring-Beziehungen sollte daher ein zentraler Bestandteil jeder Strategie zur Unterstützung der LGBTQ-Community sein.

Die Zukunft von LGBTQ-Aktivisten

Die Zukunft von LGBTQ-Aktivisten ist ein Thema von großer Bedeutung, da die Herausforderungen und Chancen, die sich aus den gesellschaftlichen Veränderungen ergeben, sowohl die gegenwärtige als auch die zukünftige Generation von Aktivisten beeinflussen. In dieser Sektion werden wir die bevorstehenden Herausforderungen, die Rolle von Technologie und sozialen Medien, sowie die Notwendigkeit von intersektionalem Aktivismus beleuchten.

Herausforderungen für zukünftige Aktivisten

Die Herausforderungen, vor denen LGBTQ-Aktivisten in der Zukunft stehen, sind vielfältig. Während einige rechtliche Fortschritte erzielt wurden, bleibt Diskriminierung in verschiedenen Formen bestehen. Eine Studie von [Smith(2020)] zeigt, dass in vielen Ländern trotz gesetzlicher Gleichstellung die gesellschaftliche Akzeptanz hinterherhinkt. Dies führt zu einem Klima, in dem LGBTQ-Personen weiterhin Diskriminierung, Gewalt und Vorurteile erleben.

Ein weiteres Problem ist der Anstieg von anti-LGBTQ-Gesetzgebungen, insbesondere in bestimmten Regionen der Welt. Gesetze, die die Rechte von LGBTQ-Personen einschränken, können den Aktivismus behindern und die Sicherheit von Individuen gefährden. [?] dokumentiert, dass in den letzten Jahren mehrere Länder Gesetze verabschiedet haben, die die Rechte von Trans-Personen einschränken, was eine direkte Herausforderung für Aktivisten darstellt, die sich für Gleichheit und Gerechtigkeit einsetzen.

Technologie und soziale Medien

Die Rolle von Technologie und sozialen Medien ist in der Zukunft des LGBTQ-Aktivismus nicht zu unterschätzen. Plattformen wie Twitter, Instagram und TikTok bieten eine Bühne für Aktivisten, um ihre Botschaften zu verbreiten und eine breitere Öffentlichkeit zu erreichen. [?] argumentiert, dass soziale Medien es LGBTQ-Aktivisten ermöglichen, Netzwerke zu bilden und ihre Anliegen global zu verbreiten.

Allerdings bringt die Nutzung von sozialen Medien auch Herausforderungen mit sich. Die Verbreitung von Fehlinformationen und die Möglichkeit von Online-Mobbing sind ernstzunehmende Probleme. Aktivisten müssen lernen, mit diesen Herausforderungen umzugehen und Strategien zu entwickeln, um ihre Botschaften effektiv zu kommunizieren, während sie sich gleichzeitig gegen toxische Online-Umgebungen behaupten.

Intersektionalität im Aktivismus

Ein weiterer wichtiger Aspekt, der die Zukunft von LGBTQ-Aktivisten prägen wird, ist die Notwendigkeit eines intersektionalen Ansatzes im Aktivismus. Der Begriff Intersektionalität, geprägt von Kimberlé Crenshaw, bezieht sich auf die Überschneidungen von verschiedenen Identitäten und den damit verbundenen Diskriminierungen. [Crenshaw(1989)] hebt hervor, dass es entscheidend ist, die Vielfalt innerhalb der LGBTQ-Community zu erkennen und anzuerkennen, dass nicht alle Mitglieder die gleichen Erfahrungen machen.

Zukünftige Aktivisten müssen sich mit Themen wie Rassismus, Klassenunterschieden und Geschlechteridentität auseinandersetzen, um eine wirklich inklusive Bewegung zu schaffen. Ein intersektionaler Ansatz kann dazu beitragen, dass marginalisierte Stimmen innerhalb der LGBTQ-Community gehört werden. Dies ist besonders wichtig, um sicherzustellen, dass die Bedürfnisse von BIPOC-Trans-Personen und anderen unterrepräsentierten Gruppen nicht übersehen werden.

Beispiele für zukünftigen Aktivismus

Ein Beispiel für die zukünftige Richtung des LGBTQ-Aktivismus ist die zunehmende Zusammenarbeit zwischen verschiedenen sozialen Bewegungen. Aktivisten setzen sich zunehmend für eine Vielzahl von Themen ein, die über die LGBTQ-Rechte hinausgehen, wie Klimagerechtigkeit, Rassengleichheit und soziale Gerechtigkeit. Diese Art von Zusammenarbeit kann die Sichtbarkeit und Wirksamkeit von LGBTQ-Anliegen stärken.

Ein weiteres Beispiel ist die Nutzung von Kunst und Kreativität als Mittel des Aktivismus. Künstler und Aktivisten nutzen Film, Musik und visuelle Kunst, um Geschichten zu erzählen und Bewusstsein zu schaffen. Chase Joynt ist ein hervorragendes Beispiel dafür, wie filmische Erzählungen genutzt werden können, um gesellschaftliche Veränderungen herbeizuführen und die Sichtbarkeit von LGBTQ-Personen zu erhöhen.

Die Zukunft des LGBTQ-Aktivismus wird also durch eine Kombination aus Herausforderungen und Chancen geprägt sein. Während Diskriminierung und Vorurteile weiterhin bestehen, eröffnen technologische Fortschritte und intersektionale Ansätze neue Wege für Aktivisten, um ihre Stimmen zu erheben und Veränderungen herbeizuführen.

Fazit

Zusammenfassend lässt sich sagen, dass die Zukunft von LGBTQ-Aktivisten sowohl vielversprechend als auch herausfordernd ist. Es ist entscheidend, dass zukünftige Generationen von Aktivisten die Lektionen der Vergangenheit nutzen, um effektive Strategien zu entwickeln, die auf die Bedürfnisse einer vielfältigen und sich ständig verändernden Gemeinschaft eingehen. Die Verantwortung, eine inklusive und gerechte Gesellschaft zu schaffen, liegt in den Händen der kommenden Generationen, und der Weg dorthin wird durch Kreativität, Zusammenarbeit und unermüdlichen Einsatz geprägt sein.

Die Entwicklung einer neuen Generation von Künstlern

Die Entwicklung einer neuen Generation von Künstlern ist ein entscheidender Aspekt im LGBTQ-Aktivismus, insbesondere im Kontext der trans Repräsentation und Sichtbarkeit. Diese Künstler stehen vor der Herausforderung, ihre Identität und Erfahrungen in einem oft feindlichen Umfeld auszudrücken. Gleichzeitig bringen sie frische Perspektiven und innovative Ansätze in ihre Kunst ein, die sowohl persönliche als auch kollektive Narrative widerspiegeln.

Theoretische Grundlagen

Die Theorie der sozialen Identität, wie sie von Henri Tajfel und John Turner formuliert wurde, spielt eine zentrale Rolle in der Diskussion über die Entwicklung neuer Künstler. Diese Theorie besagt, dass Individuen ihre Identität stark durch die Gruppen definieren, denen sie angehören. Für LGBTQ-Künstler bedeutet dies, dass ihre Kunst oft die Themen von Zugehörigkeit, Diskriminierung und Selbstakzeptanz behandelt.

Ein Beispiel für diese Theorie in der Praxis ist die Arbeit von Künstlern wie Alok Vaid-Menon, die durch ihre Performances und Kunstwerke die Komplexität der Geschlechtsidentität und die Herausforderungen, denen trans Personen gegenüberstehen, thematisieren. Ihre Kunst ist nicht nur eine persönliche Ausdrucksform, sondern auch ein Werkzeug zur Schaffung eines kollektiven Bewusstseins innerhalb der LGBTQ-Community.

Herausforderungen

Die Herausforderungen, mit denen diese neue Generation von Künstlern konfrontiert ist, sind vielfältig. Dazu gehören:

- **Zugang zu Ressourcen:** Viele aufstrebende Künstler haben Schwierigkeiten, Zugang zu finanziellen Mitteln und professionellen Netzwerken zu erhalten, die für die Entwicklung ihrer Karrieren entscheidend sind.

- **Sichtbarkeit und Anerkennung:** Trotz der wachsenden Anzahl von LGBTQ-Filmen und -Kunstwerken bleibt die Sichtbarkeit von trans Künstlern in der breiteren Medienlandschaft begrenzt. Oft werden ihre Geschichten marginalisiert oder nicht authentisch dargestellt.

- **Diskriminierung:** Viele Künstler erleben Diskriminierung aufgrund ihrer Geschlechtsidentität oder sexuellen Orientierung, was sich negativ auf ihre psychische Gesundheit und kreative Ausdrucksformen auswirken kann.

Beispiele für neue Künstler

Ein herausragendes Beispiel für die neue Generation von LGBTQ-Künstlern ist die trans Filmemacherin Ayo Tushinde, deren Kurzfilm *"Beyond the Binary"* die Herausforderungen und Freuden des Lebens jenseits traditioneller Geschlechterrollen thematisiert. Tushindes Arbeit hat nicht nur auf Festivals Anerkennung gefunden, sondern auch Diskussionen über Geschlechteridentität in der breiten Öffentlichkeit angestoßen.

Ein weiteres Beispiel ist die Künstlerin und Aktivistin Muna Tseng, die durch ihre Performances und Installationen die kulturellen und sozialen Herausforderungen von trans Personen thematisiert. Ihre Arbeit vereint Elemente des Theaters, der bildenden Kunst und des Aktivismus und schafft so einen Raum für Dialog und Reflexion.

Die Rolle von Mentoring

Mentoring spielt eine entscheidende Rolle in der Entwicklung neuer Künstler. Erfahrene Künstler und Aktivisten können aufstrebenden Talenten wertvolle Unterstützung bieten, sei es durch Workshops, Netzwerke oder persönliche Anleitung. Programme wie *"Trans Artist Residency"* bieten trans Künstlern die Möglichkeit, ihre Fähigkeiten zu entwickeln und ihre Kunst einem breiteren Publikum zugänglich zu machen.

Darüber hinaus können Mentoren helfen, die Herausforderungen zu navigieren, die mit der Sichtbarkeit in der Kunstwelt verbunden sind. Sie können Ratschläge geben, wie man mit Kritik umgeht, finanzielle Unterstützung sichert und ein starkes Netzwerk aufbaut.

Zukunftsperspektiven

Die Zukunft der LGBTQ-Kunst und des Aktivismus hängt stark von der Unterstützung und Förderung dieser neuen Generation von Künstlern ab. Es ist entscheidend, dass Institutionen, Förderer und die Gesellschaft als Ganzes die Stimmen dieser Künstler hören und ihre Arbeit anerkennen. Durch die Schaffung von Plattformen, die Vielfalt und Inklusion fördern, können wir sicherstellen, dass die Kunst weiterhin ein kraftvolles Werkzeug für sozialen Wandel bleibt.

Insgesamt zeigt die Entwicklung einer neuen Generation von Künstlern, dass die Zukunft des LGBTQ-Aktivismus in den Händen junger, kreativer Stimmen liegt, die bereit sind, die Herausforderungen der Gegenwart anzunehmen und durch ihre Kunst eine positive Veränderung herbeizuführen.

Reflexion über die eigene Vorbildfunktion

Die Reflexion über die eigene Vorbildfunktion ist für Chase Joynt von zentraler Bedeutung, sowohl in seinem persönlichen Leben als auch in seiner Rolle als LGBTQ-Aktivist und Filmemacher. Vorbilder sind entscheidend für die Entwicklung von Identität und Selbstbewusstsein, insbesondere in marginalisierten Gemeinschaften. Sie bieten nicht nur Inspiration, sondern auch eine Blaupause für das Navigieren von Herausforderungen und das Streben nach Authentizität.

Die Bedeutung von Vorbildern in der LGBTQ-Community

In der LGBTQ-Community spielen Vorbilder eine besonders wichtige Rolle. Sie helfen, das Gefühl der Isolation zu verringern und bieten Perspektiven, die oft in traditionellen Medien unterrepräsentiert sind. Chase Joynt hat in seinen Arbeiten immer wieder betont, dass Sichtbarkeit und Repräsentation nicht nur für die Betroffenen wichtig sind, sondern auch für die Gesellschaft als Ganzes. Ein bekanntes Beispiel ist die Dokumentation *Framing Agnes*, die historische trans Identitäten in den Vordergrund stellt und zeigt, wie diese Geschichten das Verständnis von Geschlechtsidentität erweitern können.

Einfluss auf junge LGBTQ-Personen

Die Wirkung von Vorbildern auf junge LGBTQ-Personen ist tiefgreifend. Studien zeigen, dass positive Repräsentation in Medien das Selbstwertgefühl und das Zugehörigkeitsgefühl junger Menschen stärken kann. Joynts Einfluss erstreckt sich über die Leinwand hinaus; er ist ein aktiver Mentor für aufstrebende Künstler und Aktivisten. Durch Workshops und persönliche Gespräche ermutigt er sie, ihre Geschichten zu erzählen und ihre Stimmen zu erheben. Dies ist besonders wichtig, da viele junge LGBTQ-Personen in einem Umfeld aufwachsen, das oft nicht unterstützend ist.

Die Verantwortung von Künstlern als Vorbilder

Künstler wie Chase Joynt tragen eine besondere Verantwortung. Sie sind nicht nur für ihre eigenen Geschichten verantwortlich, sondern auch für die Geschichten, die sie wählen, zu erzählen. Die Auswahl der Themen und die Art und Weise, wie sie präsentiert werden, können tiefgreifende Auswirkungen auf die Wahrnehmung von LGBTQ-Themen haben. Joynt hat oft betont, dass es wichtig ist, komplexe und nuancierte Darstellungen zu schaffen, die die Vielfalt der Erfahrungen innerhalb der LGBTQ-Community widerspiegeln.

Die Rolle von Medien in der Vorbildfunktion

Die Medien spielen eine entscheidende Rolle in der Schaffung und Aufrechterhaltung von Vorbildern. Filme, Serien und andere Medienformate können stereotype Darstellungen verstärken oder abbauen. Chase Joynt nutzt seine Plattform, um die Narrativen zu hinterfragen, die in der Gesellschaft verbreitet sind. In seinem Film *Framing Agnes* wird der historische Kontext von Transidentitäten beleuchtet und zeigt, wie wichtig es ist, diese Geschichten zu erzählen, um das Verständnis und die Akzeptanz zu fördern.

Die Reaktion der Community auf Chase Joynt

Die Reaktion der LGBTQ-Community auf Chase Joynt ist überwältigend positiv. Viele sehen in ihm ein Vorbild, das nicht nur seine eigene Geschichte erzählt, sondern auch die Geschichten anderer fördert. Seine Arbeit hat dazu beigetragen, eine Gemeinschaft zu schaffen, die sich gegenseitig unterstützt und ermutigt. Joynts Engagement für die Sichtbarkeit von trans Personen hat das Bewusstsein für die Herausforderungen, mit denen diese konfrontiert sind, geschärft und dazu beigetragen, eine breitere Diskussion über Geschlechtsidentität zu initiieren.

Herausforderungen und Erwartungen als Vorbild

Trotz des positiven Einflusses, den Chase Joynt hat, gibt es auch Herausforderungen. Die Erwartungen, die an Vorbilder gestellt werden, können erdrückend sein. Joynt hat öffentlich über den Druck gesprochen, der mit seiner Rolle als Vorbild einhergeht, und darüber, wie wichtig es ist, authentisch zu bleiben. Diese Authentizität ist entscheidend, um eine echte Verbindung zur Community aufrechtzuerhalten.

Die Bedeutung von Mentoring

Mentoring ist ein weiterer wichtiger Aspekt von Joynts Vorbildfunktion. Er hat sich aktiv dafür eingesetzt, junge LGBTQ-Künstler zu unterstützen und ihnen die Möglichkeit zu geben, ihre eigenen Geschichten zu erzählen. Durch Mentoring-Programme und persönliche Gespräche fördert er die nächste Generation von Aktivisten und Künstlern, was zu einer stärkeren und vielfältigeren Repräsentation in der Medienlandschaft führt.

Die Zukunft von LGBTQ-Aktivisten

Die Zukunft von LGBTQ-Aktivisten hängt stark von den Vorbildern ab, die sie heute haben. Chase Joynt ist sich dieser Verantwortung bewusst und arbeitet daran, eine nachhaltige Plattform für zukünftige Generationen zu schaffen. Er ermutigt junge Menschen, ihre Stimmen zu erheben und sich für ihre Rechte einzusetzen, und zeigt ihnen, dass ihre Geschichten wertvoll und wichtig sind.

Die Entwicklung einer neuen Generation von Künstlern

Joynts Einfluss erstreckt sich auch auf die Entwicklung einer neuen Generation von Künstlern, die bereit sind, die Herausforderungen der heutigen Zeit anzunehmen.

Durch seine Arbeit inspiriert er andere, sich mit Themen wie Geschlechtsidentität, Diskriminierung und Sichtbarkeit auseinanderzusetzen. Diese neue Generation ist entscheidend für den fortwährenden Fortschritt in der LGBTQ-Bewegung.

Reflexion über die eigene Vorbildfunktion

In der Reflexion über seine eigene Vorbildfunktion erkennt Chase Joynt die Komplexität und die Herausforderungen an, die mit dieser Rolle verbunden sind. Es ist eine ständige Balance zwischen der Darstellung seiner eigenen Identität und der Verantwortung, die er gegenüber anderen hat. Er ist sich bewusst, dass jede Entscheidung, die er trifft, Auswirkungen auf die Wahrnehmung von trans Personen und LGBTQ-Themen haben kann. Diese Reflexion ist nicht nur ein persönlicher Prozess, sondern auch ein Aufruf an andere, sich ihrer eigenen Rolle als Vorbilder bewusst zu werden und die Verantwortung, die damit einhergeht, ernst zu nehmen.

Insgesamt zeigt Chase Joynts Reise, wie wichtig es ist, authentisch zu sein und gleichzeitig die Verantwortung zu übernehmen, die mit der Sichtbarkeit als Vorbild einhergeht. Seine Arbeit und sein Engagement sind nicht nur für ihn selbst, sondern auch für die gesamte LGBTQ-Community von großer Bedeutung. Es ist eine ständige Herausforderung, die er mit Anmut und Entschlossenheit meistert, und die Inspiration, die er bietet, wird noch lange nachwirken.

Fazit und Ausblick

Die Bedeutung von Chase Joynts Werk

Zusammenfassung der wichtigsten Themen

In dieser Biografie haben wir die facettenreiche Reise von Chase Joynt beleuchtet, einem herausragenden LGBTQ-Aktivisten und Filmemacher, dessen Werk sowohl künstlerisch als auch gesellschaftspolitisch von großer Bedeutung ist. Die wichtigsten Themen, die sich durch sein Leben und Schaffen ziehen, können in mehreren Schlüsselbereichen zusammengefasst werden.

Die Rolle des Aktivismus im Film

Ein zentrales Thema dieser Biografie ist die Verbindung zwischen Film und Aktivismus. Chase Joynt nutzt das Medium Film nicht nur als Kunstform, sondern auch als Plattform für sozialen Wandel. Der Einsatz von Film als Werkzeug zur Aufklärung über trans Themen ist besonders relevant, da er es ermöglicht, komplexe Geschichten zu erzählen und Empathie zu fördern. Laut der Theorie des *Cinematic Activism* ist Film in der Lage, die Wahrnehmung von marginalisierten Gruppen zu verändern, indem er deren Geschichten authentisch darstellt und das Publikum emotional anspricht.

Trans-Repräsentation und Sichtbarkeit

Ein weiteres wichtiges Thema ist die Repräsentation von trans Personen in den Medien. Chase Joynt hat sich aktiv für eine verbesserte Sichtbarkeit von trans Geschichten eingesetzt, um stereotype Darstellungen zu hinterfragen und eine breitere Akzeptanz zu fördern. Die *Representation Theory* besagt, dass die Art und Weise, wie Gruppen in den Medien dargestellt werden, direkten Einfluss auf gesellschaftliche Einstellungen und das Selbstbild der Mitglieder dieser Gruppen hat. Joynts Werke, insbesondere *Framing Agnes*, zeigen, wie wichtig es ist, dass trans Personen die Möglichkeit haben, ihre eigenen Geschichten zu erzählen und nicht durch die Linse cisgender Perspektiven betrachtet zu werden.

Herausforderungen im Aktivismus

Die Biografie beleuchtet auch die Herausforderungen, denen LGBTQ-Aktivisten, insbesondere trans Filmemacher, gegenüberstehen. Diese Herausforderungen reichen von finanziellen Hürden bei der Produktion von Filmen bis hin zu gesellschaftlicher Diskriminierung und Vorurteilen. Die *Social Identity Theory* hilft zu verstehen, wie Diskriminierung und Marginalisierung die Identität und das Selbstwertgefühl von LGBTQ-Personen beeinflussen können. Joynt hat sich diesen Herausforderungen gestellt und nutzt seine Plattform, um auf die Notwendigkeit von Unterstützung und Solidarität innerhalb der LGBTQ-Community hinzuweisen.

Einfluss auf die LGBTQ-Community

Der Einfluss von Chase Joynts Arbeit auf die LGBTQ-Community ist nicht zu unterschätzen. Seine Filme und sein Aktivismus haben nicht nur das Bewusstsein für trans Themen geschärft, sondern auch einen Raum für Diskussionen und Debatten geschaffen. Die *Collective Identity Theory* beschreibt, wie gemeinsame Erfahrungen und Kämpfe innerhalb einer Gruppe zu einem stärkeren Gemeinschaftsgefühl führen können. Joynts Werk inspiriert junge LGBTQ-Personen, sich selbst zu akzeptieren und aktiv zu werden, was für die Weiterentwicklung der Bewegung von entscheidender Bedeutung ist.

Die Zukunft des LGBTQ-Aktivismus

Abschließend betrachtet die Biografie die Zukunft des LGBTQ-Aktivismus und die Rolle, die Künstler wie Chase Joynt dabei spielen können. Die Notwendigkeit, neue Wege des Aktivismus zu finden, ist dringlicher denn je, insbesondere in einer Zeit, in der gesellschaftliche Rückschritte drohen. Die *Theory of Change* legt nahe, dass nachhaltiger Wandel durch die Kombination von Kunst, Bildung und politischem Engagement erreicht werden kann. Joynt zeigt, dass Kunst nicht nur ein Spiegel der Gesellschaft ist, sondern auch ein Katalysator für Veränderung.

Zusammenfassend lässt sich sagen, dass Chase Joynts Leben und Werk eine kraftvolle Botschaft der Hoffnung und des Wandels verkörpern. Seine Fähigkeit, persönliche Erfahrungen in universelle Geschichten zu verwandeln, hat nicht nur seine eigene Identität geformt, sondern auch die von vielen anderen in der

LGBTQ-Community. Diese Biografie ist nicht nur eine Hommage an seine Leistungen, sondern auch ein Aufruf zur Aktion für zukünftige Generationen von Aktivisten und Künstlern.

Die Rolle von Kunst im Aktivismus

Die Rolle von Kunst im Aktivismus ist ein faszinierendes und vielschichtiges Thema, das in den letzten Jahrzehnten zunehmend an Bedeutung gewonnen hat. Kunst hat das Potenzial, gesellschaftliche Normen in Frage zu stellen, Diskurse zu verändern und die Sichtbarkeit marginalisierter Stimmen zu erhöhen. In diesem Kontext wird Kunst nicht nur als ästhetisches Medium verstanden, sondern als ein kraftvolles Werkzeug zur Förderung sozialer Veränderungen.

Theoretische Grundlagen

Die Verbindung zwischen Kunst und Aktivismus kann durch verschiedene theoretische Ansätze beleuchtet werden. Der Kulturtheoretiker Theodor Adorno argumentiert, dass Kunst ein kritisches Potenzial hat, das es ermöglicht, die Widersprüche der Gesellschaft zu reflektieren und zu hinterfragen. Er beschreibt Kunst als ein „Widerspruchsprodukt", das sowohl die bestehenden Verhältnisse reproduzieren als auch deren Überwindung anstreben kann [1]. Diese Dialektik ist besonders relevant im Kontext des LGBTQ-Aktivismus, wo Kunst als Ausdrucksform genutzt wird, um gegen Diskriminierung und Ungerechtigkeit zu kämpfen.

Ein weiterer wichtiger theoretischer Ansatz ist die Idee der „kulturellen Produktion" von Pierre Bourdieu, die beschreibt, wie Kunst und Kultur in sozialen Kontexten produziert und rezipiert werden. Bourdieu betont, dass Kunst nicht isoliert existiert, sondern in einem sozialen Feld eingebettet ist, das durch Machtverhältnisse und soziale Kämpfe geprägt ist [2]. Diese Perspektive ermöglicht es, die Rolle von Künstlern und Aktivisten innerhalb der LGBTQ-Community zu verstehen und wie sie durch ihre Werke Einfluss auf gesellschaftliche Veränderungen ausüben können.

Kunst als Ausdruck von Identität

Kunst bietet LGBTQ-Personen die Möglichkeit, ihre Identität auszudrücken und zu erforschen. Durch verschiedene Medien wie Film, Literatur, Theater und bildende Kunst können Künstler ihre persönlichen Erfahrungen und Herausforderungen teilen. Dies fördert nicht nur die Selbstakzeptanz, sondern auch das Verständnis innerhalb der Gesellschaft. Ein Beispiel hierfür ist der Film

„Moonlight" (2016), der die Geschichte eines jungen afroamerikanischen Mannes erzählt, der mit seiner sexuellen Identität und den Herausforderungen seiner Umgebung kämpft. Der Film erhielt breite Anerkennung und gewann den Oscar für den besten Film, was die Sichtbarkeit von LGBTQ-Themen in der Mainstream-Kultur erheblich steigerte [3].

Darüber hinaus zeigt die Performancekunst eine besondere Kraft im Aktivismus. Künstler wie Marina Abramović und ihre Arbeiten, die oft körperliche und emotionale Grenzen überschreiten, laden das Publikum ein, über Themen wie Geschlecht, Identität und Trauma nachzudenken. Diese Art der Kunst kann als eine Form des Widerstands interpretiert werden, die das Publikum dazu anregt, sich mit den eigenen Vorurteilen und Vorstellungen auseinanderzusetzen [4].

Kunst als Werkzeug für soziale Veränderung

Kunst kann auch als strategisches Werkzeug im Aktivismus eingesetzt werden, um auf soziale Missstände aufmerksam zu machen und Veränderungen zu fordern. Kampagnen wie „AIDS Activism" in den 1980er Jahren, bei denen Künstler und Aktivisten visuelle Medien nutzten, um auf die AIDS-Krise aufmerksam zu machen, sind Beispiele dafür, wie Kunst mobilisierend wirken kann. Die „ACT UP"-Bewegung verwendete Plakate, Performances und öffentliche Aktionen, um die Untätigkeit der Regierung zu kritisieren und die Rechte von HIV-positiven Menschen zu verteidigen [5].

Ein weiteres Beispiel ist das Projekt „The Queer Museum" in Brasilien, das 2017 eröffnet wurde und darauf abzielt, die Geschichte und Kultur der LGBTQ-Community zu präsentieren. Durch Ausstellungen, Workshops und Diskussionsrunden wird die Sichtbarkeit von LGBTQ-Themen gefördert und ein Raum für Dialog und Bildung geschaffen [6]. Solche Initiativen zeigen, wie Kunst als Plattform für soziale Gerechtigkeit und als Mittel zur Förderung von Empathie und Verständnis fungieren kann.

Herausforderungen und Kritik

Trotz der positiven Aspekte der Kunst im Aktivismus gibt es auch Herausforderungen und Kritik. Oft wird Kunst als elitär oder unzugänglich wahrgenommen, was dazu führen kann, dass bestimmte Stimmen marginalisiert werden. Zudem kann die Kommerzialisierung von Kunstwerken dazu führen, dass die ursprüngliche Botschaft verwässert wird. Künstler müssen oft einen

Balanceakt zwischen künstlerischer Integrität und den Erwartungen von Förderern und Publikum meistern.

Ein Beispiel für diese Herausforderung ist die Diskussion um die Repräsentation von Transgender-Personen im Film. Filme, die von cisgender Regisseuren produziert werden, können oft stereotype Darstellungen reproduzieren, die die Realität von trans Personen nicht angemessen widerspiegeln. Es ist entscheidend, dass trans Künstler die Möglichkeit erhalten, ihre eigenen Geschichten zu erzählen, um authentische und nuancierte Darstellungen zu schaffen [7].

Fazit

Zusammenfassend lässt sich sagen, dass Kunst eine zentrale Rolle im LGBTQ-Aktivismus spielt. Sie ermöglicht es, Identitäten zu erforschen, soziale Missstände anzuprangern und das Bewusstsein für wichtige Themen zu schärfen. Während es Herausforderungen gibt, bleibt die Kraft der Kunst, Veränderungen zu bewirken und die Gesellschaft zu inspirieren, unbestritten. Die Verbindung zwischen Kunst und Aktivismus ist dynamisch und kontinuierlich im Wandel, und es ist die Verantwortung der kommenden Generationen von Künstlern und Aktivisten, diese Verbindung weiter zu stärken und auszubauen.

Bibliography

[1] Theodor W. Adorno, *Aesthetic Theory*, 1970.

[2] Pierre Bourdieu, *The Field of Cultural Production*, 1993.

[3] *Moonlight*, Directed by Barry Jenkins, A24, 2016.

[4] Marina Abramović, *The Artist Is Present*, 2010.

[5] ACT UP, *ACT UP: A History*, 1987.

[6] *The Queer Museum*, 2017.

[7] *Transgender Representation in Film and Television*, 2018.

Einfluss auf die LGBTQ-Community

Chase Joynt hat durch sein künstlerisches Schaffen und seinen Aktivismus einen signifikanten Einfluss auf die LGBTQ-Community ausgeübt. Dieser Einfluss lässt sich in mehreren Dimensionen betrachten, die sowohl die Sichtbarkeit als auch die Repräsentation von trans und nicht-binären Personen in der Gesellschaft betreffen.

Sichtbarkeit und Repräsentation

Die Sichtbarkeit von LGBTQ-Personen in den Medien ist entscheidend, um Stereotypen abzubauen und ein realistisches Bild der vielfältigen Erfahrungen innerhalb der Community zu vermitteln. Joynts Werke, insbesondere *Framing Agnes*, haben dazu beigetragen, trans Geschichten in den Vordergrund zu rücken und die Komplexität der Geschlechtsidentität zu zeigen.

$$V = \frac{S}{R} \qquad (26)$$

wobei V für Sichtbarkeit, S für die Anzahl der positiven Darstellungen in den Medien und R für die Anzahl der negativen Stereotypen steht. Joynt hat durch seine Filme das Verhältnis zwischen S und R verbessert, indem er authentische Geschichten erzählt hat, die das Leben von trans Personen in einem positiven Licht darstellen.

Bildung und Aufklärung

Joynt nutzt seine Plattform nicht nur, um Geschichten zu erzählen, sondern auch, um Aufklärung zu leisten. Durch die Integration von Bildungsinhalten in seine Filme hat er das Bewusstsein für trans Themen geschärft und das Verständnis für die Herausforderungen, mit denen viele trans Personen konfrontiert sind, gefördert. Dies geschieht oft in Form von Diskussionsrunden und Workshops, die nach Filmvorführungen organisiert werden.

Einfluss auf die Medienlandschaft

Die Medienlandschaft hat sich in den letzten Jahren stark verändert, und Joynt ist ein Teil dieser Transformation. Durch seine Arbeiten hat er andere Filmemacher und Künstler inspiriert, sich ebenfalls mit LGBTQ-Themen auseinanderzusetzen. Dies ist besonders wichtig, da die Repräsentation in den Medien nicht nur die Wahrnehmung von LGBTQ-Personen in der Gesellschaft beeinflusst, sondern auch die Selbstwahrnehmung innerhalb der Community.

Kritische Diskussionen und Debatten

Joynts Filme haben auch kritische Diskussionen über Geschlechtsidentität und die sozialen Konstrukte, die damit verbunden sind, angestoßen. *Framing Agnes* hat Debatten über die historische und gegenwärtige Behandlung von trans Personen in der Gesellschaft ausgelöst und dazu beigetragen, dass diese Themen in der breiten Öffentlichkeit diskutiert werden. Diese Diskussionen sind entscheidend, um Vorurteile abzubauen und ein besseres Verständnis für die Vielfalt innerhalb der LGBTQ-Community zu fördern.

Inspiration für zukünftige Generationen

Ein weiterer wichtiger Einfluss von Chase Joynt auf die LGBTQ-Community ist die Inspiration, die er für zukünftige Generationen von Künstlern und Aktivisten bietet. Durch seine Arbeit zeigt er, dass es möglich ist, authentische Geschichten zu erzählen und gleichzeitig aktiv für soziale Gerechtigkeit einzutreten. Dies hat dazu geführt, dass viele junge LGBTQ-Personen sich ermutigt fühlen, ihre eigenen Geschichten zu erzählen und sich für ihre Rechte einzusetzen.

$$I = \sum_{n=1}^{N} P_n \qquad (27)$$

wobei I die Inspiration, P_n die positiven Erfahrungen und Erfolge von LGBTQ-Personen und N die Anzahl der Geschichten ist, die erzählt werden. Joynts Einfluss ist ein wesentlicher Bestandteil dieser Summe, da er durch seine Arbeit eine Plattform geschaffen hat, auf der viele Stimmen gehört werden können.

Herausforderungen und Widerstände

Trotz des positiven Einflusses, den Joynt auf die LGBTQ-Community hat, gibt es auch Herausforderungen und Widerstände, mit denen er und andere Aktivisten konfrontiert sind. Diskriminierung, Vorurteile und ein Mangel an Ressourcen sind nach wie vor große Hürden, die es zu überwinden gilt. Joynt hat jedoch gezeigt, dass es möglich ist, durch Kunst und Aktivismus Veränderungen herbeizuführen, und er ermutigt andere, sich ebenfalls für ihre Rechte einzusetzen.

Fazit

Zusammenfassend lässt sich sagen, dass Chase Joynts Einfluss auf die LGBTQ-Community weitreichend ist. Durch seine Filme, seine Bildungsarbeit und seinen Aktivismus hat er nicht nur die Sichtbarkeit von trans Personen erhöht, sondern auch einen Raum für kritische Diskussionen geschaffen und zukünftige Generationen inspiriert. Seine Arbeit zeigt, dass Kunst eine mächtige Waffe im Kampf für Gleichheit und Gerechtigkeit sein kann und dass die Geschichten, die wir erzählen, einen tiefgreifenden Einfluss auf die Gesellschaft haben können.

Die Herausforderungen, die noch bestehen

Trotz der Fortschritte, die durch den Aktivismus und die Kunst von Chase Joynt und anderen LGBTQ-Aktivisten erzielt wurden, bestehen weiterhin erhebliche Herausforderungen, die es zu bewältigen gilt. Diese Herausforderungen sind sowohl gesellschaftlicher als auch individueller Natur und betreffen die Sichtbarkeit, Akzeptanz und Rechte von LGBTQ-Personen, insbesondere von trans und nicht-binären Individuen.

Gesellschaftliche Vorurteile und Diskriminierung

Ein zentrales Problem, das nach wie vor besteht, ist die weit verbreitete Diskriminierung und Stigmatisierung von LGBTQ-Personen. Die gesellschaftlichen Vorurteile, die in vielen Kulturen verwurzelt sind, führen zu einer anhaltenden Marginalisierung dieser Gruppen. Laut einer Studie der *Human Rights Campaign* aus dem Jahr 2021 gaben 45% der LGBTQ-Personen an, Diskriminierung aufgrund ihrer sexuellen Orientierung oder Geschlechtsidentität erfahren zu haben. Diese Diskriminierung kann sich in verschiedenen Formen äußern, darunter:

- **Arbeitsplatzdiskriminierung:** Viele LGBTQ-Personen berichten von Schwierigkeiten, eine Anstellung zu finden oder in ihrem Beruf voranzukommen, insbesondere wenn sie sich als trans oder nicht-binär identifizieren. Das Fehlen von Schutzgesetzen in vielen Ländern verstärkt dieses Problem.

- **Gesundheitsversorgung:** Der Zugang zu adäquater Gesundheitsversorgung ist für LGBTQ-Personen oft eingeschränkt. Trans-Personen haben häufig Schwierigkeiten, medizinische Fachkräfte zu finden, die ihre spezifischen Bedürfnisse verstehen und respektieren.

- **Gewalt und Belästigung:** Trans-Personen, insbesondere Frauen of Color, sind überproportional von Gewalt betroffen. Laut dem *National Coalition of Anti-Violence Programs* wurden im Jahr 2020 mindestens 44 transgender oder geschlechtsnonkonforme Personen in den USA ermordet, was die Notwendigkeit eines anhaltenden Kampfes gegen Gewalt und Vorurteile verdeutlicht.

Mangelnde Sichtbarkeit und Repräsentation

Trotz der Fortschritte in der Medienlandschaft bleibt die Sichtbarkeit von LGBTQ-Personen, insbesondere von trans und nicht-binären Individuen, unzureichend. In vielen Filmen und Fernsehsendungen sind LGBTQ-Charaktere oft stereotypisiert oder nicht authentisch dargestellt. Die *GLAAD Media Institute* berichtet, dass in den größten Filmen des Jahres 2020 nur 18% der Charaktere LGBTQ waren, und die meisten dieser Charaktere waren cisgender und heterosexuell. Diese mangelnde Repräsentation führt dazu, dass viele LGBTQ-Personen sich nicht in den Geschichten, die erzählt werden, wiederfinden können, was die gesellschaftliche Akzeptanz und das Verständnis weiter behindert.

Politische und rechtliche Herausforderungen

Die politischen Rahmenbedingungen für LGBTQ-Rechte variieren stark von Land zu Land und selbst innerhalb von Ländern. In vielen Regionen gibt es immer noch Gesetze, die LGBTQ-Personen diskriminieren oder ihnen grundlegende Rechte verweigern. Beispielsweise gibt es in einigen US-Bundesstaaten Bestrebungen, Gesetze zu erlassen, die es Trans-Personen verbieten, an Sportwettkämpfen teilzunehmen, die mit ihrem Geschlecht übereinstimmen. Diese politischen Angriffe auf die Rechte von LGBTQ-Personen schaffen ein Klima der Angst und Unsicherheit.

Psychische Gesundheit und Unterstützungssysteme

Die psychische Gesundheit von LGBTQ-Personen ist ein weiteres wichtiges Thema. Studien zeigen, dass LGBTQ-Personen ein höheres Risiko für psychische Erkrankungen wie Depressionen und Angstzustände haben, oft als Folge von Diskriminierung und sozialer Isolation. Laut der *Trevor Project National Survey* gaben 40% der LGBTQ-Jugendlichen an, sich aufgrund ihrer Identität ernsthaft in einer Krisensituation zu befinden. Der Zugang zu unterstützenden Ressourcen und psychologischer Hilfe ist in vielen Gemeinschaften begrenzt, was die Notwendigkeit von mehr Initiativen zur Unterstützung der psychischen Gesundheit von LGBTQ-Personen unterstreicht.

Die Rolle der Kunst im Kampf gegen diese Herausforderungen

Chase Joynt und andere Künstler nutzen ihre Plattformen, um auf diese Herausforderungen aufmerksam zu machen und Veränderungen zu fördern. Filme wie *Framing Agnes* spielen eine entscheidende Rolle, indem sie trans Geschichten erzählen und die Sichtbarkeit erhöhen. Durch die Darstellung authentischer Charaktere und Geschichten können Filme dazu beitragen, Vorurteile abzubauen und das Verständnis für trans und nicht-binäre Identitäten zu fördern.

In diesem Zusammenhang ist es wichtig, dass die Kunst weiterhin als Werkzeug für Aktivismus genutzt wird. Die Verbindung zwischen Kunst und Aktivismus ist entscheidend, um das Bewusstsein für die bestehenden Herausforderungen zu schärfen und eine breitere gesellschaftliche Diskussion zu ermöglichen. Künstler und Aktivisten müssen zusammenarbeiten, um die Stimmen derjenigen zu stärken, die oft übersehen werden, und um sicherzustellen, dass ihre Geschichten gehört werden.

Zukunftsvisionen

Um die Herausforderungen zu überwinden, die noch bestehen, ist ein ganzheitlicher Ansatz erforderlich, der Bildung, politische Maßnahmen, gesellschaftliche Veränderungen und die Förderung von Kunst und Kultur umfasst. Es ist entscheidend, dass sowohl die LGBTQ-Community als auch ihre Verbündeten weiterhin für Gleichheit und Gerechtigkeit eintreten. Die Zukunft des LGBTQ-Aktivismus hängt von der Fähigkeit ab, bestehende Barrieren zu erkennen und zu überwinden, um eine inklusive und gerechte Gesellschaft für alle zu schaffen.

Insgesamt bleibt der Weg zur vollständigen Akzeptanz und Gleichheit für LGBTQ-Personen eine Herausforderung, die kontinuierliche Anstrengungen erfordert. Chase Joynts Werk und das von anderen Künstlern sind entscheidend, um diese Herausforderungen sichtbar zu machen und Veränderungen zu inspirieren. Die Reise ist noch lange nicht zu Ende, aber mit jedem Schritt, den wir gemeinsam unternehmen, kommen wir näher an ein Ziel, das auf Akzeptanz, Respekt und Liebe basiert.

Die Wichtigkeit von Sichtbarkeit

Sichtbarkeit ist ein zentrales Thema im LGBTQ-Aktivismus und spielt eine entscheidende Rolle für die gesellschaftliche Akzeptanz und Integration von LGBTQ-Personen. In dieser Sektion werden wir die Bedeutung von Sichtbarkeit für die LGBTQ-Community untersuchen, die Herausforderungen, die mit der Sichtbarkeit verbunden sind, sowie die positiven Auswirkungen, die sie auf das individuelle und kollektive Leben von LGBTQ-Personen hat.

Theoretischer Rahmen

Die Theorie der Sichtbarkeit, wie sie von verschiedenen Soziologen und Aktivisten formuliert wurde, besagt, dass die Sichtbarkeit von marginalisierten Gruppen in der Gesellschaft entscheidend für deren Anerkennung und Rechte ist. Judith Butler, eine prominente Gender-Theoretikerin, argumentiert in ihrem Werk *Gender Trouble*, dass Geschlecht nicht nur performativ ist, sondern dass die Sichtbarkeit dieser Performanz in der Öffentlichkeit entscheidend für das Verständnis und die Akzeptanz von Geschlechtsidentität ist. Sichtbarkeit bedeutet, dass LGBTQ-Personen nicht nur existieren, sondern auch ihre Geschichten und Erfahrungen in der Gesellschaft teilen können.

Gesellschaftliche Herausforderungen

Trotz der Fortschritte in der Sichtbarkeit von LGBTQ-Personen gibt es weiterhin erhebliche Herausforderungen. Viele LGBTQ-Personen erleben Diskriminierung, Stigmatisierung und Gewalt, die oft aus einer mangelnden Sichtbarkeit resultieren. In vielen Kulturen und Gemeinschaften ist das Thema Geschlechtsidentität und sexuelle Orientierung nach wie vor tabuisiert. Diese Unsichtbarkeit kann zu einem Gefühl der Isolation und des Mangels an Unterstützung führen.

Ein Beispiel für diese Herausforderungen ist die Darstellung von trans-Personen in den Medien. Oftmals werden trans-Personen entweder völlig ignoriert oder auf stereotype und negative Weise dargestellt. Dies führt nicht nur zu einem verzerrten Bild der Realität, sondern verstärkt auch Vorurteile und Diskriminierung. Chase Joynt selbst hat in seinen Filmen und Projekten stets darauf hingewiesen, wie wichtig es ist, authentische Geschichten von trans-Personen zu erzählen, um ein besseres Verständnis und mehr Empathie zu fördern.

Positive Auswirkungen der Sichtbarkeit

Die Sichtbarkeit hat jedoch auch viele positive Auswirkungen. Sie kann dazu beitragen, Vorurteile abzubauen, das Bewusstsein zu schärfen und die Akzeptanz von LGBTQ-Personen in der Gesellschaft zu fördern. Wenn LGBTQ-Personen sichtbar sind, können sie als Vorbilder fungieren und anderen in ähnlichen Situationen Mut machen.

Ein herausragendes Beispiel ist die Darstellung von LGBTQ-Charakteren in beliebten Fernsehserien und Filmen. Die Serie *Pose*, die sich mit der Ballroom-Kultur und der LGBTQ-Community in den 1980er und 1990er Jahren beschäftigt, hat nicht nur die Sichtbarkeit von trans-Personen erhöht, sondern auch das Bewusstsein für die Herausforderungen, mit denen sie konfrontiert sind. Die Erzählungen in solchen Medien tragen dazu bei, dass die Gesellschaft ein umfassenderes und nuancierteres Verständnis von Geschlechtsidentität und sexueller Orientierung entwickelt.

Die Rolle von Kunst und Medien

Kunst und Medien sind mächtige Werkzeuge für die Sichtbarkeit. Sie ermöglichen es, Geschichten zu erzählen, die sonst ungehört bleiben würden. Chase Joynt nutzt in seinen Arbeiten die Kraft des Films, um trans-Geschichten zu erzählen und dabei die Komplexität und Vielfalt der trans-Erfahrungen zu zeigen. Durch Projekte wie

Framing Agnes wird nicht nur die Sichtbarkeit erhöht, sondern auch ein Raum für Diskussionen und Reflexionen geschaffen.

Die Integration von LGBTQ-Themen in die Mainstream-Medien hat das Potenzial, die gesellschaftliche Wahrnehmung erheblich zu verändern. Studien haben gezeigt, dass die Sichtbarkeit von LGBTQ-Personen in den Medien mit einer erhöhten Akzeptanz in der Gesellschaft korreliert. Diese Sichtbarkeit trägt dazu bei, Stereotypen abzubauen und ein positives Bild von LGBTQ-Personen zu fördern.

Fazit

Zusammenfassend lässt sich sagen, dass die Sichtbarkeit von LGBTQ-Personen von entscheidender Bedeutung für die Förderung von Akzeptanz und Gleichheit ist. Sie ermöglicht es, Geschichten zu erzählen, die das Verständnis und die Empathie in der Gesellschaft fördern. Gleichzeitig bringt sie Herausforderungen mit sich, die nicht ignoriert werden dürfen. Die Arbeit von Aktivisten wie Chase Joynt zeigt, wie wichtig es ist, Sichtbarkeit zu schaffen und die Stimmen von LGBTQ-Personen zu stärken. Nur durch diese Sichtbarkeit kann eine gerechtere und inklusivere Gesellschaft geschaffen werden, in der alle Menschen, unabhängig von ihrer Geschlechtsidentität oder sexuellen Orientierung, respektiert und akzeptiert werden.

Reflexion über persönliche und gesellschaftliche Veränderungen

Die Reflexion über persönliche und gesellschaftliche Veränderungen ist ein zentraler Aspekt in der Biografie von Chase Joynt, der nicht nur als Filmemacher, sondern auch als LGBTQ-Aktivist tätig ist. Diese Veränderungen sind oft miteinander verflochten und spiegeln sich sowohl in den individuellen Erfahrungen als auch in den kollektiven Bewegungen wider, die die LGBTQ-Community im Laufe der Jahre geprägt haben.

Persönliche Veränderungen

Chase Joynts persönliche Reise ist ein eindrucksvolles Beispiel für die Herausforderungen und Errungenschaften, die viele LGBTQ-Personen erleben. Die Auseinandersetzung mit der eigenen Geschlechtsidentität ist oft von inneren Konflikten und äußeren Erwartungen geprägt. Joynt hat in Interviews betont, wie wichtig es war, sich selbst zu akzeptieren und die eigene Identität zu leben. Diese Selbstakzeptanz ist nicht nur ein individueller Prozess, sondern auch eine Quelle der Inspiration für andere.

Ein theoretischer Rahmen, der diese persönliche Transformation beleuchtet, ist die *Identitätstheorie* nach Erik Erikson, die besagt, dass Identitätsentwicklung in mehreren Phasen erfolgt, wobei jede Phase durch spezifische Herausforderungen gekennzeichnet ist. Joynts Erfahrungen in Bezug auf Geschlechtsidentität und Aktivismus können als Teil dieser Entwicklung betrachtet werden, wobei er in verschiedenen Lebensphasen mit Herausforderungen konfrontiert wurde, die seine Identität und seine Rolle in der Gesellschaft beeinflussten.

Gesellschaftliche Veränderungen

Auf gesellschaftlicher Ebene hat sich die Wahrnehmung von LGBTQ-Personen erheblich gewandelt. In den letzten Jahrzehnten hat der Aktivismus, unterstützt durch die Arbeit von Filmemachern wie Joynt, dazu beigetragen, Vorurteile abzubauen und die Sichtbarkeit von LGBTQ-Themen zu erhöhen. Ein Beispiel für diese gesellschaftliche Veränderung ist die zunehmende Akzeptanz von Trans-Personen in den Medien und in der Öffentlichkeit.

Die *Soziale Identitätstheorie* von Henri Tajfel und John Turner bietet einen wertvollen Rahmen, um zu verstehen, wie Gruppenidentitäten, wie die der LGBTQ-Community, geformt und verändert werden. Diese Theorie legt nahe, dass das Zugehörigkeitsgefühl zu einer bestimmten Gruppe das individuelle Selbstbild beeinflusst und umgekehrt. Joynts Arbeit hat es ermöglicht, dass viele Menschen sich mit der LGBTQ-Identität identifizieren können, was zu einer stärkeren Gemeinschaft und einem solidarischen Zusammenhalt führt.

Theoretische Konzepte und Probleme

Ein zentrales Problem, das sowohl persönliche als auch gesellschaftliche Veränderungen betrifft, ist die Diskrepanz zwischen Fortschritt und Rückschritt. Während es in vielen westlichen Ländern Fortschritte in Bezug auf Rechte und Akzeptanz gibt, gibt es gleichzeitig Rückschläge, insbesondere in konservativen Gesellschaften, wo LGBTQ-Personen häufig Diskriminierung und Gewalt ausgesetzt sind.

Hierbei ist die *Theorie der strukturellen Gewalt* von Johan Galtung relevant, die besagt, dass soziale Strukturen und Institutionen Gewalt und Ungerechtigkeit perpetuieren können, selbst wenn dies nicht direkt durch individuelle Handlungen geschieht. Chase Joynt hat in seinen Filmen und in seinem Aktivismus auf diese strukturellen Probleme hingewiesen und gezeigt, wie wichtig es ist, gegen diese Ungerechtigkeiten anzukämpfen.

Beispiele für Veränderungen

Ein Beispiel für die positiven Veränderungen in der Gesellschaft ist die zunehmende Repräsentation von LGBTQ-Personen in den Medien. Filme wie „Framing Agnes" haben dazu beigetragen, die Geschichten von Trans-Personen sichtbar zu machen und deren Erfahrungen zu validieren. Diese Sichtbarkeit ist entscheidend, um Vorurteile abzubauen und ein besseres Verständnis für die Herausforderungen zu fördern, mit denen die LGBTQ-Community konfrontiert ist.

Darüber hinaus zeigt die zunehmende Akzeptanz von LGBTQ-Personen in der Politik, dass gesellschaftliche Veränderungen möglich sind. Die Wahl von LGBTQ-Politikern und die Unterstützung von LGBTQ-Rechten durch Regierungen sind Indikatoren für einen gesellschaftlichen Wandel, der auch durch den Aktivismus von Personen wie Joynt vorangetrieben wird.

Schlussfolgerung

Zusammenfassend lässt sich sagen, dass die Reflexion über persönliche und gesellschaftliche Veränderungen in Chase Joynts Leben und Werk eine wichtige Rolle spielt. Seine Erfahrungen und sein Aktivismus sind nicht nur Ausdruck seiner persönlichen Identität, sondern auch Teil eines größeren gesellschaftlichen Wandels, der die LGBTQ-Community betrifft. Die Herausforderungen, die er und viele andere erleben, sind nicht nur individuelle Kämpfe, sondern Teil eines kollektiven Prozesses, der darauf abzielt, die Welt zu einem gerechteren und inklusiveren Ort zu machen. Die Verbindung zwischen persönlichen Geschichten und gesellschaftlichen Veränderungen ist entscheidend, um das Verständnis für LGBTQ-Themen zu vertiefen und die Notwendigkeit von Sichtbarkeit und Akzeptanz zu unterstreichen.

Die Zukunft des LGBTQ-Aktivismus

Die Zukunft des LGBTQ-Aktivismus ist sowohl vielversprechend als auch herausfordernd. Während bedeutende Fortschritte in den letzten Jahrzehnten erzielt wurden, gibt es nach wie vor zahlreiche Probleme, die angegangen werden müssen. Es ist von entscheidender Bedeutung, dass Aktivisten, Künstler und die Gemeinschaft insgesamt zusammenarbeiten, um die Errungenschaften zu sichern und neue Wege für die Zukunft zu schaffen.

Technologischer Fortschritt und soziale Medien

Die Rolle der sozialen Medien im LGBTQ-Aktivismus kann nicht überbetont werden. Plattformen wie Twitter, Instagram und TikTok haben es Aktivisten ermöglicht, ihre Botschaften schnell und effektiv zu verbreiten. Diese Technologien bieten nicht nur eine Plattform für Sichtbarkeit, sondern auch für die Mobilisierung von Unterstützern. Ein Beispiel hierfür ist die #BlackLivesMatter-Bewegung, die LGBTQ-Themen in den Kontext von Rassismus und Polizeigewalt integriert hat. Diese Verbindung hat dazu beigetragen, eine breitere Unterstützung für LGBTQ-Rechte zu mobilisieren.

Die Nutzung von sozialen Medien kann jedoch auch negative Auswirkungen haben. Cybermobbing und die Verbreitung von Fehlinformationen stellen ernsthafte Herausforderungen dar. Die Frage, wie man die positiven Aspekte der sozialen Medien nutzt und gleichzeitig die negativen minimiert, wird entscheidend für die Zukunft des Aktivismus sein.

Intersektionalität im Aktivismus

Ein weiterer wichtiger Aspekt der Zukunft des LGBTQ-Aktivismus ist die Notwendigkeit einer intersektionalen Perspektive. Es reicht nicht aus, sich nur auf LGBTQ-Rechte zu konzentrieren; es ist ebenso wichtig, die Verbindungen zu anderen sozialen Bewegungen zu erkennen. Die Berücksichtigung von Rasse, Geschlecht, Klasse und anderen Identitäten ist entscheidend, um die vielfältigen Erfahrungen innerhalb der LGBTQ-Community zu verstehen und zu vertreten.

Theoretiker wie Kimberlé Crenshaw haben den Begriff der Intersektionalität geprägt, um die komplexen Identitäten und die damit verbundenen Diskriminierungen zu beschreiben. Aktivisten müssen sicherstellen, dass ihre Arbeit inklusiv ist und dass die Stimmen der am stärksten marginalisierten Mitglieder der Gemeinschaft gehört werden. Dies erfordert eine ständige Reflexion über die eigenen Privilegien und den Einfluss, den diese auf die Aktivismusstrategie haben können.

Politische Herausforderungen und rechtliche Rahmenbedingungen

Die politischen Rahmenbedingungen für LGBTQ-Rechte variieren weltweit stark. Während einige Länder Fortschritte in der Gesetzgebung gemacht haben, gibt es in anderen Ländern einen Rückschritt. Die jüngsten Entwicklungen in verschiedenen Staaten der USA, die Gesetze erlassen haben, die LGBTQ-Personen diskriminieren, zeigen, dass der Kampf um Gleichheit und Gerechtigkeit noch lange nicht vorbei ist.

Ein Beispiel ist das Verbot von Geschlechtswechseloperationen für Minderjährige in mehreren Bundesstaaten. Solche Gesetze haben nicht nur unmittelbare Auswirkungen auf die betroffenen Personen, sondern auch langfristige Auswirkungen auf die gesellschaftliche Akzeptanz von LGBTQ-Personen. Aktivisten müssen sich darauf konzentrieren, diese Gesetze zu bekämpfen und gleichzeitig die breite Öffentlichkeit über die Bedeutung von LGBTQ-Rechten aufzuklären.

Die Rolle der Kunst im Aktivismus

Kunst bleibt ein kraftvolles Werkzeug im LGBTQ-Aktivismus. Filme, Musik, Theater und andere Kunstformen können Emotionen hervorrufen und das Bewusstsein für soziale Themen schärfen. Chase Joynt hat durch seine Filme wie „Framing Agnes" gezeigt, wie Kunst als Katalysator für Diskussionen und Veränderungen dienen kann. Die Zukunft des Aktivismus wird stark von der Fähigkeit abhängen, kreative Ausdrucksformen zu nutzen, um die Botschaften des Wandels zu verbreiten.

Künstlerische Projekte, die die Vielfalt innerhalb der LGBTQ-Community zeigen, sind entscheidend, um stereotype Darstellungen zu durchbrechen und ein umfassenderes Verständnis für die Herausforderungen und Errungenschaften zu fördern. Die Zusammenarbeit zwischen Künstlern und Aktivisten kann neue Perspektiven und innovative Ansätze zur Lösung von Problemen bieten.

Bildung und Aufklärung

Bildung ist ein zentraler Pfeiler für die Zukunft des LGBTQ-Aktivismus. Die Aufklärung über LGBTQ-Themen in Schulen und Gemeinschaften kann Vorurteile abbauen und ein unterstützendes Umfeld fördern. Programme, die sich mit Geschlechteridentität und sexueller Orientierung befassen, sind entscheidend, um die nächste Generation für Diversität und Inklusion zu sensibilisieren.

Ein Beispiel für erfolgreiche Bildungsinitiativen ist das „Safe Schools"-Programm, das Schulen dabei unterstützt, ein sicheres und unterstützendes Umfeld für LGBTQ-Schüler zu schaffen. Solche Programme müssen weiter gefördert und ausgebaut werden, um die Akzeptanz und das Verständnis in der breiten Gesellschaft zu erhöhen.

Zukunftsvisionen und Strategien

Die Zukunft des LGBTQ-Aktivismus erfordert eine Kombination aus strategischem Denken, Kreativität und Zusammenarbeit. Aktivisten müssen innovative Ansätze entwickeln, um die Herausforderungen, die vor ihnen liegen, anzugehen. Dies könnte die Schaffung neuer Allianzen mit anderen sozialen Bewegungen, die Nutzung neuer Technologien zur Mobilisierung und die Entwicklung von Programmen zur Unterstützung der LGBTQ-Community umfassen.

Darüber hinaus müssen Aktivisten bereit sein, sich an Veränderungen anzupassen und flexibel zu bleiben. Die gesellschaftlichen und politischen Landschaften verändern sich ständig, und die Fähigkeit, schnell auf neue Herausforderungen zu reagieren, wird entscheidend sein.

Schlussfolgerung

Zusammenfassend lässt sich sagen, dass die Zukunft des LGBTQ-Aktivismus sowohl Chancen als auch Herausforderungen mit sich bringt. Durch den Einsatz von Technologie, die Berücksichtigung intersektionaler Perspektiven, die Bekämpfung politischer Herausforderungen, die Nutzung von Kunst als Ausdrucksform und die Förderung von Bildung können Aktivisten eine starke Grundlage für die kommenden Generationen schaffen. Der Weg ist nicht einfach, aber mit Entschlossenheit und Kreativität kann die LGBTQ-Community weiterhin Fortschritte erzielen und eine gerechtere Gesellschaft für alle schaffen.

Inspiration für zukünftige Projekte

Die Inspiration für zukünftige Projekte ist ein wesentlicher Bestandteil des kreativen Prozesses, insbesondere im Kontext des LGBTQ-Aktivismus und der Filmemacherei. Chase Joynt hat durch seine Werke und sein Engagement in der Community nicht nur bestehende Narrative herausgefordert, sondern auch neue Perspektiven eröffnet, die zukünftige Generationen von Künstlern und Aktivisten inspirieren können. In dieser Sektion werden wir untersuchen, wie Joynts Ansätze und Ideen als Grundlage für zukünftige Projekte dienen können, und welche Herausforderungen und Chancen dabei entstehen.

Kreative Ansätze und Themen

Chase Joynt hat in seinen Arbeiten häufig mit Themen der Geschlechtsidentität, Sichtbarkeit und der Komplexität von trans Erfahrungen gearbeitet. Diese Themen sind nicht nur relevant, sondern auch dringend notwendig, um die Diversität innerhalb der LGBTQ-Community darzustellen. Zukünftige Projekte können sich auf folgende Aspekte konzentrieren:

- **Intersektionalität:** Die Berücksichtigung der verschiedenen Identitäten, die eine Person prägen, ist entscheidend. Zukünftige Filme und Projekte sollten die Schnittstellen zwischen Geschlecht, Rasse, Klasse und Sexualität untersuchen, um ein umfassenderes Bild der Erfahrungen von LGBTQ-Personen zu vermitteln.

- **Geschichtenerzählen durch verschiedene Medien:** Joynt hat gezeigt, dass Geschichten nicht nur durch Film erzählt werden können. Zukünftige Projekte könnten Multimedia-Ansätze nutzen, einschließlich Podcasts, interaktive Webplattformen oder sogar Virtual-Reality-Erlebnisse, um trans Geschichten zu erzählen und ein breiteres Publikum zu erreichen.

- **Humor und Satire:** Der Einsatz von Humor, wie er in Joynts Arbeiten zu finden ist, kann eine kraftvolle Methode sein, um ernste Themen anzugehen und gleichzeitig das Publikum zu unterhalten. Zukünftige Projekte sollten diesen Ansatz erkunden, um Barrieren abzubauen und Dialoge zu fördern.

Herausforderungen und Probleme

Trotz der Inspiration, die aus Joynts Arbeiten gezogen werden kann, gibt es auch Herausforderungen, die zukünftige Projekte bewältigen müssen. Diese Herausforderungen können sowohl auf individueller als auch auf gesellschaftlicher Ebene auftreten:

- **Finanzierung:** Die Suche nach finanzieller Unterstützung für LGBTQ-Projekte kann schwierig sein. Filmemacher müssen möglicherweise innovative Wege finden, um Geld zu beschaffen, sei es durch Crowdfunding, Stipendien oder Partnerschaften mit Organisationen, die sich für LGBTQ-Rechte einsetzen.

- **Repräsentation und Authentizität:** Es ist entscheidend, dass zukünftige Projekte authentisch und respektvoll mit den Erfahrungen von trans Personen umgehen. Dies erfordert oft die Einbeziehung von trans Stimmen in den kreativen Prozess, um sicherzustellen, dass die Geschichten genau und sensibel erzählt werden.

- **Gesellschaftliche Widerstände:** Trotz der Fortschritte im LGBTQ-Aktivismus gibt es immer noch gesellschaftliche Widerstände gegen trans Themen. Filmemacher müssen sich möglicherweise mit Vorurteilen und Diskriminierung auseinandersetzen, die sich negativ auf die Rezeption ihrer Arbeiten auswirken können.

Beispiele für zukünftige Projekte

Um die oben genannten Ideen zu konkretisieren, könnten folgende Projektansätze als Inspiration dienen:

- **Dokumentarfilm über trans Geschichte:** Ein Dokumentarfilm, der sich auf die Geschichte der trans Bewegung konzentriert und die Stimmen von älteren trans Personen einbezieht, könnte wertvolle Einblicke in die Herausforderungen und Erfolge der Community bieten.

- **Fiktionsserie mit intersektionalen Charakteren:** Eine Serie, die verschiedene trans Charaktere mit unterschiedlichen Hintergründen und Erfahrungen darstellt, könnte dazu beitragen, das Publikum für die Vielfalt innerhalb der Community zu sensibilisieren.

- **Kunstinstallation zur Sichtbarkeit von trans Personen:** Eine interaktive Kunstinstallation, die die Geschichten von trans Personen visuell darstellt, könnte in öffentlichen Räumen platziert werden, um das Bewusstsein zu schärfen und Diskussionen zu fördern.

Schlussfolgerung

Die Inspiration für zukünftige Projekte im Bereich des LGBTQ-Aktivismus und der Filmemacherei ist reichhaltig und vielfältig. Chase Joynts Werk bietet nicht nur einen Rahmen für kreative Ausdrucksformen, sondern auch eine Aufforderung, bestehende Narrative zu hinterfragen und neue Wege zu finden, um trans Geschichten zu erzählen. Indem zukünftige Künstler und Aktivisten sich auf die Herausforderungen und Chancen konzentrieren, die in dieser Arbeit liegen, können sie dazu beitragen, eine inklusivere und gerechtere Gesellschaft zu schaffen. Die Verantwortung liegt nun bei der nächsten Generation, diese Inspiration zu nutzen und weiterzuführen, um die Stimmen der LGBTQ-Community zu stärken und zu feiern.

Die Verantwortung der nächsten Generation

Die Verantwortung der nächsten Generation von LGBTQ-Aktivisten und Künstlern ist von entscheidender Bedeutung für die Fortführung und Weiterentwicklung der LGBTQ-Bewegung. Diese Verantwortung umfasst nicht nur die Wahrung der Errungenschaften der vorherigen Generationen, sondern auch die aktive Auseinandersetzung mit den bestehenden Herausforderungen und die Schaffung eines inklusiven und unterstützenden Umfelds für alle. In diesem

Abschnitt werden wir die verschiedenen Aspekte dieser Verantwortung beleuchten, einschließlich der Notwendigkeit von Bildung, Sichtbarkeit, Solidarität und Innovation.

Bildung und Aufklärung

Eine der wichtigsten Aufgaben der nächsten Generation besteht darin, Bildung und Aufklärung über LGBTQ-Themen zu fördern. Dies kann durch die Schaffung von Bildungsprogrammen in Schulen, Universitäten und Gemeinschaftszentren geschehen. Die Integration von LGBTQ-Geschichte und -Kultur in den Lehrplan ist entscheidend, um Vorurteile abzubauen und ein tieferes Verständnis für die Vielfalt der Geschlechtsidentität und sexuellen Orientierung zu fördern.

Ein Beispiel hierfür ist das Programm *Safe Schools Coalition*, das Schulen dabei unterstützt, ein sicheres und inklusives Umfeld für LGBTQ-Schüler zu schaffen. Solche Initiativen sind unerlässlich, um das Bewusstsein für die Herausforderungen zu schärfen, mit denen LGBTQ-Personen konfrontiert sind, und um eine Kultur des Respekts und der Akzeptanz zu fördern.

Sichtbarkeit und Repräsentation

Die nächste Generation hat die Verantwortung, die Sichtbarkeit und Repräsentation von LGBTQ-Personen in Medien, Kunst und Politik zu erhöhen. Sichtbarkeit ist ein kraftvolles Werkzeug im Kampf gegen Diskriminierung und Vorurteile. Durch die Schaffung von Geschichten, die die Vielfalt der LGBTQ-Erfahrungen widerspiegeln, können junge Aktivisten dazu beitragen, Stereotypen abzubauen und das Verständnis für die Komplexität von Geschlechtsidentität und sexueller Orientierung zu vertiefen.

Die Netflix-Serie *Pose* ist ein hervorragendes Beispiel für die positive Wirkung von Sichtbarkeit. Die Serie stellt eine Vielzahl von trans- und queeren Charakteren in den Mittelpunkt und zeigt deren Herausforderungen und Triumphe. Diese Art von Repräsentation hat nicht nur das Bewusstsein für LGBTQ-Themen geschärft, sondern auch den Diskurs über Geschlechtsidentität und -darstellung in der Gesellschaft beeinflusst.

Solidarität und Gemeinschaftsbildung

Solidarität ist eine weitere zentrale Verantwortung der nächsten Generation. Es ist wichtig, dass junge Aktivisten nicht nur für ihre eigenen Rechte kämpfen, sondern auch für die Rechte anderer marginalisierter Gruppen innerhalb der

LGBTQ-Community. Dies bedeutet, sich aktiv gegen Rassismus, Sexismus und andere Formen der Diskriminierung einzusetzen, die innerhalb und außerhalb der Community existieren.

Ein Beispiel für erfolgreiche Solidarität ist die *Black Lives Matter*-Bewegung, die eng mit der LGBTQ-Bewegung verbunden ist. Viele LGBTQ-Aktivisten setzen sich für die Rechte von People of Color ein und erkennen die Überschneidungen zwischen verschiedenen Formen der Unterdrückung. Diese Art von intersektionalem Aktivismus ist entscheidend, um eine gerechtere und inklusivere Gesellschaft zu schaffen.

Innovation und Kreativität

Die nächste Generation hat auch die Verantwortung, innovativ zu sein und neue Wege zu finden, um ihre Botschaften zu verbreiten. In einer zunehmend digitalen Welt ist die Nutzung von sozialen Medien und digitalen Plattformen unerlässlich, um ein breiteres Publikum zu erreichen. Plattformen wie Instagram, TikTok und YouTube bieten jungen Aktivisten die Möglichkeit, ihre Stimmen zu erheben und Geschichten zu erzählen, die oft in traditionellen Medien übersehen werden.

Ein Beispiel für innovative Ansätze ist die Nutzung von *Crowdfunding* für LGBTQ-Projekte. Plattformen wie Kickstarter und Indiegogo ermöglichen es Künstlern und Aktivisten, finanzielle Unterstützung für ihre Projekte zu erhalten und gleichzeitig ein Publikum zu mobilisieren. Diese Art von Finanzierung kann dazu beitragen, kreative Ideen zu verwirklichen, die andernfalls möglicherweise keine Unterstützung gefunden hätten.

Fazit

Die Verantwortung der nächsten Generation von LGBTQ-Aktivisten ist vielschichtig und umfasst Bildung, Sichtbarkeit, Solidarität und Innovation. Indem sie sich diesen Herausforderungen stellen, können junge Menschen nicht nur die Errungenschaften der vorherigen Generationen bewahren, sondern auch neue Wege finden, um für Gleichheit und Gerechtigkeit zu kämpfen. Die Zukunft der LGBTQ-Bewegung liegt in den Händen dieser nächsten Generation, und ihre Fähigkeit, kreativ, solidarisch und engagiert zu sein, wird entscheidend für den Erfolg ihrer Bemühungen sein.

In Anbetracht dieser Verantwortung ist es unerlässlich, dass die nächste Generation sich mit den Herausforderungen und Chancen auseinandersetzt, die vor ihnen liegen, und dass sie sich weiterhin für eine Welt einsetzen, in der alle

Menschen, unabhängig von ihrer Geschlechtsidentität oder sexuellen Orientierung, in Würde und Respekt leben können.

Abschlussgedanken und Dankesworte

In dieser Biografie haben wir die bemerkenswerte Reise von Chase Joynt durch das Filmemachen, den Aktivismus und die Herausforderungen als LGBTQ-Person erkundet. Chase hat nicht nur seine eigene Identität in einer oft feindlichen Welt navigiert, sondern auch die Geschichten anderer trans Personen in den Vordergrund gerückt. Diese Geschichten sind nicht nur wichtig für die Sichtbarkeit, sondern auch für das Verständnis und die Akzeptanz innerhalb der Gesellschaft.

Die Rolle von Kunst im Aktivismus kann nicht hoch genug eingeschätzt werden. Kunst hat die Fähigkeit, Emotionen zu wecken, Dialoge zu initiieren und Veränderungen zu bewirken. Chase Joynts Arbeit, insbesondere durch Filme wie *Framing Agnes*, hat gezeigt, wie filmische Erzählungen als Plattform für trans Themen dienen können. Die Darstellung von Geschlechtsidentität in Medien kann das Selbstbild von Individuen innerhalb der LGBTQ-Community erheblich beeinflussen. Es ist wichtig, dass wir die Stimmen derjenigen hören, die oft marginalisiert werden, und Chase hat dies mit Bravour getan.

Ein zentrales Thema, das wir in dieser Biografie behandelt haben, ist die Notwendigkeit von Sichtbarkeit. Sichtbarkeit ist nicht nur ein Schlagwort, sondern eine essenzielle Voraussetzung für Akzeptanz und Gleichheit. In der heutigen Gesellschaft, wo viele LGBTQ-Personen noch immer Diskriminierung und Vorurteile ausgesetzt sind, ist die Arbeit von Aktivisten wie Chase von entscheidender Bedeutung. Sie tragen dazu bei, dass die Geschichten von trans Menschen nicht nur gehört, sondern auch verstanden werden.

In der Reflexion über Chase Joynts Einfluss auf die LGBTQ-Community wird deutlich, dass seine Arbeit weit über den Rahmen des Films hinausgeht. Sie ist ein Aufruf zur Empathie und zum Verständnis. Chase hat es geschafft, Brücken zu bauen zwischen verschiedenen Gemeinschaften und hat damit eine Plattform geschaffen, die es anderen ermöglicht, ihre Geschichten zu erzählen.

Die Herausforderungen, die noch bestehen, sind vielfältig. Trotz der Fortschritte, die in den letzten Jahren gemacht wurden, bleibt die Realität für viele LGBTQ-Personen schwierig. Diskriminierung, Gewalt und Ungleichheit sind nach wie vor alltägliche Erfahrungen. Daher ist es unerlässlich, dass wir weiterhin für die Rechte von LGBTQ-Personen eintreten und uns für eine gerechtere Gesellschaft einsetzen.

Abschließend möchte ich Chase Joynt und allen anderen Aktivisten danken, die unermüdlich daran arbeiten, die Welt zu einem besseren Ort für alle zu machen. Ihr Mut und Ihre Entschlossenheit sind eine Inspiration für uns alle. Die Verantwortung, die nächste Generation von Künstlern und Aktivisten zu unterstützen, liegt in unseren Händen. Wir müssen sicherstellen, dass die Stimmen derjenigen, die kommen werden, genauso gehört werden wie die von Chase.

Wir danken auch den Mentoren, Unterstützern und der Community, die Chase auf seinem Weg begleitet haben. Ohne diese Unterstützung wäre vieles nicht möglich gewesen. Die Kraft der Zusammenarbeit und der Solidarität ist das, was uns stärker macht.

In diesem Sinne ermutigen wir zukünftige Aktivisten, die Flamme des Wandels weiterzutragen. Es ist die Hoffnung und Inspiration, die wir in die Welt bringen, die den Unterschied macht. Lassen Sie uns gemeinsam für eine Zukunft arbeiten, in der jeder Mensch, unabhängig von Geschlechtsidentität oder sexueller Orientierung, die Freiheit hat, er selbst zu sein.

Nachwort

Dank an Unterstützer und Mentoren

Die Rolle der Familie im Leben von Chase Joynt

Die Familie spielt eine entscheidende Rolle im Leben von Chase Joynt, sowohl in seiner persönlichen Entwicklung als auch in seiner Karriere als LGBTQ-Aktivist und Filmemacher. Die Unterstützung, die er von seiner Familie erhielt, war von grundlegender Bedeutung für seine Reise zur Selbstakzeptanz und für die Verwirklichung seiner künstlerischen Visionen. In diesem Abschnitt werden wir die verschiedenen Facetten der familiären Unterstützung untersuchen, einschließlich der Herausforderungen, die sich aus der Identität von Chase Joynt ergeben, und wie diese Herausforderungen durch die Familie bewältigt wurden.

Familie als Unterstützungssystem

Für viele LGBTQ-Personen kann die Familie sowohl ein sicherer Hafen als auch eine Quelle von Konflikten sein. In Chase Joynts Fall war seine Familie eine Quelle der Unterstützung und des Verständnisses. Er wuchs in einem Umfeld auf, das es ihm ermöglichte, seine Geschlechtsidentität zu erkunden und zu akzeptieren. Diese Unterstützung ist entscheidend, da Studien zeigen, dass LGBTQ-Jugendliche, die von ihren Familien akzeptiert werden, ein höheres Maß an psychischem Wohlbefinden und eine geringere Wahrscheinlichkeit für Depressionen und Suizidgedanken aufweisen.

Ein Beispiel für die positive Rolle der Familie ist Chase Joynts Beziehung zu seinen Eltern, die ihn ermutigten, seine Leidenschaft für das Filmemachen zu verfolgen. Ihre Akzeptanz half ihm, eine solide Grundlage für seine künstlerische Karriere zu schaffen, was sich in seinen frühen Arbeiten widerspiegelt, in denen er oft Themen der Identität und Selbstakzeptanz behandelt.

Herausforderungen innerhalb der Familie

Trotz der Unterstützung, die Chase Joynt von seiner Familie erhielt, gab es auch Herausforderungen. In vielen Fällen können familiäre Erwartungen und gesellschaftliche Normen zu Spannungen führen. Chase musste sich mit den Erwartungen seiner Familie auseinandersetzen, während er gleichzeitig seine eigene Identität definierte. Diese Spannungen sind nicht ungewöhnlich und spiegeln die Erfahrungen vieler LGBTQ-Personen wider, die oft zwischen der Akzeptanz ihrer Identität und den Erwartungen ihrer Familien hin- und hergerissen sind.

Ein Beispiel für diese Herausforderungen zeigt sich in Chase Joynts künstlerischen Arbeiten, die oft die Komplexität der familiären Beziehungen und die damit verbundenen emotionalen Kämpfe thematisieren. In einem seiner Kurzfilme wird die Beziehung zwischen einem trans Jugendlichen und seinen Eltern thematisiert, wobei die Schwierigkeiten und Missverständnisse, die aus der Geschlechtsidentität resultieren, eindrucksvoll dargestellt werden.

Die Bedeutung von Kommunikation

Ein Schlüsselfaktor für die Bewältigung dieser Herausforderungen war die offene Kommunikation innerhalb der Familie. Chase Joynt hat betont, wie wichtig es war, dass er mit seinen Eltern über seine Erfahrungen und Gefühle sprechen konnte. Diese Kommunikation half, Missverständnisse auszuräumen und ein tieferes Verständnis für die Herausforderungen zu entwickeln, mit denen er konfrontiert war.

Die Theorie der familiären Kommunikation besagt, dass eine offene und ehrliche Kommunikation die Bindung zwischen Familienmitgliedern stärkt und das Verständnis füreinander fördert. In Chase Joynts Fall hat diese Art der Kommunikation nicht nur seine Beziehung zu seinen Eltern verbessert, sondern auch seine Fähigkeit, authentische Geschichten zu erzählen, die andere inspirieren können.

Familie als Inspirationsquelle

Die Familie kann auch eine wichtige Inspirationsquelle für Künstler sein. Chase Joynts familiäre Erfahrungen und die Unterstützung, die er erhielt, haben ihn dazu inspiriert, Geschichten zu erzählen, die die Erfahrungen von LGBTQ-Personen beleuchten. In seinen Filmen wird häufig die Rolle der Familie als sowohl unterstützend als auch herausfordernd dargestellt, was dazu beiträgt, ein umfassenderes Bild der LGBTQ-Erfahrungen zu vermitteln.

Ein Beispiel für diese Inspiration findet sich in Joynts Dokumentarfilmprojekten, in denen er Interviews mit trans Personen führt, die ähnliche Erfahrungen mit ihrer Familie gemacht haben. Diese Projekte zeigen, wie vielfältig die familiären Beziehungen innerhalb der LGBTQ-Community sind und wie wichtig es ist, diese Geschichten zu teilen, um ein besseres Verständnis und mehr Empathie in der Gesellschaft zu fördern.

Fazit

Zusammenfassend lässt sich sagen, dass die Rolle der Familie im Leben von Chase Joynt von zentraler Bedeutung ist. Die Unterstützung, die er erhielt, half ihm, seine Identität zu akzeptieren und seine künstlerische Stimme zu finden. Gleichzeitig musste er sich den Herausforderungen stellen, die mit familiären Erwartungen und der Suche nach Verständnis einhergingen. Durch offene Kommunikation und den Austausch von Erfahrungen konnte er diese Herausforderungen überwinden und seine Familie als Quelle der Inspiration und Unterstützung nutzen.

Die Erfahrungen von Chase Joynt unterstreichen die Bedeutung von familiärer Unterstützung für LGBTQ-Personen und zeigen, wie Kunst und persönliche Geschichten dazu beitragen können, das Bewusstsein und die Akzeptanz innerhalb der Gesellschaft zu fördern. In einer Welt, in der viele LGBTQ-Personen mit Ablehnung konfrontiert sind, bleibt die Familie oft ein entscheidender Faktor für das persönliche Wohlbefinden und die kreative Entfaltung.

Ein Blick auf die Community

Die LGBTQ-Community ist ein facettenreiches Gefüge von Individuen, die sich durch ihre sexuelle Orientierung, Geschlechtsidentität und kulturellen Hintergründe unterscheiden. Diese Diversität ist sowohl eine Stärke als auch eine Herausforderung. Die Gemeinschaft hat sich historisch als ein Ort der Unterstützung und Solidarität erwiesen, insbesondere in Zeiten von Diskriminierung und Ungerechtigkeit. In diesem Abschnitt werfen wir einen Blick auf die Dynamiken innerhalb der Community, die Herausforderungen, denen sie gegenübersteht, und die Wege, wie sie sich gegenseitig unterstützen und stärken kann.

Die Vielfalt der Community

Die LGBTQ-Community umfasst eine Vielzahl von Identitäten, einschließlich, aber nicht beschränkt auf, Lesben, Schwule, Bisexuelle, Transgender-Personen und queere Individuen. Diese Vielfalt bringt unterschiedliche Perspektiven und Erfahrungen mit sich, die für die Gemeinschaft insgesamt von unschätzbarem Wert sind. Theoretische Ansätze wie die Queer-Theorie betonen die Fluidität von Identitäten und die Notwendigkeit, traditionelle binäre Kategorien in Frage zu stellen. Diese Perspektiven helfen, ein inklusiveres Verständnis von Geschlecht und Sexualität zu entwickeln, das die Komplexität menschlicher Identität widerspiegelt.

Herausforderungen und Probleme

Trotz der Stärke, die aus dieser Vielfalt resultiert, steht die LGBTQ-Community vor erheblichen Herausforderungen. Diskriminierung, Stigmatisierung und Gewalt sind nach wie vor weit verbreitet. Laut einer Studie der *Human Rights Campaign* aus dem Jahr 2020 berichten 46% der LGBTQ-Personen von Diskriminierung am Arbeitsplatz, und 40% geben an, dass sie aufgrund ihrer Identität in der Öffentlichkeit belästigt wurden. Diese Probleme sind besonders ausgeprägt für Transgender-Personen, die häufig mit einer höheren Rate an Gewalt und Diskriminierung konfrontiert sind.

$$\text{Diskriminierung} = \frac{\text{Anzahl der Vorfälle}}{\text{Gesamtzahl der Befragten}} \times 100 \qquad (28)$$

Diese Gleichung verdeutlicht, dass die Prävalenz von Diskriminierung in der Community quantifizierbar ist und ein dringendes Bedürfnis nach Interventionen und Unterstützung aufzeigt.

Die Rolle der Unterstützung innerhalb der Community

Die Unterstützung innerhalb der LGBTQ-Community ist entscheidend für das Wohlbefinden ihrer Mitglieder. Initiativen wie lokale LGBTQ-Zentren, Unterstützungsgruppen und Online-Communities bieten Räume, in denen Individuen ihre Erfahrungen teilen, Ressourcen austauschen und sich gegenseitig ermutigen können. Diese Netzwerke sind besonders wichtig für junge Menschen, die möglicherweise noch in der Phase der Selbstakzeptanz sind.

Ein Beispiel für solch eine Unterstützung ist die Organisation *The Trevor Project*, die sich für die Suizidprävention bei LGBTQ-Jugendlichen einsetzt. Durch Hotlines, Bildungsressourcen und Kampagnen zur Sensibilisierung hat die Organisation Tausenden von jungen Menschen geholfen, Unterstützung und Hoffnung zu finden.

Die Bedeutung von Sichtbarkeit und Repräsentation

Die Sichtbarkeit von LGBTQ-Personen in den Medien und in der Gesellschaft ist ein weiterer wichtiger Aspekt der Community. Repräsentation kann dazu beitragen, Stereotypen abzubauen und ein besseres Verständnis für die Herausforderungen zu fördern, mit denen LGBTQ-Individuen konfrontiert sind. Filme, Fernsehsendungen und soziale Medien spielen eine entscheidende Rolle bei der Schaffung eines positiven Bildes von LGBTQ-Personen.

Eine Studie von $GLAAD$ zeigt, dass die Darstellung von LGBTQ-Charakteren in Filmen und Fernsehsendungen in den letzten Jahren zugenommen hat, jedoch bleibt die Repräsentation von Transgender-Personen und People of Color unzureichend.

$$\text{Repräsentation} = \frac{\text{Anzahl der LGBTQ-Charaktere}}{\text{Gesamtzahl der Charaktere}} \times 100 \qquad (29)$$

Diese Gleichung hilft, die Notwendigkeit einer umfassenderen Repräsentation zu verdeutlichen, um die Vielfalt der Community widerzuspiegeln.

Zukunftsvisionen für die Community

Die Zukunft der LGBTQ-Community hängt von ihrer Fähigkeit ab, sich weiterhin zu organisieren und für Gleichheit und Gerechtigkeit zu kämpfen. Es ist wichtig, dass die Community nicht nur auf bestehende Herausforderungen reagiert, sondern proaktiv neue Wege findet, um Sichtbarkeit und Unterstützung zu fördern. Bildung spielt eine Schlüsselrolle, um Vorurteile abzubauen und das Verständnis für LGBTQ-Themen in der breiteren Gesellschaft zu vertiefen.

Zusammenfassend lässt sich sagen, dass die LGBTQ-Community eine dynamische und vielfältige Gruppe ist, die sowohl mit Herausforderungen als auch mit Chancen konfrontiert ist. Der Blick auf die Community zeigt, dass durch Unterstützung, Sichtbarkeit und Bildung eine positive Veränderung erreicht werden kann, die nicht nur den Mitgliedern der Community zugutekommt, sondern auch der gesamten Gesellschaft.

Die Bedeutung von Freundschaften

Freundschaften spielen eine zentrale Rolle im Leben von Individuen, insbesondere innerhalb der LGBTQ-Community, wo Unterstützung und Zugehörigkeit oft entscheidend für das persönliche Wohlbefinden sind. Diese Beziehungen bieten nicht nur emotionale Unterstützung, sondern auch ein Netzwerk, das den Zugang zu Ressourcen und Informationen erleichtert. In dieser Sektion werden wir die verschiedenen Dimensionen der Freundschaft untersuchen, die Herausforderungen, die LGBTQ-Personen in Bezug auf Freundschaften erleben, sowie die positiven Auswirkungen, die diese Beziehungen auf das Leben von Chase Joynt und anderen Aktivisten haben können.

Emotionale Unterstützung und Zugehörigkeit

Freundschaften bieten einen Raum, in dem Individuen ihre Identität ohne Angst vor Verurteilung erkunden können. Für viele LGBTQ-Personen ist es entscheidend, Freunde zu haben, die ähnliche Erfahrungen gemacht haben. Diese gemeinsamen Erlebnisse fördern ein Gefühl der Zugehörigkeit und helfen, die oft isolierenden Erfahrungen der Diskriminierung und des Vorurteils zu überwinden. Die Theorie der sozialen Identität, entwickelt von Henri Tajfel und John Turner, beschreibt, wie Individuen ihre Identität durch die Zugehörigkeit zu sozialen Gruppen definieren. In diesem Kontext können Freundschaften in der LGBTQ-Community als eine Form der sozialen Identität betrachtet werden, die es den Mitgliedern ermöglicht, sich gegenseitig zu unterstützen und zu stärken.

Herausforderungen in Freundschaften

Trotz der positiven Aspekte können LGBTQ-Personen auch mit spezifischen Herausforderungen in ihren Freundschaften konfrontiert werden. Diskriminierung, Vorurteile und die Angst vor Ablehnung können dazu führen, dass einige Individuen Schwierigkeiten haben, authentische Freundschaften zu schließen. Diese Herausforderungen können auch zu einem Gefühl der Isolation führen. Laut einer Studie von McLaren (2017) berichteten viele LGBTQ-Personen, dass sie in ihrer Jugend Schwierigkeiten hatten, enge Freundschaften zu bilden, was oft auf ein mangelndes Verständnis oder Akzeptanz in ihrem sozialen Umfeld zurückzuführen war.

Ein weiteres Problem ist die sogenannte „Betriebsblindheit" in Freundschaften, bei der Individuen in ihren eigenen Erfahrungen gefangen sind und Schwierigkeiten haben, die Perspektiven anderer zu verstehen. Dies kann zu Missverständnissen und Konflikten führen, insbesondere wenn es um Themen wie Geschlechtsidentität und sexuelle Orientierung geht.

Beispiele aus Chase Joynts Leben

Chase Joynt hat in seinen Arbeiten oft die Bedeutung von Freundschaften hervorgehoben. In seinem Film *Framing Agnes* wird die Rolle von Freundschaften und Gemeinschaften als Unterstützungssystem für trans Menschen deutlich. Joynt zeigt, wie Freundschaften in der Lage sind, die Herausforderungen des Lebens zu mildern und ein Gefühl der Zugehörigkeit zu schaffen. Die Charaktere im Film illustrieren, wie wichtig es ist, ein unterstützendes Netzwerk zu haben, um die eigenen Identitätsfragen und Herausforderungen zu bewältigen.

Ein weiteres Beispiel ist Joynts Engagement in verschiedenen LGBTQ-Organisationen, wo er nicht nur aktiv ist, sondern auch Freundschaften mit anderen Aktivisten und Künstlern pflegt. Diese Beziehungen haben es ihm ermöglicht, seine Stimme zu stärken und seine Botschaften effektiver zu verbreiten. Die gegenseitige Unterstützung unter Freunden kann als Katalysator für kreatives Schaffen und Aktivismus wirken.

Die Rolle von Freundschaften im Aktivismus

Freundschaften sind nicht nur für das persönliche Wohlbefinden wichtig, sondern auch für den Aktivismus selbst. Die Zusammenarbeit mit Gleichgesinnten kann die Wirksamkeit von Kampagnen erhöhen und die Reichweite von Botschaften erweitern. Studien zeigen, dass soziale Netzwerke einen direkten Einfluss auf die Mobilisierung und den Erfolg von Aktivismus haben (Bennett & Segerberg, 2012). In der LGBTQ-Bewegung sind Freundschaften oft der Ausgangspunkt für größere Initiativen und Projekte.

Schlussfolgerung

Zusammenfassend lässt sich sagen, dass Freundschaften eine fundamentale Rolle im Leben von LGBTQ-Personen und insbesondere von Aktivisten wie Chase Joynt spielen. Sie bieten emotionale Unterstützung, fördern das Zugehörigkeitsgefühl und sind entscheidend für den Erfolg von Aktivismus. Die Herausforderungen, die mit Freundschaften einhergehen, dürfen jedoch nicht ignoriert werden, da sie das Potenzial haben, das persönliche und gemeinschaftliche Wachstum zu beeinträchtigen. Es ist wichtig, diese Beziehungen zu pflegen und zu schätzen, um eine starke, unterstützende und inklusive Gemeinschaft zu fördern. Die Bedeutung von Freundschaften in der LGBTQ-Community kann nicht hoch genug eingeschätzt werden, da sie nicht nur das individuelle Leben bereichern, sondern auch die gesamte Bewegung stärken.

Bibliography

[1] McLaren, K. (2017). *Friendship and Identity: The LGBTQ Experience*. Journal of Social Issues, 73(1), 45-62.

[2] Bennett, W. L., & Segerberg, A. (2012). *The Logic of Connective Action: Digital Media and the Personalization of Contentious Politics*. Information, Communication & Society, 15(5), 739-768.

Reflexion über die Reise des Lebens

Die Reise eines Lebens ist oft geprägt von Herausforderungen, Triumphen und einer ständigen Suche nach Identität und Sinn. Für Chase Joynt spiegelt sich diese Reise nicht nur in seinen persönlichen Erfahrungen wider, sondern auch in seiner Kunst und seinem Aktivismus. Die Reflexion über die Reise des Lebens ist ein zentraler Bestandteil des menschlichen Daseins und kann durch verschiedene theoretische Rahmenbedingungen betrachtet werden, darunter die Identitätstheorie, die Resilienztheorie und die soziale Identitätstheorie.

Identitätstheorie

Die Identitätstheorie, wie sie von Erik Erikson formuliert wurde, legt nahe, dass die Entwicklung der Identität ein lebenslanger Prozess ist, der von verschiedenen psychosozialen Krisen geprägt ist. Joynt's Reise zur Selbstakzeptanz und seine Auseinandersetzung mit Geschlechtsidentität illustrieren diese Theorie eindrucksvoll. In seinen frühen Jahren erlebte er eine Vielzahl von Herausforderungen, die ihn dazu zwangen, sich mit seiner Identität auseinanderzusetzen. Diese Erfahrungen führten letztendlich zu einem tiefen Verständnis seiner selbst und seines Platzes in der Welt.

Ein Beispiel für diese Auseinandersetzung findet sich in Joynt's Kurzfilmprojekten, in denen er oft trans Erfahrungen thematisiert und die

Zuschauer dazu anregt, über die Komplexität von Geschlechtsidentität nachzudenken. Diese Filme sind nicht nur Ausdruck seiner eigenen Identität, sondern auch ein Weg, um das Bewusstsein für die Herausforderungen, denen viele LGBTQ-Personen gegenüberstehen, zu schärfen.

Resilienztheorie

Die Resilienztheorie bietet einen weiteren wertvollen Rahmen, um Joynt's Reise zu verstehen. Resilienz beschreibt die Fähigkeit, sich von Widrigkeiten zu erholen und gestärkt aus schwierigen Situationen hervorzugehen. Joynt's Lebensweg ist ein Beispiel für Resilienz, da er trotz der Diskriminierung und der Herausforderungen, die er als trans Person erlebt hat, nie aufgegeben hat. Stattdessen hat er seine Erfahrungen in kreative Energie umgewandelt und sich als Filmemacher und Aktivist einen Namen gemacht.

Ein prägnantes Beispiel für diese Resilienz ist die Produktion von „Framing Agnes". In diesem Film untersucht Joynt nicht nur die Geschichte von trans Personen, sondern konfrontiert auch die gesellschaftlichen Vorurteile, die mit Geschlechtsidentität verbunden sind. Durch seine Arbeit zeigt er, wie Kunst als Werkzeug zur Heilung und zur Stärkung der Gemeinschaft dienen kann.

Soziale Identitätstheorie

Die soziale Identitätstheorie, die von Henri Tajfel und John Turner entwickelt wurde, betont die Bedeutung der Gruppenzugehörigkeit für das Selbstbild. Joynt's Identität als LGBTQ-Aktivist ist eng mit seiner Zugehörigkeit zur trans Gemeinschaft verbunden. Diese Zugehörigkeit hat ihn nicht nur geprägt, sondern auch seine Perspektive auf die Welt und seine künstlerische Ausdrucksweise beeinflusst.

In seiner Reflexion über die Reise des Lebens erkennt Joynt die Bedeutung von Gemeinschaft und Unterstützung an. Die trans Gemeinschaft hat ihm nicht nur Rückhalt gegeben, sondern auch eine Plattform, um seine Stimme zu erheben. Diese Verbindung zur Gemeinschaft ist ein zentrales Thema in vielen seiner Filme, in denen er die Geschichten von trans Personen erzählt und ihre Erfahrungen sichtbar macht.

Herausforderungen und Chancen

Die Reflexion über die Reise des Lebens ist jedoch nicht nur eine Betrachtung der positiven Aspekte. Joynt hat auch mit erheblichen Herausforderungen zu kämpfen gehabt, darunter Diskriminierung, Vorurteile und die ständige Notwendigkeit, sich gegen gesellschaftliche Normen zu behaupten. Diese Herausforderungen haben ihn geprägt und ihm gleichzeitig die Möglichkeit gegeben, als Vorbild für andere zu fungieren.

Ein Beispiel für diese Herausforderungen ist die Reaktion auf seine Filme. Während einige Kritiker seine Arbeit loben, gibt es auch Stimmen, die seine Perspektive in Frage stellen. Joynt hat gelernt, mit diesen Kritiken umzugehen und sie als Ansporn zu sehen, um weiterhin für Sichtbarkeit und Repräsentation zu kämpfen.

Schlussfolgerung

Insgesamt ist die Reflexion über die Reise des Lebens ein komplexer Prozess, der sowohl persönliche als auch gesellschaftliche Dimensionen umfasst. Chase Joynt's Leben und Werk sind ein eindrucksvolles Beispiel dafür, wie man aus Herausforderungen Stärke schöpfen kann und wie wichtig es ist, die eigene Geschichte zu erzählen. Seine Reise ist nicht nur eine persönliche, sondern auch eine kollektive, die viele Menschen inspiriert und ermutigt, ihre eigenen Geschichten zu teilen und für ihre Rechte einzutreten.

Die Bedeutung von Sichtbarkeit und Repräsentation kann nicht genug betont werden. Joynt's Arbeit hat dazu beigetragen, das Bewusstsein für trans Themen zu schärfen und die Diskussion über Geschlechtsidentität in der Gesellschaft voranzutreiben. In einer Welt, die oft von Vorurteilen und Missverständnissen geprägt ist, bleibt die Reise von Chase Joynt ein leuchtendes Beispiel für Hoffnung, Resilienz und den unaufhörlichen Kampf um Gerechtigkeit und Gleichheit.

Ausblick auf zukünftige Herausforderungen

In der heutigen Zeit stehen LGBTQ-Aktivisten wie Chase Joynt vor einer Vielzahl von Herausforderungen, die sowohl gesellschaftlicher als auch politischer Natur sind. Die Sichtbarkeit und Repräsentation von trans und nicht-binären Personen in den Medien ist zwar gestiegen, doch bleibt der Weg zur vollständigen Gleichstellung und Akzeptanz lang und steinig.

Gesetzliche Herausforderungen

Ein zentrales Problem sind die gesetzlichen Rahmenbedingungen, die oft nicht die Rechte von LGBTQ-Personen schützen. In vielen Ländern gibt es nach wie vor Gesetze, die Diskriminierung aufgrund der Geschlechtsidentität erlauben. Die Notwendigkeit einer umfassenden Reform der Anti-Diskriminierungsgesetze ist dringend. Ein Beispiel hierfür ist die Diskussion um das *Equality Act* in den USA, der darauf abzielt, Diskriminierung aufgrund von Geschlechtsidentität und sexueller Orientierung bundesweit zu verbieten. Die Blockade dieses Gesetzes im Kongress verdeutlicht die politischen Spannungen und den Widerstand, dem LGBTQ-Aktivisten gegenüberstehen.

Gesellschaftliche Akzeptanz

Trotz positiver Entwicklungen in der Repräsentation bleibt die gesellschaftliche Akzeptanz von LGBTQ-Personen, insbesondere von trans Personen, eine Herausforderung. Vorurteile und Stereotypen sind nach wie vor weit verbreitet und führen zu Diskriminierung und Gewalt. Die Medien spielen hierbei eine entscheidende Rolle. Eine verantwortungsvolle und respektvolle Berichterstattung kann helfen, Vorurteile abzubauen und das Verständnis zu fördern. Es ist wichtig, dass Filme und Dokumentationen wie *Framing Agnes* weiterhin als Plattformen dienen, um die Stimmen von trans Personen zu stärken und ihre Geschichten authentisch zu erzählen.

Mentale Gesundheit

Ein weiterer Aspekt, der nicht ignoriert werden darf, ist die mentale Gesundheit von LGBTQ-Personen. Studien zeigen, dass trans Personen ein höheres Risiko für psychische Erkrankungen haben, oft aufgrund von Diskriminierung, Stigmatisierung und dem Mangel an Unterstützung. Der Zugang zu psychologischer Hilfe ist oft eingeschränkt, insbesondere in ländlichen Gebieten. Es ist entscheidend, dass die Gesellschaft in Programme investiert, die psychische Gesundheit fördern und sicherstellen, dass LGBTQ-Personen die notwendige Unterstützung erhalten.

Rolle der Technologie

Technologie kann sowohl eine Herausforderung als auch eine Chance für den LGBTQ-Aktivismus darstellen. Während soziale Medien eine Plattform für den Austausch und die Mobilisierung bieten, können sie auch Orte der Belästigung und Diskriminierung sein. Die Balance zwischen der Nutzung von Technologie zur Förderung von Sichtbarkeit und der Bekämpfung von Cybermobbing ist eine Herausforderung, die zukünftige Aktivisten bewältigen müssen. Die Entwicklung von sicheren Online-Räumen und Communities ist unerlässlich, um den Austausch und die Unterstützung innerhalb der LGBTQ-Community zu fördern.

Zukunftsvisionen

Die Herausforderungen, vor denen LGBTQ-Aktivisten stehen, erfordern innovative Ansätze und Strategien. Eine verstärkte Zusammenarbeit zwischen Künstlern, Aktivisten und Wissenschaftlern könnte neue Perspektiven und Lösungen hervorbringen. Workshops, Diskussionsrunden und interaktive Veranstaltungen könnten helfen, das Bewusstsein zu schärfen und Veränderungen auf lokaler und globaler Ebene zu bewirken.

Zusammenfassend lässt sich sagen, dass die Herausforderungen, vor denen LGBTQ-Aktivisten stehen, komplex sind und ein tiefes Verständnis der sozialen, politischen und kulturellen Dynamiken erfordern. Die Notwendigkeit, die Stimmen von marginalisierten Gruppen zu stärken und die Gesellschaft für die Vielfalt der Geschlechtsidentitäten zu sensibilisieren, bleibt eine zentrale Aufgabe für zukünftige Generationen von Aktivisten. Die Hoffnung liegt in der kontinuierlichen Arbeit und dem Engagement, das diese Gemeinschaften zeigen, um eine gerechtere und inklusivere Welt zu schaffen.

Die Kraft der Zusammenarbeit

Die Kraft der Zusammenarbeit ist ein zentrales Element im Aktivismus und der Kunst, insbesondere in der LGBTQ-Community. In einer Welt, die oft von Spaltung und Missverständnissen geprägt ist, bietet die Zusammenarbeit die Möglichkeit, Brücken zu bauen und Gemeinschaften zu stärken. Dies wird besonders deutlich in der Arbeit von Chase Joynt, der durch seine Filme und sein Engagement eine Plattform für trans und nicht-binäre Stimmen schafft.

Theoretische Grundlagen der Zusammenarbeit

Die Theorie der sozialen Identität, die von Henri Tajfel und John Turner entwickelt wurde, legt nahe, dass Individuen ihre Identität stark durch die Gruppen definieren, denen sie angehören. Diese Identifikation kann sowohl positive als auch negative Auswirkungen haben. In einem aktivistischen Kontext kann die Zusammenarbeit zwischen verschiedenen Gruppen innerhalb der LGBTQ-Community zu einem stärkeren Gefühl der Zugehörigkeit und Solidarität führen. Die gemeinsame Identität als Aktivisten kann die Motivation und das Engagement erhöhen, was zu effektiveren Kampagnen und Initiativen führt.

Herausforderungen der Zusammenarbeit

Trotz der Vorteile gibt es auch erhebliche Herausforderungen bei der Zusammenarbeit. Unterschiedliche Hintergründe, Erfahrungen und Perspektiven können zu Konflikten führen. Beispielsweise können trans und nicht-binäre Aktivisten manchmal das Gefühl haben, dass ihre spezifischen Anliegen in breiteren LGBTQ-Initiativen nicht genügend Beachtung finden. Diese Spannungen können die Effektivität von Kampagnen beeinträchtigen und zu einer Fragmentierung der Bewegung führen.

Ein Beispiel hierfür ist die Diskussion um die Repräsentation in den Medien. Während viele LGBTQ-Filme Fortschritte in der Sichtbarkeit von LGBTQ-Personen zeigen, bleibt die Darstellung von trans und nicht-binären Charakteren oft stereotyp oder ungenau. Die Zusammenarbeit zwischen Filmemachern, Aktivisten und der Community ist entscheidend, um sicherzustellen, dass diese Darstellungen authentisch und respektvoll sind.

Beispiele erfolgreicher Zusammenarbeit

Ein herausragendes Beispiel für erfolgreiche Zusammenarbeit ist das Projekt *Framing Agnes*. In diesem Film hat Chase Joynt mit einer Vielzahl von Künstlern, Akademikern und Aktivisten zusammengearbeitet, um eine Geschichte zu erzählen, die die Erfahrungen von trans Menschen in der Geschichte beleuchtet. Durch diese Zusammenarbeit konnte das Projekt nicht nur verschiedene Perspektiven integrieren, sondern auch eine breitere Diskussion über Geschlechtsidentität und Repräsentation anstoßen.

Die Zusammenarbeit mit LGBTQ-Organisationen ist ein weiterer wichtiger Aspekt. Joynt hat sich aktiv an Initiativen beteiligt, die sich für die Rechte von trans Personen einsetzen, und hat dabei die Bedeutung von Sichtbarkeit und Bildung betont. Diese Partnerschaften ermöglichen es, Ressourcen zu bündeln und eine stärkere Stimme in der Gesellschaft zu schaffen.

Die Rolle der Kunst in der Zusammenarbeit

Kunst spielt eine entscheidende Rolle bei der Förderung der Zusammenarbeit. Filme, Theaterstücke und andere kreative Ausdrucksformen bieten nicht nur eine Plattform für die Darstellung von Geschichten, sondern auch einen Raum für Dialog und Reflexion. Durch die Schaffung gemeinsamer künstlerischer Projekte können unterschiedliche Stimmen gehört und wertgeschätzt werden.

Ein Beispiel hierfür ist die Zusammenarbeit zwischen trans Künstlern und traditionellen Filmproduzenten. Diese Partnerschaften können dazu beitragen, dass trans Geschichten authentisch erzählt werden und gleichzeitig das Bewusstsein für die Herausforderungen, mit denen trans Personen konfrontiert sind, geschärft wird. Die Kunst wird somit zu einem Werkzeug für Veränderung und Empowerment.

Zukunftsperspektiven der Zusammenarbeit

Die Zukunft der Zusammenarbeit im LGBTQ-Aktivismus hängt von der Bereitschaft ab, Unterschiede zu akzeptieren und gemeinsame Ziele zu verfolgen. Es ist wichtig, Räume zu schaffen, in denen alle Stimmen gehört werden, und eine Kultur der Unterstützung und des Respekts zu fördern. Bildung und Aufklärung sind entscheidend, um Missverständnisse abzubauen und ein Gefühl der Einheit zu schaffen.

In Anbetracht der sich ständig verändernden gesellschaftlichen Landschaft ist es unerlässlich, dass Aktivisten und Künstler weiterhin zusammenarbeiten, um neue Herausforderungen anzugehen. Die Kraft der Zusammenarbeit kann dazu beitragen, eine nachhaltige Bewegung zu schaffen, die nicht nur für trans Rechte kämpft, sondern auch für die Rechte aller marginalisierten Gruppen.

Zusammenfassend lässt sich sagen, dass die Zusammenarbeit im Aktivismus und in der Kunst eine transformative Kraft hat. Sie ermöglicht es, unterschiedliche Perspektiven zu integrieren, gemeinsame Ziele zu verfolgen und letztendlich eine stärkere, vereinte Stimme für Veränderung zu schaffen. Chase Joynts Arbeit ist ein leuchtendes Beispiel dafür, wie Zusammenarbeit in der Praxis aussehen kann und welche positiven Auswirkungen sie auf die LGBTQ-Community und darüber hinaus haben kann.

Die Rolle von Kunst in der Heilung

Die Rolle von Kunst in der Heilung ist ein faszinierendes und tiefgründiges Thema, das sowohl in der Theorie als auch in der Praxis weitreichende Implikationen hat. Kunst hat die Fähigkeit, Emotionen auszudrücken, Erfahrungen zu verarbeiten und Gemeinschaften zu verbinden. In der LGBTQ-Community, wo viele Mitglieder mit Diskriminierung, Stigmatisierung und Identitätskrisen konfrontiert sind, kann Kunst eine besonders heilende Funktion übernehmen.

Theoretische Grundlagen

Die Theorie der Kunsttherapie zeigt, dass kreative Ausdrucksformen therapeutische Vorteile bieten können. Laut der American Art Therapy Association (AATA) ermöglicht Kunst den Menschen, sich auf nonverbale Weise auszudrücken, was besonders wertvoll ist, wenn Worte unzureichend erscheinen. Der Psychologe Mihaly Csikszentmihalyi beschreibt das Konzept des *Flow*, einen Zustand völliger Vertiefung und Zufriedenheit, der oft beim kreativen Schaffen erlebt wird. Dieser Zustand kann therapeutisch wirken und das Wohlbefinden steigern.

Kunst als Ausdruck von Identität

Für viele LGBTQ-Personen ist Kunst ein Mittel, um ihre Identität zu erforschen und auszudrücken. Künstler wie Chase Joynt nutzen Film und andere Medien, um trans Geschichten zu erzählen und Sichtbarkeit zu schaffen. Durch das Teilen persönlicher Erfahrungen können sie nicht nur ihre eigene Heilung fördern, sondern auch anderen in der Community helfen, sich verstanden und akzeptiert zu fühlen. Die Repräsentation in der Kunst kann das Gefühl der Isolation verringern und eine gemeinsame Identität stärken.

Beispiele für heilende Kunstprojekte

Ein bemerkenswertes Beispiel ist das Projekt *The Queer Arts Festival* in Vancouver, das Künstlern aus der LGBTQ-Community eine Plattform bietet, um ihre Arbeiten zu präsentieren. Solche Veranstaltungen fördern nicht nur die Sichtbarkeit, sondern schaffen auch Räume für Dialog und Gemeinschaft. In ähnlicher Weise hat die *Transgender Day of Remembrance* (TDOR) eine bedeutende Rolle bei der Heilung gespielt, indem sie die Geschichten derjenigen ehrt, die durch Gewalt und Diskriminierung ums Leben kamen. Diese Veranstaltungen helfen, Trauer zu verarbeiten und Gemeinschaft zu bilden.

Kunst als Mittel zur Bewältigung von Trauma

Kunst kann auch als Werkzeug zur Bewältigung von Trauma dienen. Studien zeigen, dass kreative Aktivitäten wie Malen, Schreiben oder Musizieren helfen können, emotionale Schmerzen zu verarbeiten. Ein Beispiel ist die *Theater der Unterdrückten*-Methode, die Menschen ermutigt, ihre Geschichten durch Theater zu erzählen. Diese Form des Theaters hat sich als besonders wirksam erwiesen, um die Stimmen marginalisierter Gruppen zu stärken und Raum für Heilung zu schaffen.

Herausforderungen und Grenzen

Trotz der positiven Aspekte gibt es auch Herausforderungen. Nicht jeder hat Zugang zu Kunstressourcen oder die Möglichkeit, sich kreativ auszudrücken. Zudem kann die Kommerzialisierung von Kunst die ursprüngliche heilende Absicht untergraben. Es ist wichtig, dass Kunstprojekte inklusiv sind und die Bedürfnisse der Gemeinschaft berücksichtigen.

Fazit

Zusammenfassend lässt sich sagen, dass Kunst eine transformative Kraft in der Heilung hat, insbesondere innerhalb der LGBTQ-Community. Sie bietet nicht nur einen Raum für persönlichen Ausdruck, sondern fördert auch Gemeinschaft, Verständnis und Unterstützung. Die Herausforderungen, die es zu überwinden gilt, sind real, aber die positiven Auswirkungen von Kunst auf das individuelle und kollektive Wohlbefinden sind unbestreitbar. Chase Joynt und andere Künstler zeigen, wie kreative Ausdrucksformen nicht nur das persönliche Leben bereichern, sondern auch einen bedeutenden Beitrag zur gesellschaftlichen Heilung leisten können.

Ermutigung für zukünftige Aktivisten

Die Reise eines Aktivisten ist oft gepflastert mit Herausforderungen, aber auch mit unzähligen Möglichkeiten zur Veränderung. Für zukünftige LGBTQ-Aktivisten ist es wichtig, sich daran zu erinnern, dass jeder Schritt in Richtung Sichtbarkeit und Akzeptanz zählt. Chase Joynt hat uns gezeigt, dass Kunst und Aktivismus Hand in Hand gehen können, um die Stimmen derjenigen zu stärken, die oft übersehen werden. In diesem Abschnitt wollen wir einige ermutigende Gedanken und Strategien für aufstrebende Aktivisten darlegen, um sie in ihrem Engagement zu unterstützen.

Die Kraft der Geschichten

Eine der stärksten Waffen im Aktivismus ist die Fähigkeit, Geschichten zu erzählen. Geschichten haben die Macht, Empathie zu wecken und das Bewusstsein für soziale Gerechtigkeit zu schärfen. Chase Joynt nutzt Film, um trans Geschichten zu erzählen und die Komplexität der Geschlechtsidentität zu beleuchten. Junge Aktivisten sollten ermutigt werden, ihre eigenen Geschichten zu teilen, sei es durch Schreiben, Filmemachen oder andere kreative Ausdrucksformen.

$$\text{Empathie} = \frac{\text{Verständnis} \times \text{Erfahrung}}{\text{Distanz}} \qquad (30)$$

Diese Gleichung verdeutlicht, dass je näher wir an den Erfahrungen anderer sind, desto mehr Empathie empfinden wir. Indem zukünftige Aktivisten ihre Geschichten teilen, können sie Brücken zu anderen bauen und das Verständnis für LGBTQ-Anliegen fördern.

Die Bedeutung der Gemeinschaft

Aktivismus kann manchmal einsam erscheinen, aber es ist entscheidend, sich mit Gleichgesinnten zu umgeben. Chase Joynt hat in seiner Karriere oft betont, wie wichtig es ist, Netzwerke zu bilden und Unterstützung von anderen zu suchen. Die LGBTQ-Community ist reich an Ressourcen, Mentoren und Freunden, die bereit sind, zu helfen.

$$\text{Gemeinschaft} = \text{Verbindung} + \text{Unterstützung} + \text{Ressourcen} \qquad (31)$$

Die oben genannte Gleichung zeigt, dass Gemeinschaft nicht nur aus Verbindungen besteht, sondern auch aus der Unterstützung und den Ressourcen, die man sich gegenseitig bieten kann. Zukünftige Aktivisten sollten ermutigt werden, sich in lokale Gruppen oder Online-Communities einzubringen, um sich gegenseitig zu inspirieren und zu unterstützen.

Bildung und Aufklärung

Ein weiterer wichtiger Aspekt des Aktivismus ist die Bildung. Die Aufklärung über LGBTQ-Themen ist entscheidend, um Vorurteile abzubauen und das Verständnis zu fördern. Chase Joynt hat durch seine Filme und Projekte zur Aufklärung beigetragen und zeigt, dass Bildung nicht nur in Klassenzimmern stattfindet, sondern auch durch kreative Medien.

Zukünftige Aktivisten sollten ermutigt werden, Workshops zu besuchen, Seminare zu halten und selbst Bildungsressourcen zu erstellen. Der Austausch von Wissen ist eine der effektivsten Methoden, um Veränderungen herbeizuführen.

Herausforderungen annehmen

Der Weg des Aktivismus ist nicht immer einfach. Diskriminierung, Vorurteile und Widerstand sind häufige Begleiter. Es ist wichtig, diese Herausforderungen nicht als Rückschläge zu betrachten, sondern als Gelegenheiten zur Weiterentwicklung.

Chase Joynt hat in seinen Arbeiten oft die Schwierigkeiten thematisiert, mit denen trans Personen konfrontiert sind, und zeigt, dass es möglich ist, trotz dieser Hindernisse erfolgreich zu sein.

$$\text{Wachstum} = \frac{\text{Herausforderung} + \text{Resilienz}}{\text{Erfahrung}} \quad (32)$$

Diese Gleichung verdeutlicht, dass persönliches Wachstum oft aus der Überwindung von Herausforderungen resultiert. Zukünftige Aktivisten sollten ermutigt werden, Resilienz zu entwickeln und jede Erfahrung, ob positiv oder negativ, als Chance zur persönlichen und gesellschaftlichen Weiterentwicklung zu betrachten.

Die Rolle der Hoffnung

Hoffnung ist ein zentraler Bestandteil des Aktivismus. Sie gibt uns die Kraft, weiterzumachen, auch wenn die Umstände schwierig sind. Chase Joynts Arbeit inspiriert nicht nur die LGBTQ-Community, sondern auch alle, die an sozialer Gerechtigkeit interessiert sind. Zukünftige Aktivisten sollten sich daran erinnern, dass jede kleine Veränderung einen Unterschied machen kann.

$$\text{Hoffnung} = \frac{\text{Vision} \times \text{Handeln}}{\text{Zweifel}} \quad (33)$$

Diese Gleichung zeigt, dass Hoffnung aus einer klaren Vision und dem Handeln resultiert, während Zweifel sie mindern können. Zukünftige Aktivisten sollten ermutigt werden, ihre Visionen zu formulieren und aktiv zu werden, um ihre Träume zu verwirklichen.

Abschlussgedanken

Zusammenfassend lässt sich sagen, dass die Ermutigung zukünftiger Aktivisten ein wesentlicher Bestandteil des fortwährenden Kampfes für LGBTQ-Rechte ist. Durch das Teilen von Geschichten, die Bildung von Gemeinschaften, das Annehmen von Herausforderungen und das Festhalten an der Hoffnung können sie einen bedeutenden Einfluss auf die Gesellschaft ausüben. Chase Joynts Lebenswerk ist ein leuchtendes Beispiel dafür, wie Kunst und Aktivismus zusammenwirken können, um Veränderungen zu bewirken. Die nächste Generation von Aktivisten hat die Möglichkeit, diese Tradition fortzusetzen und eine noch hellere Zukunft für alle zu schaffen.

Die Wichtigkeit von Hoffnung und Inspiration

In der Welt des LGBTQ-Aktivismus und der Kunst ist Hoffnung ein kraftvolles Werkzeug, das nicht nur Individuen, sondern ganze Gemeinschaften mobilisieren kann. Die Bedeutung von Hoffnung und Inspiration kann nicht hoch genug eingeschätzt werden, insbesondere in Zeiten von Diskriminierung, Vorurteilen und gesellschaftlicher Marginalisierung. Diese Konzepte sind nicht nur emotionale Zustände, sondern auch essenzielle Bestandteile eines effektiven Aktivismus, die die Motivation und das Engagement von Menschen fördern.

Hoffnung als Motor des Wandels

Hoffnung ist ein zentraler Bestandteil der menschlichen Erfahrung und spielt eine entscheidende Rolle im Aktivismus. Sie motiviert Menschen, für Veränderungen zu kämpfen und sich für ihre Rechte einzusetzen. In der LGBTQ-Community hat Hoffnung oft als Licht in der Dunkelheit gedient, insbesondere während der AIDS-Krise in den 1980er Jahren, als viele Menschen mit Verlust und Trauer konfrontiert waren. Aktivisten wie ACT UP (AIDS Coalition to Unleash Power) nutzten Hoffnung als Antrieb, um auf die Missstände im Gesundheitswesen aufmerksam zu machen und Veränderungen zu fordern. Ihre Botschaft war klar: *„Wir sind hier, wir sind queer, und wir werden nicht verschwinden."* Diese Art von Hoffnung mobilisiert Menschen und inspiriert sie, sich für eine bessere Zukunft einzusetzen.

Inspiration durch Kunst

Kunst hat die einzigartige Fähigkeit, Menschen zu inspirieren und eine tiefere Verbindung zu ihren Emotionen herzustellen. Filme, Musik, Literatur und andere Kunstformen bieten nicht nur Unterhaltung, sondern auch eine Plattform, um wichtige Themen zu diskutieren und Sichtbarkeit für marginalisierte Stimmen zu schaffen. Chase Joynt, als Filmemacher und Aktivist, hat diese Kraft der Kunst genutzt, um trans Geschichten zu erzählen und das Bewusstsein für die Herausforderungen und Triumphe der trans Community zu schärfen.

Ein Beispiel dafür ist der Film *„Framing Agnes"*, der nicht nur als künstlerisches Werk, sondern auch als Bildungsinstrument dient. Durch die Darstellung historischer trans Personen und ihrer Kämpfe schafft der Film einen Raum für Reflexion und Diskussion, der Zuschauer inspiriert und ermutigt, sich aktiv mit den Themen auseinanderzusetzen. Die Reaktionen des Publikums auf den Film zeigen, dass Geschichten, die mit Hoffnung und Inspiration gefüllt sind, einen bleibenden Eindruck hinterlassen können.

Die Rolle von Vorbildern

Vorbilder spielen eine entscheidende Rolle in der Entwicklung von Hoffnung und Inspiration innerhalb der LGBTQ-Community. Die Sichtbarkeit von erfolgreichen LGBTQ-Personen, die ihre Identität stolz leben, kann für viele Menschen von großer Bedeutung sein. Sie zeigen, dass es möglich ist, trotz der Herausforderungen, die das Leben mit sich bringt, erfolgreich zu sein und einen positiven Einfluss auf die Gesellschaft auszuüben.

Chase Joynt selbst ist ein solches Vorbild. Seine Arbeit inspiriert nicht nur andere Künstler, sondern auch junge LGBTQ-Personen, die nach Identität und Zugehörigkeit suchen. Die Geschichten, die er erzählt, und die Kämpfe, die er dokumentiert, bieten Hoffnung für die nächste Generation und ermutigen sie, ihre eigenen Stimmen zu finden und sich für ihre Rechte einzusetzen.

Herausforderungen und die Notwendigkeit von Hoffnung

Trotz der Fortschritte, die in den letzten Jahren erzielt wurden, stehen LGBTQ-Personen weiterhin vor erheblichen Herausforderungen. Diskriminierung, Gewalt und soziale Isolation sind nach wie vor Realität für viele. In diesen dunklen Zeiten ist es wichtig, Hoffnung und Inspiration aufrechtzuerhalten. Aktivisten und Künstler müssen weiterhin Plattformen schaffen, um diese Themen zu beleuchten und die Stimmen der Betroffenen zu verstärken.

Ein Beispiel für die Herausforderungen, denen sich die LGBTQ-Community gegenübersieht, ist die anhaltende Debatte über die Rechte von Trans-Personen in vielen Teilen der Welt. Die Gesetzgebung, die die Rechte von Trans-Personen einschränkt, kann entmutigend sein und das Gefühl der Hoffnung untergraben. Dennoch zeigen viele Aktivisten, dass es möglich ist, durch Bildung, Aufklärung und Gemeinschaftsarbeit Widerstand zu leisten. Diese Bemühungen sind entscheidend, um die Hoffnung lebendig zu halten und Veränderungen zu bewirken.

Schlussfolgerung

Die Wichtigkeit von Hoffnung und Inspiration im LGBTQ-Aktivismus kann nicht genug betont werden. Sie sind die treibenden Kräfte, die Menschen dazu bringen, für Gerechtigkeit zu kämpfen und sich für eine bessere Zukunft einzusetzen. Die Kunst spielt eine entscheidende Rolle dabei, diese Hoffnung zu vermitteln und die Stimmen derer zu verstärken, die oft übersehen werden. Chase Joynt und andere Aktivisten zeigen uns, dass es möglich ist, durch Geschichten und Kunst einen bleibenden Einfluss zu hinterlassen und eine neue Generation von Kämpfern für Gleichheit und Gerechtigkeit zu inspirieren.

Die Herausforderungen, die noch bestehen, sind erheblich, aber mit Hoffnung und Inspiration können wir die notwendigen Veränderungen herbeiführen und eine Welt schaffen, in der jeder Mensch, unabhängig von Geschlechtsidentität oder sexueller Orientierung, die Freiheit hat, er selbst zu sein.

Abschließende Gedanken zur Reise von Chase Joynt

Die Reise von Chase Joynt ist nicht nur eine persönliche Erzählung, sondern auch ein Spiegelbild der Herausforderungen und Triumphe, die viele LGBTQ-Personen in der heutigen Gesellschaft erleben. Joynts Werk verdeutlicht die essentielle Verbindung zwischen Kunst und Aktivismus, indem es Geschichten erzählt, die oft im Schatten der gesellschaftlichen Normen stehen. In diesem abschließenden Abschnitt reflektieren wir über die bedeutendsten Aspekte seiner Reise, die Herausforderungen, die er überwunden hat, und die Inspiration, die er für zukünftige Generationen bietet.

Die Kraft der Sichtbarkeit

Ein zentrales Thema in Joynts Arbeit ist die Bedeutung der Sichtbarkeit für trans und nicht-binäre Personen. In einer Gesellschaft, in der viele Stimmen marginalisiert werden, hat Joynt durch seine Filme und seinen Aktivismus dazu beigetragen, das Bewusstsein für die vielfältigen Erfahrungen von Trans-Personen zu schärfen. Die Theorie der *Repräsentation* besagt, dass Sichtbarkeit in den Medien eine entscheidende Rolle bei der Formung der öffentlichen Wahrnehmung spielt. Joynts Filme, insbesondere *Framing Agnes*, zeigen, wie wichtig es ist, Geschichten zu erzählen, die die Realität der trans Gemeinschaft widerspiegeln.

Herausforderungen und Widerstände

Trotz seiner Erfolge ist Joynt nicht ohne Herausforderungen geblieben. Diskriminierung, Vorurteile und der ständige Kampf um Akzeptanz sind Themen, die in seiner Biografie immer wieder auftauchen. Die *Intersektionalitätstheorie* von Kimberlé Crenshaw hilft uns zu verstehen, wie verschiedene Identitäten – Geschlecht, Rasse, Sexualität – zusammenwirken, um einzigartige Erfahrungen von Diskriminierung zu schaffen. Joynt hat oft über die Schwierigkeiten gesprochen, die er als trans Filmemacher in einer Branche erlebt hat, die traditionell von cisgender Perspektiven dominiert wird.

Einfluss auf die LGBTQ-Community

Joynts Einfluss auf die LGBTQ-Community ist unbestreitbar. Durch seine Arbeit hat er nicht nur Diskussionen angestoßen, sondern auch eine Plattform für andere LGBTQ-Künstler geschaffen. Die *Community-Engagement-Theorie* zeigt, dass die aktive Teilnahme und Unterstützung innerhalb einer Gemeinschaft zu positiven Veränderungen führen kann. Joynt hat Workshops und Veranstaltungen organisiert, um junge LGBTQ-Personen zu ermutigen, ihre eigenen Geschichten zu erzählen und ihre Stimmen zu erheben. Dies hat zu einer neuen Welle von Künstlern geführt, die inspiriert sind, ihre Identität durch Kunst auszudrücken.

Inspiration für zukünftige Generationen

Ein weiterer wichtiger Aspekt von Joynts Reise ist die Inspiration, die er für zukünftige Generationen bietet. Durch seine Erfolge zeigt er, dass es möglich ist, trotz widriger Umstände eine bedeutende Stimme in der Kunst- und Aktivismuswelt zu werden. Die *Theorie der positiven Vorbilder* besagt, dass die Sichtbarkeit erfolgreicher LGBTQ-Personen anderen helfen kann, ihre eigenen Herausforderungen zu überwinden und ihre Träume zu verfolgen. Joynts Geschichte ermutigt junge Menschen, authentisch zu sein und sich für ihre Rechte und die ihrer Gemeinschaft einzusetzen.

Abschließende Gedanken

Zusammenfassend lässt sich sagen, dass die Reise von Chase Joynt ein kraftvolles Beispiel für die transformative Kraft von Kunst und Aktivismus ist. Seine Fähigkeit, komplexe Themen wie Geschlechtsidentität und Repräsentation anzugehen, während er gleichzeitig eine Verbindung zur Gemeinschaft herstellt, ist bewundernswert. Joynts Werk hat nicht nur die Sichtbarkeit von Trans-Personen erhöht, sondern auch einen Raum für Dialog und Verständnis geschaffen.

In einer Welt, in der viele Stimmen weiterhin unterdrückt werden, ist es von entscheidender Bedeutung, dass wir die Lehren aus Joynts Reise annehmen und uns für eine inklusive und gerechte Gesellschaft einsetzen. Die Herausforderungen sind groß, aber die Hoffnung und der Wille zur Veränderung sind noch größer. Chase Joynt ist nicht nur ein Aktivist und Filmemacher, sondern auch ein Symbol für den unaufhörlichen Kampf um Sichtbarkeit, Akzeptanz und Gleichheit.

Dank und Anerkennung

Abschließend möchten wir Chase Joynt für seine unermüdliche Arbeit und seinen unerschütterlichen Glauben an die Kraft der Geschichten danken. Seine Reise inspiriert uns alle, mutig zu sein, unsere Stimmen zu erheben und die Welt um uns herum zu verändern. Mögen wir alle die Inspiration und den Mut finden, unseren eigenen Weg zu gehen und die Geschichten zu erzählen, die die Welt braucht.

Index

-Geschichte, 96
1980er Jahren wurde, 2

abbauen, 36, 137, 222
aber auch, 161, 247
aber diese Fortschritte, 2
aber es ist, 248
aber mit, 216, 223, 252
aber sie, 195
abhängig von, 15
Ablehnung, 23, 170, 196, 233
ableiten, 126
Abschließend möchte ich Chase Joynt, 229
Abschließend möchten, 253
Abschnitt wollen wir einige, 247
abzielt, 3, 121, 220
adressieren, 186
adäquat, 47
Agenturen, 94
akademische, 34–36, 43, 53, 54, 63
Akt, 182
aktiv dafür, 203
aktiven Teilnahme, 19
aktiver Prozess der, 5
aktiver Teilnahme, 160
Aktivismus, 3, 15, 21, 41, 85, 123, 130, 131, 207, 208, 243, 245, 247
Aktivismus Veränderungen, 130
Aktivismus von, 124
Aktivisten, 40, 42, 46, 77, 116, 120, 123, 140, 164, 170, 220, 223, 229, 249, 251
Aktivisten dazu, 226
Aktivisten effektiver, 176
Aktivisten entwickelt, 130
Aktivisten müssen, 120, 133, 136, 137, 198, 221, 222
Aktivisten setzen, 198
Aktivisten wie, 171
Aktivistin Muna Tseng, 200
Akzeptanz beitragen, 191
Akzeptanz bis hin zu, 80
Akzeptanz gegenüber, 1
Akzeptanz innerhalb der, 228, 233
Akzeptanz lang, 241
akzeptierender, 31
akzeptiert, 1, 36, 41, 177, 218, 231, 246
akzeptierten, 31
alle, 31, 36, 45, 106, 111, 121, 124, 134, 138, 163, 169, 216, 218, 223, 225, 227, 229, 245, 249, 253, 254
aller, 121, 245

Allerdings, 198
Allerdings können, 82
allgegenwärtig, 55
allgemeine, 54
Allianzen mit, 223
Alok Vaid-Menon, 200
als, 1, 2, 5, 7, 8, 11, 13, 15–17, 19,
    21, 24–28, 30–32, 35, 37,
    38, 40, 42, 44, 45, 47, 48,
    54, 55, 59–61, 63–65,
    68–71, 73, 77, 78, 80, 82,
    85, 86, 88–92, 94, 100,
    102–105, 107, 109–114,
    116, 120–122, 126, 128,
    131–136, 138, 140, 142,
    143, 147, 149, 153, 155,
    160–163, 167–169, 171,
    173, 175, 177–180,
    183–188, 190, 193,
    195–197, 199, 201,
    203–205, 207, 208, 211,
    213, 215–220, 223–225,
    228, 231–233, 235–237,
    240–243, 245, 248–250
an, 5, 13, 19, 20, 24, 26, 27, 31,
    33–35, 42, 45, 48–50, 60,
    70, 73, 77, 78, 82, 89, 90,
    110, 111, 119–121, 136,
    153, 159, 160, 164, 165,
    171, 175, 177, 179, 187,
    188, 193–196, 203, 204,
    207, 213, 215–217, 223,
    231, 240, 242, 244, 248,
    249, 253
anbieten, 166
andere, 16–18, 21, 26, 27, 39, 42,
    44, 46, 52, 64, 68, 70, 71,
    87, 93, 111, 121, 129, 135,
    140, 153, 157, 160, 161,
    166, 169, 176, 180, 182,
    183, 204, 212, 213, 218,
    220, 227, 232, 241, 244,
    246, 247, 250, 251
anderen auszutauschen, 175
anderen Filmemachern, 33, 170
anderen helfen kann, 28
anderen Identitäten ist, 221
anderen Künstlern, 33, 49, 52, 64,
    71, 73, 79, 105, 216
anderen Künstlern kann als, 71
anderen Künstlern Unterstützung,
    36
anderen Seite haben, 8
anderen Seite kann der, 27
anderen sozialen, 137, 221, 223
anderer, 24, 41, 53, 54, 103, 143,
    176, 182, 203, 226, 228,
    248
anerkannt, 114, 122, 132
anerkennen, 3, 44, 85, 184, 201
anerkennt, 166
Anfeindungen bis hin zu, 132
angesehen, 27, 48, 112, 120
angestoßen, 86, 92, 96, 109, 113
Angriff, 110
anhaltende, 251
ankämpfen, 48
Anliegen der, 120
Anliegen voranzubringen, 131
anmerkten, 47
Annehmen von, 249
anregt, 15, 240
anregte, 63
Ansatz, 198
anschließende, 82
ansprechend, 100
anspricht, 105
anstatt als, 132

Index

anstatt sich, 82
Ansätze beeinflusst, 94
Ansätze können, 155
Antike gab es, 1
Antrieb, 157
Anwendung von, 173
Anzahl von, 7
anziehen konnten, 93
anzugehen, 223
anzuprangern, 209
anzuregen, 3, 98, 129
Arbeit kann das, 133
arbeiten, 13, 32, 36, 89, 163, 229
arbeitet, 110, 203
arbeitete, 89, 94, 114
artikulieren, 32, 54, 120
auch, 2, 3, 5, 7–9, 11–13, 15–21,
    24–28, 30–53, 55, 59–65,
    67, 69–73, 76–83, 85,
    87–94, 96, 99, 100,
    102–107, 109–116,
    119–122, 124–126, 128,
    129, 131, 133–136, 138,
    140, 142–144, 146–149,
    151–155, 157, 160–165,
    167–171, 173, 175–188,
    190–193, 195–208,
    211–213, 216–229,
    231–233, 235, 237,
    239–253
auf, 1–3, 5, 7, 9, 11, 12, 16–21,
    23–27, 31, 34, 35, 37, 40,
    41, 44–47, 51, 52, 54–56,
    60, 61, 63–65, 68–73, 77,
    79–83, 85, 87, 88, 90–94,
    99–102, 104, 105,
    107–114, 119–121, 123,
    125, 128, 129, 132–137,
    142, 144, 148, 151, 153,
    155, 157, 159–161, 165,
    166, 168–173, 177–181,
    183–186, 188, 192, 196,
    197, 199, 202–204,
    211–213, 215–217, 219,
    221–225, 228, 229, 231,
    233, 235, 236, 240, 241,
    243, 245, 247, 249, 251
Auf der, 8
Aufforderung, 225
aufgrund, 12, 242
Aufklärung betonen, 123
aufrechterhalten, 166
aufrechtzuerhalten, 203, 251
Aufstieg von, 9
aufstrebenden, 185
aufwuchs, 12, 24, 160
aufzeigt, 234
aufzubauen, 92
aufzuklären, 190, 222
Ausdruck seiner, 46, 69, 178, 220, 240
Ausdrucksform lässt sich, 73
ausdrücken konnte, 54
auseinandersetzen, 39, 48, 64, 73,
    88, 115, 147, 185, 198, 232
auseinandersetzt, 227
auseinandersetzte, 20, 47
auseinandersetzten, 31, 35, 46, 64
Auseinandersetzung kann sowohl, 80
Auseinandersetzung mit, 28, 32, 77,
    80, 92, 102, 159, 173, 178,
    182, 188, 225, 239
auseinanderzusetzen, 19, 24, 43, 54,
    69, 113, 133, 152, 204,
    212, 239
ausgeschlossen, 165
ausgeübt, 184, 211

ausreichend, 76
Ausschluss von, 132
Auswahl verbunden, 94
auswirken kann, 80
auszudrücken, 23, 25, 27, 35, 77, 157, 199, 245–247
auszuschöpfen, 36
auszuüben, 9, 34, 83, 251
ausüben, 137, 169, 249
authentische, 7, 9, 61, 81, 83, 85, 147, 176, 180, 184, 192, 212, 217, 232
authentischen Leben, 178, 180
authentischen Stimmen, 154
authentischer, 21, 57, 187
authentischeren, 56, 102
Authentizität, 5, 45, 106, 147, 182, 190, 201
Authentizität andere, 183
Authentizität der, 81, 93, 99, 192
Authentizität ist, 178–180
Authentizität oft, 179
Authentizität von, 112, 149
Autoren wie, 25
außerhalb der, 40, 227

Balanceakt zwischen, 209
Barrieren, 18, 52, 53, 80, 112
bauen, 228, 243, 248
Bearbeiten von, 32
Bedenken, 70, 140, 192
Bedenken hinsichtlich, 153
bedeutend, 33
bedeutende, 2, 19, 25, 47, 52, 54, 90, 132, 144, 155, 167, 220
bedeutender Beitrag, 113
bedeutet, 15, 82, 199, 227
bedeutete, 48, 88, 93, 169
bedeutungsvolle, 176, 178

Bedürfnisse, 12, 20, 123, 168, 169, 198, 199, 247
beeinflussen, 8, 13, 28, 45, 55, 56, 69, 70, 109, 132, 136, 153, 161, 171, 176, 197
beeinflusst, 3, 15, 37, 44, 81, 88, 94, 107, 134, 137, 177, 212, 240
beeinträchtigen, 36, 72, 148, 165, 171, 179, 181, 237, 244
beeinträchtigt wird, 12
beendet, 2
befassen, 121, 123, 152, 177, 222
begegnen, 53, 80, 123, 173, 175, 194
begegnet, 41
begegnete, 78
beginnt, 80
begleiten, 41
begrüßten, 140
behandeln, 45, 46, 64, 106, 143
behandelt, 24, 42, 67, 68, 91, 112, 199, 228, 231
Behandlung, 2
Behandlung von, 7
behaupten, 60, 87, 133, 198, 241
behindern, 132, 134
bei, 5, 9, 15–18, 26, 27, 31, 32, 39, 43, 44, 47, 48, 52, 55, 59, 60, 63, 80, 82–85, 89, 93, 94, 96, 100, 102, 104, 105, 121, 129, 138, 147, 149, 161, 166, 173, 178, 180, 186–188, 218, 225, 228, 235, 244
Bei Chase Joynt manifestierte sich, 39
beigetragen, 16, 21, 24, 77, 86, 129, 192, 203, 219, 241, 248
beinhaltete, 32

Beispiel dafür, 28, 121, 199, 241
Beispiele, 3, 13, 124, 126, 130, 163, 195
Beispiele aus, 71
Beispiele dafür, 163
Beispiele sind, 123
Beispiele von, 49
beitragen, 7, 8, 13, 18, 28, 36, 56, 77, 103, 109, 126, 138, 142, 165, 188, 191, 196, 198, 217, 225, 226, 233, 235, 244, 245
beiträgt, 176, 232
bekannt dafür, 49
Bekämpfung von, 13, 242
Belastung, 133, 171
Belastungen führen, 162, 179
beleuchten, 5, 17, 43, 47, 83, 88, 91, 105, 110, 111, 113, 136, 197, 226, 232, 247, 251
beleuchtet, 41, 76, 78, 146, 205
beleuchtete, 63, 69
bemerkenswerter, 69, 98, 112, 115
benötigte, 30
Bereich, 85, 225
Bereich der, 122
Bereichen, 169
bereichert, 161
bereit, 64, 92, 152, 201, 203, 223, 248
bereitzustellen, 36
berichten, 36, 78, 147
berichtet, 160
berichtete, 12, 169
berichteten, 92
berufliche, 197
beruflichen, 44, 59, 60, 64, 65, 163, 169
berücksichtigen, 71, 161, 169, 247

berücksichtigt, 35
berührte, 63
besagt, 5, 12, 41, 103, 199, 232
beschreiben, 221
beschreibt, 160, 236, 240
beschäftigten, 60
besetzen, 94
besondere, 168, 202
Besonders bemerkenswert ist, 23
bessere, 251
besseren, 229
bestehen, 7, 18, 107, 136, 157, 184, 199, 213, 216, 228, 252
bestehenden, 18, 215, 225
bestimmte Aspekte der, 76
Bestrebungen aufbauen konnte, 24
besuchen, 248
beteiligt, 119, 165, 244
betonen, 3, 19, 68, 71, 115, 120, 123, 175, 234
betont, 19, 21, 44, 70, 77, 101, 110, 111, 120, 121, 159, 160, 162–164, 168, 170, 175–177, 179, 196, 202, 218, 232, 240, 241, 244, 248, 251
betrachten, 1, 248, 249
betrachtet, 15, 19, 71, 77, 109, 124, 178, 236, 239
betrifft, 219, 220
betroffenen Gemeinschaften geht, 104
betroffenen Individuen sein, 16
betroffenen Personen, 222
betroffenen Personen zu, 99
Beweis dafür, 21, 61
bewirken, 3, 7, 92, 113, 190, 209, 243, 251

bewusst, 32, 45, 61, 88, 122, 136, 203, 204
bewusste Entscheidung, 44, 94
Bewusstheit, 39
bewältigen, 42, 83, 90, 130, 134, 170, 175, 213, 224, 242
Beziehungen abhängen, 126
Bezug auf, 41
bieten, 5, 7, 13, 31, 34–36, 42, 48, 49, 52, 53, 59, 68, 71, 72, 82, 85, 87, 105, 107, 120, 121, 130, 131, 135, 144, 151–153, 157, 162, 164, 169–171, 175, 183, 184, 187, 188, 195, 201, 222, 227, 234–237, 242, 244, 248, 250, 251
bietet, 7, 9, 15, 17, 23, 24, 27, 71, 82, 84, 100, 120, 157, 180, 185, 195–197, 204, 212, 225, 240, 243, 247, 252
Bild der, 154
Bild seiner, 17
Bild von, 218
bilden, 9, 50, 73, 105, 248
bildete, 63
bildeten, 61
Bildung, 216, 223, 226, 227, 244, 248, 251
Bildungseinrichtungen bieten, 35, 36
Bildungsinstitutionen, 143
Bildungskontexten verwendet, 144
Bildungsprozess einzubeziehen, 143
Bildungsumgebungen zurechtzufinden, 42
Billy berichtete, 12
Billy Lee, 12
Billy schließlich Unterstützung, 13
binär, 3

binäre Kategorien, 234
Biografie behandelt, 228
Biografie darauf ab, 19
Biografie von, 218
Biografie wird, 18
Biografie wird aktuelle Statistiken, 18
biologischen Geschlecht kann zu, 179
bleiben, 15, 54, 82, 107, 167, 203, 223
bleibt bestehen, 7
bleibt die, 5, 17, 50, 107, 121, 166, 209, 228, 233, 241, 244
bleibt eine, 155, 243
bleibt ihr, 87
bleibt Joynts Beitrag, 103
bleibt somit nicht, 71
blieb, 65
Blockaden, 103
Blütezeit, 2
bot, 20, 26, 30, 33, 69
boten, 25, 40, 53, 63
Botschaften effektiver zu, 237
breite, 120, 222
Brücken, 228, 243, 248
Bundesstaaten Bestrebungen, 215
Butler argumentiert, 146
bündeln, 79, 244

Chancen bietet, 7
Charakter fokussiert, 93
Chase Joynt, 3, 16, 17, 19, 25–28, 30–32, 34–37, 41–44, 46–49, 52, 53, 59, 61, 63, 65, 67, 71, 72, 77, 80, 83, 85, 87, 90, 92, 94, 103, 105, 107, 109, 110, 119–124, 126, 128–130,

149, 151, 153–155, 157, 159–163, 165–167, 169–176, 178, 180, 182, 184, 186–188, 192, 199, 201–205, 211–213, 218, 223, 228, 231–233, 236, 241, 243, 246–253
Chase Joynt als, 44, 193, 195
Chase Joynt dar, 51
Chase Joynt dar und, 116
Chase Joynt selbst, 196
Chase Joynt selbst hat, 164, 217
Chase Joynt selbst ist, 251
Chase Joynt spielen, 36, 171, 188, 237
Chase Joynt steht, 179
Chase Joynt verfolgt mehrere, 17
Chase Joynt wurde, 23, 45
Chase Joynt's, 241
Chase Joynts, 24, 38, 39, 42, 48, 50, 64, 68, 69, 71, 232, 249
Chase Joynts Beziehung, 231
Chase Joynts Engagement, 121
Chase Joynts Geschichte, 28
Chase Joynts Karriere, 52, 71, 73
Chase Joynts Leben, 19, 21, 34, 164, 180, 206, 220
Chase Joynts Lebensgeschichte, 180
Chase Joynts Reise, 204
Chase Joynts Weg zur, 28
Chase Joynts Werk, 96, 99, 102, 109, 111, 216
Chase Joynts Werk bietet, 225
Chase musste, 32, 42, 64, 232
Chase wurde, 60
cisgender, 7, 106, 129, 165
Cybermobbing, 221, 242

da, 9, 23, 31, 33, 41, 43, 45, 54, 60, 68, 72, 76, 81, 92, 112, 151, 159, 161, 177, 183, 185, 188, 192, 197, 202, 212, 231, 237, 240
dabei sowohl, 161
dafür, 21, 28, 34, 49, 61, 106, 111, 116, 121, 163, 170, 178, 186, 199, 203, 241, 245, 249
Daher musste, 88
damit verbunden, 52, 71, 163
damit verbundenen Diskriminierungen zu, 221
damit verbundenen emotionalen Kämpfe thematisieren, 232
daran erinnern, 249
darauf abzielen, 137, 164, 174
darauf hingewiesen, 217
darauf konzentrieren, 222
dargestellt, 5, 47, 81, 103, 109, 111, 217, 232
dargestellten, 37, 56, 91, 99, 109, 144, 152
darin, 9, 33, 69, 72, 99, 104, 144, 148, 184, 191, 226
darstellen, 7–9, 19, 82, 88, 94, 106, 110, 114, 120, 147, 179, 193, 242
darstellt, 3, 132, 155, 192
Darstellungen schädlich sein können, 57
darum, 93
darunter, 2, 11, 103, 112, 114, 132, 134, 172, 239, 240
darzustellen, 7, 46, 47, 77, 93, 146, 186, 223
Darüber hinaus, 16, 56, 85, 86, 106, 120, 129, 153, 165, 184
Darüber hinaus kann das, 148

Darüber hinaus können, 7, 72, 201
Darüber hinaus müssen, 223
Darüber hinaus zeigt, 220
das, 1–3, 5, 7–9, 12, 13, 15–17, 20, 21, 23–27, 31, 32, 34, 36, 37, 40–43, 47, 49, 51, 53–57, 60, 62–64, 68–73, 80–83, 85, 86, 89–91, 94, 98–101, 103, 107, 109, 110, 112–115, 121, 122, 124, 125, 132–134, 142, 143, 146–149, 151–153, 159, 161, 163–166, 168, 169, 171, 174, 176–188, 190, 195–197, 201–203, 207, 209, 212, 215–220, 222, 226, 228, 229, 231–237, 240, 241, 243–251
Das Leben, 11
dass bestimmte Perspektiven, 51
dass bestimmte Stimmen marginalisiert, 208
dass Bildungseinrichtungen, 36
dass Bildungsinitiativen, 122
dass der, 3, 42, 45, 90, 153
dass Filmemacher eine, 5
dass Geschichten eine, 9
dass gesellschaftliche, 220
dass je näher, 248
dass jede kleine Veränderung, 249
dass jeder, 247
dass ohne, 164
dass persönliche, 168, 177
dass seine, 61, 89, 177, 228
dass sich, 160
dass zukünftige, 123, 186, 199
dasselbe, 28
dazu, 5, 7–9, 12, 16, 18–20, 24, 28, 32, 36, 45, 47, 51, 53, 56, 63, 77, 78, 80, 82, 83, 85, 86, 100, 102, 103, 105, 107, 109, 112, 121, 129, 138, 153, 160, 165, 166, 168, 171, 177, 178, 180, 183, 184, 186–188, 192, 196, 198, 203, 208, 213, 217–219, 225, 226, 228, 232, 233, 235, 239–241, 244, 245, 251
Dazu gehören, 175, 200
definieren, 15, 34, 37, 41, 160, 183, 199, 236, 243
definierte, 232
dem, 2, 9, 12, 13, 19, 20, 23–25, 27, 30, 32, 36, 41, 42, 44, 48, 52, 63, 68–70, 73, 88–90, 92, 102–105, 112–114, 132, 133, 136, 159–161, 168, 171, 175, 179, 186, 197, 236, 242, 243, 249
den, 2, 3, 5, 8, 9, 12, 15, 16, 18–21, 24, 26–28, 32–35, 37, 40–42, 44, 45, 47, 48, 50–54, 56, 59–65, 68–71, 73, 77, 79–81, 83, 85, 87–93, 100, 101, 104, 108, 110–112, 114, 115, 120, 121, 124–128, 130, 132–134, 136, 140, 143, 146, 147, 152, 153, 157, 160, 162, 168–172, 177, 178, 180–182, 184, 188, 190–194, 196, 197, 199, 201, 203, 204, 207, 209, 212, 213, 216–221, 223, 225–229, 232, 233, 235–237, 241, 242, 244,

Index

248, 251, 253, 254
denen, 1, 3, 5, 8, 12, 15–18, 26, 34, 36, 39, 48, 53, 64, 68, 80, 83, 85, 89, 98, 102, 111, 114, 119–122, 125, 129, 134, 146, 147, 169, 171, 175, 179, 180, 186–188, 190, 196, 199, 200, 203, 212, 213, 231–235, 239, 240, 243, 245, 249, 251
Dennoch müssen, 15
Depressionen, 231
Depressionen auftreten können, 162
Depressionen führen, 160
der, 1–3, 5, 7–9, 12, 13, 15–21, 23–28, 30–53, 55–57, 59–65, 69–73, 76–78, 80–85, 87–96, 98–100, 102–116, 119–130, 132–138, 140, 142–144, 146–149, 151–155, 157, 159–163, 165–173, 175–193, 195–204, 206, 208, 209, 211–213, 215–229, 231–237, 239–253
Der Abschluss, 65
Der Aktivismus, 13
Der Austausch mit, 28
Der Austausch von, 45, 248
Der Blick, 235
Der Einfluss, 178
Der Einfluss von, 44, 87, 128
Der Einsatz von, 154
Der Erfolg der, 137
Der Fortschritt, 7
Der Kontakt, 26
Der Mangel, 82
Der Schlüssel, 57

Der Umgang mit, 33, 173
Der Weg des Aktivismus, 248
Der Weg ist, 223
Der Weg zu, 88, 89
Der Weg zum, 63
Der Wert, 45
deren Anliegen zu, 21
deren Bedeutung, 92
deren Geschichten, 182
deren Identität, 5
deren Relevanz, 85
derer, 41, 251
derjenigen, 9, 32, 106, 193, 215, 229, 247
des deutschen Strafgesetzbuches, 2
des Empowerments, 85
des positiven Einflusses, 203, 213
des Schaffens kann als, 13
des Studienfaches, 43
dessen, 19, 43, 45, 105, 205
Deutschland, 2
die, 1–3, 5, 7–9, 11–13, 15–21, 23–28, 30–57, 59–65, 67–73, 76–96, 98–116, 119–130, 132–138, 140, 142–144, 146–149, 151–155, 157, 159–190, 192–209, 211–213, 215–229, 231–237, 239–245, 247–254
Die Aufklärung, 222
Die Auseinandersetzung mit, 80
Die Erfolge von, 115
Die Herausforderung, 32, 130
Die Reaktionen der, 69
Die Theorie der, 5, 12, 15, 126, 159, 183, 199, 232, 236, 243
Die Verbindung von, 99, 100, 109

Die Verbindung zwischen, 3, 5, 15, 87, 146, 176, 209, 215, 220
Die Veröffentlichung, 113
Dies kann sich, 179
Dies kann zu, 127, 133
Dies wird besonders deutlich, 243
diese, 24
Diese Aktionen, 165
Diese Aktivitäten ermöglichen, 121
Diese Akzeptanz, 1
Diese Anerkennung zeigt, 112
Diese Aufklärung, 122
diese Auseinandersetzung, 239
Diese Auswahl, 114
Diese Authentizität ist, 203
diese Barrieren, 94
Diese Belastungen können, 54
Diese Bemühungen sind, 251
Diese Beziehungen, 185
Diese Beziehungen bieten, 235
Diese Biografie, 207
Diese Darstellungen, 132
Diese Darstellungen können, 8
Diese Diskrepanz, 103
Diese Diskrepanz kann sich, 27
Diese Divergenz, 140
Diese Diversität, 233
Diese Doppelbelastung, 54
Diese Dynamiken können, 165
Diese Einrichtungen, 34
Diese Elemente halfen ihm, 41
Diese Entscheidung, 91
Diese Entscheidungen, 94
Diese Ereignisse, 2, 120
Diese Erfahrungen, 26, 40, 239
Diese Faktoren können, 168
Diese Freundschaften, 31, 162
Diese frühen, 24, 46, 60
Diese frühen Arbeiten, 20, 26, 67
Diese frühen Werke, 69
Diese Geschichten, 228
diese Geschichten, 233
diese Geschichten neu zu, 111
diese Gesetze zu, 222
Diese Herausforderung, 81
Diese Hindernisse, 64
Diese Identifikation, 243
Diese Identifikation kann das, 183
Diese Interaktion ermöglicht es ihm, 84
Diese Interaktionen, 51, 152
Diese Kollaborationen sind, 170
Diese Kooperationen, 62
Diese Kooperationen ermöglichen, 71, 126
Diese Kritiken, 68, 192
Diese kritischen, 46, 76
Diese Künstler stehen vor, 199
Diese Marginalisierung innerhalb der, 51
Diese Mischung ermöglicht es, 146
Diese multikulturelle, 23
Diese negativen, 171
Diese Netzwerke, 42, 45, 72, 234
diese Nuancen, 93
Diese Orte, 164
Diese Partnerschaften, 73
Diese Partnerschaften ermöglichen, 244
Diese Partnerschaften können, 244
Diese Perspektiven helfen, 234
Diese persönliche, 179
Diese Projekte, 35, 60
Diese Projekte zeigen, 233
Diese Reaktionen lassen sich, 69
Diese Reise, 34
Diese Risiken, 16
Diese Rückmeldungen, 47

Index

Diese Schritte sind, 32
Diese Sichtbarkeit, 218
Diese Situationen können, 53
Diese sozialen, 28, 40, 169
Diese Spannung spiegelt, 70
Diese Spannungen können, 51, 244
Diese Spannungen sind, 232
diese Stimmen zu, 100
Diese Stressfaktoren, 12
Diese Suche, 61
Diese Teilnahme ist, 119
Diese Theorie, 41, 199
Diese Theorie postuliert, 15
Diese Theorien betonen, 3
Diese Transparenz, 86
Diese Umstände, 183
Diese Unsicherheit kann dazu, 78
Diese Unsicherheiten können, 160
Diese Unsichtbarkeit kann zu, 217
Diese Unterstützung, 170, 231
Diese Unterstützung kann, 82, 160, 163
Diese Unterstützung kann sich, 30
Diese Veranstaltungen bieten, 120, 121, 175
Diese Verbindung ermöglicht es Filmemachern, 99
Diese Verbindung zur, 240
Diese Vernetzung kann als, 71
Diese Vielfalt, 234
Diese wirtschaftlichen, 12
Diese Zielsetzungen sind, 17
Diese Zugehörigkeit, 240
Diese Zugehörigkeit kann sowohl, 183
Diese Zusammenarbeit, 64, 73, 79, 89, 129
Diese Ängste können, 27, 196

diesem, 3, 5, 13, 26, 34, 41, 43, 46, 49, 71, 72, 80, 82, 88, 110, 119, 121–124, 126, 130, 147, 154, 161, 163, 176, 180, 188, 207, 215, 225, 229, 231, 233, 236, 247, 252
diesen, 11, 13, 21, 41, 46, 52, 67, 80, 82, 94, 99, 103, 104, 120, 121, 123, 125, 129, 130, 162, 173, 175, 194, 198, 227, 241, 251
dieser, 3, 5, 7, 8, 12, 13, 15, 17–19, 27, 32, 39, 41, 43, 44, 49, 61, 63, 67, 71, 73, 80, 85, 88, 91, 92, 94, 96, 112, 114, 121, 124, 126, 130, 136, 146, 147, 153, 159, 161, 163, 168, 179, 180, 193, 195, 197, 201, 203–205, 212, 216, 223, 225–228, 232, 235, 249
Dieser Abschnitt, 41
Dieser Einfluss lässt sich, 211
Dieser Prozess umfasst, 182
Differenzen zu, 72
differenziert sind, 8
differenzierte Darstellung kann das, 9
digitalen, 52, 84, 89, 187, 227
direkte, 81, 190
Diskriminierung sein, 135, 242
Diskriminierung zu, 36
Diskurse, 207
Diskussionen anregt, 15
Diskussionen anzuregen, 3
Diskussionen oft, 71
Diskussionen weiter, 71
Diskussionen über, 89

Diskussionsrunden, 89, 98, 212, 243
Diskussionsrunden konnte, 90
doch, 132
doch bleibt der, 241
Doch dieser, 168
Doch mit, 33
Dokumentationen, 16
Dokumente gedacht, 91
dokumentiert, 91, 251
Drehbuch entwickelt, 91
Drehbuchentwicklung bis hin zur, 60
drei, 12
dringend, 223
Druck, 27, 81, 203
Druck auf, 137
Druck gesetzt, 54
Druck konfrontiert, 168
Druck umzugehen, 82
durch, 2, 5, 9, 15, 16, 19, 21, 24, 26, 27, 30, 31, 36, 39–41, 43, 45, 48, 52, 55, 63, 73, 77, 81, 82, 85, 94, 101–103, 112, 120, 121, 123, 124, 128, 130, 133, 134, 146, 147, 157, 159–161, 163, 165, 166, 169, 171, 183, 184, 186, 188, 192, 194, 199–201, 205, 211, 213, 218–220, 223, 226, 228, 231, 233, 235, 236, 239, 243, 247, 248, 251
dynamische, 147, 235
dynamischen, 23, 77
dynamischer Prozess, 169
dynamischer Prozess ist, 41

effektiv, 87, 89, 131, 198
effektive, 143, 199
effektiven Aktivismus, 250
effektives Zeitmanagement, 169
Ehegleichheit, 137
eigene, 16, 17, 19, 20, 26, 28, 32, 34, 41, 42, 45, 52, 54, 62, 64, 65, 105, 120, 133, 160, 161, 163, 168, 169, 171, 179, 180, 182, 183, 195, 196, 201, 203, 204, 206, 218, 228, 232, 241, 246
eigenen, 9, 19, 25, 27, 28, 31, 45, 53, 54, 61–63, 65, 77, 80, 83, 85, 90, 103, 107, 125, 132, 134, 136, 155, 159–161, 163, 170, 171, 176, 178–180, 182, 192, 194, 202–204, 213, 218, 221, 226, 240, 241, 247, 251, 254
eigener, 25
ein, 2, 5, 7, 9, 13, 15, 17–21, 23–28, 31, 32, 34, 36, 39, 41, 43, 44, 46–48, 50, 52–54, 56, 57, 60, 61, 63, 65, 68, 69, 71, 73, 77, 78, 82, 83, 85, 87, 89, 91–94, 96, 99, 100, 102, 103, 106, 110–114, 116, 119–122, 124, 129, 130, 132, 134–138, 142, 146, 147, 151, 154, 157, 159–163, 169, 171, 173, 174, 176, 178–180, 182, 186–188, 190, 196–204, 207, 212, 213, 215–218, 222, 223, 226–228, 231–236, 239–246, 249–253
Ein Beispiel dafür, 170
Ein Mentor, 196

Ein wesentlicher Aspekt, 88
Ein wichtiger Aspekt der, 112
Ein wichtiger Aspekt seiner, 64
Ein zentrales, 228
Ein zentrales Element bei, 93
Ein zentrales Element von, 114
Ein zentrales Ziel, 17
einbezogen, 93, 111
Einblicke, 86, 89
eindrucksvoll, 232, 239
eine, 1–3, 5, 7, 9, 13, 15–17, 19–21,
    23–28, 30–36, 38–45,
    47–49, 52–55, 60, 61, 63,
    68–73, 77, 79–94, 96,
    98–100, 102–105, 107,
    109, 111, 113, 115,
    119–124, 126, 129–132,
    134, 136, 138, 142–144,
    146, 147, 149, 151, 155,
    157, 162, 163, 166–171,
    173, 174, 176–180,
    182–188, 190, 192, 194,
    195, 197–204, 206, 207,
    209, 213, 215, 216, 218,
    220–223, 225–229,
    231–233, 235–237,
    239–253
einem, 2, 8, 12, 19, 23, 25–27, 31,
    42, 48, 49, 52–54, 60, 61,
    63, 72, 80–82, 91, 95, 109,
    111–113, 126, 129, 130,
    133, 136, 146, 149, 151,
    155, 159, 168–170, 172,
    175, 178, 180, 188, 192,
    196, 199, 202, 205, 217,
    220, 229, 231, 232, 239,
    243, 245
einen, 2, 9, 15–17, 21, 23–27, 30,
    34, 36, 38, 43, 47, 48, 51,
    53, 56, 68, 71, 77, 82, 83,
    87, 90, 92, 93, 100, 101,
    114, 116, 123, 125, 128,
    134, 160, 164, 169, 180,
    182, 184, 186, 193, 196,
    197, 200, 208, 211, 213,
    220, 221, 225, 233, 236,
    240, 244, 247, 249,
    251–253
einer, 1, 5, 7, 8, 11–13, 17–21,
    23–27, 32, 37, 40, 45, 46,
    48, 53–55, 60–65, 67, 69,
    71–73, 80, 82–85, 88–94,
    100, 103, 106, 109, 110,
    113, 114, 120, 122,
    126–129, 132, 148, 149,
    153, 159, 160, 174, 178,
    180, 184, 192, 199, 201,
    203, 217, 218, 221, 227,
    228, 233, 235, 239, 241,
    243, 244, 249, 253
Einfluss auf, 77, 186, 249
Einfluss von, 45, 48, 90, 129
einflussreiche, 34
Einflüssen geprägt, 23, 39
eingehen, 12, 18, 123, 199
eingerichtet, 164
eingesetzt, 203
einhergehen, 15, 69, 70, 73, 126,
    188, 193, 237
einige, 47, 51, 68, 70, 71, 130, 135,
    140, 153, 163, 165, 221,
    241, 247
Einige Aktivisten äußerten, 192
Einige bemerkenswerte, 123
Einige Kritiker, 46
einnehmen, 138
einplant, 175
Einreichung von, 82

Einsatz, 32, 130
Einsatz geprägt, 199
Einsatz von, 223
einschließlich emotionaler, 30
einschränken, 51, 62, 80, 177, 181, 196
einseitigen Darstellung der, 153
einsetzen, 7, 23, 48, 87, 124, 129, 133, 165, 227, 228, 244, 253
einsetzte, 89
einsetzten, 1, 2
Einstellungen gegenüber, 28
eintreten, 176, 216, 228
eintritt, 77
einzigartige, 85, 250
einzubeziehen, 33, 94, 136, 143
einzusetzen, 2, 16, 19, 26, 121, 180, 188, 203, 213, 227, 251
einzutreten, 28, 138, 212, 241
Elemente seiner, 59
Ellen DeGeneres, 16
emotionale, 46, 72, 99, 100, 103, 133, 162, 164, 169, 171, 174, 175, 235, 237, 250
Emotionen auszudrücken, 245
empfinden, 179, 196, 248
Empfinden steht, 27
Ende abgelehnt, 78
Engagement verbunden, 43
engagieren, 61, 72, 91, 115
engagierte, 53, 188
enge, 72, 91, 126, 170
enthalten, 148
entscheidend, 3, 7–9, 13, 17, 21, 24–28, 30, 35–37, 40, 42, 43, 45–47, 51, 54, 60, 62, 67, 83, 87, 91, 93, 98, 101, 112, 122, 126, 129, 131, 134, 137, 147, 152, 154, 163, 165, 167, 169, 170, 174, 185, 199, 201, 203, 204, 215, 216, 220–223, 226, 227, 231, 234–237, 242, 244, 245, 248, 251
entscheidender, 17, 18, 30–32, 34, 41, 56, 73, 81, 82, 85, 88, 92, 100, 102, 114, 121, 122, 126, 149, 153, 159, 160, 166, 186, 199, 218, 220, 225, 228, 233, 253
Entschlossenheit, 90, 94, 204, 223
Entschlossenheit gestärkt, 61
entstand, 111, 113
entweder, 217
entwickeln, 24–28, 31, 32, 34, 35, 45, 47, 79, 82, 120, 123, 138, 169, 174, 196, 198, 199, 223, 232, 234, 249
entwickelte, 20, 24, 78, 90
Entwicklung, 25
Entwicklung seiner, 39, 40
Epidemie, 2
er, 12, 19–21, 23, 24, 30, 33, 34, 39, 40, 42, 47, 48, 52–54, 60, 63, 65, 67, 68, 77, 78, 85, 88–90, 92, 94, 105, 110, 111, 125, 129, 132, 157, 160, 161, 169, 172, 173, 175, 179, 182, 185, 186, 188, 193, 195, 196, 202–204, 212, 213, 220, 229, 231–233, 237, 239, 240, 251–253
Er forderte, 1
Er kann als, 105
Erfahrungen, 60, 70, 245
Erfolg seiner, 89

Erfolg unerlässlich sind, 44
erfolgreich, 251
erfolgreiche, 13, 126, 143, 197
erfordern, 13, 83, 134, 149, 163, 195, 243
erfordert, 21, 133, 136, 138, 155, 169, 188, 216, 221, 222
erforderten von, 31
ergeben, 34, 36, 51, 197, 231
erhalten, 36, 45, 49, 51, 77, 82, 84, 89, 147, 169, 179, 242
erheben, 25, 37, 48, 65, 120, 121, 130, 157, 168, 183, 185, 186, 199, 202, 203, 227, 240, 253
erheblich verändert, 134, 146
erhebliche, 82, 120, 122, 179, 193, 213, 217, 244
erheblichen Einfluss auf, 26, 87
erhielt, 20, 31, 37, 64, 92, 112, 231–233
erhöhen, 5, 9, 16, 31, 36, 52, 61, 63, 73, 83, 94, 100, 107, 109, 111, 116, 125, 129, 136, 143, 184, 192, 199, 207, 219, 226, 243
erhöhten, 54, 168, 218
Erik Erikson, 159, 239
Eriksons Stufenmodell, 159
erkennt, 184, 204, 240
erkundet, 228
erlassen, 215, 221
erlauben, 99
erleben, 12, 19, 27, 34, 46, 49, 80, 172, 179, 217, 218, 220, 236, 252
erlebte, 2, 24, 26, 27, 31, 34, 35, 42, 53, 239
erleichtert, 235

ermutigen kann, 17
ermutigt fühlen, 107, 213
Ermutigung seiner, 31
ermöglichen, 9, 35, 49, 52, 59, 71, 121, 126, 135, 164, 171, 183, 190, 215, 244
ermöglichten, 45, 48, 60, 70
ernst, 188, 204
ernste, 103, 105, 112
erproben, 59
erreichen, 9, 70, 120, 227
Errungenschaften innerhalb der, 146, 147
Errungenschaften wie, 2
erscheinen, 176, 248
erschweren, 51, 72
erschwert, 160
Erschöpfung, 175
erste, 1, 2, 24, 35, 38, 46, 48, 59, 64, 68
ersten, 19, 26, 28, 37, 40, 42, 46, 60, 61, 65, 67, 89
erster, 20, 54, 64
erstreckt, 1, 41, 170, 202, 203
erwiesen, 135, 142, 233
erzielt, 52, 111, 133, 136, 138, 213, 220, 251
erzählen, 3, 5, 8, 9, 16, 21, 26, 34, 47, 48, 50, 60, 61, 64, 65, 77, 82, 83, 85, 88, 94, 100, 107, 110, 111, 113, 115, 116, 129, 143, 147, 154, 155, 160, 161, 170, 177, 180, 184, 192, 195, 199, 202, 203, 212, 213, 217, 218, 225, 227, 228, 232, 241, 246, 247, 250, 254
Erzählsträngen, 91

erzählt, 24, 32, 91–93, 103, 109, 111, 112, 146, 149, 154, 182, 186, 187, 192, 203, 240, 245, 251, 252
Erzählung, 91, 100, 112, 252
eröffnen technologische Fortschritte, 199
eröffnet, 223
eröffnete, 20
Es bietet, 195, 197
es ist, 221
es möglich, 212, 249, 251
es schwierig, 94
Es wird darauf hingewiesen, 18
es Zeiten, 169
essenzielle, 228, 250
Esstisch über, 25
etablierten Filmemachern, 60
ethische, 81
etwa, 27
experimentierte, 32, 54

Fakten, 122
Faktoren, 13, 24, 136
Faktoren beeinflusst, 44
Familie spielte eine, 23
Familie von, 27
Familien konfrontiert, 31
Familienmitglieder seine, 31
Familienmitgliedern stärkt, 232
familiäre, 30, 162, 232
familiären, 24, 25, 231–233
familiärer, 24, 26, 27, 233
fand, 2, 12, 13, 19, 25, 27, 28, 31, 32, 36, 42, 53
Fehlinformationen stellen ernsthafte, 221
feindlich, 133
feindlichen, 19, 53, 120, 199, 228

Feministischen Theorie, 91
Fernsehsendungen, 235
festigen, 170
Festivalprogrammierer, 106
Figuren wird nicht, 96
fiktionale, 100
Film leisteten, 38
Filme, 244
Filme wie, 147
Filmemachen, 71, 111
Filmemachen beschäftigen, 42
Filmemachen bietet, 196
Filmemachen ihm, 160
Filmemachen ist, 88
Filmemachen oder, 247
Filmemachen verbunden, 42
Filmemacher dabei erleben, 49
Filmemacher müssen, 82
Filmemacher spielen, 3
Filmemacher stehen oft, 99
Filmemacher wie, 81, 155
Filmemacher Zeit, 78
Filmen kann Humor dazu, 103
Filmen manchmal zu, 76
Filmen wird häufig, 232
Filmindustrie, 7, 48, 60, 61, 64, 65, 81, 82, 85, 90, 111, 114, 116, 162, 163
Filmindustrie bei, 94
Filmindustrie hinzuweisen, 120
Filmindustrie inklusiver, 80
Filmindustrie weit verbreitet, 48
filmische, 20, 46, 67, 199
filmischen, 20, 170
Filmkunst, 19
Filmkunst verbunden, 61
Filmkunst waren, 37
Filmprojekte von, 46
Filmtechniken, 54

Filmumfelds, 147
finanzielle, 30, 48, 53, 54, 164, 166, 201
Finanzierung, 72, 79, 89, 90, 93, 112
Finanzierungsmöglichkeiten, 88
Finanzierungsmöglichkeiten verlassen, 72
finden, 12, 13, 19, 24, 26, 28, 31, 33, 35–37, 42, 45, 48, 54, 60, 61, 64, 69, 80, 81, 88, 91–93, 109, 116, 147, 151, 155, 162, 164, 167, 168, 170, 175, 179, 194, 196, 225, 227, 233, 244, 251, 254
findet, 195, 233, 235, 239
Fluidität von, 234
forderte, 1
forderten, 2
Formen auftreten, 30
Formen der, 132
Formularen sein, 53
formuliert, 5, 12, 103, 199, 239
Fortschritte erzielen, 134, 223
fortzusetzen, 116, 249
frei, 30
Freiheiten genutzt, 99
Freizeit, 167
Freude daran, 27
Freunde spielen, 31
Freunde spielt, 27, 30
Freunden kann als, 237
Freundschaften bieten, 31, 236
Freundschaften innerhalb der, 170
Freundschaften spielen, 235
frühe, 26, 28, 39, 44, 48, 69, 71
frühen, 48
frühen Jahre, 19
frühen kreativen Projekte von, 37

frühen Lebensphase von, 30
fundamentale, 80, 171, 237
fungieren, 35, 47, 104, 138, 175, 183, 197, 217, 241
fungiert, 15, 142, 186, 196
Fähigkeiten, 32, 33, 42, 59, 60
Fähigkeiten verbesserten, 59
Förderer, 201
fördern, 3, 7–9, 18, 21, 24, 27, 35, 44, 49, 50, 52, 56, 57, 61, 62, 73, 84, 85, 89, 98, 113, 119, 121, 137, 138, 140, 143, 144, 147, 153, 166, 170, 171, 174, 184–188, 195, 201, 217, 218, 222, 226, 233, 235–237, 242, 245, 246, 248, 250
Förderprogramme wandte, 48
fördert, 3, 43, 45, 52, 71, 85, 102, 114, 124, 129, 149, 161, 195, 203, 232, 247
förderte, 23, 64, 79, 114
führen, 7, 8, 12, 27, 31, 41, 45, 51, 53, 72, 73, 78, 82, 106, 107, 109, 120–122, 127, 133, 137, 148, 152, 153, 160, 162, 168, 170, 171, 177, 179, 183, 184, 192, 195, 196, 208, 217, 232, 243, 244
führte, 2, 12, 23, 33, 42, 54, 64, 71, 89, 93, 114
führten, 2, 19, 24, 26, 39, 40, 45–47, 60, 61, 88, 120, 239
Führungspositionen, 111
für, 1–3, 5, 7–9, 12, 13, 15–17, 19–21, 23–28, 31, 32, 34–55, 60–65, 71–73, 77, 81–94, 96, 98–102, 105,

107–109, 111–116,
120–123, 125, 126,
129–138, 140, 143, 144,
146–148, 151–153, 157,
159, 160, 162–171,
173–176, 178–180, 182,
183, 185–188, 190, 192,
193, 195–204, 207, 209,
212, 213, 215–223,
225–229, 231–235, 237,
239–245, 247–253
Für Chase Joynt, 31, 34, 59, 63, 77,
87, 92, 161, 168, 169, 176,
239

gab es auch, 26, 47, 232
gaben ihm, 60
ganzen, 110
ganzheitlicher Ansatz, 216
gearbeitet, 73, 223
geboren., 23
Gedanken, 70, 247
gedeihen, 32, 37
gedeiht, 40
geebnet, 115
Gefahr von, 82
gefeiert, 136, 157
geformt, 147, 206
gefunden, 125, 160, 169, 173, 183
gefährden, 93
gefährdet, 120
gefördert, 9, 48, 57, 112, 138, 212
Gefüge von, 233
Gefühl, 25
Gefühl der, 12, 24, 26, 28, 31, 41,
42, 57, 60, 62, 85, 89, 133,
159, 162, 165, 170, 183,
190, 217, 236, 245, 246,
251

Gefühl gegeben, 190
Gefühl haben, 244
Gefühl von, 27
Gefühle direkt, 70
Gefühle sprechen, 232
Gefühle zu, 27
gegeben, 86, 160, 170, 190, 240, 241
gegen gesellschaftliche, 241
gegenseitig ermutigen können, 234
gegenwärtige, 197
gegenwärtigen Herausforderungen,
96
gegenwärtigen Themen der, 102
gegenüber, 1, 5, 13, 15, 23, 27, 28,
53, 94, 112, 122, 133, 204
gegenübersieht, 251
gegenüberstehen, 3, 5, 17, 133, 146,
200, 240
geht, 82, 93, 104
gehört, 94, 106, 107, 111, 112, 138,
148, 180, 198, 215, 221,
228, 229, 244, 245
gekennzeichnet, 39, 63
Geld, 88
Gelegenheit genutzt, 120
gelegt, 48
gelobt, 112
gelten, 2
gemacht, 18, 25, 106, 113, 122, 164,
221, 228, 233, 236, 240
Gemeinden, 137
Gemeinsam haben, 73
gemeinsame, 79, 243, 245, 246
Gemeinschaften, 9, 36, 40, 42, 46,
52, 77, 85, 100, 121, 135,
188, 190, 201, 217, 228,
243, 245, 249
Gemeinschaften effektiver
Unterstützung bieten, 13

Gemeinschaften kann Vorurteile, 222
Gemeinschaften mobilisieren, 250
Gemeinschaften zeigen, 243
gemeinschaftliche, 237
gemeinschaftlichen, 24
gemischt, 46, 68
genannten, 225
genauso gehört, 229
Gender Dysphorie, 179
Generationen bewahren, 227
Generationen von, 209
genutzt, 19, 86, 87, 92, 99, 100, 116, 120, 131, 136, 199, 215, 250
genügend, 153, 244
geografische, 52
geprägt, 1, 2, 19, 20, 23, 24, 28, 37, 39–42, 45, 53, 54, 60, 61, 63–65, 80, 122, 159, 161, 174, 178, 181, 196, 199, 218, 221, 239–241, 243
Gerechtigkeit, 3, 45, 94, 99, 121, 151, 198, 212, 241
Gerechtigkeit interessiert, 249
Gerechtigkeit noch lange, 221
Gerechtigkeit sein kann, 213
Gerechtigkeitsfragen befassen, 152
geringere, 231
gerückt, 228
gesammelten, 60
gesamten Gesellschaft, 235
geschaffen, 19, 77, 85, 99, 113, 124, 157, 190, 193, 213, 218, 228, 253
geschafft, 48, 147, 228
Geschichte gegenübergesehen, 1
Geschichte von, 23
Geschichte wird deutlich, 112

Geschichten, 218
Geschichten authentisch, 111, 144, 245
Geschichten danken, 253
Geschichten einzubringen, 60
Geschichten innerhalb der, 60
Geschichten Macht, 25
Geschichten nutzen, 178
Geschichten teilen, 248
Geschichten verantwortlich, 202
Geschichten von, 91, 129
Geschichtenerzählen bekannt, 45
geschickte Verknüpfung von, 100
geschieht, 18, 101, 212
Geschlecht, 3, 25, 27, 146
Geschlechtsidentität, 18, 19, 24, 111, 114, 116, 160, 185, 223
Geschlechtsidentität auseinandersetzte, 47
Geschlechtsidentität illustrieren diese Theorie eindrucksvoll, 239
Geschlechtsidentität konfrontiert, 27
Geschlechtsidentität oft, 28
Geschlechtsidentität resultieren, 232
Geschlechtsidentität sind, 26, 28, 93
Geschlechtsidentität spielt, 142
Geschlechtsidentität verbunden, 48
Geschlechtsidentität von, 12
geschärft, 73, 112, 115, 125, 203, 212, 245
geschützt, 132
gesellschaftlich akzeptiert, 1
gesellschaftlich bedingt, 161
gesellschaftliche, 2, 3, 5, 8, 9, 17, 19, 25, 40, 47, 50, 57, 63, 72, 81, 85, 92, 100, 101, 103, 105, 109, 111, 121, 131,

132, 134, 144, 160, 163,
180, 199, 207, 215, 216,
218–220, 222, 232, 241
Gesellschaftliche Vorurteile, 132
gesellschaftlichem, 27, 81
gesellschaftlichen, 3, 9, 18, 26–28,
35, 39, 45, 69, 71, 100,
113, 122, 132, 133, 159,
171, 179, 197, 220, 223,
245, 247, 249, 252
gesellschaftlicher, 11, 28, 46, 69,
111, 161, 163, 165, 171,
213, 219, 224, 241, 250
gesellschaftspolitisch von, 205
Gesetze erlassen, 221
Gesetze haben, 222
Gesetze zu, 215
gespielt, 68
gesprochen, 162, 163, 172, 203
Gespräche, 25, 186, 195, 202, 203
Gesprächen mit, 27
gestärkt, 61, 63, 240
gesunde, 82, 167, 168
Gesundheitswesen kann dazu, 12
getroffen, 2
Gewalt, 12, 157, 179, 217, 228, 251
Gewalt ausgesetzt sein, 16
Gewalt gegen, 16, 122, 138
Gewalt konfrontiert, 183
gewalttätige Gegenproteste kann
ebenfalls eine, 120
gewinnen, 92
gewonnen, 5, 207
gezeichnet, 17
gezielte Bildungsinitiativen, 123
gezielte Selbstfürsorge und, 169
gibt, 7, 36, 44, 51, 70, 72, 76, 77,
103, 104, 106, 111, 122,
132, 134, 135, 138, 143,

148, 153, 165, 170, 177,
183, 196, 203, 208, 209,
213, 215, 217, 219–221,
224, 241, 244, 247, 249
gilt, 1, 130, 213, 247
glaubte, 94
gleichen, 32
gleichgeschlechtlichen Ehe, 2, 121
Gleichgesinnte, 24
Gleichgesinnte waren, 45
Gleichgesinnten kann dazu, 28
Gleichgesinnten von, 51
Gleichheit, 3, 126, 228, 241, 253
Gleichheit ist, 3, 218
Gleichheit und, 2, 85, 120, 121, 213,
216, 221, 227, 235, 252
Gleichung, 248
Gleichzeitig können, 135
Gleichzeitig musste, 233
Gleichzeitig müssen, 87
Gleichzeitig sind, 171
globale, 138
Grenzen von, 177
griechischen, 1
großer, 21, 23, 27, 31, 42, 49, 103,
197, 204, 205, 251
Grundlagen der, 13
grundlegender, 7, 231
Gruppenzugehörigkeit, 240
größere, 79, 89
größeren gesellschaftlichen, 220
größten, 51, 53, 64, 72, 77, 81, 82,
88, 90, 92, 93, 99, 104,
112, 120, 122, 136, 148,
160, 196

haben, 1, 3, 7–9, 12, 15, 16, 18, 24,
25, 27, 35, 36, 42, 43, 45,
48, 53–56, 61, 68, 72, 73,

Index

77, 82, 85, 87, 91, 92, 94, 106, 107, 109, 115, 120, 121, 125, 130, 133, 135, 137, 143, 157, 159, 160, 164, 170, 171, 177, 183, 186–188, 190, 196, 197, 202–205, 213, 218, 221, 222, 228, 229, 232, 233, 236, 237, 241–245, 247
half, 13, 19, 24, 25, 28, 30, 31, 43, 48, 54, 89, 231–233
halfen ihm, 39, 59, 60
Haltung gegenüber, 23
Hass, 135
hat, 2, 5, 7, 15, 16, 19–21, 23, 45, 47, 48, 67, 70, 71, 73, 77, 81, 85–87, 92, 94, 101, 108–113, 115, 116, 120–123, 125, 128, 129, 131, 134, 142, 146, 147, 157, 160, 162–166, 168–173, 175, 177, 179, 180, 184, 186, 188, 190, 192, 193, 196, 202–204, 206, 207, 211–213, 216–219, 223, 226–229, 232, 233, 240, 241, 244, 245, 247–250, 252, 253
hatte, 21, 23, 26, 60, 63, 160
hatten, 79, 93
Hauptquellen, 12
Hauptziele, 17
Haus geworfen wurde, 13
Heilung, 245, 247
helfen dabei, 122
helfen ihm, 175
Henri Tajfel, 15, 126, 183, 199, 236, 240, 243
herausfordern, 5, 21, 105

herausfordernd, 42, 199, 220, 232
herausfordernden Umfeld bewegen, 169
herausfordernder Prozess, 160
Herausforderung, 54, 63, 80, 88, 167, 173, 177, 199, 204, 216, 233, 242
Herausforderung dar, 132, 168
Herausforderungen, 28, 73, 157, 176, 179, 193, 220, 237, 243
Herausforderungen anzugehen, 163
Herausforderungen durch, 231
Herausforderungen gegenüber, 133
Herausforderungen konfrontiert, 40
Herausforderungen spielten, 39
Herausforderungen Stärke, 241
Herausforderungen zu, 24, 170, 223
herausgefordert, 223
herausragende, 130
herauszufinden, 54
hervorgehoben, 162, 163
Herzen lagen, 32
Herzen liegen, 86
herzustellen, 86, 115, 250
heutigen, 1, 52, 73, 83, 84, 89, 92, 167, 186, 187, 203, 228, 241, 252
hierfür, 8, 27, 103, 121, 168, 181, 187, 244
hilft, 235
hinausgeht, 228
hinauszudenken, 177
Hinblick auf, 142, 172
Hindernisse erfolgreich, 249
Hindernissen konfrontiert, 62
hingegen, 103
hinter, 89, 102, 153

hinterfragen, 3, 39, 56, 103, 122, 143, 225
Hintergrund gedrängt, 168
Hintergrund gedrängt werde, 70
Hintergrund gedrängt wird, 153
Hintergründe, 233
hinterlassen, 21, 252
hinzuweisen, 120
Hirschfeld gründete, 1
historische, 1, 3, 91, 96, 110, 113, 120, 146
historischen, 91, 92, 102, 111, 113, 114, 116
historischer, 91, 96
hochwertige, 12
Hoffnung, 241, 243, 249, 251
Hoffnung aus einer, 249
Hoffnung können, 249
Hoffnung lebendig, 251
Homosexualität wurde, 1
homosexuelle, 2
Humor kann, 103, 104
humorvolle, 115
hybride, 100
Händen, 201, 227, 229
Händen der, 199
hängt, 107, 201, 203, 216, 235, 245
häufig, 16, 31, 51, 53, 120, 159, 160, 219, 223, 232
häufige, 8, 27, 60, 248
höheren Selbstwertgefühl, 126
Hürde, 48, 82, 120
Hürde dar, 33, 40
Hürden, 53, 88, 213
Hürden ist, 51, 122, 160, 196

identifizieren, 7, 27, 104, 109, 126, 183
Identität eng mit, 43

Identitäten innerhalb der, 184
Identitäten verbunden, 23
Identitäten zu, 209
Ignoranz gegenüber, 122
ignoriert, 47, 85, 111, 217, 218, 237, 242
ihm, 13, 19–21, 23–25, 27, 28, 30, 31, 39, 41–43, 45, 48, 54, 59, 60, 62, 63, 77, 84, 86, 89, 126, 160, 170, 175, 179, 182, 203, 231, 233, 237, 240, 241
ihr, 13, 36, 87, 126, 133, 160, 185
Ihr Mut, 229
ihre, 9, 12, 13, 15–17, 23, 26, 30, 32, 34–37, 42, 49, 51–53, 59, 61, 62, 65, 70–72, 77, 80–83, 94, 100, 102–104, 107, 109, 111–113, 120–122, 129–131, 133–136, 147, 151, 153, 157, 159–161, 164, 166, 169, 174, 178, 180, 182–188, 190, 192, 193, 196, 198–203, 213, 215, 216, 221, 226–228, 233, 234, 236, 240, 241, 243, 244, 246–249, 251
Ihre Fähigkeit, 45
ihrem Aktivismus, 180
ihrem Ausdruck unsicher fühlen, 72
ihrem Geschlecht, 215
ihrem Weg, 160
ihren Biografien von, 160
ihren Emotionen herzustellen, 250
ihren Gemeinschaften eingehen, 123
ihren Kommilitonen entfremdet, 53
ihren Mut, 183
ihren Romanen, 25

Index

ihrer, 9, 13, 15, 16, 31, 32, 34, 35, 41, 45, 49, 68, 72, 80–82, 114, 126, 132, 140, 149, 153, 160, 171, 180, 185, 188, 196, 204, 218, 227, 228, 232–235
Ilan Meyer, 12
immer, 8, 23, 41, 47, 48, 53, 69, 103, 111, 148, 167, 215, 228, 248
Implikationen, 245
in, 1–3, 5, 7–9, 11–13, 15–21, 23–25, 27, 28, 30–37, 39–49, 51–53, 55–57, 59–61, 63–65, 67–73, 76, 77, 80–82, 84–88, 90–94, 96, 98–107, 109–114, 116, 120–123, 125–130, 132, 135–138, 140, 142–144, 146, 147, 149, 151, 153, 155, 157, 159–164, 166–173, 175, 176, 178–188, 190, 192, 193, 195–197, 199–207, 211, 212, 215, 217–223, 225–229, 231–237, 239–253
indem, 3, 5, 15, 42, 53, 87, 94, 103, 130, 132, 146, 182, 252
Indem sie, 227
individuelle, 17, 45, 107, 134, 161, 163, 176, 180, 197, 216, 220, 237, 247
individueller, 11, 46, 111, 160, 171, 179, 213, 218, 224
Individuen, 24, 164, 178, 183, 184, 195, 213, 233–235, 250
Individuen ermöglichen, 183
Individuen ihr, 126

Individuen ihre, 15, 199, 234, 236, 243
Individuen konfrontiert, 235
Individuen lernen, 56
Individuen wie, 163, 166
Initiativen wie, 234
inklusiv, 41, 221, 247
inklusiven, 73, 225
Innerhalb der, 165
innerhalb der, 51, 57, 129, 222
Insbesondere, 159
insbesondere, 1, 2, 7, 24, 34, 35, 41–44, 48, 50, 53, 55, 61, 64, 71, 77, 80, 81, 88, 93, 99, 103, 105, 126, 130, 133, 142, 144, 163, 165–167, 169, 172, 174, 176, 178, 180, 186, 188, 193, 195, 196, 199, 201, 213, 219, 223, 233, 235, 237, 242, 243, 247, 250
Insgesamt, 26, 73, 92, 116
Insgesamt bleibt der, 216
Insgesamt zeigen, 48
Insgesamt zeigt, 129, 201, 204
Inspirationen, 26
Inspirationen von, 25, 26
inspirieren, 19, 26, 44, 52, 72, 87, 121, 129, 180, 195, 209, 216, 223, 232, 248, 250, 252
inspirierend, 38, 113, 191
inspiriert, 16, 45, 77, 116, 177, 182, 184, 186, 204, 212, 213, 232, 241, 249, 251, 253
institutionelle, 53
integraler Bestandteil des kreativen Prozesses, 94

integrieren, 43, 45, 47, 59, 60, 62, 72, 136, 170, 245
integriert, 56, 91
intellektuell, 25
intensiv, 46, 88, 133
Interessen entdecken können, 34
Interessen leiten zu, 153
interessierten, 42
interne, 12, 51, 196
intersektionale, 136, 138, 199
intersektionalem, 197
intersektionalen, 221
investieren, 64, 92, 93
investiert, 242
isoliert stattfinden kann, 40
ist, 1, 3, 5, 7–9, 11–13, 15–21, 23, 24, 27, 28, 31, 32, 34–36, 39, 41–48, 50–54, 56, 61–65, 68, 71–73, 77, 80–83, 85, 88, 89, 91–94, 96, 98–101, 103–106, 108–116, 119–123, 125–134, 136–138, 140, 143, 146–149, 151–155, 157, 159–171, 173–176, 178–188, 190, 195–205, 207, 209, 212, 213, 215–223, 225–229, 231, 233–237, 239–253

Jahren entwickelt, 15
Jahrhundert, 1
James Baldwin, 25
jede Entscheidung, 204
jede Erfahrung, 249
jede Gelegenheit, 60
jedem Schritt, 216
jeden Menschen, 28, 174
jeden Studierenden, 43

jeder, 157, 197, 229, 247, 252
jedoch auch, 99, 131
jedoch gelernt, 21
jedoch gezeigt, 213
jedoch Trost, 13
jemanden, 43, 105, 196
John Turner, 15, 126, 183, 199, 236, 240, 243
jonglieren musste, 169
Joynt, 21, 23, 25, 26, 40, 45, 46, 85, 89, 91–94, 110–113, 115, 120, 121, 160, 164, 168, 188, 196, 202, 203, 213, 218, 219, 239–241, 244
Joynt agiert, 185
Joynt aktiv, 20, 129
Joynt als, 48
Joynt arbeitete, 89, 94, 114
Joynt argumentiert, 112
Joynt auch, 40
Joynt auf, 213
Joynt betont, 101, 177
Joynt betonte, 91, 93
Joynt dabei begegnete, 78
Joynt entschied sich, 20
Joynt erkannte früh, 88
Joynt ermutigt, 157
Joynt erste, 24
Joynt fand, 19
Joynt gezeigt, 73
Joynt hatte, 23
Joynt Humor, 178
Joynt kombiniert, 113
Joynt konfrontiert, 48
Joynt legte, 93
Joynt mit, 21, 69
Joynt musste, 48, 89
Joynt nutzt diese, 47
Joynt nutzt Humor als, 112

Index 279

Joynt nutzt humorvolle, 115
Joynt nutzt Plattformen wie, 84
Joynt nutzt seine, 83, 102, 212
Joynt nutzte, 94
Joynt oft, 169
Joynt persönlich, 193
Joynt Ressourcen, 79
Joynt sah sich, 89
Joynt seine, 19, 68
Joynt selbst, 85
Joynt selbst hat, 70, 77, 179
Joynt setzt, 111
Joynt sich, 47, 80
Joynt stehen oft, 171
Joynt stellte fest, 20
Joynt stellte sicher, 93
Joynt thematisiert, 179
Joynt verschiedene, 168
Joynt von, 21, 169
Joynt vorangetrieben wird, 220
Joynt Wege, 169
Joynt wurde, 19
Joynts Ansätze, 223
Joynts Arbeiten gezogen, 224
Joynts Dokumentarfilmprojekten, 233
Joynts Fähigkeit, 96, 192
Joynts Karriere, 112
Joynts Reise, 21
Joynts Reise zeigt, 41
Joynts Teilnahme, 121
Joynts Weg, 19
Joynts Weg als, 17
Joynts Werk, 109, 185, 252, 253
Joynts Werke, 177
Judith Butler, 39
Judith Butlers Konzept der, 146
Jugendalter durch, 159
Jugendlichen beleuchtete, 63

Jugendlichen thematisierte, 60, 64
junge, 21, 34, 77, 107, 121, 183–186, 196, 202, 203, 213, 226, 227, 234, 251
Jungen, 1
jungen, 59, 61, 185, 190, 227
junger, 41, 170, 186, 201, 202
jüngere Generationen von, 121

Kamera, 102
Kameraleuten, 93
Kameras, 33
Kampf, 105, 121, 213
Kampf gegen Diskriminierung, 119, 226
Kanada, 23
kann, 7, 149, 251
kann auch, 196
kann dazu, 45, 184
kann durch, 146
kann eine, 7
kann enorm sein, 133
kann es, 54
kann helfen, 56, 196
kann Kunst, 245
kann manchmal einsam erscheinen, 248
kann sowohl, 103, 187
Karriere dar, 49
Kategorien, 147
keine Optionen, 53
keine positiven Repräsentationen, 196
Kimberlé Crenshaw, 221
klaren Fokus auf, 155
klarer denn je, 63
Klassenzimmern stattfindet, 248
kleinen Produktionsfirmen, 60
Klima der, 215

Klimagerechtigkeit, 198
Kollegen, 60
kollektive, 33, 63, 134, 180, 199, 216, 241, 247
kollektiven Bewegungen, 218
kollektiven Bewusstseins innerhalb der, 200
kollektiven Prozesses, 220
kollektives Anliegen, 176
kombiniert, 72, 113
kommen, 32, 54, 77, 216, 229
kommenden Generationen, 157, 199, 223
Kommerzialisierung, 153, 177, 192, 208, 247
komplexen Fragen von, 68
komplexen Identitäten, 221
komplexen Realitäten der, 191
komplexer Prozess, 39, 241
Komplexität, 83, 92, 93, 110, 204
Komplexität anerkennen, 85
Komplexität der, 47, 146, 200, 232, 247
Komplexität dieser, 179
Komplexität menschlicher, 25, 102, 234
Komplexität von, 70, 82, 96, 122, 128, 223, 226, 240
Konflikt könnte Chase Joynt selbst sein, 162
Konflikte, 196
Konflikte bis hin zu, 163
Konflikte darzustellen, 46
Konflikte entstehen, 165
Konflikten, 27, 28, 54, 218, 244
Konflikten sein, 231
konfrontiert, 8, 12, 16–18, 26, 27, 31, 34, 39–41, 48, 51, 53, 62, 64, 68, 72, 80, 83, 85,
89, 102, 111, 114, 119–122, 125, 129, 134, 147, 159, 160, 168, 170–173, 175, 177, 180, 183, 186, 187, 190, 200, 203, 212, 213, 232, 233, 235, 245, 249
konnte, 12, 24, 26, 30, 33, 34, 52–54, 60, 63, 79, 89, 90, 125, 232, 233
konnten, 98
konservativen Gesellschaften, 219
Konstrukte von, 39, 122
Kontakt, 21, 52, 84, 86
Kontakte, 36
Kontexten auch, 104
Kontinuität der, 114
Konzentrationslager geschickt, 2
konzentrieren, 54, 56, 110, 137, 153, 169, 221–223, 225
konzentriert, 94
Konzept der, 91, 159
Kooperationen hervorgegangen sind, 125
Kooperationen wird nicht, 124
korreliert, 218
kraftvolle, 73, 93, 100, 105, 121, 206
kreative, 16, 31, 32, 35, 36, 38, 40, 48, 54, 62, 63, 72, 73, 80, 81, 88–93, 99, 138, 164, 168–171, 225, 233, 240, 244, 247, 248
kreativen Arbeit, 36
kreativen Aspekten, 33
kreativen Ausdruck, 82
kreativen Ausdruck zu, 24
kreativen Ausdrucksformen geprägt, 41
kreativen Austausch, 51

kreativen Berufen, 45
kreativen Branche, 196
kreativen Disziplinen wie, 44
kreativen Entscheidungen, 169
kreativen Projekte, 26, 54
kreativen Prozess gegeben, 86
kreativen Prozess von, 61, 149
kreativen Prozessen, 56
kreativen Prozesses, 77
kreativer Ausdruck, 5
kreativer Prozess, 34, 83
kreativer Stimmen liegt, 201
kreatives Potenzial zu, 185
kriminalisierte, 2
Krisen geprägt, 239
Kritik, 77, 201, 208
Kritik hochgelobt und, 112
Kritik sein, 82
Kritiken, 20, 47, 64, 77, 92, 148
Kritiker lobten, 114
kritisch reflektieren, 154
kritische Diskussionen über, 76
kritische Stimmen innerhalb der, 192
kritischem Denken, 142
kritischen, 39, 40, 46, 76, 77, 112
kritischer Reflexion und, 192
kritisches Denken, 144
Kulissen seiner, 89
kulturelle, 2, 23, 25, 49, 50, 134
Kunst kann als, 138
Kunstgestaltung, 149
Kurzfilm, 20, 60, 64
Kurzfilme, 64, 68
Kurzfilme von, 67
Kurzfilme wird, 232
Kurzfilmprojekten, 239
Kämpfe durchleben, 39
Kämpfen, 186

können, 7–9, 11–13, 15, 16, 27, 28, 30–32, 34, 35, 42, 44, 45, 51–57, 61, 62, 71–73, 82, 83, 90, 99, 121, 124, 130, 132–135, 137, 138, 143, 148, 152, 153, 155, 157, 160, 162, 163, 165, 166, 168–171, 173, 175, 176, 178, 179, 183–186, 188, 190, 193, 196, 197, 199, 201–203, 205, 213, 217, 221, 223–228, 232–234, 236, 242, 244, 246–249, 252
könnte, 109
könnten zögern, 72
kümmern, 163, 169, 176
Künstler, 15, 16, 21, 26, 31, 42, 61, 68, 72, 80, 129, 157, 163, 167, 170, 188, 192, 199, 202, 212, 215, 220, 225, 251
Künstler hören, 201
Künstler müssen, 208
Künstler sein, 232
Künstler wie, 176, 186, 188, 202, 246
Künstlerische Ausdrucksformen sollten, 138
künstlerischem Schaffen, 176
künstlerischen Ambitionen, 30
künstlerischen Ambitionen als, 169
künstlerischen Ausdrucksformen ist, 160
künstlerischen Schaffen, 24, 180
künstlerischen Schaffens, 77
künstlerischen Visionen, 126, 231
künstlerischer Integrität, 209
Künstlern konfrontiert, 200

Landschaften, 223
Langfristig betrachtet, 109
langfristigen Auswirkungen von, 129
langsam, 133
Lassen Sie, 229
Laufbahn, 53
Laufe der, 1, 23, 114, 218
lautstarke Stimmen, 148
Leben, 28, 41, 43, 105, 123, 179, 180, 241
leben können, 178
Leben von, 8, 69, 81, 110, 161, 163, 166, 169, 171, 195, 197, 216, 231, 233, 235–237
lebendige Beweise, 183
Lebensfreude der, 110
Lebensgeschichte als, 17
Lebensgeschichte von, 17, 171
lebenslanger Prozess ist, 239
Lebensphasen stattfindet, 159
Lebensweg ist, 240
Lebenswerk ist, 249
lebte, 25, 91
Legalisierung der, 2, 121
legitimieren, 133
legt nahe, 103, 183, 239, 243
legte, 20, 44, 93
Lehrer können, 143
Lehrplan behandelt, 42
leisten, 77, 90, 155, 167, 182, 212, 247, 251
Leistungen würdigte, 63
Lernen, 34, 41, 143
lernen, 32, 33, 41, 42, 56, 60, 82, 89, 185, 198
Lernens, 41, 42
Lernkurve, 33
Lesben, 233

letzten, 2, 5, 16, 63, 85, 130, 134, 146, 207, 212, 219, 220, 228, 251
Letztendlich ist, 149
Letztendlich liegt es, 188
Letztlich zeigt, 63
LGBTQ-Aktivismus, 5, 63, 111, 126, 134, 155, 199, 209, 216, 245
LGBTQ-Aktivismus kann nicht, 251
LGBTQ-Bereich, 155
LGBTQ-Künstler sehen, 51
Licht, 33
Linse der, 146
Lobbyarbeit, 133
loben, 241
lokale, 234, 248
Länder Fortschritte, 221
Lösungen, 80, 93, 243

macht, 21, 42, 94, 182, 187, 229, 240
machten, 2
Magnus Hirschfeld, 1
man, 28, 32, 89, 130, 201, 221, 241, 248
mangelnden, 127, 217
mangelnder, 126
manifestieren, 30
Mann, 12
marginalisieren, 104
marginalisierte, 5, 34, 64, 72, 81, 83, 151, 198, 250
marginalisierten, 3, 17, 46, 48, 77, 91, 100, 107, 113, 129, 180, 186, 201, 221, 243, 245
marginalisierter, 3, 138, 207, 226

Maria, 13
Maria Kertbeny, 1
Maria kämpfte mit, 13
Massenmedien kann die, 132
Medienkompetenz von, 56
Medienlandschaft, 31, 83, 128–130
mehr, 17, 18, 77, 109, 120, 192, 217, 233, 248
mehrere, 17, 53, 54, 91, 112, 122
mehreren Dimensionen, 73, 211
mehreren Phasen, 39
mehreren Schlüsselbereichen zusammengefasst, 205
Meinungen spiegelt, 140
meistern, 24, 54, 63, 134, 169, 209
meistert, 204
Menschen helfen, 185
Menschen konfrontiert, 26, 114, 187
menschlichen, 7, 8, 115, 239
menschlicher, 3, 25, 101–103, 178, 234
Menschlichkeit der, 115
mentale, 186, 242
Mentee kann als, 197
Mentee Schwierigkeiten, 45
Meyer identifiziert, 12
Michael Moore, 45
Michel Foucault, 39
Minderheitenstress, 12
minimieren, 132
Mischung aus, 3, 23
Mischung aus Unterstützung, 192
Missstände anzuprangern, 209
Missverständnisse auszuräumen, 232
Missverständnissen basieren, 148
Missverständnissen geprägt, 241, 243

Missverständnissen innerhalb ihrer, 31
Missverständnissen konfrontiert, 16, 39, 64, 89
mit, 1, 2, 5, 7, 8, 11–13, 15–21, 23, 24, 26–28, 31–36, 39–43, 45–54, 60–64, 67–73, 77, 79–94, 99, 100, 102–105, 108, 110–115, 119–126, 129, 133, 134, 136, 140, 146–149, 152, 159–163, 166, 168, 170–173, 175, 177–180, 182, 183, 185–188, 190, 193, 195, 197, 198, 200, 201, 203, 204, 212, 213, 215, 216, 218, 222, 223, 225, 227, 232–235, 237, 239–241, 244, 245, 247–249, 251, 252
Mit dem, 9
Mit der, 89
Mitarbeiter, 93
miteinander, 13, 63, 114, 121, 165, 218
Mitglieder der, 148
mitzuarbeiten, 60
mitzuwirken, 60, 77
mobilisieren, 21, 121, 155, 190, 250
mobilisiert, 15
Mobilisierung, 120, 131, 137
modernen, 17, 21, 111, 113, 120
Moore, 45
motivierte ihn, 64
multikulturelle, 23, 24
musste, 32, 33, 42, 48, 53, 54, 60, 64, 65, 88, 89, 169, 232, 233
mussten, 114
Mut lobten, 68

mutig, 253
möchte, 110
möchten, 50, 253
möglich, 94, 121, 161, 212, 213, 220, 229, 249, 251
möglicherweise, 42, 82, 140, 148, 164, 234
Möglichkeiten, 51, 60, 63, 80, 87, 152, 170
müssen, 15, 36, 41, 72, 81, 82, 87, 107, 111, 120, 133, 136, 137, 198, 208, 215, 220–224, 229, 242, 251

nach, 2, 13, 17, 19, 20, 24, 26, 28, 36, 42, 48, 53, 54, 61–65, 69, 77, 80, 88, 90, 111, 120, 132, 134, 138, 160, 171, 178, 180, 182, 183, 192, 201, 212, 213, 217, 220, 228, 233, 234, 239, 251
Nach dem, 2, 63
Nach der, 98
Nachdenken anrege, 63
nachhaltigen, 9, 169, 197
nachvollziehen kann, 114
nachzudenken, 240
Narrativ, 20, 121
narrative, 55, 100, 190
narrativen Struktur, 73
Natur sein, 103
Neben, 33
Neben dem, 25
Neben der, 48
Neben gesellschaftlichen, 133
Neben seiner, 20
negativ, 8, 12, 31, 54, 70, 132, 160, 168, 184, 249

negative, 15, 16, 27, 55, 57, 82, 148, 183, 187, 217, 221, 243
negativen Aspekte der, 111
negativen Auswirkungen zu, 132
negativen Darstellungen, 8, 56
negativen Einfluss von, 56
negativen Erfahrungen, 36
negativen Konsequenzen führen, 127
negativen minimiert, 221
negativen Reaktionen auf, 133
Netzwerke, 105
Netzwerke verlassen, 81
netzwerken, 60
Netzwerken bietet, 24
Netzwerken ist, 52
Netzwerken konnte, 79
Netzwerks, 169
neue Wege zu, 155
neuen, 9, 42, 92, 110, 146, 147, 152, 199, 201, 203
neuer, 147, 153, 155, 199, 223
New York City, 2
nicht, 2, 3, 5, 7–9, 12, 13, 15–17, 19–21, 23–28, 31–36, 38–53, 56, 59–65, 67–69, 71–73, 76, 79–83, 85, 88–94, 96, 100–102, 104–107, 109–116, 119–122, 124, 125, 127, 129, 132–134, 142, 144, 146–149, 151, 153–155, 157, 160–165, 167, 169–171, 175–188, 190, 192, 193, 195, 197, 198, 200–204, 206, 207, 211–213, 216–218, 220–223, 225–229, 232, 233, 235, 237, 239–253
Nicht jeder, 247

Index 285

nie aufgegeben, 240
nimmt, 20
noch Gesetze, 215
Normen dar und, 177
Normen sein kann, 25
notwendig, 91, 114, 123, 136, 143, 157, 223
notwendige, 12, 242
notwendigen, 53, 82, 252
notwendiger, 73
Notwendigkeit gesprochen, 162
Notwendigkeit hingewiesen, 166
Notwendigkeit von, 2, 11, 15, 18, 96, 100, 114, 120, 147, 186, 197, 220, 226, 228
Nuancen der, 47
nuanciertere Darstellung der, 73
nun, 225
Nur, 7, 57
nur, 2, 3, 5, 7, 9, 13, 15–17, 19–21, 24–26, 28, 31–36, 38–46, 48–53, 59–65, 67, 69, 71–73, 79–83, 85, 88–94, 96, 100–102, 105, 107, 109–116, 119–122, 124, 125, 129, 134, 142, 144, 146, 147, 149, 151, 154, 155, 157, 160–165, 167, 169, 170, 175–188, 190, 192, 193, 195, 197, 200–204, 206, 207, 212, 213, 217, 218, 220–223, 225–228, 232, 235, 237, 239–241, 244–253
Nur durch, 9, 36, 124, 134, 218
nutzen, 16, 40, 73, 87, 89, 105, 107, 132, 138, 178, 186, 188, 190, 199, 225, 233, 246
nutzte, 33, 35, 54, 60, 64, 89, 94

Nutzung von, 19, 84, 87, 89, 190, 198, 199, 223, 227, 242
nächsten, 42, 46, 225–227
näher betrachten, 46, 67
nötigen Mittel, 112
nützlichen Rahmen zur, 15

ob positiv, 249
ob seine, 46
oder, 8, 16, 26, 27, 30, 31, 34, 41, 45, 51, 53, 54, 72, 76, 79, 81, 82, 93, 99, 103, 104, 111, 120, 123, 128, 132, 133, 143, 148, 157, 159, 160, 162, 164–166, 169, 171, 177, 179, 183, 184, 188, 196, 208, 215, 217, 218, 228, 229, 244, 247–249, 252
offen, 53, 77, 183
offene, 23, 232, 233
offenen, 132, 188
oft, 1, 5, 7, 9, 11–13, 16, 17, 19, 21, 25–28, 31–35, 37, 39–42, 46–49, 52–54, 59–61, 64, 68, 70–72, 80–83, 85, 88–90, 92, 99, 103–106, 111–113, 115, 120–122, 128, 132, 133, 143, 151, 153, 159, 160, 162, 164–166, 168–171, 173–181, 184, 190, 192, 193, 196, 199, 202, 208, 212, 215, 217, 218, 227, 228, 231–233, 235, 236, 239, 241–244, 247–249, 251, 252
Oftmals fühlen sie, 53

ohne, 32, 60, 62, 89, 93, 99, 113, 132, 153, 157, 164, 171, 197, 236
Ohne diese Unterstützung wäre, 229
organisiert, 212
Orientierung, 217, 218, 228, 229, 252
Orientierung befassen, 222
Orientierung geknüpft sind, 179
Orientierung oft, 132
Orientierung widerspiegeln, 28
Orte, 34
Orte der, 242

Palette von, 47
Personen, 26
Personen aus der, 183
Personen leisten, 155
Personen von, 160
persönliche, 15, 19, 24, 26, 28, 34, 36, 45, 50, 53, 61, 63, 83, 85, 93, 132, 133, 167–169, 171, 175–177, 179, 197, 199, 200, 202, 203, 206, 218–220, 233, 235, 237, 241, 247, 252
persönlichem Ausdruck, 69, 81
persönlichen Ausdruck, 247
persönlichen Geschichten, 220
persönlichen Geschichten geteilt, 109
persönlichen Leben, 161, 163
Philosophen wie, 103
planen, 89
plant, 110, 116
politisch, 94, 163
politische, 132–134, 137, 138, 165, 166, 216

politischen, 18, 67, 94, 121, 133, 136, 215, 221, 223, 243
politischer, 137, 223, 241
positionieren, 153, 168
positiv, 8, 44, 56, 70, 203, 249
positive, 7, 8, 15, 20, 43, 55, 64, 68, 69, 71, 82, 87, 92, 108, 112, 144, 173, 176, 182, 183, 186–188, 190, 196, 201, 202, 217, 231, 235, 243
positiven Aspekte, 36, 240
positiven Aspekte der, 31, 93, 143, 165, 208, 221
positiven Aspekte des Aktivismus, 132
positiven Aspekte des Humors, 104
positiven Aspekte gibt, 247
positiven Aspekte kann Sichtbarkeit auch, 16
positiven Aspekte von, 106, 120, 170
positiven Auswirkungen, 216, 236
positiven Auswirkungen sie, 245
positiven Auswirkungen von, 31, 183, 196, 247
positiven Bildes von, 235
positiven Darstellungen, 126
positiven Einfluss auf, 47, 83, 101, 251
positiven Entwicklungen, 5
positiven Kritiken, 114
positiven Kritiken gibt, 76
positiven Licht, 109
positiven Reaktionen gab es auch, 192
positiven Selbstbildes und, 28
positiven Sichtbarkeit, 17
postuliert, 15
potenzielle, 44, 112, 183

potenziellen, 79, 149
Praktika bieten, 59
Praktikanten, 59
praktiziert, 105
Praxis aussehen kann und, 245
Privatleben, 167–169
Produzenten, 64
produziert, 106
professionelle, 59
profitiert, 170
Prominente wie, 16
propagierte, 1
Protagonisten zeigen, 110
Proteste, 120
Proteste schaffen, 121
Proteste sind, 120
prägend, 26, 60
prägt, 92
prägte, 48
prägten, 24, 25, 39
präsentieren, 9, 17, 99, 100, 113, 120, 170
präsentiert, 202
psychiatrischen, 91
psychische, 12, 27, 31, 163, 242
Psychologen wie, 159
psychologische, 11
psychologischen, 13, 91
Publikum berührte, 63
Publikum herzustellen, 86
Publikum zugänglich, 47, 100

qualitativ, 12
Quelle der, 166
Quellen der, 25

Rahmenbedingungen betrachtet, 239

Rahmenbedingungen stellen eine, 132
Rassengleichheit, 198
Ratschläge, 170
Ratschläge geben, 201
reagieren, 223
reagiert, 235
reagierten, 27
real, 247
Realitäten beleuchtete, 69
Rechte kämpfen, 120, 226
reflektieren, 25, 101, 104, 122, 147, 154, 182, 193, 252
reflektiert, 91, 146
Reflexion innerhalb der, 193
Regisseur Kieran Fanning, 73
reich, 248
reichen, 80, 163
Reise, 3, 34, 42, 46, 67, 80, 159–161, 164, 170, 177, 179, 216, 218, 231, 239–241, 252
Reise von, 205, 228, 241, 252, 253
relevante, 178
Repräsentation kann dazu, 235
Repräsentationen, 55
Repräsentationen authentisch, 191
Repräsentationen können, 57
Repräsentationstheorie, 94
repräsentieren, 16, 71, 138, 184
repräsentiert, 92, 94, 193
repräsentierten, 89
Resilienz, 21
Resilienz beschreibt, 240
Resilienz der, 176
Resilienz gegenüber, 27
Resilienz und, 241
Resilienz zu, 31, 164, 249
resonant, 32

Respekt leben können, 228
respektiert, 94, 124, 218
Respekts gegenüber, 5
respektvoll, 7, 92, 111, 114, 144, 244
Ressourcen austauschen, 234
Ressourcen bereitstellen, 134
Ressourcen konnte, 125
Ressourcen können, 83
Ressourcen verschwenden, 78
Ressourcen zu, 170, 244
resultiert, 249
Rezeption seiner, 109
richtigen, 43, 93
Richtlinien, 53
riskieren oft, 81, 133
Rolle bei, 9, 15, 16, 27, 39, 44, 52, 55, 82, 84, 89, 187, 188, 235, 244
Rolle bewusst, 32
Rolle dabei, 251
Rolle spielen, 28, 73
Rolle spielt, 105, 220
Rolle verbunden, 204
Rückmeldung kann sowohl, 70
Rücknahme von, 133
rückten, 69

sahen andere, 68
sammeln, 59
Sarah Polley, 45
Schaffen, 211
schaffen, 9, 13, 15, 19, 26, 30, 32, 34, 36, 42, 44, 53, 73, 81, 87, 89–91, 100, 121, 123, 124, 129, 134, 136–138, 146, 147, 151, 157, 163, 166, 176, 178, 184, 186, 188, 198, 199, 202, 203, 215, 216, 218, 220, 223, 225, 231, 243–246, 249–252
Schaffen auswirken kann, 168
Schaffen von, 107
Schaffen ziehen, 205
Schaffens betrachtet, 71
schafft, 15, 17, 96, 114, 157, 176, 186, 190, 200, 243
Schatten stehen, 34
Schließlich zielt, 19
schloss, 63
Schlüsselpositionen wie, 93
schmerzhaft, 148
schmerzhaften Geschichte, 1
schmälern, 113
Schopenhauer, 103
Schreiben, 32, 247
Schritt, 34, 41, 59, 73, 82, 247
Schritte von, 65
schuf, 94
schulischen, 41
schwer, 54, 81
Schwert, 15
schwierig, 53, 54, 60, 64, 92, 94, 159, 162, 228, 249
schwierige Themen auf, 113
schwieriger Prozess, 160
Schwierigkeiten, 147, 160
Schwierigkeiten gelang es Joynt, 112
schärfen, 5, 8, 16, 86, 89, 90, 98, 100, 121, 122, 152, 163, 180, 186, 188, 209, 215, 217, 240, 241, 243, 247, 250
schätzen, 237
Schüler aktiv, 143
schützen, 120, 137, 174
sehen, 31, 51, 62, 64, 72, 77, 133, 160, 196, 203, 241

Index

sei es durch, 81, 133, 247
sein, 27, 120, 165
sein Aktivismus, 220
Sein Engagement, 21
Sein erster, 20, 64
sein Leben, 21, 205
sein Selbstvertrauen, 33
sein Verständnis, 24
Sein Weg zeigt, 90
Seine, 23
seine, 12, 13, 19–21, 23–28, 30–35,
    37, 39–42, 44–48, 52–54,
    59–65, 67, 68, 73, 77,
    83–85, 87–90, 92, 102,
    114, 116, 120, 123, 125,
    126, 128, 129, 157,
    160–164, 169, 170, 172,
    173, 175–177, 179, 180,
    182, 184–186, 195–197,
    203, 204, 206, 207, 212,
    213, 223, 228, 231–233,
    237, 239–241, 243, 248,
    253
Seine Arbeit, 251
Seine Arbeiten, 103
Seine Erfahrungen, 220
Seine Familie, 25
Seine Familie konnte, 12
Seine Filme, 129
Seine Fähigkeit, 77, 186, 206, 253
Seine Kunst, 178
Seine Reise, 19, 241, 253
Seine Reise zeigt, 65
seinem Elternhaus, 25
seinem kreativen Schaffen, 31
seinem Leben, 32
seinem persönlichen Leben, 201
seinem Schaffen, 64
seinem Umfeld, 31

seinem Weg, 19
seinem Weg begleitet, 229
seinem Werk, 178
seinem öffentlichen, 195
seinen, 12, 24, 26–28, 31, 36, 43, 45,
    47, 61, 63, 68, 69, 76, 86,
    88, 89, 101, 114, 160, 162,
    171, 178, 179, 186, 187,
    194, 211, 213, 217, 223,
    231, 232, 239, 249, 253
seiner, 12, 17, 19–21, 23–28, 30, 31,
    36, 38–40, 42, 43, 46–48,
    53, 59, 60, 63, 64, 67–69,
    85, 86, 89, 104, 109, 110,
    119, 123, 160, 162, 164,
    166, 170, 172, 175, 178,
    179, 182, 195, 201, 203,
    204, 220, 231, 232, 239,
    240, 248, 252
selbst Bildungsressourcen, 248
selbst innerhalb der, 171
selbst innerhalb von, 215
Selbstakzeptanz, 147
Selbstakzeptanz behandelt, 199, 231
Selbstakzeptanz kann nicht, 161
Selbstbehauptung, 53
Selbstbewusstsein, 27, 43, 183, 185,
    201
Selbstfindung, 61
Selbstfürsorge implementiert, 175
Selbstfürsorge ist, 174, 176
Selbstfürsorge kann nicht, 176
Selbstfürsorge umfasst, 174
Selbstfürsorge zu, 120, 175
selbstverständlich sein, 31
Selbstvertrauen gaben, 42
Selbstwahrnehmung innerhalb der,
    212
Selbstwertgefühl, 57, 181, 196

Selbstwertgefühl aus der, 126
sensibilisieren, 89, 173, 222, 243
Sensibilität, 69
setzen, 198
setzt, 111
setzte auf, 90
Sexualität mit, 2
Sexualität sowie, 25
sexuelle, 132, 137, 159, 179, 217, 233
sich, 1–3, 5, 7, 9, 12, 13, 15, 16, 19–21, 23, 24, 26–28, 30–48, 51–54, 56, 60–65, 68–73, 77, 80–82, 87–91, 94, 99, 103–105, 107–113, 115, 119–123, 126, 129, 130, 132–137, 140, 142, 144, 146–149, 152, 153, 155, 159, 160, 163, 165, 168–172, 175–180, 182, 183, 185, 188, 190, 192, 193, 195, 197–199, 202–206, 209, 211–213, 218–223, 225, 227, 231–237, 239–241, 243–249, 251, 253
sicher, 36, 53, 93, 114, 183
sicheren Raums, 30
Sicherheit, 120
sichern, 48, 147, 220
Sicherstellung, 111
sichtbar, 16, 26, 42, 46, 61, 65, 91, 103, 109, 111, 113, 120, 122, 180, 182, 186, 187, 190, 216, 217, 240
Sichtbarkeit, 2, 16, 21, 50, 51, 77, 82, 85, 87, 91, 103, 106, 112, 120, 121, 126, 127, 131, 151, 162, 188, 192, 216, 218, 226–228, 235, 241, 250
Sichtbarkeit kann als, 15
Sichtbarkeit, 228
sie, 3, 5, 9, 15, 16, 27, 31, 33, 36, 41–43, 45, 46, 48, 51, 53, 60, 68, 72, 73, 76, 77, 80, 82, 83, 85, 87, 91, 93, 94, 99, 103–106, 109, 113, 121, 132, 134, 143, 151, 159–161, 168, 169, 171, 176, 183, 185, 186, 188, 190, 193, 195, 196, 198, 199, 202, 203, 216–218, 225, 227, 233, 237, 239, 241–243, 245–249, 251
sieht, 21, 103
Sigmund Freud entwickelt, 103
sind, 2, 3, 5, 7–9, 12, 13, 16–18, 21, 23, 25–28, 31, 32, 34, 36, 38, 39, 41–46, 48–52, 54–56, 59, 61, 64, 67–71, 73, 76, 77, 80, 81, 83, 85, 87, 88, 91, 93–95, 102–106, 111, 114, 120–123, 125, 126, 129, 132–134, 140, 144, 147, 149, 151, 157, 159, 161, 163, 165–172, 175–177, 179, 180, 183, 185–188, 190–193, 195, 197, 198, 200–204, 212, 213, 216–220, 222, 223, 228, 229, 232–235, 237, 240, 241, 243–245, 247–253
Sinne ermutigen wir zukünftige, 229
Situationen hervorzugehen, 240
Situationen Mut, 217
sofort, 31, 70

Index

solchen, 60, 93, 120, 121, 126, 148
solcher, 103
Solidarität innerhalb der, 102
sollten, 247–249
sowie, 5, 13, 18, 25, 41–43, 67, 69, 88, 119, 180, 197, 216, 236
sowohl, 7, 11, 15, 17, 21, 24, 25, 27, 32, 37, 38, 40, 47, 48, 55, 61, 63–65, 69, 70, 77, 78, 80, 82, 85, 88, 90, 94, 100, 103, 110, 111, 113, 114, 122, 126, 128, 131, 133, 134, 136, 140, 149, 155, 161, 167, 169, 171, 173, 179, 180, 183, 187, 188, 193, 195, 197, 199, 201, 205, 211, 213, 216, 218–220, 223, 224, 231–233, 235, 241–243, 245
soziale, 11, 15, 25, 26, 28, 30, 45, 48, 52, 53, 73, 82, 85–87, 89, 99, 121, 126, 131, 132, 135, 147, 166, 185, 187, 188, 190, 198, 209, 212, 235, 239, 240, 242, 247, 251
sozialen, 9, 13, 15, 18–21, 23, 27, 28, 34, 39–41, 44, 48, 70, 71, 84, 85, 87, 90, 93, 94, 108, 120, 122, 126, 129, 131, 136, 137, 152, 160, 169, 170, 178, 183, 197–201, 221, 223, 227, 236, 243
sozialer, 28, 87, 130, 135, 151, 179, 207, 249
Spannungen abzubauen und, 103
Spannungen führen, 72, 232

Spannungen innerhalb der, 51
Spannungen zu, 166
speziell, 164
spiegelt, 70, 140, 239
spielen, 3, 5, 9, 17, 19, 28, 31, 36, 44, 52, 55, 73, 89, 105, 107, 111, 144, 147, 151, 169, 171, 183, 187, 188, 190, 235, 237, 251
spielt, 15, 16, 27, 30, 82–84, 94, 103, 105, 122, 124, 142, 163, 180, 195, 197, 199, 209, 216, 220, 231, 235, 244, 251
spielte ebenfalls eine, 24
spielte eine, 25
spielten, 39
Spielzeug, 27
sprechen, 232
spricht, 162, 175, 179, 188
später, 2, 24
späteren, 23, 47, 48, 67
spürbar, 111
staatliche, 120
Stadt, 23, 25
Stadt Toronto, 23
stammten, 23
stand, 63
statt, 2, 169
stattfindet, 15, 159, 248
stehen verschiedene, 153
steigern, 174
stellt, 23, 49, 51, 92, 116, 130, 168, 178
stellte auch, 114
stellte Joynt vor, 112
stellte oft, 40
stellten, 173

stereotype, 5, 46, 93, 103, 140, 154, 217, 222
stereotypisieren, 99
stereotypisiert, 16, 81, 94
Stilmittel, 178
Stimmen der, 21, 46, 91, 100, 221, 225, 251
Stimmen derjenigen, 9, 32, 106, 193, 215, 229, 247
Stimmen dieser, 201
Stimmen gehört, 112, 244, 245
Stimmen hervorhebt, 72
Stimmen innerhalb der, 198
Stimmen stärken, 83
Stimmen systematisch, 64
Stimmen von, 17, 110, 126, 135, 153, 180, 186, 218, 243
Stimmen weiterhin unterdrückt, 253
Stimmen zu, 24
Stipendien, 72, 81
strategischem Denken, 90, 222
streben, 81
Streben nach, 2, 24, 69, 192, 201
strebten, 93
Stress führen, 120
Stresslevel, 168
Studien unterstützt wird, 55
Studienzeit, 53
Studierende sein, 36
Studierenden, 35
Studierenden stärkt, 44
Studiums entdeckte, 39
ständig, 41, 136, 199, 223, 245
ständige, 21, 70, 133, 168, 169, 171, 173, 188, 204, 221, 240
ständigen, 81, 239
Stärken, 71
stärken, 9, 21, 27, 40, 42, 57, 100, 105, 126, 134, 164, 166, 183, 186, 198, 209, 215, 218, 225, 236, 237, 243, 247
stärken kann, 233
Stärken von, 82
stärkeren Gemeinschaftsbindung führt, 126
stärksten, 221, 247
stärkt, 17, 44, 46, 72, 94, 149, 161, 232
stützen, 82
suchen, 65, 196, 248, 251
Suizidgedanken aufweisen, 231
systematisch, 2, 64

Talenten, 44, 94, 114
Taten, 183
tatsächlich Erlebten gibt, 103
Techniken dabei zum, 32
technischen, 59
teilgenommen, 120, 121
teilnahmen, 111
teilt, 161
teilten, 33, 42
Thema, 111, 146
Thema Geschlechtsidentität, 217
thematisieren, 18, 83, 114, 200, 232
thematisiert, 69, 171, 172, 175, 179, 200, 232, 239, 249
Themen, 99
Themen Geschlechtsidentität, 121, 132
Themen wie, 103
Theoretiker wie, 39
theoretische, 94, 122, 146, 161, 239
Theoretische Ansätze wie, 3, 234
theoretischen Ansätzen, 173
theoretischer, 94
Theorien beleuchten, 43

Index 293

Thomas Hobbes, 103
tief, 3, 132, 134
Tiefe der, 100
Tiefe seiner, 46
tiefere, 32, 72, 86, 92, 99, 178, 250
tiefgreifende, 5, 9, 171, 180, 202
tiefgreifenden Einfluss auf, 56, 125, 184, 196, 213
tiefgründige, 92
Toronto, 23, 24, 120
traditionelle, 88, 93, 234
traditionellen, 9, 27, 35, 41, 54, 60, 64, 85, 190, 227, 244
Traditionen seiner, 24
traf, 20
tragen, 5, 9, 18, 32, 80, 83, 105, 147, 166, 202, 228
tragfähig, 48
trans, 5, 7–9, 12, 16–21, 24–28, 31, 37, 38, 42–44, 46–48, 51, 53, 59–61, 63–65, 68–73, 76, 77, 80–83, 85, 86, 88–94, 96, 98, 100–103, 105–107, 109–116, 120–124, 127–130, 132, 134–136, 140, 143, 146, 147, 153–155, 159–163, 165, 166, 168, 172, 177–181, 184, 186–188, 190, 192, 195, 199, 200, 203, 204, 211–213, 217, 223, 225, 228, 232, 233, 239–247, 249, 250
Trans Personen sehen, 160
Transidentitäten verzerren, 16
treibenden Kräfte, 251
treten, 21, 52, 84, 86
Triumphe der, 73, 250
Triumphen, 239

trivialisiert, 177
trotz, 28, 240, 249, 251
Trotz der, 5, 16, 26, 31, 36, 50–52, 65, 72, 73, 76, 87, 93, 104, 106, 111, 120–122, 126, 143, 148, 165, 166, 170, 183, 192, 196, 197, 208, 213, 217, 224, 228, 232, 244, 247, 251
Trotz dieser, 12, 92, 112
Trotz Fortschritten, 132
Trotz seiner, 40
trugen, 26, 59
trägt, 47, 52, 63, 85, 96, 100, 102, 121, 129, 161, 178, 180, 186, 187, 218
Träume, 249
Twitter ermöglichen, 190
Twitter konnte, 89
tätig, 88, 169, 218
Türen, 20

um, 2, 11, 13, 15–21, 24–27, 30–37, 40, 46–48, 50, 52–54, 60, 61, 64, 67, 70, 72, 73, 77, 78, 80–85, 87–94, 98, 100–103, 105, 106, 110–112, 115, 116, 119, 120, 122, 123, 129, 131–134, 137, 138, 140, 143, 144, 147, 152–155, 157, 162, 163, 166–170, 173–176, 178, 180, 186, 188, 190, 191, 195, 198, 199, 203, 212, 215–217, 220–223, 225–227, 233, 235, 237, 240–251, 253, 254
umfassen, 17, 30, 122, 180, 223

umfassenderen, 235
umfasst, 21, 63, 85, 174, 182, 216, 225, 227, 233, 241
umfasste, 25, 91
umfassten, 64, 90
Umfeld, 19, 23, 27, 32, 36, 53, 54, 80, 163, 199
Umfeld aufwachsen, 202
Umfeld behaupten, 60
Umfeld fördern, 222
Umgang, 21, 133
umgeben, 248
Umgebung, 36
Umgebung gerecht zu, 162
Umgebungen bewegen, 120
Umgebungen lernen, 41
umgehen, 103
umzugehen, 28, 31, 82, 120, 162, 173, 178, 198, 241
umzusetzen, 63
unbestreitbar, 5, 17, 31, 87, 247
unbestritten, 107, 209
unbewussten, 45
und, 1–3, 5, 7–9, 11–13, 15–21, 23–28, 30–57, 59–65, 67–73, 77–96, 98–107, 109–116, 119–138, 140, 142–144, 146–149, 151–155, 157, 159–209, 211–213, 215–223, 225–229, 231–237, 239–254
unermüdlich daran arbeiten, 229
unerschütterlichen Glauben, 253
universell, 177
universelle, 206
unmittelbare, 70, 222
uns, 42, 55, 138, 180, 228, 229, 247, 249, 251, 253, 254

unschätzbarem Wert, 31, 45, 50, 94, 234
unserer, 49
Unsichtbarkeit von, 127
unter, 54, 171, 237
untergraben, 132, 165, 247, 251
Unterhaltungsmedium, 73
unterrepräsentiert, 9, 19, 151
unterrepräsentierte, 49, 50, 192
unterscheiden, 56, 148, 233
Unterschiede, 245
unterschiedliche, 51, 72, 136, 170, 234, 244, 245
unterschätzen, 73, 94
unterstreichen, 18, 147, 220, 233
unterstreicht, 100
unterstützen, 21, 40, 52, 53, 72, 82, 85, 134, 135, 160, 203, 229, 233, 236, 247, 248
unterstützende, 36, 162, 166, 184, 237
Unterstützende Lehrkräfte können, 35
unterstützenden, 24, 53, 72, 81, 169, 225
unterstützten, 31, 42, 59
untersuchen, 7, 13, 49, 71, 80, 85, 119, 126, 130, 161, 163, 176, 195, 216, 223, 231, 236
untersucht, 3, 34, 142
unverzichtbare, 5, 149
unverzichtbarer Bestandteil der, 50
unverzichtbarer Bestandteil von, 52
unzureichend, 128, 143, 180
unzureichender, 53
unzähligen Möglichkeiten, 247
US, 215
USA, 2, 221

variieren weltweit, 221
veralteten, 53
veranschaulichen, 143
Veranstaltungen beteiligt, 119, 165
Veranstaltungen könnten helfen, 243
Veranstaltungen teil, 20
verantwortungsbewusst, 132
verbessern, 60, 166, 169
verbessert, 73, 232
verbieten, 215
verbinden, 63, 82, 111, 126, 175, 245
Verbindung zwischen, 252
Verbindungen, 64, 146, 147, 221, 248
Verbot von, 222
verbreiten, 21, 87, 135, 190, 227, 237
verbreitete, 122
Verbreitung seiner, 48
Verbreitung von, 9, 188, 221
verbunden sind, 21
verdeutlichen, 3, 147, 163, 166, 195, 235
verdeutlicht, 18, 24, 37, 69, 73, 81–83, 234, 248, 249, 252
verdeutlichte, 60
vereint, 71, 200
verfeinern, 33, 89
Verfolgung von, 1
Vergangenheit, 91, 136, 146
Vergangenheit gewürdigt, 96
Vergangenheit nutzen, 138, 199
Verhalten, 27
Verhältnissen oder, 54
verletzlich als, 48
vermeiden, 12, 93, 154
vermitteln, 73, 93, 115, 122, 154, 157, 232, 251

vermittelt, 25, 45
vermittelten, 42
vernachlässigen, 133, 153
vernetzen, 24, 33, 52, 130
Vernetzung von, 52
verringern, 132, 164, 183, 246
verringert, 183
versagt, 7
verschiedene, 11, 33, 45, 49, 55, 62, 69, 94, 103, 132, 153, 168, 173, 175, 194, 239
verschiedenen, 1, 3, 7, 23, 25, 27, 30, 34, 53, 54, 60, 64, 78, 85, 88, 93, 103, 114, 120, 121, 124, 132, 134, 142, 159, 161, 163, 165, 172, 180, 183, 188, 189, 193, 195, 198, 221, 226, 228, 231, 236, 237, 239, 243
versetzen, 143
verstand, 89
verstehen, 1, 11, 27, 41, 54, 67, 78, 93, 182, 221, 240
Verständnis von, 234
verstärkt, 16, 27, 71, 217
verstärkten Vernetzung innerhalb der, 71
vertreten, 56, 103, 111, 221
verwandeln, 206
verweben, 96
verwendet, 103, 144, 178
verwirklichen, 45, 88, 164, 249
verwischt, 99
verwurzelt, 3, 31
verwässert wird, 208
verzerrt, 5, 177
verzerrten, 8, 106, 132, 148, 217
verändern, 20, 63, 90, 100, 105, 121, 129, 207, 218, 223, 254

verändert, 21, 134, 146, 193, 212
Veränderung möglich, 121
Veränderungen, 7, 8, 26, 65, 77, 87,
    113, 121, 126, 138, 163,
    165, 186, 190, 195, 197,
    207, 209, 218, 220
Veränderungen anzupassen, 223
Veränderungen anzustoßen, 180
Veränderungen bewirken, 180
Veränderungen führen, 137
Veränderungen herbeizuführen, 15,
    21, 132, 157, 163, 173,
    199, 213, 248
Veränderungen möglich, 220
Veränderungen sind, 218
Viele, 77, 196
viele, 2, 12, 16, 19, 23, 26–28, 36,
    37, 60, 65, 77, 82, 92, 106,
    111, 121, 159, 160, 164,
    167, 168, 171, 173, 176,
    177, 179, 183, 185, 188,
    192, 196, 202, 212, 213,
    217, 218, 220, 228, 231,
    233, 236, 240, 241,
    244–246, 251–253
Viele Bildungseinrichtungen, 53
Viele Filmemacher berichten, 78
Viele fühlen sich, 41
Viele LGBTQ-Künstler, 62
Viele LGBTQ-Künstler sehen, 72
Viele LGBTQ-Personen, 179, 217
Viele potenzielle, 112
Viele sehen, 203
Viele Zuschauer, 108
vielen anderen, 171, 206
vielen Fällen erfordert, 133
vielen Fällen kann die, 31
vielen Fällen können, 232
vielen Gesellschaften sind, 183

vielen Kulturen, 217
vielen Ländern, 132
vielen persönlichen Kämpfe, 63
vielen seiner, 240
vieler, 27, 232
vielfältig, 9, 48, 83, 91, 161, 191,
    200, 225, 228, 233
vielfältige, 235
vielfältigen Identitäten innerhalb der,
    15
vielfältigen Medienlandschaft, 73
vielfältiger, 80
vielmehr, 48, 146
vielschichtig, 13, 15, 28, 69, 70, 80,
    96, 131, 134, 163, 179,
    193, 227
vielschichtige, 19, 105
vielseitige Ausdrucksform, 73
vielversprechend, 138, 199, 220
vielversprechenden, 65
Vielzahl von, 11, 24, 26, 37, 64, 71,
    89, 98, 120, 127, 174, 184,
    198, 233, 239, 241
Virginia, 25
Visionen, 45, 63, 88, 249
visuell, 32
vom, 63
von, 1–3, 5, 7–9, 11–13, 15–21,
    23–28, 30–37, 39–57,
    59–65, 67–73, 76–85,
    87–94, 96, 98–103,
    105–116, 119–138, 140,
    142, 143, 146, 147, 149,
    151, 153–155, 157,
    159–163, 165, 166,
    169–171, 173–181, 183,
    184, 186–188, 190–193,
    195–209, 211–213,
    215–223, 225–229,

Index 297

231–237, 239–245, 247–253
vor, 2, 27, 34, 36, 39, 63, 99, 111, 112, 120, 132, 134, 138, 153, 157, 179, 183, 196, 197, 199, 213, 217, 220, 223, 227, 228, 236, 241, 243, 251
Vorantreiben von, 133
voranzutreiben, 60, 64, 111, 170, 241
Vorbildern ab, 203
Vorbildern innerhalb der, 196
Vorbildern wie, 157
Vorbildfunktion innerhalb der, 190
Vordergrund, 228
vorherrschenden, 61, 64, 83
Vorstellungen von, 103
Vorträge, 188
Vorurteilen geprägt, 80, 122, 174, 196
Vorurteilen konfrontiert, 173
vorzustellen, 49, 52, 82, 151
völlig ignoriert, 217

Wachstum, 249
wagen, 19
Wahl von, 220
wahre Identität entdecken, 178
wahre Identität zu, 23
Wahrnehmung, 5, 7, 15, 55, 81, 82, 100, 101, 134, 148
Wahrnehmung deutlich, 46
Wandels, 3, 220
war, 2, 19, 23–27, 30–34, 39, 40, 42–45, 48, 53, 54, 59–61, 63, 64, 70, 77–79, 88–94, 98, 112, 114, 119, 128, 161, 162, 164, 169, 179, 218, 231, 232
waren, 1, 19, 20, 24–26, 32, 37–40, 42, 45–47, 53, 60, 63, 64, 68, 69, 88, 91–94, 112, 170
wecken, 3, 247
Weg brachte, 34
Weg dorthin wird durch, 199
Weg gefunden, 173
Weg geprägt, 161
Weimarer Republik, 2
Weise, 5, 27, 35, 47, 63, 77, 81, 92, 93, 99, 100, 103, 109, 113, 114, 154, 186, 192, 202, 217
weit verbreitet, 1
weiter, 12, 57, 60, 71, 87, 98, 111, 160, 166, 209
weitere, 54, 132, 226
weiteren Marginalisierung, 8
weiteren wertvollen Rahmen, 240
weiterentwickelnder, 136
weiterentwickelt, 2
Weiterentwicklung, 248
weiterer, 33, 39, 42, 48, 60, 70, 79, 88, 94, 115, 160, 203, 212, 221, 235, 242, 244, 248
weiterhin, 227, 228, 241
weiterhin Geschichten, 64, 115
weiterhin Plattformen zu, 9
weiterhin zusammenarbeiten, 245
weiterzuentwickeln, 62, 73, 84
weiterzuführen, 225
weiterzumachen, 249
weitreichend, 128, 213
welche, 32, 68, 143, 176, 223, 245
Welt, 167
Welt braucht, 254

Welt navigiert, 228
Welt zu, 243
weltweit, 138, 221
wenig, 92, 160
weniger bekannte oder, 93
wenn es eine, 103
wenn Fortschritte langsam, 133
Wenn LGBTQ-Personen, 217
wenn Menschen sich, 103
Werdegang von, 23
Werdegangs gezeichnet, 17
werden, 3, 5, 7, 9, 11, 13, 15, 17, 19, 26, 27, 32, 34, 36, 42–49, 51–54, 56, 57, 61, 64, 67, 71, 76–78, 80, 81, 85, 88, 90–94, 99, 100, 103, 104, 106, 107, 109, 111–113, 115, 116, 119–122, 124, 126, 130, 132, 133, 136–138, 144, 146, 148, 149, 154, 161–163, 168, 170, 171, 173, 175–178, 180, 183, 184, 190–192, 194, 195, 197–199, 202–205, 208, 212, 215–218, 220, 221, 223, 224, 226–229, 231, 232, 235–237, 239, 241, 242, 244, 245, 247–251, 253
Werk, 94, 102
Werkzeug, 73, 112, 130, 149, 178, 180
Werkzeug verwendet, 103
Wert, 130
Wert darauf, 93
Wert von, 90
wertschätzt, 166, 184
wertvolle, 17, 49, 59, 170, 185, 196
wesentlich zum, 96

wesentliche Rolle, 31
wesentlichen, 51
wesentlicher Bestandteil, 182
wesentlicher Bestandteil des Aktivismus, 176
wesentlicher Bestandteil des fortwährenden Kampfes, 249
wesentlicher Bestandteil des kreativen Prozesses, 71, 223
westlichen, 138, 219
wichtig, 1, 3, 9, 11, 17, 19, 32, 35, 41, 44, 45, 48, 50, 56, 59, 61, 65, 71–73, 76, 85, 91–93, 106, 110–112, 120–123, 129, 143, 148, 153–155, 160, 162, 164–166, 168, 170, 175, 179, 180, 183, 184, 186, 188–190, 196, 198, 202–204, 212, 215, 217, 218, 221, 226, 228, 232–235, 237, 241, 245, 247, 248, 251
wichtige, 5, 16, 24, 28, 42, 52, 68, 82, 111, 114, 115, 119, 147, 151, 188, 195, 209, 220, 232, 250
wichtigen, 23, 25, 38, 92, 116, 132
wichtiger Aspekt, 244
wichtiger Aspekt der, 221, 235
wichtiger Aspekt des Aktivismus, 248
wichtiger Aspekt des Übergangs, 42
wichtiger Aspekt dieser, 147
wichtiger Aspekt seiner, 60
wichtiger Aspekt von, 33, 203
wichtiger Beitrag, 71

wichtiger Bestandteil seiner, 47
wichtiger Einfluss von, 212
wichtiger Faktor, 39
widerspiegeln, 28, 35, 49, 57, 82, 85, 199, 202, 226
widerspiegelt, 73, 93, 148, 231, 234
Widerstände, 136
widerzuspiegeln, 235
widriger, 28
Widrigkeiten, 240
wie, 1–3, 5, 9, 16, 19, 24, 25, 27, 28, 30, 32, 34–36, 39, 43, 44, 47–52, 54, 61, 65, 70–73, 80, 81, 83–85, 87, 89, 91–94, 99, 100, 103, 105–107, 109, 111, 112, 114, 116, 120, 121, 129–134, 138, 142, 147, 151, 154, 155, 157, 159–164, 166–171, 174–176, 178–180, 183, 186–188, 190, 192, 193, 196, 198–204, 213, 217–221, 223, 227–229, 231–234, 236, 237, 239, 241, 245–249, 251, 253
wieder thematisiert, 69
wiederfinden, 179
Wir danken auch, 229
wir konsumieren, 55
Wir müssen, 229
wir näher, 216
wir sicherstellen, 201
wird deutlich, 147
wird noch lange nachwirken, 204
wird voraussichtlich weiter, 87
wirken, 28
Wirksamkeit von, 198
Wirkung von, 7, 108, 109, 186

wirtschaftlichen, 12, 13
Wissen basieren, 188
wobei, 232
wodurch, 99
Wohlbefinden, 12, 30, 36, 42, 133, 161, 174, 176, 195, 231, 233–235, 247
wollten, 120
Woolf beeinflussten Joynts Denken über, 25
wurde, 1, 2, 5, 12, 13, 15, 19, 23, 25, 27, 41, 44, 45, 47, 48, 60, 64, 91, 92, 103, 112, 114, 121, 173, 183, 199, 239, 240, 243
wurden, 2, 18, 24, 25, 42, 63, 70, 91, 111–113, 133, 136, 138, 164, 213, 220, 228, 231, 251
Wurzeln der, 1
Während, 20, 39, 44, 92, 138, 187, 242, 244
während, 35, 40–42, 46, 53, 54, 57, 60, 63, 87, 89, 91, 99, 100, 105, 148, 170, 198, 232, 249, 253
Während Fortschritte, 136
Während seiner, 60
wäre, 229
Würde, 228
würdigen, 11

z.B. dem, 132
zahlreiche, 92, 112, 123, 220
zahlreichen Hürden, 132
zahlreichen positiven Beispiele, 126
zeichnen, 110
zeigen, 47, 48, 50, 71, 77, 110, 121, 126, 143, 202, 221, 222,

231, 233, 242–244, 247, 251
zeigt, 3, 24, 41, 52, 63, 65, 81, 82, 85, 90, 100, 101, 105, 107, 112, 113, 129, 130, 135, 137, 159, 172, 173, 179, 180, 190, 192, 201, 203, 204, 212, 213, 218, 220, 232, 235, 248, 249
zeigte, 44
Zeit jedoch mit, 28
Zeiten, 31, 233, 250, 251
zeitgenössische, 96, 110
zeitgenössischen Diskussionen über, 146
zeitgenössischen Elementen, 92
zentrale, 17, 25, 42, 77, 94, 122, 132, 155, 171, 186, 190, 199, 209, 226, 235, 243
zentraler, 5, 19, 41, 61, 72, 91, 126, 143, 160, 174, 180, 197, 201, 218, 222, 233, 239, 249
zentrales Merkmal von, 151
Zerrissenheit kann zu, 162
ziehen, 192
ziehen oft, 176
Ziele, 245
Zielsetzungen, 17
zielt darauf ab, 91
zu, 1–3, 5, 7–9, 11–13, 15–21, 23–28, 30–37, 39–54, 56, 59–65, 67–73, 76–96, 98–107, 109–116, 119–123, 126, 127, 129–138, 143, 144, 146–149, 151–155, 157, 159–164, 166–171, 173–180, 182–199, 201–204, 206, 207, 209, 212, 213, 215–223, 225–229, 231–237, 239–254
Zudem, 177, 208, 247
Zudem können, 133
Zugehörigkeitsgefühl, 202, 237
zugewiesen wurde, 27
zukünftige, 19, 21, 38, 44, 115, 116, 123, 136, 147, 157, 184, 186, 195, 197–199, 203, 207, 212, 213, 223–225, 229, 242, 243, 247, 248, 252
Zukünftige Aktivisten, 248, 249
Zukünftige Aktivisten müssen, 198
Zukünftige Aktivisten sollten sich, 249
Zukünftige Initiativen müssen, 137
Zukünftige Projekte, 223
zum, 26, 28, 32, 47, 63, 96, 113, 115, 138, 178, 193, 228
zunehmend, 1, 5, 69, 167, 198, 207, 227
zunehmende, 2, 39, 87, 198, 219, 220
Zunächst, 91
Zunächst wurde, 91
zur, 1–3, 5, 7, 9, 15, 18, 19, 26, 28, 36, 38, 41, 42, 47, 49, 51, 52, 56, 60, 63, 69, 71, 73, 76, 88–90, 92, 94, 105, 107, 114, 116, 120, 126, 128, 133, 142, 147, 152, 155, 159–161, 164, 167, 169, 170, 176–179, 182, 188, 191, 197, 200, 203, 207, 216, 222, 223, 228, 231, 239–242, 247–249,

Index 301

253
Zusammenarbeit, 33, 51, 52, 71–73, 124, 126, 129, 147, 152, 155, 171, 198, 199, 222, 229, 243–245
Zusammenarbeit kann dazu, 245
Zusammenfassend lässt sich, 3, 5, 9, 19, 24, 28, 31, 36, 38, 41, 42, 44, 45, 56, 61, 68, 71, 77, 87, 90, 105, 107, 109, 111, 113, 121, 126, 136, 144, 147, 149, 155, 163, 171, 182, 188, 190, 192, 197, 199, 206, 209, 213, 218, 220, 223, 233, 235, 237, 243, 245, 247, 249, 253
zusammengearbeitet, 170
Zusammenhang, 215
zusammenwirken können, 249
zusammenzuarbeiten, 45
Zuschauer, 143
Zuschauer heraus, 103
Zuschauer sich, 37
Zusätzlich kann der, 51
zusätzlichen, 82
zwar gestiegen, 241
zwei, 13, 130
zwischen, 1–3, 5, 13, 15, 19, 24, 27, 33, 46, 56, 69, 70, 72, 73, 81, 87, 91, 99, 103, 115, 126, 129, 146–149, 152, 165, 167–169, 171, 176, 179, 194–196, 198, 204, 209, 215, 219, 220, 222, 228, 232, 242–244, 252

Ängste, 197
Ära der, 109
Ära spielt, 84
Öffentlichkeit zurücktreten, 183
Übergang begleiten, 41
Übergang von, 41
ähnlichen, 217
älteren Männern, 1
älterer, 170
äußern, 27, 34, 53, 132, 148, 179, 193
öffentliche, 16, 82, 134
öffentlichen, 172, 195
öffentlicher, 82
über, 1, 2, 7, 9, 16–21, 25, 40, 41, 45, 46, 50, 52, 60, 69, 71, 76, 85, 86, 88, 89, 91–93, 96, 98, 103, 104, 106, 109–116, 120–123, 129, 136, 137, 142, 146, 147, 155, 162, 163, 172, 177–180, 182, 186, 188, 190, 193, 195, 198, 199, 201–204, 218, 220–222, 226, 228, 232, 239–241, 248, 251, 252
überlegen fühlen, 103
überwiegen, 149
überwältigend, 92, 106, 114, 176, 192, 203

Milton Keynes UK
Ingram Content Group UK Ltd.
UKHW030745121124
451094UK00013B/956